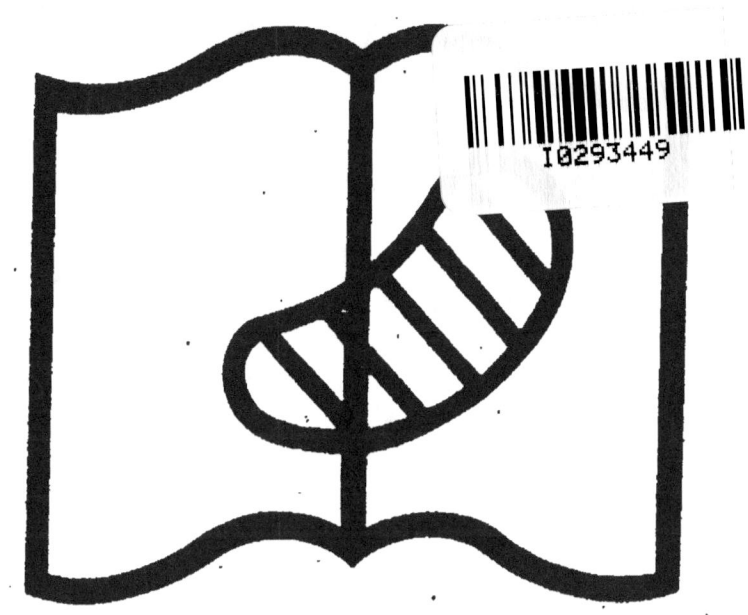

Original illisible

NF Z 43-120-10

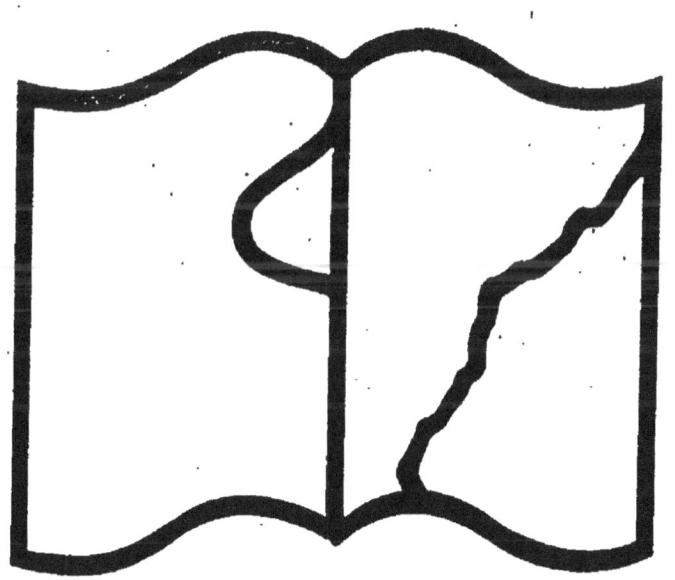

Texte détérioré — reliure défectueuse

NF Z 43-120-11

"VALABLE POUR TOUT OU PARTIE
DU DOCUMENT REPRODUIT".

O² / 178

EXCURSION EN ORIENT.

L'ÉGYPTE, LE MONT SINAI, L'ARABIE,

LA PALESTINE,

LA SYRIE, LE LIBAN.

EXCURSION
EN ORIENT.

L'ÉGYPTE, LE MONT SINAÏ, L'ARABIE,
LA PALESTINE,
LA SYRIE, LE LIBAN.

PAR LE Cte CH. DE PARDIEU.

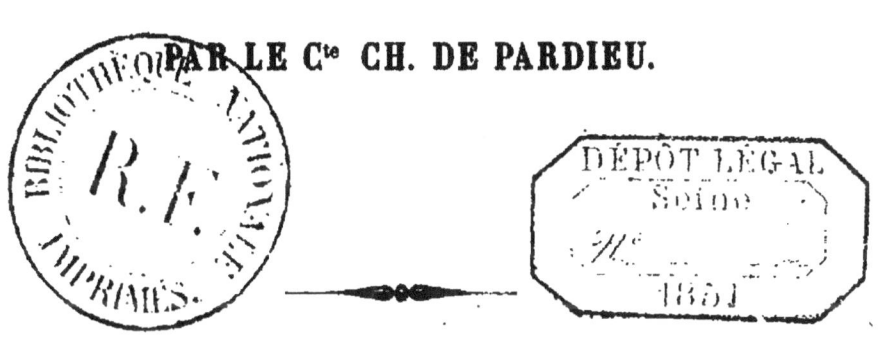

PARIS.
GARNIER FRÈRES, LIBRAIRES,
RUE RICHELIEU, 10, ET PALAIS NATIONAL, 215.

1851.

PARIS.—IMPRIMERIE LE NORMANT,
rue de Seine, 10.

Ce n'est qu'en cédant aux sollicitations de mes amis, que je me suis décidé à livrer à l'impression la description de mon itinéraire à travers cette terre orientale si riche en souvenirs, si attrayante par son ciel brillant et sa nature splendide et grandiose.

Chaque soir, pendant mon voyage, j'inscrivais le résultat de mes observations et de mes impressions. Ce sont ces notes, mises en ordre à mon retour d'Orient, que je me hasarde maintenant à présenter au public, qui voudra bien, je l'espère, pardonner à la hardiesse d'un touriste fort inconnu, venu après les Chateaubriand, les Lamartine, les Raguse, les Poujoulat et autres illustres écrivains, dont tout le monde a lu les brillantes descriptions de ces mêmes contrées. Ce livre, que l'on peut à peu près regarder comme écrit sur les lieux mêmes, aura, à défaut d'autres mérites, celui d'une stricte exactitude. Je n'y ai retracé que ce que, moi-même, j'ai vu et ressenti. Je n'ai pas négligé les détails matériels nécessaires pour l'exécution de ce voyage, comme moyens de transport, manière de vivre, soins à prendre, etc. Ma narration pourra, sous ce rapport, être utile à ceux qui voudraient entreprendre, à leur tour, une excursion dans ces pays si intéressants.

Quel que soit le succès de ma publication, je m'applaudirai de ma témérité, si ces notes, entre les mains des touristes qui viendront après moi sous le ciel d'Orient, peuvent contribuer à faciliter leur voyage, et s'ils viennent à tirer un parti utile des renseignements qu'ils y trouveront.

PREMIÈRE PARTIE.

Égypte.

CHAPITRE I.

Départ.

Autrefois on employait trois jours pour aller du Havre à Paris, et l'on faisait son testament lorsqu'on devait dépasser les frontières du royaume. Alors un homme qui arrivait d'Orient, qui avait vu des Turcs, était un être phénoménal; on ne le regardait pas sans une certaine vénération. La vapeur a bien simplifié les voyages. Quelques mois de liberté, quelques mille francs d'économie à dépenser, avec cela vous parcourez l'univers sans la moindre difficulté. Vous partez de Paris pour aller coucher la semaine suivante à Alexandrie ou à Constantinople. Dans un salon de Paris, on parle maintenant de l'Orient, des Indes, de la Chine, comme on parlait autrefois de Rouen ou d'Orléans. Celui qui n'a fait que les voyages vulgaires d'Italie, de la Suisse ou des bords du Rhin, ose à peine se mêler à la conversation. La terre est décidément trop petite pour les touristes : il faudra inventer un autre monde à parcourir.

J'éprouvai donc un beau jour le désir de voir de près les gigantesques monuments qui font encore la gloire de l'Égypte, ce berceau de la civilisation. Je voulais aussi visiter les lieux vénérés qui virent naître nos croyances, qui virent proclamer l'émancipation humaine. Ce projet, à peine conçu, ne tarda pas à devenir une réalité. Je n'étais pas seul : j'avais pour compagnon mon cousin et ami Charles de C......, dont le pinceau devait fixer nos souvenirs sur la toile.

Le 31 juillet 1849, à huit heures du matin, nous quittions la cour des Messageries générales pour commencer notre voyage, et nous diriger en ligne droite sur Alexandrie.

Le même jour, à cinq heures du soir, la locomotive nous arrêtait à Nérondes, où se terminait la portion du chemin de fer du Centre livrée au public. Après un assez mauvais dîner, pris dans cette petite ville ou gros bourg, qui est à une dizaine de lieues de Nevers, la diligence se remit en route, ayant échangé la vapeur contre les chevaux du relais. Le lendemain matin nous passâmes à La Palisse. J'avais une sœur qui demeurait à quelques lieues de cette petite ville. Mon départ avait été tellement précipité, que je n'avais pas eu le temps de la prévenir de ma décision. Ne pouvant m'arrêter, je profitai de quelques minutes que me donna le changement de chevaux pour tracer ces mots : *Je pars pour la Syrie*, sur une carte de visite que je chargeai le maître de poste de lui faire remettre. On peut se faire une idée de sa surprise à la réception de mon message.

Nous traversâmes ensuite la montagne de Tarare, en suivant la belle route qui, par des courbes habilement ménagées, évite les difficultés, si grandes autrefois, de cette rapide montée. Nous avions quitté le bassin de la Loire pour celui du Rhône; les Alpes montraient au loin leurs cimes neigeuses. A cinq heures et demie nous étions à Lyon. Nous avions quitté Paris inondé par la pluie; mais déjà nous commencions à trouver le beau ciel du Midi. De longtemps nous ne devions plus revoir de pluie.

Lyon est toujours peu attrayant pour le touriste qui, lorsqu'il a vu les beaux quais du Rhône, l'antique église de Saint-Jean et admiré un magnifique panorama du haut de la côte de Fouryières, n'a plus qu'à se coucher, afin d'être levé le lendemain d'assez bonne heure pour prendre le bateau du Rhône. Nous sortîmes en effet de très-bon matin de l'hôtel de Provence, sur la place Bellecour, pour nous rendre sur le quai de la Saône, où stationnait le bateau de la compagnie générale, qui devait partir à trois heures et demie. Ces bateaux sont très-incommodes, très-étroits, encombrés de ballots et de marchandises. On y trouve à peine la place de remuer ou de s'asseoir.

J'ai toujours eu un faible pour les rives du Rhône. Ces sites sévères, ces roches brûlées par le soleil, couronnées par des ruines féodales, servent de premier plan aux sauvages montagnes du Vivarais; sur la rive gauche, les hautes cimes des Alpes, qui se font jour parfois au-dessus des monts dauphinais, tout cela m'a toujours produit plus d'émotion que les bords fleuris de beaucoup de fleuves très-vantés. Nous vîmes de loin les ruines du château de Crussol, appelées les *Cornes de Crussol*, couronnant un rocher dont elles semblent faire partie, près des riches côteaux de Saint-Peray et de Cornas. Elles font parfaitement pendant à la ville de Valence, qui s'élève, d'une manière pittoresque, sur l'autre rive. Plus loin, c'est Rochemaure avec ses donjons fièrement perchés sur la cime d'un roc, et son enceinte crénelée. Toutes ces ruines sont d'une couleur noire qui se confond avec le ton des rochers.

Nous arrivâmes à quatre heures et demie à Avignon. Après quelques débats avec les grossiers portefaix avignonnais, qui, du reste, sont maintenant tarifés à raison de 1 fr. par malle et 50 cent. par petit colis, nous fîmes porter nos bagages au bureau de l'omnibus qui devait nous conduire à l'embarcadère du chemin de fer de Marseille. Le train partit à six heures et demie. Nous passâmes à Tarascon, où se trouve l'embranchement du chemin de fer de Montpellier. Nous vîmes surgir les Arènes d'Arles; nous traversâmes les grandes plaines nues de la Crau, qui nous donnaient déjà une idée du désert. La lune, qui s'était levée, éclairait de sa lueur mystérieuse les étangs de Berre et le pays accidenté de Saint-Chamas, que traverse la voie de fer. A neuf heures et demie nous étions à Marseille; nous nous rendîmes de suite à l'hôtel des Empereurs, sur la Canebière. Nous avions devant nous le lendemain 3 août pour nous promener, car le paquebot de Syrie devait partir le 4.

Nous déjeunâmes avec la fameuse *bouillabaisse*, marseillaise, au charmant pavillon de *la Réserve*, à l'entrée du port, d'où l'on jouit d'une admirable vue sur le port et sur la mer. Nous nous rendîmes ensuite au bureau de l'administration des postes, pour retenir nos places.

Le service des paquebots-postes de la Méditerranée est fait par des bateaux à vapeur de l'État, qui sont confiés à l'administration des postes, et dont les dépenses et les recettes sont portées à son budget. Ils sont destinés au transport des correspondances, des voyageurs et de certaines marchandises entre Marseille et les principaux points de la Méditerranée. Leur service se divise en plusieurs lignes.

La première part de Marseille les 9, 19 et 29 de chaque mois, et aboutit à Malte en passant par Gênes, Livourne, Civita-Vecchia, Naples et Messine. La traversée est d'environ six jours.

La seconde part de Marseille les 1, 11, 21 de chaque mois, se dirige sur Malte, puis relâche au Pirée, à Smyrne, aux Dardanelles, et arrive à Constantinople au bout de onze jours environ; elle correspond avec la première ligne à son passage à Malte.

La troisième ligne quitte Marseille le 4 et le 23, arrive le troisième jour à Malte, va à Alexandrie, où elle stationne deux jours, puis se dirige sur Beyrouth; la navigation est de douze jours. Il y a enfin d'autres lignes qui font le service de la Corse.

Vingt-et-un paquebots à vapeur sont affectés au service de ces lignes. Six sont de la force de deux cent vingt chevaux. Ce sont: le *Caire*, l'*Egyptus*, le *Nil*, l'*Osiris*, le *Louqsor*, l'*Alexandre*; ils desservent plus particulièrement la ligne de Beyrouth. Les autres sont de cent soixante chevaux. Ils sont commandés par un lieutenant de vaisseau ayant sous ses ordres deux capitaines au long cours; il y a aussi un médecin sanitaire et un employé des postes faisant les fonctions de commissaire du bord. L'équipage est composé de marins de l'État. Les places ménagées pour les voyageurs sont de quatre classes. La première est à l'arrière du bâtiment, avec chambres fermées à un, deux ou quatre lits. Les places de deuxième classe sont à l'avant et se composent d'un salon sur lequel donnent des cabines contenant deux lits superposés. Les troisièmes places sont entre les secondes et la proue; les passagers sont dans une chambre entourée de bancs en bois qui servent de lits. Enfin, les passagers de quatrième classe se tiennent sur le pont, en avant de la chaudière.

Le prix des places est payé, à raison des distances à parcourir en ligne droite, par lieue marine, ainsi : à 1 franc pour la première chambre, 60 centimes pour la seconde, 40 centimes pour la troisième, 25 centimes pour les quatrièmes. La nourriture est en sus et se paie, aux premières, à raison de 6 francs par jour; elle se compose de deux repas et du thé le soir. Aux secondes, la nourriture, composée de deux repas, se paie 4 francs. Le paiement de la nourriture est obligatoire pour les voyageurs de ces deux classes, qu'ils aient ou non participé aux repas. Les places doivent être payées à l'avance, jusqu'à destination, dans les bureaux de l'administration des postes, après avoir remis les passeports en règle, lesquels restent entre les mains du commissaire du bord, pour être rendus aux voyageurs au lieu de leur débarquement.

Nous eûmes donc à remplir ces formalités, et à payer à l'administration la somme de 480 francs, prix du passage de Marseille à Alexandrie. Le matin, en revenant de la Réserve, nous avions été visiter le *Caire*, qui devait nous emporter le lendemain.

CHAPITRE II.

Traversée. — Malte.

Le 4 août, à sept heures et demie du matin, une embarcation nous prit au bout de la Canebière; et, après avoir traversé les immondices flottants qui infectent le port si sale de Marseille, nous mîmes le pied sur le pont de notre domicile mouvant, qui devait nous déposer sur la terre des Pharaons.

A huit heures nous levâmes l'ancre. Nos roues commencèrent à agiter l'eau; nous passâmes devant le fort Saint-Jean. Nous étions en mer!

Le château de l'If fuyait rapidement à son tour, ainsi que

les roches bizarres de la côte de Provence. Adieu, France! Au revoir, belle patrie!

La mer était belle, le temps splendide. Une légère brise du sud ne nous empêchait pas de filer neuf nœuds à neuf nœuds et demie. Notre direction était sur le S. 1/4 S.-E.

Le *Caire* est le meilleur bateau de la ligne; il est en très-bon état. Il tient très-bien la mer; et on y ressent peu ce frémissement si désagréable sur les bateaux à vapeur. Le salon est décoré avec un grand luxe; les portes et les boiseries, en bois précieux, sont ornées d'incrustations; le plafond est couvert de peintures et de dorures. Une table en acajou tient toute la longueur du salon, sur lequel s'ouvrent les cabines. Ces cabines renferment un lit à droite et un à gauche; dans le fond une toilette complète, avec tiroirs, glaces, commode, des porte-manteaux, des étagères. Ce sont de vrais chambres, bien loin de ces cabines étroites à lits superposés, où l'on n'a même pas assez de place pour se laver les mains. Un petit salon est destiné aux dames; il est meublé avec élégance; les musiciennes y trouvent un piano, pour charmer les ennuis de la traversée.

Un restaurateur est chargé de l'entreprise des provisions, et a sous ses ordres tout le personnel des cuisines. Un maître d'hôtel a la direction du service. Grâce au talent du chef de cuisine, nous n'aurons pas à regretter les meilleurs restaurants de Marseille. On déjeune à neuf heures et on dîne à cinq heures. La table est présidée par le commandant et se compose des officiers, du médecin, commissaire et des passagers de première classe. Dans la vie oisive du bord, on attend toujours l'heure des repas avec impatience. On les prolonge volontiers dans des causeries avec les officiers qui sont très-affables pour les passagers.

Nous n'avons eu qu'à nous louer de la complaisance du commandant du *Caire*. Le *Caire* est un brave bâtiment qui franchit rapidement l'espace, et où nous oubliions le confortable que l'on trouve à terre. Le personnel des voyageurs était peu nombreux; ce n'était pas encore la saison des touristes pour l'Égypte; ils préfèrent la fin de l'automne.

Un négociant marseillais, un *carossier* français, *établi au*

Caire, un prêtre maronite, à figure très-caractérisée, mon compagnon et moi, voilà l'état des voyageurs à notre départ de Marseille. On avait embarqué quatre chevaux et une quinzaine de chiens d'ordre, destinés au vice-roi d'Égypte, Abbas-Pacha.

Le jour de notre départ, après déjeuner, nous ne voyions déjà plus la terre; mais le 5, nous aperçûmes la Sardaigne. Nous passâmes au sud de cette île, dont nous distinguâmes fort bien les côtes pendant une partie de la journée. Nous passâmes même fort près de San Antiocco dont nous pouvions voir les champs cultivés et les rares habitations. Nous longeâmes là entre deux rochers isolés dans la mer, et que l'on nomme la Vache et le Taureau.

Le lendemain matin nous nous étions rapprochés de la côte d'Afrique, et nous distinguions très-bien la baie de Tunis et le cap Bon. Vers midi, nous rasâmes l'île de Pantelleria. Cette île isolée, de formation volcanique, est couverte de verdure, au milieu de laquelle sont disséminées de jolies maisons blanches. Au fond d'une baie, on voit une petite ville. Au loin, à notre gauche, se dessinait la côte de Sicile.

Ces derniers points de terre que nous apercevions depuis notre départ, sont comme des amis que l'on quitte successivement, avant de se lancer tout à fait dans l'espace.

Le 7, vers cinq heures du matin, le léger balancement qu'imprimait à notre bateau la brise S.-E., cessa tout à coup. Je montai sur le pont; nous entrions dans le grand port de Malte. La passe qui forme cette entrée est défendue par deux forteresses considérables: le fort Saint-Elme à droite, et le fort Ricasoli du côté opposé.

Le grand port, très-vaste, et d'une longueur d'environ trois kilomètres, est divisé en trois parties. L'aspect que nous présente Malte est très-singulier. Ce sont des maisons d'une teinte jaune uniforme, à terrasses, s'étageant sur les collines qui entourent le port. C'est déjà une transition entre l'Italie et l'Orient. De nombreuses batteries, de vigoureuses fortifications donnent un aspect formidable à cette côte, et en rendent l'abord presque impossible par la force.

Nous mouillâmes tout au fond du port. C'est là que nous devions faire notre provision de charbon, et nous ne devions repartir qu'à cinq heures du soir. Nous profitâmes de cette relâche, pour visiter cette île célèbre qui rappelle tant de souvenirs chers à la France.

Malte, l'antique Mélite, point intermédiaire entre l'Europe, l'Asie et l'Afrique, a, dans tous les temps, tiré une grande importance de sa position. Possédée successivement par les Phéniciens, les Grecs, les Carthaginois, les Romains, elle fut conquise par les Sarrasins; mais, après une longue domination des infidèles, elle leur fut enlevée par les conquérants de l'Italie méridionale et de la Sicile, les héros normands, sous la conduite du comte Roger.

En 1530, Charles Quint céda cette île aux chevaliers de Saint-Jean, expulsés de Rhodes par le sultan Soliman. Ces religieux militaires, si célèbres sous le nom de chevaliers de Malte, furent longtemps le boulevard de la chrétienté, qu'ils défendaient seuls contre les efforts de ces terribles Osmanlis qui alors faisaient trembler l'Europe. Le plus grand nombre de ces chevaliers, et les plus illustres, étaient Français; et notre patrie peut s'enorgueillir pour la plus grande part des exploits de ces preux. Pourquoi faut-il que ce soit une armée française qui ait chassé ces chevaliers de leur île; et, tout cela, pour donner aux Anglais le prétexte de s'emparer de la position la plus importante qu'ils aient dans la Méditerranée et la plus forte après Gibraltar. Aujourd'hui le pavillon anglais a remplacé la croix de Malte, et sur les remparts on voit se promener les uniformes rouges.

Une grande quantité d'embarcations étaient venues entourer notre bâtiment, dès que nous eûmes jeté l'ancre. Ces barques sont jolies, peintes en couleurs vives, et couvertes d'une tente blanche, en toile de coton. Les patrons se disputaient à qui nous emmènerait à terre. Enfin, nous sautâmes dans une de ces barques; et, en quelques coups de rames, nous arrivâmes au quai, au pied de la colline sur laquelle s'élève la cité Valette, capitale de l'île.

Un domestique de place, qui s'était emparé de nous, nous conduisit à l'hôtel de la Méditerranée, tenu par un Français nommé Évrard. C'est un des bons hôtels de Malte. On entre dans la Valette par un escalier en partie souterrain. La ville s'élevant sur une colline, les voitures y montent par des rues en pente douce; mais, pour les piétons, il y a de larges escaliers qui aboutissent à la Strada reale, laquelle longe la crête de la colline. Ces escaliers forment des rues d'un aspect très-pittoresque. Les maisons sont bâties en pierres, à deux étages, avec des toits plats sur lesquels se promènent les habitants. Elles sont ornées de balcons couverts, peints de diverses couleurs, dans le genre des *miradores* d'Andalousie.

Nous voulions parcourir l'île de suite; on nous amena une calèche découverte, à deux chevaux. Notre cicerone s'installa sur le siége à côté du cocher; il parlait l'italien, qui est la langue officielle du pays. Les paysans parlent un patois arabe dans lequel il entre quelques mots italiens. Nous nous dirigeâmes d'abord vers Citta Vecchia, qui est placée au centre de l'île, et sur une hauteur, de manière qu'on aperçoit cette ville de tous les côtés.

L'île ne se compose que d'une masse de rochers d'une espèce de calcaire jaune qui sert à la construction des maisons, ce qui donne à l'ensemble du sol et des habitations une couleur jaune d'un ton très-chaud. Avec du travail et du temps, cette pierre a fini par devenir de la terre végétale, qui est cultivée. On y trouve beaucoup de champs de coton en plantes, émaillés à cette époque de fleurs jaune pâle, et quelquefois rosâtres. On cultive aussi beaucoup de légumes.

On voit peu d'arbres dans la campagne; seulement quelques oliviers et figuiers rabougris, ce qui donne à ce pays un aspect très-aride, surtout au mois d'août. Il y a cependant des jardins où se trouvent beaucoup d'orangers et d'arbres fruitiers. Ces oranges, connues sous le nom de mandarines, sont petites; la peau s'en détache facilement. Elles sont renommées, à juste titre, pour leur douceur et leur goût exquis.

Les paysans sont basanés, et ont, dans leurs traits, quelque chose qui rappelle leur origine africaine; leurs cheveux sont noirs et crépus. Ils ont les jambes nues, et sont vêtus d'un caleçon et d'une chemise à petits carreaux bleus, les manches retroussées; leur tête est couverte d'un bonnet de laine brune. Les femmes portent un mantelet noir, dont le collet est placé sur l'épaule gauche, et dont un pan leur couvre la tête. La population paraît active : on rencontre beaucoup de monde sur les routes, qui sont en bon état.

Les voitures sont des espèces de pataches, à un cheval, formées par une caisse carrée, fermée de toutes parts, portée sur de longs brancards, au bout desquels est attelé le cheval. Les roues sont tout à fait en arrière de la caisse. Le conducteur est assis sur le brancard.

On sent déjà, à Malte, les effets du climat africain; on est sous le 36º degré de latitude. La température est très-élevée, et la chaleur accablante dans la journée, autant que sur le continent d'Afrique.

En sortant de la Valette, nous traversâmes plusieurs faubourgs, et nous suivîmes, pendant quelque temps, un bel acqueduc très-long, qui conduit l'eau à la ville. Une grande quantité de *casaux* ou villages sont répandus çà et là, et donnent à l'île entière l'apparence d'un immense faubourg. Presque toutes les églises, qui dominent ces casaux, ont le même aspect; c'est ordinairement une coupole flanquée de deux clochers arrondis. Il n'y a pas de rivières; mais quelques sources, et des puits qui servent à l'arrosement. Le sol est assez montueux, et coupé de ravines.

Citta Vecchia est une petite ville bien fortifiée; c'était jadis la capitale. La cathédrale de Saint-Paul est assez belle; l'intérieur renferme beaucoup de peintures et d'ornements dans le genre italien. On y enterre les archevêques de Malte. Citta Vecchia renferme en outre un séminaire, un collège, un hôpital très-considérable, et deux grands couvents. Près de là est la grotte où se retira saint Paul, après son naufrage sur les côtes de Malte.

Nous nous rendîmes ensuite au Boschetto, en suivant les murs qui soutiennent les terres de jardins plantés de vignes et d'arbres fruitiers. Cette promenade, très-renommée à Malte, présente une ravine où des canaux et des pièces d'eau, disposés avec assez d'art, nous indiquaient que, dans une autre saison que l'été, il doit y avoir de l'eau. Quelques massifs d'orangers, d'acacias, de caroubiers, en font un lieu assez agréable, pour un pays où l'ombre est rare. Ce jardin est sous la dépendance du gouverneur, qui en laisse jouir le public.

De cet élysée maltais, nous montâmes à la villa Verdalla, placée sur le point culminant de l'île, et dont on aperçoit de tous points les tours carrées. Cette villa a été bâtie par le grand maître Verdalla; elle n'est habitée que par un concierge et sa famille. On y voit de vastes salles assez nues, où se trouvent cependant quelques portraits et des tableaux concernant la famille et les actions du grand maître. Ce qu'il y a de plus remarquable, c'est la plate-forme du palais, d'où la vue s'étend sur toute l'île, dont on saisit l'ensemble et tous les détails. On distingue ses magnifiques ports, qui sont les plus beaux, les plus vastes et les plus sûrs de la Méditerranée. La Valette sépare le grand port de celui de la quarantaine, qui, comme l'autre, se divise en plusieurs bras profonds. D'imposantes fortifications ôtent la possibilité de s'en emparer. Malte a une étendue de vingt-huit kilomètres de longueur sur seize de largeur. Au delà, tout autour de nous, s'étendait la mer, dont l'horizon se perdait dans une brume légère. Près de Malte est l'île de Gozzo, où l'on prétend retrouver l'Ogygie de Calypso. On montre la grotte décrite dans l'Odyssée. On voit aussi quelques autres îlots, mais ils sont sans importance.

Après avoir admiré ce beau panorama, nous reprîmes la route de la Valette. Nous passâmes par San Antonio, ancienne maison de plaisance des grands maîtres, occupée actuellement par le gouverneur. Il y a là un fort beau jardin, remarquable surtout par la variété de fleurs et d'arbres fruitiers, et par la grande quantité de massifs d'orangers qui s'y trouvent. Les allées sont dallées en pierres. Les étrangers y sont reçus avec politesse, et priés d'inscrire leur nom et leur patrie sur un registre. Nous suivîmes ensuite une belle route taillée dans le roc, qui longe le port de la quarantaine, et nous rentrâmes en ville, en traversant plusieurs enceintes fortifiées. Nous étions à onze heures à l'hôtel. Nous payâmes 15 francs pour notre calèche; nous nous débarrassâmes de notre cicerone, et nous nous empressâmes de faire honneur à un bon déjeuner que nous avait préparé notre compatriote, M. Évrard. Nous nous mîmes ensuite en devoir de parcourir la ville, malgré la chaleur de midi. M. Ruffio, notre compagnon de bord, qui connaissait parfaitement Malte, eut l'amabilité de nous accompagner.

La cité Valette a été bâtie sur les ruines du fort Saint-Elme, par le grand maître La Valette, après qu'il eut repoussé les Turcs, qui avaient tenté de s'emparer de la résidence des chevaliers; et on lui donna son nom. Avec les faubourgs qui entourent le port, elle renferme environ trente mille habitants. L'île entière peut contenir une centaine de mille âmes. L'église de Saint-Jean est fort belle, et richement ornée à l'intérieur. Le pavé est en mosaïques. Des deux côtés de la nef sont des chapelles, dont chacune était consacrée à l'une des huit langues qui composaient l'ordre: Provence, Auvergne, France, Italie, Aragon, Castille, Allemagne, Bavière. Elles sont remarquables par leurs décorations, et renferment les tombeaux des grands maîtres appartenant à ces différentes langues. On remarque le monument du grand maître de Vilhena; et, dans la chapelle de France, toute parsemée de fleurs de lys, ceux de Vignacourt et de Rohan. La voûte de la nef est décorée de fresques qui représentent la vie de saint Jean. Sous le maître-autel est un caveau qui renferme aussi un grand nombre de tombeaux, entre autres ceux de l'héroïque La Valette et de Villiers de l'Ile-Adam.

Près de cette église est l'ancien palais des grands maîtres, actuellement la résidence du gouverneur. Il y a en outre un grand nombre de beaux édifices qui montrent le degré de splendeur auquel était arrivé cette ville, sous les chevaliers. On voit encore les auberges des différentes langues, ou vastes palais d'une somptueuse architecture, où logeaient les jeunes profès qui venaient à Malte faire leurs caravanes (1). On admire surtout l'auberge de Castille, sur le bastion de Saint-Jean. Grâce au climat de Malte, la couleur éclatante des pierres de ces édifices ne s'est pas altérée, ce qui augmente leur effet.

Parmi les promenades de la ville on remarque celle des Baraques, sur les remparts, d'où l'on domine tout le grand port. Des arcades qui forment cette promenade, on voit en face de soi les faubourgs de la Sangle et de la Victoire, où se

---

(1) On appelait *caravanes* les campagnes que les chevaliers de Malte étaient obligés de faire sur mer pour s'acquitter du service qu'ils devaient à leur Ordre.

trouve l'arsenal dans une des branches du port. Le long des quais sont les magasins, les casernes, les hôpitaux. L'hôpital de la marine se fait surtout remarquer par sa masse et sa position élevée. A ses pieds, on voit plusieurs batteries placées d'étage en étage. Au fond du port est le faubourg de la Floriana. A la pointe de la ville, vers la mer, on trouve le fort Saint-Elme, devant lequel est une jolie petite promenade, ombragée d'arbres, formant terrasse, d'où l'on revoit le port sous un autre aspect. Ce port est toujours rempli de bâtiments. Il y avait alors quatre vaisseaux de guerre anglais, dont un portait le pavillon amiral. Sur cette promenade on voit quelques tombeaux bizarres, où l'on reconnaît l'excentricité anglaise.

Les boutiques ont généralement peu d'apparence. On y trouve plusieurs produits de l'industrie du pays, entre autres des mitaines d'une espèce de filet en soie noire, brodées, d'un très-joli dessin. On profite aussi assez souvent du passage à Malte, pour acheter des marchandises anglaises qui, par suite de l'exemption de droits, sont à très-bon compte.

Nous regagnâmes notre bord à l'heure indiquée. L'embarquement du charbon n'était pas encore terminé; puis l'appareillage nous prit assez de temps, à cause de notre position au fond du port, et de l'encombrement. Enfin, nous reprîmes la mer vers sept heures du soir. Notre effectif s'était augmenté d'une jeune Anglaise qui se rendait à Alexandrie. La brise avait fraîchi; il y avait de la houle. Le *Caire* roulait beaucoup, et ne démentait pas le proverbe : « Bon rouleur, bon marcheur. » Nous étions du reste moins incommodés par la chaleur, grâce à cette brise. Nous dîmes adieu à la terre, jusqu'à Alexandrie. Nous ne voyions plus que le ciel et l'eau.

Enfin, trois jours après notre départ de Malte, le 11, au matin, une teinte jaunâtre répandue dans le ciel nous annonçait la réverbération des sables du désert. L'eau de la mer avait pris une teinte moins foncée; elle était d'un bleu de turquoise, résultat du mélange des eaux du Nil.

La côte est si basse qu'on ne pouvait encore l'apercevoir. Cependant une colonne se montra : c'était celle de Pompée; puis successivement des palmiers, des minarets, des moulins à vent, des mâts, des édifices, et enfin une plage de sable jaune. C'était l'Égypte ; c'était la terre des Pharaons, le berceau du monde que nous saluions. Une embarcation avec une petite voile blanche, montée par des Égyptiens, vint au devant de nous. C'était un pilote qui arrivait pour nous guider à travers les récifs qui rendent si difficile l'entrée d'Alexandrie. Cet homme, au teint d'un brun foncé, portait de larges culottes rouges, un *coucouleh* ou petit caban vert-pomme, à capuchon, et un turban blanc. Il avait un aspect des plus pittoresques ; c'était déjà de la couleur locale. L'entrée du port d'Alexandrie est encombrée de hauts fonds et de roches à fleur d'eau, au milieu desquelles il serait très-imprudent de se hasarder sans ces pilotes qui en connaissent tous les points.

Après avoir fait un grand détour, et porté vers l'est jusque vis-à-vis le fort Nécropolis, nous entrâmes dans le grand port, où nous jetâmes l'ancre. Un grand nombre de bâtiments encombraient le port, où l'on remarquait les frégates et les vaisseaux à deux et à trois ponts qui forment la flotte égyptienne. La ville s'étendait en demi-cercle devant nous et sur notre gauche, où elle se terminait par le palais du vice-roi. Quelques édifices, quelques coupoles et minarets dépassaient des maisons basses et sans toits. A droite on voit des dunes de sable surmontées d'une grande quantité de moulins à vent, de nombreuses agglomérations de huttes en terre qui servent d'habitations aux fellahs, des batteries disposées de distance en distance depuis l'entrée de la porte jusqu'au port ; au-dessus de tout cela un ciel chaud et brillant, une atmosphère d'un bleu d'une finesse extrême ; c'était la ville d'Alexandrie. Nous fûmes à l'instant entourés d'embarcations de toutes espèces. C'était la santé qui avait à visiter notre patente ; c'étaient des agents turcs ou français qui venaient nous reconnaître, des maîtres d'hôtels qui cherchaient des pratiques, des bateliers qui voulaient nous conduire à terre.

La première nouvelle qui nous fut transmise, était celle de la mort de Mehemet-Aly, le réformateur, ou plutôt le fondateur de l'Égypte moderne. Il était privé depuis deux ans de ses facultés intellectuelles, et il y avait trois jours qu'il s'était éteint définitivement ; son corps avait été porté au Caire.

Nos papiers étant en règle, on nous permit de débarquer. Nous nous mîmes entre les mains du directeur de l'hôtel d'Orient, qui était venu à bord, et se chargeait de nous conduire à l'hôtel. Une embarcation montée par des Arabes nous conduisit donc au quai. Nous passâmes au milieu des vaisseaux que notre compatriote Cerisy-Bey a construits pour Mehemet-Aly, mais qui maintenant sont abandonnés dans un triste état. Cinq à six gros vaisseaux, non encore achevés, pourrissent sur leurs cales.

Enfin, nous foulâmes le sol égyptien. Nous nous fîmes jour à travers une bande de fellahs, de femmes, de marmailles de toutes espèces qui nous envahissaient de tous côtés, en vociférant sur tous les tons. Ils avaient un aspect fort misérable, mais débonnaire. On les écarta à coups de courbache, et nous arrivâmes à la douane où un employé visita nos malles, sans y mettre beaucoup de rigueur.

Un *omnibus* qui avait été envoyé par l'hôtel nous emmena rapidement, et nous nous trouvâmes enfin débarqués en Égypte, à Alexandrie, installés sur la grande place, à l'hôtel d'Orient, chez notre compatriote, M. Coulomb.

CHAPITRE III.

Alexandrie.

L'hôtel d'*Orient* appartient à un Français, *M. Coulomb*, également propriétaire de l'hôtel d'Orient au Caire. Il est tenu à peu près à l'européenne, et rappelle les hôtels d'Italie. Il y a une table d'hôte assez bonne. Le prix est, comme dans tous les hôtels de l'Orient, de 2 talaris, ou 10 francs par jour, tout compris, même le café ou les autres choses que l'on pourrait prendre entre les repas. Les domestiques sont des indigènes plus ou moins bronzés, et même noirs, vêtus d'une espèce de burnous blanc, ou de chemises bleues, et baragouinant quelques mots d'italien ou de français. Nos fenêtres donnaient sur une grande place très-longue, en parallélogramme, sur laquelle sont situés tous les hôtels, consulats et autres établissements européens. Cette place, très-fréquentée, offre un aspect assez singulier. C'est une confusion de tous les costumes et de toutes les langues, surtout l'arabe, l'italien et le français. Des chameaux sont accroupis çà et là, attendant leur charge, avec l'air de patience qui caractérise cet animal. La place est sillonnée par de petits ânes sur lesquels des Turcs, des Francs, des militaires, des élégants galoppent de l'air le plus sérieux du monde, les genoux remontés, pour ne pas toucher la terre avec leurs pieds, et tenant à la main un parapluie blanc qui doit les préserver de l'ardeur du soleil. Un gamin indigène ou *ouled* suit l'âne en courant, pour l'exciter. Des voitures élégantes, à l'européenne, passaient devant nous, précédées de coureurs à pied, armés d'un grand fouet, pour avertir et écarter la foule.

Aussitôt installé, malgré la grande chaleur, je sortis pour visiter Alexandrie. J'eus d'abord à bousculer une bande de ciceroni et d'âniers qui nous entourèrent dès qu'ils nous virent. J'ai toujours eu en aversion la classe des ciceroni ou garçons de place, qui souvent mènent voir ce qu'on ne tient pas à voir, ne montrent pas ce qui intéresserait, et sont toujours excessivement ennuyeux par leur bavardage, leur ignorance et leurs prétentions. Avec des plans, une étude préliminaire des endroits qu'on a à visiter et quelques ouvrages spéciaux, on peut parfaitement se passer de ces gens-là. Je ne m'en sers que lorsque je ne puis pas faire autrement.

Nous nous lançâmes ensuite à l'aventure. J'aime beaucoup l'imprévu, et à trouver ainsi moi-même les endroits que je cherche. C'est d'ailleurs le seul moyen de connaître une ville; car, lorsqu'on est avec un garçon de place, on ne se rappelle jamais par où on a passé. Seul, on est obligé de saisir certains points de repère, qui aident à se guider; et alors on oublie moins ce qu'on a été forcé de chercher. J'allai d'abord chez mon banquier, M. Briggs, qui demeurait de l'autre côté de la place. Avant de quitter Paris, j'avais pris chez M. Rothschild une lettre de crédit sur plusieurs banquiers d'Orient. La maison Rothschild n'ayant de correspondant qu'à Malte et à Alexandrie, M. Briggs m'étendit mon crédit sur le Caire et sur Beyrouth.

Nous traversâmes de belles rues, larges, avec de grands jardins. De nombreuses constructions nouvelles s'élèvent de tous côtés, et Alexandrie s'agrandit tous les jours, surtout dans le quartier franc, qui sera fort beau. Nous arrivâmes ainsi au fort Cafarelli, dans l'enceinte des Arabes. Ce fort, ainsi que plusieurs autres, fut bâti par notre armée, lorsqu'elle était maîtresse de l'Égypte. A chaque pas, sur cette terre, nous verrons des témoins de la valeur et de l'énergie françaises. L'excellent ouvrage de M. le maréchal de Raguse, qui me servait de guide, m'expliquait sur les lieux même les grandes choses exécutées par nos glorieux soldats, sous la conduite de leur illustre chef.

Nous étions dans l'enceinte des Arabes, occupeé par de nombreux villages. Ces villages sont composés d'agglomérations de cases, formant des rues alignées. Rien de misérable comme ces pauvres cabanes, construites en boue séchée au soleil, où l'on entre par une ouverture basse et irrégulière. Le toit est fermé par une plate-forme en branchages et en terre. Au milieu des rues grouillent des enfants entièrement nus, rongés par la saleté et la vermine, et dont les yeux et la bouche sont dévorés par des mouches qu'ils n'ont pas le courage de chasser.

Les femmes ont les bras et les jambes nus. Leurs vêtements se composent d'une chemise de toile de coton bleu, fendue sur la poitrine, souvent en assez mauvais état, et d'une pièce de même étoffe qui couvre leurs cheveux tressés, et descend sur le dos et sur les épaules. Plusieurs ont des bracelets et des colliers en métal ou en verroterie, ainsi que des boucles d'oreilles et de nez. Souvent au lieu de la cloison du nez, c'est une seule narine qui est percée pour donner passage à un anneau. Elles ont toutes le front et le menton tatoués, la plupart ont le visage découvert; mais quelques unes portent sur le nez et la bouche une pointe d'étoffe brune, maintenue sur le front par un ornement en cuivre. Ces femmes, enlaidies par la misère et la saleté, sont cependant remarquables par la beauté et la régularité de leurs formes, par la distinction et la dignité de leur port et de leur taille. Elles ont les bras et les jambes parfaitement modelés; leur peau bien ferme est légèrement bistrée, cependant quelques unes sont blanches. Les hommes sont aussi parfaitement faits et bien musclés. Leur visage rappelle exactement les types des peintures et des sculptures égyptiennes; ils représentent bien les descendants des possesseurs primitifs de cette terre, où ils ne sont qu'esclaves. La couleur de leur peau varie du bistre au brun foncé et même au noir. Leur costume se compose d'une chemise ou blouse de cotonnade bleue, serrée autour des reins par une ceinture en corde, avec des manches larges et pointues, qu'ils retroussent et nouent derrière le cou; la plupart ont un caleçon en toile; ils sont coiffés d'un turban sale. Tout cela est en guenilles. Ces *fellahs* ont l'air très-misérables.

Autour de ces villages, on voit de grands bois de palmiers, dattiers. Dans le bouquet de feuilles longues et gracieusement courbées qui termine ces hautes tiges, pendent de nombreux régimes de couleur orange, chargés de grappes serrées de dattes encore vertes, à cette époque. Je retrouvai là ces chiens fauves, galeux, à oreilles droites, dont j'avais vu un si grand nombre dans les rues de Constantinople; mais Alexandrie en est moins encombré; ils ne sont pas méchants.

Nous avions déjà vu, à travers les palmiers, s'élever la colonne connue sous le nom de colonne de Pompée, qui se trouve sur une hauteur. Nous nous dirigeâmes de suite vers ce monument qui est d'un effet majestueux; c'est une colonne isolée, en granit rose, d'un seul morceau; le chapiteau est d'ordre corinthien; elle a quatre-vingt cinq pieds de fût et neuf pieds de diamètre. Pendant longtemps le vulgaire a donné à cet énorme monolithe le nom de colonne de Pompée; mais une inscription que l'on a découverte a établi sa véritable origine. Cette inscription grecque est très-frustre; on l'a obtenue en y appliquant du plâtre. Chateaubriand, rétablissant les lettres qui manquent et qui sont peu importantes, traduit ainsi cette inscription : « Au très-sage Empereur, protecteur d'Alexandrie, Dioclétien Auguste, Pollion, préfet d'Égypte. » Le nom du préfet n'a plus sur le granit que les deux premières lettres ΠΟ (PO), le reste manquant. On en aura probablement fait ΠΟΜΠΕΙΟΣ (POMPEIOS), et de là sera sera venu le nom de colonne de Pompée. Quoi qu'il en soit, l'inscription prouve qu'elle était dédiée à Dioclétien. La colonne était du reste bien plus ancienne, comme toutes celles que les Romains employaient, et qu'ils avaient enlevées à d'anciens monuments. Quelques auteurs, entre autres M. le duc Raguse, la supposent taillée en l'honneur d'Alexandre le Grand.

Sur le penchant de la colline de sable, au-dessus de laquelle s'élève cette colonne, s'étend un cimetière musulman assez misérable. Les tombes sont marquées par deux pierres debout, l'une à la tête, l'autre aux pieds. Dans quelques monuments de gens riches, ces pierres sont des espèces de pieux en marbre, couverts d'inscriptions en lettres dorées. La pierre de la tête est sculptée de manière à représenter la coiffure que, suivant son rang, le défunt portait de son vivant; sur chaque tombe s'élève un pied d'aloès. Nous avions vu également sur beaucoup de portes de maisons, de ces tiges pointues d'aloès. Elles sont là, pour écarter le mauvais œil, superstition qui n'existe pas seulement chez les Arabes, mais qu'on retrouve aussi en Italie.

Le long du cimetière, passe une belle route, large et droite, plantée d'acacias et de cyprès; il y a plusieurs de ces routes aux environs d'Alexandrie. On y est assailli par des bandes de mendiants qui vous accueillent par le cri de *cavadji, bakschisch!!!* (messieurs, l'aumône). Bakschisch signifie littéralement un cadeau. Tous ces malheureux ont, au reste, l'air fort doux.

La chaleur avait été très-forte dans la journée; elle était cependant tempérée par une brise fraîche, qui la rendait supportable. Le soir lorsque le soleil a perdu de son ardeur, on vient se promener sur la grande place. Les habits des Européens se mêlent avec les blouses des fellahs et les costumes turcs, les turbans de cachemire avec les chapeaux ronds. On y voit passer quelques dames turques; elles sont couvertes de la tête aux pieds par un ample manteau de soie noire, gonflé par l'air, et qui les fait paraître énormes; un voile blanc, retenu au front par une petite lanière blanche, leur cache le bas du visage. Le manteau ouvert laisse voir leur *haïk* en mousseline, sur un large pantalon de couleur tranchante, qui descend jusqu'à leurs *babouches* de peau jaune.

Dans les rues adjacentes à la grande place, on voit de pombreux cafés devant lesquels on se tient, pour respirer la brise du soir. Ces rues et cette place sont bordées de maisons à l'européenne, avec des boutiques, comme dans nos villes. Les enseignes, ainsi qu'une quantité d'annonces et d'écriteaux, sont en italien et en français. Ces deux langues sont à peu près les seules qu'on parle parmi les Francs. Dans ce quartier de la ville, on se croirait plutôt à Marseille ou à Livourne, que dans une ville Égyptienne.

Après le coucher du soleil, l'obscurité arrive presque subitement, et l'air se charge d'une si grande humidité qu'en restant dehors on est tout mouillé, en très-peu de temps. C'est alors qu'on rentre pour dîner. A la table d'hôte, nous trouvâmes Clot-Bey, qui attendait le départ du bateau, pour retourner en France. M. le docteur Clot, médecin français, élevé par Mehemet-Aly à la dignité de bey (correspondant au grade de colonel), est l'organisateur du service médical en Égypte. C'est lui qui a fondé l'école d'Abou-Zabel, près du Caire, où l'on donne à de jeunes arabes l'éducation médicale complète. Il en sort des médecins et des chirurgiens d'une capacité bien supérieure à ce qu'avaient produit jusqu'alors les pays orientaux. Ils sont répartis dans les différentes provinces, suivant les besoins. Clot-Bey, tombé à peu près en disgrâce depuis l'avénement d'Abbas-Pacha à la vice-royauté, quitte définitivement l'Égypte, après vingt-cinq ans de service. Au reste le vice-roi lui fait une pension de retraite assez considérable, reversible en partie sur la tête de son fils aîné.

L'inconvénient d'un gouvernement complétement absolu, comme celui de l'Égypte, c'est que tous les progrès reposent sur la tête d'un homme. Mehemet-Aly, né en 1769 dans une petite ville de Roumélie (la Cavalle), parti des grades inférieurs, sans éducation, après s'être fait distinguer par son intelligence et son génie, est arrivé au pachalik d'Égypte en 1806. Il vit de suite le parti qu'on pouvait tirer de ce pays. Après s'être débarrassé des Anglais qui, inquiets d'un établissement qui pouvait gêner leurs projets d'envahissement, avaient dirigé une expédition contre Rosette, il fit massacrer les mamelucks, dont l'existence était incompatible avec la solidité de son pouvoir. Cette milice indisciplinée était depuis longtemps maîtresse de l'Égypte. Le sultan n'y avait qu'une autorité nominale. Le pacha qu'il y envoyait ne jouait qu'un rôle insignifiant, bienheureux lorsque sa vie n'était pas mise en danger. Les beys des mamelucks gouvernaient réellement le pays, ou plutôt le pressuraient de la manière la plus odieuse.

Mehemet-Aly, délivré de ces redoutables adversaires, étendit sa domination dans le Sud, en Nubie, dans le Sennaar, dans le Kordofan. Il détruisit aussi les Wahabites, secte de prétendus réformateurs musulmans, qui s'étaient emparés de la Mecque et de l'Hedjaz; il conquit ce pays au nom du sultan. Déjà il avait commencé l'exécution de ses vastes plans de réforme, avec cette fermeté de résolution, cette inflexibilité de volonté qui formaient le fond de son caractère. Cet homme de génie avait attiré près de lui, de différents points de l'Europe, mais surtout de la France, les hommes les plus capables de l'aider dans son œuvre, et que son coup d'œil si sûr avait su distinguer. Des canaux avaient été creusés, des manufactures s'étaient élevées de toutes parts, des écoles avaient été fondées. Ce sol si fécond, qui jadis était le grenier du monde, mais abandonné en partie, par suite des déprédations des mamelucks et des bédouins, et de l'indolence des fellahs, avait été ramené à son entière culture. L'Égypte avait changé de face. D'un autre côté, une flotte importante avait été construite; une armée forte et bien exercée avait été formée sous la direction de Soliman-Pacha, avec l'aide d'instructeurs européens.

Le pacha se sentit enfin de force à s'attaquer au colosse vermoulu de l'empire ottoman. Déjà la Syrie était en sa possession, et son armée avait prouvé à la bataille de Nezib les progrès qu'elle avait faits en tactique, sous les professeurs français. Ibrahim, le fils de Mehemet, était déjà sur la route de Constantinople. Malheureusement ces projets ne s'accordaient pas avec les idées ambitieuses de deux puissances, dont l'une voulait un pouvoir faible à Constantinople, et l'autre n'entendait pas que l'Égypte fût occupée par un prince trop puissant. Elles ne pouvaient donc laisser le pacha d'Égypte s'emparer du trône du sultan. Non-seulement l'armée égyptienne fut arrêtée, mais elle fut obligée d'évacuer la Syrie que, peu de temps auparavant, la Porte offrait au pacha, à titre viager. Et nos hommes d'État, qui avaient soutenu Mehemet, l'abandonnèrent lorsqu'il comptait sur l'appui de la France, sans toutefois que ce nouvel acte de faiblesse honteuse pût faire pardonner à notre gouvernement une prétendue velléité d'indépendance. Ses *bons amis* refusèrent de le recevoir dans le concert Européen Que la responsabilité du triste rôle que ce gouvernement nous fit jouer, dans cette circonstance, retombe sur ses auteurs !

Mehemet-Aly, restreint à l'Égypte qui lui était garantie à titre de vice-royauté héréditaire, sous la suzeraineté de la Porte, à laquelle il devait payer un tribut, porta tous ses efforts sur la continuation de ses réformes et de ses travaux. L'exécution du barrage du Nil, destiné à régler les inondations du fleuve et sa navigation, fut confiée à M. Mougel, ingénieur distingué de notre corps des ponts et chaussées, envoyé au pacha par la France. Ibrahim-Pacha, de son côté, seconda son père en établissant de nouvelles manufactures. On chassa les hordes de bédouins qui pillaient la haute Égypte; on détruisit les repaires de brigands qui rendaient ce pays impraticable, et maintenant on peut aller d'Alexandrie au Sennaar sans craindre la moindre attaque.

Beaucoup de voyageurs, d'après le bruit qui s'était répandu sur les améliorations obtenues par Mehemet-Aly, se sont attendus à trouver en Égypte une véritable civilisation, et ont ensuite dirigés d'injustes attaques contre cet homme de génie. Certes il s'est souvent trompé; il a été quelquefois dupe d'aventuriers, il a fait bien des essais infructueux, disons même mal ordonnés. Il faut cependant se rappeler avec quels éléments ce prince s'est mis à l'œuvre. Il avait à opérer sur une nature inculte, sur un peuple sauvage, sans industrie, sans connaissances, sans organisation. Lui-même n'avait pas l'instruction nécessaire, pour se diriger seul ; il ne savait même pas la langue du pays, ni aucune langue franque, et ne parlait que le turc. Enfin, il avait tout à créer, et son génie seul l'a guidé. Il a, du reste, profité des idées que l'expédition française avait suggérées, et des germes que nous avions déposés dans ce pays. Que l'on compare l'Égypte actuelle avec l'Égypte telle que nous l'avions trouvée en 1798 ! Il est malheureux que Mehemet-Aly ait commencé à un âge trop avancé.

Depuis deux ans environ, le flambeau qui animait cette haute intelligence s'était éteint; le vice-roi, quoique n'étant pas encore dans un âge très-avancé, avait perdu l'usage de ses facultés morales. Il fut donc obligé d'abandonner le gouvernement à son fils Ibrahim-Pacha, son bras droit, qui s'était illustré dans les guerres contre les Turcs. Malheureusement ce prince était déjà atteint d'une lésion pulmonaire qui ne lui permit pas de continuer longtemps l'œuvre de son père. Il essaya inutilement des eaux thermales des Pyrénées, et du climat tempéré de l'Italie, où il mourut.

En Orient, la succession n'a pas lieu en vertu de l'hérédité directe. C'est le plus âgé de la famille qui en devient le chef. Le titre et le pouvoir de vice-roi revinrent donc à Abbas-Pacha fils de Tossoun frère aîné d'Ibrahim, mort depuis longtemps. Ce petit fils de Mehemet-Aly avait alors environ quarante-quatre ans; il se trouvait plus âgé que son oncle Ssaid-Pacha, dernier fils de Mehemet-Aly, et que ses cousins les enfants d'Ibrahim. L'avénement d'Abbas est un malheur pour l'Égypte. Ce prince, loin de suivre les traces de son grand père, ne tend qu'à rétrograder. Les grands travaux si importants pour ce pays ont été arrêtés; les écoles désorganisées. Les hommes éclairés que le *grand pacha* (c'est ainsi qu'on désigne Mehemet) avait appelés près de lui ont perdu toute leur influence. Abbas-Pacha a été de suite se mettre entre les mains de la Porte, à l'obéissance de laquelle Ibrahim méditait depuis longtemps de se soustraire; et le suzerain, qui ne veut pas un vassal puissant, en a profité pour diminuer l'autorité du vice-roi, en attendant qu'il puisse la ramener à celle d'un pacha ordinaire. Une partie de l'armée à déjà été licenciée. Ce prince sans instruction, sans capacité, sans intelligence, ne s'occcupe uniquement que de ses plaisirs et de la satisfaction de ses bizarres caprices. Tout l'argent qu'il arrache aux malheureux habitants est employé pour son usage personnel; et l'avenir de son État l'intéresse peu.

Quant à Mehemet, il a vécu encore quelque temps, à Alexandrie, qu'il avait toujours affectionnée. Il vient de mourir, regretté de tous, surtout des compagnons de ses travaux, pour lesquels il avait toujours quelques paroles bienveillantes, même lorsque son esprit s'était obscurci. On entend partout cette exclamation. *Ah! du temps du grand pacha!* Le peuple dans sa reconnaissance plus familière, s'écrie : *Si ce pauvre vieux revenait!!!*

Nous étions dans la lune de *Ramadan*. C'est, comme on sait, le temps de jeûne des mulsulmans. Pendant tout ce mois, ils ne peuvent manger, ni boire, ni même fumer depuis le lever jusqu'au coucher du soleil. Aussi le soir, au coup de canon qui annonce la levée de l'interdit, ils se dédommagent. Il en résulte que toute la nuit on est réveillé par le bruit des jeûneurs et les aboiements des chiens. On est d'ailleurs tourmenté par les cousins, dont les moustiquaires garantissent difficilement. Quand l'ennemi, par une issue quelconque, est entré dans la moustiquaire, il a alors tout le temps et la facilité nécessaire pour sucer le sang du malheureux patient.

Le 12 était un dimanche. Dès l'aube du jour on entend les cloches. Dans cette ville musulmane, on sonne l'*angelus* et on carillonne la messe. En Égypte, les sectateurs de l'islamisme n'ont pas le fanatisme intolérant, ordinaire à leurs coreligionnaires : ils sont très-bienveillants pour les francs; aussi, chrétiens et mahométans vivent en parfaite intelligence. Il y a une grande église catholique avec une belle coupole, mais elle n'était pas encore achevée. On disait la messe dans une chapelle attenant au couvent des Franciscains. Dès cinq heures du matin, on était en mouvement. C'est, au reste, l'heure à laquelle on sort ordinairement, pour profiter de la fraîcheur. On rentre dans la journée, pendant la grande chaleur, et on se repromène le soir. Toute la population chrétienne était dehors, à pied, à âne, ou en voiture; on voyait passer beaucoup d'élégantes européennes. Sans le climat, le ciel et quelques figures de fellahs et de Turcs qui passent çà et là, plus quelques têtes de chameaux dominant la foule, on se croirait dans une de nos villes d'Europe. En effet, Alexandrie, et surtout le quartier-franc, renferme, outre le personnel consulaire déjà assez nombreux, une grande quantité de familles européennes, négociants et autres, qui y ont fixé leur résidence. Il y a beaucoup de société; c'est ce qui fait que le dimanche y est fêté, comme chez nous, au point qu'on oublie qu'on est chez les musulmans, qui d'ailleurs paraissent très-bien habitués à cela. Outre les européennes, on remarque aussi, en toilette de dimanche, beaucoup de dames costumées à l'orientale. Ce sont des chrétiennes indigènes ou des Grecques.

Tous les consuls avaient arboré leur pavillons nationaux sur les consulats; et comme il y en a à Alexandrie de tous les États commerçants, le quartier était tout pavoisé. Nous remarquâmes nos couleurs françaises sur un des plus beaux édifices de la grande place.

Nous profitâmes aussi de la fraîcheur du matin, pour continuer nos explorations. La ville d'Alexandrie, qui a la forme d'un T, est formée de l'ancienne île de Pharos, ainsi nommée à cause du célèbre phare bâti sur cette île par Ptolémée Soter. Il la réunit à la terre ferme par une chaussée qui s'est considérablement élargie par suite des atterrissements successifs. Les deux bras de l'île forment deux ports séparés par l'isthme. Le port de l'Est, nommé le Port-Neuf, exposé aux vents d'est et de nord, est peu fréquenté; il n'est abrité que par un môle, à l'extrémité duquel est le fort du phare, surmonté d'un fanal qu'on allume toutes les nuits. Le port de l'Ouest, ou Port-Vieux, est très-vaste, très-profond et très-sûr. C'est ce dernier qui contient la flotte et presque tous les bâtiments qui viennent à Alexandrie.

Sur la presqu'île on voit le palais du vice-roi, l'arsenal et plusieurs établissements publics. Le palais est à la pointe ouest. Sa façade, d'un effet assez grandiose, ornée d'un portique à colonnes, est fort belle. Non loin est l'arsenal, où pourrissent des amas de bois de construction; il y a là un puits d'eau douce, où des femmes viennent puiser. Ces femmes, à la taille droite et souple, avec leur urne à forme antique sur la tête, avec leur chemise bleue dont les plis se drapent bien sur leur corps si bien modelé, ressemblent à ces belles caryatides que nous a léguées le ciseau grec. Elles se font remarquer par l'aisance et la dignité de leur démarche, et par la grâce de leurs mouvements. Outre le vase qu'elles ont sur la tête, elles portent souvent une autre petite urne sur la paume de la main renversée. Elles viennent d'un grand village situé sur le bord de la mer, du côté du Port-Neuf.

Devant le palais est une place, avec une allée plantée d'arbres ; une rue large part de cette place et divise l'isthme occupée par la ville turque ; on trouve dans ce quartier un cachet plus oriental. Il y a quelques belles maisons de gens riches, bâties en pierre, avec des fenêtres fermées par une grille en bois, découpée à jour, formant des dessins élégants. Les femmes peuvent ainsi regarder dans les rues, sans être vues. Il y a un assez grand nombre de mosquées, dont quelques unes sont d'une architecture remarquable ; on y voit des coupoles finissant en pointe, d'une forme originale. Les minarets ne sont pas élancés comme à Constantinople ; ce sont des tours peu élevées, ornées de guillochures. Des colonnes, des fragments de statues, ou d'autres débris de l'antiquité égyptienne servent de matériaux dans les constructions d'une foule de maisons.

On traverse les bazars qui n'ont rien de remarquable, et on rentre dans le quartier franc qui occupe le reste de l'isthme et une partie de la terre ferme, sur laquelle il s'étend chaque jour davantage.

Au bout de la grande place, on suit, le long du Port-Neuf, une belle route plantée d'arbres ; on arrive aux deux obélisques connus sous le nom d'aiguilles de Cléopâtre. Ce sont deux obélisques de granit rouge, apportées d'Héliopolis à Alexandrie, sous les Ptolémée : l'un d'eux est de l'époque du roi Mœris. Ces deux beaux monolithes ont une soixantaine de pieds de hauteur, et portent des inscriptions hiéroglyphiques. Ils sont sur le bord de la mer : un seul est debout, l'autre est couché et à demi enterré dans le sable. Ce dernier a été donné aux Anglais qui ont reculé devant les difficultés du transport. Près de là des femmes fellahs font sécher au soleil des galettes de fiente de chameau, qui leur servent de combustible.

Après le quartier franc, vient un grand espace de terrain, où se trouvent quelques maisons de campagne, des jardins, des villages de fellahs. Cet espace qui occupe la terre ferme, se nomme l'enceinte des Arabes. Elle est entourée, vers la terre, d'un rempart bastionné, flanqué de plusieurs forts, dont deux, les forts Cretin et Cafarelli, ont été construits par l'armée française. Alexandrie a, dans son enceinte, une surface très-étendue; la population peut monter à cinquante mille âmes environ.

Les différentes portes sont gardées par des postes de soldats. Ces soldats égyptiens ont le costume oriental; la veste, la ceinture, la culotte large et les guêtres sont blanches; ils ont le tarbousch ou bonnet rouge pour coiffure. Leur fourniment est la buffleterie en croix, et ils sont armés de fusils à silex, comme autrefois en Europe. En sortant par la porte de Rosette, on arrive au cap Lokias, où se trouve le Pharillon. On y voit plusieurs sortes de constructions romaines; c'est de ce côté que s'étendait l'ancienne Alexandrie. Nous vîmes près de là des tombereaux dans lesquels on transportait de la terre. Je remarquai ce fait, parce que, en Orient, tous les transports se font à dos de bêtes de somme. Une ligne télégraphique part de là pour communiquer avec le Caire qui, lui-même, communique ainsi avec Suez.

A l'angle opposé de la ville, près de la colonne de Pompée, se trouve le port d'embarquement du canal Mahmoudieh, qui joint le Nil à la Méditerranée. De l'autre côté, on voit un grand espace en partie rempli d'eau; c'est le lac Marœotis, qui servait autrefois à recevoir le trop plein des eaux du Nil. Maintenant il est à sec la plus grande partie de l'année. Le port est couvert de barques qui déchargent des marchandises. Le prolongement du canal dans la ville forme un autre port, bordé de grands magasins.

Nous allâmes rendre une visite au gérant du consulat général, M. Benedetti, qui faisait l'intérim, en attendant l'arrivée de M. Lemoine, nouvellement nommé à ce poste, et précédemment consul à Lima. Du temps de Mehemet-Aly, les consuls généraux résidaient à Alexandrie. Abbas-Pacha ne quittant plus le Caire, le consul général habite maintenant cette ville. Les bureaux sont cependant restés à Alexandrie pour le service du commerce. Les fonctions des consuls généraux dans ce pays en font de vrais agents diplomatiques, de sorte qu'il est urgent qu'ils suivent toujours le souverain dans ses résidences. M. Benedetti nous reçut avec cette amabilité qui le distingue; habitant depuis longtemps l'Égypte, où il a été élève consul, et consul au Caire, il est parfaitement au courant de ce qui concerne ce pays. Il venait d'être nommé consul à Malte; mais on espérait qu'il reviendrait en Égypte, en qualité de consul général. Il a épousé la fille de M. d'Anastasi, consul de Suède, et établi depuis bien des années en Égypte. M. Benedetti, Corse de naissance, est à moitié Égyptien par ses habitudes et ses alliances. Il était venu passer quelques jours à Alexandrie; mais il allait retourner au Caire, où nous aurons grand plaisir à le revoir. Le soir nous vîmes passer sur la place un breack élégant, attelé de huit chevaux menés à grandes guides, avec deux postillons en Daumont, vêtus d'une livrée rouge et or, avec le tarbousch. Cet attelage tout européen appartient à Saïd-Pacha, fils cadet de Mehemet-Aly.

CHAPITRE IV.

D'Alexandrie au Caire.

Le 14 août nous devions quitter Alexandrie, pour nous rendre au Caire. Un omnibus de l'hôtel était chargé de conduire les voyageurs au port d'embarquement du canal Mahmoudieh, tandis qu'un chariot y transportait les bagages. Le pacha a organisé un service de transit pour opérer les transports de la Méditerranée à la mer Rouge. Des bateaux sont établis à cet effet sur le canal et sur le Nil, ainsi que des voitures sur la route du Caire à Suez.

Il y a, par mois, quatre départs des bateaux. Deux correspondent avec la malle des Indes, dont ils complètent le service; les deux autres départs ne servent que pour les communications entre Alexandrie et le Caire. Un pacha est chargé de la direction de cette administration. La plupart des employés dans les bureaux du transit sont européens; beaucoup parlent anglais, leur service les mettant principalement en rapport avec les voyageurs des Indes. La veille, nous avions retenu et payé nos places, après exhibition de nos passeports. Le prix de la place d'Alexandrie au Caire est de 300 piastres, ou 75 francs, nourriture comprise, sans le vin.

La navigation se fait sur le canal, au moyen d'une allége remorquée par un tout petit bateau à vapeur, quelquefois par des chevaux. Les places de première classe sont en bas, dans une chambre étroite et incommode. Nous étions assez nombreux, de manière que nous avions peu d'espace libre. Ce qu'on a de mieux à faire alors, c'est de rester assis sur sa banquette, devant la table qui est toujours servie. En effet, suivant la mode anglaise, à peine un repas est-il fini, qu'on en recommence un autre; on ne fait que manger. La cuisine est du reste assez bonne. Les passagers étaient des négociants ou des banquiers d'Alexandrie ou du Caire. L'arabe, l'italien et le français étaient les langues qu'on parlait tour à tour. Un Maltais, employé du transit, et chargé de la comptabilité et de la conduite du voyage, était avec nous. Les passagers de deuxième classe sont sur le pont; ils n'ont pas de tente, et restent exposés sans abri à l'ardeur d'un soleil brûlant. Nous y montions aussi de temps en temps, pour mieux voir les rives du Nil; nous avions, au reste, une fenêtre dans la chambre.

Nous étions à bord à huit heures du matin. Peu de temps après, nous naviguions sur le canal Mahmoudieh. En sortant d'Alexandrie, les bords sont charmants, plantés de beaux sycomores. De distance en distance on voit des villages et de jolies maisons de campagne. Le canal suit d'abord une langue de terre étroite entre le lac Mariout (jadis le Marœotis) et le lac Madieh. Ce dernier est presque entièrement desséché, et ne présente qu'une immense plaine de sable. C'est cette langue de terre que les Anglais coupèrent, à deux époques différentes, pour faire arriver la mer dans le lac Marœotis, par le Madieh, qui alors communiquait à la mer, et isoler ainsi Alexandrie. Mehemet fit refaire cette digue, et en fit construire une autre qui sépare le lac Madieh de la mer.

Le canal Mahmoudieh a été creusé, par ordre de Mehemet-Aly, en très-peu de temps. Une masse énorme d'ouvriers y fut employée; c'est ce qui a donné naissance à cette quantitée de villages de fellahs qu'on voit aux environs d'Alexandrie. Ce canal, qui établit la navigation directe d'Alexandrie au Nil, et sert à l'arrosement des terres, fait de grands détours dont on ne s'explique guère le motif dans un pays sans accidents de terrain.

Les bords du canal sont très-animés. De nombreuses *sakies* envoient l'eau fertilisante dans des champs maintenant verts, bien cultivés et plantés d'arbres. Les sakies sont des roues garnies de pots que fait tourner un engrenage assez rustique mu par des bœufs; elles servent à déverser dans des rigoles l'eau qu'elles puisent dans le canal. De place en place sont les habitations des fellahs cultivateurs. Des bandes d'enfants tout nus clapottent dans l'eau, comme des canards, tandis que les femmes s'occupent du ménage et aident leurs maris dans les travaux agricoles. De nombreux troupeaux de chèvres, des bestiaux, des chameaux paissent çà et là; des buffles plongés dans l'eau ne laissent voir que leurs mufles noirs. Ce que ces tableaux champêtres pourraient avoir de gracieux partout ailleurs disparaît surtout devant la misère de ces pauvres fellahs et la brutalité avec laquelle ils sont traités par leurs dominateurs.

Le canal est couvert de barques de toutes formes et de toutes grandeurs, radoubées avec de la boue, et qui servent à transporter les denrées. Lorsque le vent ne suffit pas, les hommes s'attèlent à une corde, et tirent le bateau; ils se mettent alors entièrement nus. Leur peau d'une couleur chocolat, leur tête rasée, à l'exception d'une longue touffe de cheveux natée sur le sommet de la tête, leur donnent alors l'air de vrais sauvages. L'arrivée de notre bateau était un sujet de terreur pour eux. En effet, lorsqu'une de leurs barques venait à embarrasser le passage, les pierres et les morceaux de charbon tombaient sur ces malheureux paysans. Quelquefois même les hommes de notre équipage, fellahs eux-mêmes, sautaient dans la barque qui ne se rangeait pas assez vite, et frappaient à coups de courbache ceux qui s'y trouvaient. Je vis aussi, avec dégout, bâtonner un vieillard dont l'embarcation avait rencontré la nôtre. Ces malheureux se jetaient à l'eau pour éviter les coups, et fuyaient de toutes parts.

Les fellahs sont intelligents, sobres, vigoureux. On pourrait en tirer un bon parti, par l'éducation et les bons traitements: mais les Turcs craignent que s'ils sortaient de l'état d'ignorance et de servilité où ils sont plongés, il ne leur vint à l'idée de chasser leurs maîtres, après avoir reconnu leur force. Ce sont les anciens possesseurs de cette terre ; mais il y a bien des siècles qu'ils sont à l'état de peuples conquis et opprimés. Les révolutions se sont succédé, les gouvernements ont passé, sans que leur condition ait été améliorée. On leur reproche leur paresse ; il faut penser que leur travail est toujours improductif pour eux. Ils sont depuis nombre d'années habitués à voir le produit de leur labeur devenir la proie des pillards mamelucks et autres, qui ont été leurs maîtres.

Maintenant le pacha est propriétaire de toutes les terres, en Égypte, ainsi que de toutes les manufactures ; il a le monopole du commerce. Les habitants sont employés aux travaux pour lesquels on les désigne, et qu'on leur fait exécuter de force. Les produits sont versés dans les magasins du vice-roi. Cela rappelle un peu le monopole, base de certaines utopies proposées sérieusement par un de nos prétendus économistes, pour l'administration de la France. Il est certain que si l'on venait à mettre à exécution les rêveries absurdes de nos réformateurs sociaux ou socialistes, nous pourrions arriver à un état tel que le sort des fellahs serait encore digne d'envie.

Ce monopole s'explique cependant ici par la position de l'Égypte. Lors de l'avénement de Mehemet, les habitants se contentaient de cultiver la portion de terrain srtictement nécessaire aux besoins de leurs familles. Il n'était pas question d'industrie, de manière que la plus grande partie de ce sol si riche restait improductive. Le coton, le sucre et autres denrées précieuses y étaient inconnus. Mehemet-Aly, voulant rendre à l'Égypte toute sa valeur, a dû s'emparer de toutes les terres, et forcer ainsi la culture et l'industrie qui se sont trouvées dirigées suivant ses ordres. Les fellahs ont profité de l'abondance qui en est résultée dans le pays. Une part des produits leur est accordée, et ils en jouissent paisiblement depuis que la sécurité est rétablie et qu'ils ne craignent plus les pillages des mamelucks ou des bédouins.

Si Mehemet-Aly avait vécu plus longtemps, leur position aurait été probablement en s'améliorant. Les impôts, qui pèsent encore sur eux d'une manière tout arbitraire, auraient été régularisés; peut-être même aurait-il compris l'avantage qu'il y aurait eu à encourager ceux de ces hommes qui se font remarquer par leur intelligence, en leur donnant de l'avancement, et en changeant leur sort. Au lieu de cela, les fellahs, quelques services qu'ils rendent, restent toujours ce qu'ils sont et ne peuvent espérer ni grades, ni même une solde proportionnée aux services qu'ils peuvent rendre. Ibrahim pacha surtout s'est toujours opposé à ce qu'il en fût autrement. Aussi quelques-uns d'entre eux ont quitté leur patrie, et ont trouvé en Europe la fortune qui leur était refusée chez eux. Malheureusement l'éducation de ces hommes abrutis ne peut se faire que progressivement; et, dans l'état actuel des choses, on est obligé, pour obtenir l'obéissance nécessaire, d'employer des moyens qui répugnent, mais qui sont les seuls qu'ils comprennent.

Vers cinq heures du soir, nous arrivâmes à Atfieh, village assez important établi à la prise d'eau du canal. Une écluse à sas, bien organisée, fait communiquer le Mahmoudieh dans le Nil. A l'entrée nous attendait un bateau à vapeur égyptien sur lequel nous devions être transbordés.

En sortant du canal, une grande étendue d'eau se présenta devant nous, se précipitant avec rapidité. C'était le père nourricier de l'Égypte; c'était le Nil lui-même, qui, à cette époque de l'année, arrivé à un point assez élevé de sa crue, emportait avec lui le limon fertilisant qu'il dépose, dans sa course, sur les champs égyptiens, et qui lui donne une couleur rougeâtre. Ce n'était encore là qu'une des branches du Nil (celle de Rosette), et cependant on était déjà saisi de l'aspect majestueux de ce fleuve que les anciens avaient divinisé. Que de souvenirs réveille ce fleuve célèbre qui arrosa Thèbes, Memphis, et fut témoin des premiers efforts de la civilisation humaine; qui vit ensuite Moïse emmenant de l'Égypte le peuple de Dieu, pour en faire la première assise de l'édifice de notre religion!

On sait qu'en Égypte, où il pleut rarement, toute fertilité dépend de l'inondation annuelle du Nil. Ce fleuve, grossi par des pluies abondantes tombées en Abyssinie, sort de son lit, et se répand dans toute la vallée d'Egypte qui, jusqu'au

Caire, est resserrée par deux chaînes de montagnes peu élevées. A quelques lieues au-dessous du Caire, au point dit le *Ventre de la Vache*, le Nil se divise en plusieurs branches, dont il ne reste guère maintenant que celles de Rosette et de Damiette, par lesquelles il se jette à la mer, en formant par ses atterrissements un triangle ou delta, qui est la Basse-Égypte, et qui se trouve aussi couvert par l'eau, lors de l'inondation. Les eaux entraînent avec elles des matières terreuses enlevées à l'Abyssinie, qu'elles déposent sur les terrains qu'elles ont arrosées. Toute la Basse-Égypte a été formée par ces dépôts. Le lit du fleuve et ses bords, par la même raison, vont toujours en s'exhaussant. Des canaux et des rigoles répandent cette eau bienfaisante sur tous les champs. On l'y porte au moyen de *sakies* ou de *chadoufs* (seaux de cuir à bascules) qui servent à l'élever.

L'inondation commence à se faire sentir vers le mois de juin ; la crue est au maximum à la fin de septembre. Le fleuve baisse ensuite et est rentré tout à fait dans son lit au mois de décembre. Les terrains qui n'ont pas eu leur part de l'inondation sont frappés de stérilité, et deviennent des plaines de sable, ou le désert. Au XVe siècle, un Portugais, Albuquerque, voulut détourner le Nil. Il détruisait ainsi l'Égypte, et la réduisait à l'état de désert. Heureusement son projet ne fut pas suivi d'exécution.

Notre bateau à vapeur était bon et bien installé ; tout l'équipage, y compris le capitaine, et même le mécanicien, étaient égyptiens. Les domestiques seuls étaient européens. Nous avions le pavillon turc (avec l'étoile et le croissant blancs sur le champ rouge). Nous partîmes à cinq heures et demie. Sur la rive opposée est Foueh, ville assez importante, où il y a des manufactures ; elle fait un très-joli effet. Les bords du Nil sont charmants ; ils sont bien verts, et égayés par de nombreux villages entourés d'arbres et surtout de bois de palmiers qui sont d'un bel aspect, vus en masse. Le Nil, assez avancé dans sa crue, formait une magnifique nappe d'eau, au milieu de laquelle des villages et des champs sont comme des îles réunies par des chaussées. Le fleuve fait de nombreux détours, ce qui contribue à varier le paysage.

Nous rencontrâmes beaucoup de barques. Elles portent une espèce de voile latine, mais beaucoup plus allongée, plus effilée et plus gracieuse que celles de la Méditerranée. Ces voiles sont en toile de coton blanche. Quelques bateaux ont deux voiles qui se croisent, ce qui leur donne l'air de gigantesques oiseaux aux ailes blanches. Le soir nous admirâmes un magnifique coucher de soleil. Rien n'est beau comme le ciel d'Égypte à ce moment. Les tons les plus chauds s'y nuancent dans une dégradation de couleur d'une finesse extrême. Les minarets blancs paraissent comme des fantômes, tandis que les touffes de palmiers ne présentent plus que des masses noires. Une lueur, légèrement rougeâtre, persiste encore à l'occident, pendant qu'à l'orient la voûte céleste se couvre déjà de brillantes étoiles. Ces nuits sont splendides.

Le matin, nous commençâmes à voir les hauteurs de la chaîne Lybique qui forme la muraille occidentale de l'Égypte. De ce côté, on aperçoit de grands espaces de sables qui approchent quelquefois du Nil; c'est là ce qu'on appelle le désert. La rive orientale de la branche de Rosette offre au contraire une immense plaine toute cultivée; c'est le Delta.

Tout à coup, près de Ouardan, apparurent dans le lointain, à travers une légère brume causée par la chaleur, des montagnes quadrangulaires d'une forme extraordinairement régulière. Il y en avait deux grandes et une petite. Ces montagnes, c'étaient ces pyramides qui, depuis tant de siècles, défient les outrages du temps; ces pyramides qui rappellent une des pages de gloire de l'armée française, et qui ont donné leur nom à la bataille qui nous rendit maîtres de l'Égypte. A mesure qu'on s'en approche, elles grandissent et prennent une forme plus régulière et plus monumentale.

Nous passâmes au Ventre de la Vache, où le Nil se divise. C'est là que sont les travaux du barrage du Nil; ce projet favori de Mehemet-Aly, dont l'exécution est confiée à notre habile compatriote, M. Mougel. La plupart des piles sont déjà hors de l'eau sur toute la largeur. Nous voguions alors en plein Nil, et le fleuve était dans toute sa majesté.

De loin, nous aperçûmes de nombreux minarets et des coupoles étincelantes, le mont Mokattam, les belles allées de

Choubra. C'était le Caire qui était près de nous. Enfin, à dix heures, nous arrivâmes le long du quai de Boulacq, qui est le port du Caire. Nous étions en avance; on ne nous attendait qu'à deux heures, de manière que les omnibus, qui emmènent ordinairement les voyageurs au Caire, n'étaient pas là. Nous chargeâmes donc nos bagages sur un âne, nous en enfourchâmes d'autres, et nous suivîmes une fort belle route plantée d'acacias et de sycomores, qui nous mena au Caire, situé à une lieue environ de Boulacq.

Nous traversâmes la belle place de l'*Esbekieh*, et nous arrivâmes à l'hôtel d'Orient tenue par M. Coulomb, le propriétaire de l'hôtel où nous avions logé à Alexandrie.

CHAPITRE V.

Le Caire.

C'est donc le 15 août que nous fîmes notre entrée au Grand-Caire, dans la capitale de l'Égypte. Notre installation à peine faite à l'hôtel d'Orient, où l'on nous donna de jolies chambres meublées à l'européenne, avec fenêtres donnant sur la place de l'*Esbekieh*, nous nous lançâmes dans l'espace, malgré l'ardeur d'un soleil brûlant, pour parcourir cette cité célèbre, et saisir sa physionomie. A la porte de l'hôtel, nous fûmes assaillis par une multitude de gamins, possesseurs d'ânes, qui voulaient nous déterminer à enfourcher leurs montures. C'étaient des cris confus, un mélange de toutes les langues, chacun mettant en usage, pour nous séduire, les quelques mots de langue franque qu'il avait retenus : *Signor, un bon bourrico; Cavadja, andar con moi; Mylord, good baudet...* Ce n'est pas sans peine que nous nous fîmes jour à travers cette mêlée de *ouledi* et de bourriques. C'est du reste la scène qui se représentait chaque fois que nous sortions. En ville même, les âniers, du plus loin qu'ils nous voyaient, accouraient avec leurs montures, qu'ils mettaient en travers, pour nous forcer à les prendre. On est peu habitué à voir des habitants un peu aisés aller à pied. Pour faire cent pas, il leur faut un âne. Notre qualité d'étrangers, nouveaux débarqués et peu au courant des usages du pays, autorise seule ce qui est regardé comme une originalité de notre part. C'est donc à pied que nous faisions nos courses, à moins que leur longueur n'exigeât l'emploi d'une monture. Je trouve qu'on voit bien mieux ainsi, et qu'on est bien plus libre de ses mouvements.

Ici ce n'est point une ville cosmopolite, sans cachet particulier, comme Alexandrie; c'est une cité réellement orientale. Quoique le rhamadan donnât à la population un aspect plus sérieux, et ôtât beaucoup du mouvement ordinaire, il y avait cependant une grande foule dans les rues; des gens de tous les pays et de toutes les races se croisaient de tous côtés. C'étaient des Turcs, avec leurs larges culottes, leurs dolmans brodés, leurs ceintures de soie et leurs turbans de cachemire; des Arméniens revêtus d'un ample cafetan; des Persans au bonnet pointu en astracan; des Levantins coiffés d'un volumineux turban; des fonctionnaires portant le costume européen avec le tarbousch; des Coptes, leur écritoire dans la ceinture; des Grecs au long tarbousch; des Juifs reconnaissables à leur physionomie et à leur saleté; puis des fellahs; des Nubiens au teint foncé; des Abyssins; des nègres; des Arabes du désert, vêtus d'une chemise blanche, avec leurs ceintures garnies d'armes et leurs turbans blancs. Enfin, quelques Européens étaient mêlés dans la foule. Au milieu de tout cela circulaient des ânes, des chameaux, des voitures qui bousculaient tout ce monde, sans s'en inquiéter davantage. Au moment où vous vous y attendez le moins, vous vous sentez pousser violemment; vous vous retournez, et vous voyez en l'air, bien au-dessus de vous, se balancer majestueusement la tête d'un gigantesque chameau, qui avance gravement droit devant lui, sans se détourner pour vous.

Les rues sont plus propres qu'à Constantinople. Elles ne sont pas pavées, mais leur sol est bien uni et arrosé dans la journée, pour abattre la poussière que forme la grande sécheresse. Les arroseurs publics portent sur leur dos, au moyen d'une bretelle, une peau de bouc tout entière et remplie d'eau

Les ouvertures de cette peau sont cousues, à l'exception d'une des jambes de l'animal que cet homme tient dans la main, et avec laquelle il lance son eau dans la rue, et quelquefois sur les jambes des passants. Les rues sont généralement tortueuses ; il y a beaucoup d'impasses, de manière qu'on a souvent de la peine à se retrouver dans ce labyrinthe.

Les maisons sont assez élevées, et, dans quelques rues, des nattes s'étendent d'une maison à l'autre, de manière à garantir des rayons du soleil. La demi-obscurité qui en résulte, et à travers laquelle percent quelques rayons de soleil échappés par les trous des nattes, donne à ces rues quelque chose d'étrange, de mystérieux.

Il y a beaucoup de beaux édifices et des mosquées très-remarquables. Les murs de ces édifices présentent de larges raies horizontales, rouges et blanches alternativement. Le quartier Franc est traversé par une large rue nommée le Mouski où sont tous les marchands Européens. On y trouve des cafés, des libraires, des horlogers, des boutiques dans le genre de celles qu'on voit chez nous. C'est une rue toute européenne.

Cette rue nous ramena à la place de l'*Esbekieh*. L'Esbekieh était jadis un lac, presque à sec pendant une partie de l'année. Le Pacha en a fait un beau jardin, entouré d'une magnifique allée de sycomores, fort large, où l'on trouve toujours de l'ombre. Au centre de ce jardin, qui a la forme d'une moitié d'ellipse, se trouve un rond-point d'où part une étoile d'allées plantées d'arbres, qui vont rejoindre le chemin de ceinture. Un canal où arrive l'eau du Nil, sert d'enceinte. Un demi cercle de palais et de mosqués entoure en amphithéâtre cette promenade qui est une des plus belles qu'on puisse voir. C'est là que la société du Caire vient tous les soirs à la fraîche, attendre l'heure du dîner. C'est surtout le rendez-vous des Européens.

Nous avions une lettre pour un ancien officier français, M. Mari, né en Corse, qui, après avoir travaillé à l'organisation de l'armée égyptienne et servi comme aide-camp de Ahmet-Pacha dans la campagne de l'Hedjaz, a été chargé, par le vice-roi, de la direction de la police, principalement en ce qui concerne les Européens. Il a été élevé, par Abbas-Pacha, à la dignité de bey. Il demeure sur l'Esbekieh, et c'est ordinairement chez lui que la colonie française se réunit le soir, et vient fumer le chibouque et prendre le café. Mari-Bey nous reçut très-cordialement, en bon compatriote, et se mit de tout cœur à notre disposition, pour tout ce qui pourrait faciliter nos excursions.

L'hôtel d'Orient est le rendez-vous de tout ce qui arrive des Indes, d'Europe, de Syrie ou de Nubie. M. Coulomb, qui l'a fondé, est depuis longtemps établi en Égypte; il se trouvait alors en France. Son frère est chef des cuisines de son altesse le vice-roi. L'hôtel est tenu à l'européenne; on y est bien : le service y est bien fait; les domestiques sont Italiens, Levantins ou indigènes. Suivant l'usage oriental, on remplace les sonnettes en frappant dans les mains. Les repas sont assez bons. Le vin n'est pas compris dans le prix de 10 francs par jour. Au reste, je recommande l'eau du Nil qui est très-légère, très-saine et d'un goût excellent. On la met dans des bardaques ou goulehs, vases en terre poreuse, qui la maintiennent fraîche. Les Égyptiens disent que si Mahomet avait connu l'eau du Nil, il n'aurait pas voulu quitter la terre. Dans un pays aussi chaud que celui-là, cette eau est très-agréable. En effet, la chaleur est beaucoup plus accablante au Caire qu'à Alexandrie, où les brises de mer rafraîchissent l'atmosphère. Il pleut en hiver à Alexandrie, ce qui est très-rare au Caire.

M. le duc de Luynes avait remis à Charles une lettre pour Soliman-Pacha (Selves). Il demeure au Vieux-Caire, à une lieue environ du Caire. Nous prîmes donc un drogman ou cicerone pour nous y conduire. On nous donna un Français, nommé Olivier, brave homme plus que ne le sont ordinairement ces gens-là. Nous nous décidâmes aussi à accepter le service des ânes. Ces animaux sont de petite taille, de façon qu'on ne tombe pas de haut lorsqu'ils s'abattent, ce qui arrive souvent. Les selles sont épaisses et recouvertes de cuir rouge; un bourelet très-élevé par devant maintient le cavalier. Un gamin suit l'âne en courant, et le fait galopper. La location des ânes est d'un prix peu élevé; on en a un pour toute la journée, à raison de 7 à 8 piastres (la piastre vaut 25 cent).

Nous choisîmes donc ceux qui nous paraissaient les plus solides et dont le harnachement était le moins sale, et nous partîmes au galop. En sortant de la ville, nous entrâmes dans un vaste terrain qui autrefois n'était qu'une plaine de sable, mais qu'Ibrahim-Pacha a convertie en une série de jardins cultivés avec soin et plantés d'arbres de toutes espèces. Le tabac, le maïs, le coton, les légumes, les céréales; puis, les orangers, les grenadiers et autres arbres fruitiers, couvrent cette terre jadis inféconde. Des allées larges et bordées d'arbres déjà très-grands, tant la végétation a de force dans ces contrées, traversent les jardins et forment de belles routes. On y trouve le palais d'Ibrahim, sur le bord du Nil; il est habité par son fils aîné.

Au bout de ces plantations, sont des salpêtrières. On passe ensuite le pont du Khalig, ou canal qui conduit l'eau du Nil à travers le Caire, et ensuite dans les plaines qui sont au nord et qu'il arose. Un barrage ferme ce canal dans le temps des basses eaux. On ne coupe cette digue que lorsque la crue est assez forte pour que l'eau du Nil remplisse le canal. Cette ouverture se fait ordinairement en grande pompe, et est l'objet d'une des principales fêtes du Caire. La cérémonie avait eu lieu peu de temps avant notre arrivée; mais nous n'avions rien perdu: car, par suite de la mort de Mehemet-Aly, toute l'Égypte devait être en deuil pendant quarante jours, et, pendant tout ce temps, toutes les fêtes étaient supprimées. Cette année, la rupture de la digue n'avait donc été annoncée que par trois coups de canon.

A la prise d'eau du Khalig commence la ville du Vieux-Caire, l'ancienne Fostat du conquérant Amrou, qui a été dépossédée de son rang de capitale par suite de la construction du Grand-Caire. Ce n'est plus qu'une espèce de faubourg, composé d'une large rue qui longe le Nil, et où s'ouvrent plusieurs palais de personnages riches, qui ont choisi cette résidence plus gaie et plus saine que la grande ville. Soliman-Pacha occupe un des derniers palais du Vieux-Caire, entre la route et le Nil.

M. Selves est fils d'un propriétaire de moulins des environs de Lyon. Il a commencé par servir dans l'artillerie de la marine; puis il est entré comme sous-officier dans le 6ᵉ hussards, où il est devenu officier. Il a fait avec bravoure les principales campagnes de l'empire, tant dans ce corps que comme officier d'état-major et aide-de-camp de plusieurs généraux. La restauration le trouva capitaine. Il quitta alors le service ; mais son esprit actif ne pouvant s'arranger du repos, il alla offrir, en 1817, ses services à Mehemet-Aly qui s'occupait déjà de ses projets de réformes, et cherchait à se créer une armée ; il avait jugé de suite l'intelligence et le caractère de l'officier français ; il le chargea de former des troupes régulières.

M. Selves réunit alors sur la frontière de Nubie les débris des anciens mamelucks. Il ne fallut pas moins que toute la force de volonté et de persévérance dont il était capable, jointe à beaucoup d'adresse, pour surmonter les obstacles sans nombre qui surgirent dès qu'il voulut former à la discipline et aux manœuvres régulières ces hommes si éloignés de tout ce qui ressemble à de l'ordre ou à de la régularité. Sa vie même fut souvent mise en péril. Enfin, avec l'aide de quelques autres officiers européens, parmi lesquels était M. Mari, qui lui furent adjoints, il triompha de toutes les difficultés, et parvint à former un régiment parfaitement dressé et exercé suivant l'ordonnance française. Ce fut un noyau avec lequel on forma les autres régiments, en y répartissant, comme officiers et sous-officiers, ceux qui avaient les premiers reçus l'instruction. Il parvint ainsi à former une armée bien disciplinée, organisée à la française pour le service et les manœuvres.

C'est cette armée qui a conquis l'Hedjaz et qui, plus tard, a donné aux Turcs une preuve de l'avantage de la tactique, lorsque, dirigée par Ibrahim et Soliman, elle les a poursuivis jusque sur la route de Constantinople où la diplomatie seule a pu l'arrêter. Le soldat égyptien est d'ailleurs plus vif et plus intelligent que le soldat turc ; il est beaucoup plus militaire. Le maréchal de Raguse, juge aussi compétent que qui que ce soit en pareille matière, fait le plus grand cas des talents et de l'intelligence de M. Selves ; c'est, suivant lui, un homme supérieur. Il s'étonne que, n'ayant fait la guerre avec l'armée française que dans des grades subalternes, il soit arrivé par lui-même à deviner la grande guerre, et l'ait faite avec succès. Il le regarde enfin comme un général consommé. Ce jugement, d'un homme comme le maréchal, peut répondre aux attaques dirigées par des envieux contre Soliman-Pacha.

Il est fâcheux qu'une apostasie religieuse soit venue ternir ces brillantes qualités. Le rang de bey, les fonctions d'aide-de-camp, ne lui suffisaient pas. Il voulait avoir un commandement, ce qui ne peut être accordé à un chrétien. Il donna donc sa religion pour un *nischam de pacha*. Il se fit musulman et devint Soliman-Pacha, aujourd'hui major-général de l'armée égyptienne. Il a été longtemps chef d'état-major d'Ibrahim-Pacha, et c'est en cette qualité qu'il a suivi ce prince en France, où on le vit il y a quelques années. Il a un fils, Scander-Bey (les fils de pachas portent le titre de Bey), qui était au collége à Paris, sous la surveillance de M. le duc de Luynes, lequel avait voulu reconnaître ainsi la bonne hospitalité qu'il avait trouvée en Égypte auprès de Soliman-Pacha.

Nous trouvâmes le général reposant dans un pavillon qu'il fait arranger. Il nous reçut avec une franche cordialité, et nous fit toutes les offres de service possibles. Il pestait contre le rhamadan, qui l'empêchait de nous recevoir chez lui comme il l'aurait voulu. Je doute qu'intérieurement il soit meilleur musulman qu'il n'a été bon chrétien; il n'en était pas moins obligé, pour l'extérieur, de se conformer aux sévères prescriptions du jeûne. Malgré tout, il n'a pas oublié sa première, sa véritable patrie. Il aime beaucoup à voir des Français, et fait tout son possible pour leur être utile : tout son crédit est à leur disposition. Il est d'un caractère franc et généreux. Il a conservé les qualités du soldat français; il est très-gai, et on retrouve dans son langage les expressions pittoresques du hussard de l'empire. Il a près de soixante-dix ans, ce qui ne l'empêche pas d'être plein de vigueur et de vivacité. Sa physionomie respire encore l'intelligence et l'énergie. Ses cheveux gris, des rhumatismes et un peu d'obésité, sont chez lui les seuls indices de l'âge. Il est vêtu, comme les officiers turcs, avec une redingote bleue, le pantalon et le gilet blancs et le tarbousch. Il porte à la boutonnière la rosette d'officier de la Légion d'honneur, et au cou, suspendu à un ruban rouge, le nischam en diamants, qui est l'insigne de son grade.

Il nous fit voir son palais en détail; il est baigné par le Nil. La principale pièce est un salon pavé en mosaïque. Il est, comme tous les divans orientaux, exhaussé au-dessus du sol, et entouré de trois côtés d'un canapé très-bas, avec des piles de coussins. Les murs et le plafond sont couverts d'arabesques peintes; le fond est fermé par un vitrail de couleur qui donne sur le Nil. Cette pièce de réception est belle et de bon goût. La salle de billard, où il se tient souvent, ouvre sur un jardin, avec une terrasse baignée par le Nil. La vue est très-vivante et très-jolie; on voit passer une grande quantité de bateaux de toutes espèces. Vis-à-vis est l'île de Rhoda, garnie de fort jolies maisons. Dans une galerie qu'il fait décorer, au-dessus d'une porte, il a fait peindre ce qu'il appelle ses armes. Aux quatre quartiers on trouve : un moulin rappelant sa naissance, des attributs de marine, de cavalerie et d'état-major, indiquant les armes dans lesquelles il a servi; puis, brochant sur le tout, le croissant et la décoration de pacha. Il y a un poste d'infanterie à sa porte.

Son harem est dans un bâtiment situé de l'autre côté de la rue, de manière qu'il peut recevoir chez lui sans inconvénient. On sait, en effet, qu'aucun homme autre que le mari, le père, le frère et les eunuques, ne peut s'introduire dans le harem, qui est l'appartement des femmes. Depuis l'avénement d'Abbas-Pacha, Soliman a cessé d'être en faveur, et je doute qu'il goûte beaucoup le nouveau vice-roi, qui lui désorganise son armée. Au reste, il n'en conserve pas moins sa position et une fortune très-considérable qu'il a acquise sous Mehemet-Aly.

Près du Vieux-Caire est la mosquée d'Amrou, que le conquérant de l'Égypte, le général du calife Omar, fit bâtir dans le VIIe siècle. C'est une cour carrée, entourée sur les quatre côtés de galeries soutenues par des colonnes de marbre, qui diffèrent toutes par la matière, la forme des bases et des chapiteaux. Ces colonnes provenaient de monuments en ruines. Plusieurs sont réunies deux à deux. Suivant une tradition arabe, l'entrée du paradis est fermée à ceux qui ne peuvent passer entre deux de ces colonnes doubles, qui sont près de la porte. Cette mosquée est d'un bel effet. Elle avait beaucoup souffert d'un tremblement de terre; mais le grand pacha l'a fait restaurer; il y venait prier de temps en temps. Le pavé est couvert par des nattes usées que le gardien souleva pour nous faire passage; car il est défendu de marcher sur ces nattes autrement que pieds nus. Dans un angle est le tombeau d'Amrou, entouré d'une balustrade que nous ne pouvions dépasser. Cette mosquée est isolée et presque abandonnée. Elle est gardée par une famille arabe qui tire un petit revenu de la générosité des curieux; tout le monde peut y entrer.

Près de là, des collines de décombres indiquent les ruines de l'ancienne ville de Fostat. Un aqueduc, qui part du Vieux-Caire, conduit l'eau à la citadelle. L'espace compris entre le Caire et Fostat est occupé par un désert de sable et par des cimetières. En rentrant en ville par la porte *Karafeh*, on trouve une vaste place rectangulaire bien dressée, située au pied de la citadelle, et contiguë à la grande place *Roumeyleh*, sur laquelle on voit une porte flanquée de deux grosses tours, de style arabe, donnant entrée à la citadelle. Plusieurs mosquées donnent sur cette place, entr'autres celle de Hassan, remarquable par la hauteur de ses murs et par la magnificence d'architecture d'une de ses portes qui forme un enfoncement cintré, couvert d'arabesques sculptées et de stalactites. Les murs en sont soutenus par des pilastres très-ornés, et couronnés par une belle corniche qui règne tout autour du monument. Les minarets sont des tours octogones couvertes de guillochures. Ces bandes horizontales, blanches et rouges, que présentent tous les édifices, sont d'un aspect original, surtout de loin. De près, on ne voit qu'une peinture grossière appliquée sur des murs en pierre, tandis qu'à Constantinople ces bandes sont formées de marbres blancs et rouges.

On monte à la citadelle par un escalier fort raide, partant de la porte qui donne sur la place *Roumeyleh*, ou bien par une belle route en pente douce que l'on a fait construire pour les voitures. Cette citadelle s'élève sur le *Mokattam*, montagne calcaire qui fait partie de la chaîne orientale ou arabique, et que l'on découvre de très-loin. Le grand pacha y a fait bâtir une mosquée d'une grande richesse, dont les travaux intérieurs n'étaient pas finis. Elle est surmontée d'une élégante coupole principale, terminée par un croissant doré, et accompagnée d'autres coupoles et de deux minarets blancs, élancés comme des flèches, semblables à ceux de Stamboul, ayant chacun deux galeries découpées à jour, en bronze doré.

Les murs sont revêtus d'albâtre oriental. La façade est supportée par d'énormes colonnes de ce même albâtre précieux, avec des moulures en bronze à la base. L'intérieur était rempli par des échaffaudages très-ingénieux. La grande coupole, portée seulement par quatre piliers, est d'une grande hardiesse. De belles colonnes soutiennent les autres voûtes. Les coupoles seront couvertes de peintures et de dorures. On y travaillait alors; mais on disait que l'avarice d'Abbas-Pacha lésinait sur l'or employé. On ne sait quand ce beau monument sera achevé. On doit y faire le *turbé* ou tombeau de Mehemet-Ali. Son cercueil, couvert de cachemires, était dans l'angle à droite de la porte. La cour qui est devant la mosquée est entourée d'une galerie soutenue par des colonnes d'albâtre oriental. Au centre est une riche fontaine construite de la même matière, très-ornée, mais lourde de style. Près de la mosquée est le palais qu'habitait Mehemet; on peut y entrer, par une porte qui donne sur un petit jardin, au moyen d'un *bakschich* donné au gardien. On y trouve de belles salles en marbre avec des divans, ornées de grandes glaces envoyées de France, des bains, un billard; il y a beaucoup de meubles à l'européenne. L'escalier d'honneur est plus bas; il est en marbre et très-beau. Une grande galerie était la salle de justice; la Monnaie est auprès. Le harem est dans une autre partie. Dans l'enceinte de la citadelle sont des casernes et un parc d'artillerie; une manufacture d'armes et une fonderie de canons s'y trouvent aussi.

C'est là qu'on trouve le *puits de Joseph*, creusé par ordre du fondateur de la citadelle, Saladin ou *Joussouf Salah-Eddin*, d'où le nom de *Joseph*. Il a deux cent quatre-vingts pieds de profondeur, et sert à alimenter d'eau la citadelle, au moyen d'une roue mue par des bœufs, et qui élève un long chapelet de pots. Près du parc d'artillerie sont les greniers de Joseph. C'est ainsi qu'on appelle des débris de colonnes de granit, dont plusieurs sont restées debout. Les fûts portent encore des inscriptions arabes.

Ce qu'il y a surtout de remarquable à la citadelle, c'est la vue incomparable dont on jouit de la terrasse qui est vis-à-vis la mosquée.

Le Caire se présente avec son immense développement, comme un océan de maisons à toits plats, surmonté d'une forêt de minarets à rayures rouges et blanches. De nombreux jardins y sont comme des îles de verdure. On remarque surtout le jardin et le grand étang de *Birket el Fyl*, où Abbas-Pacha a un palais; plus loin, les beaux arbres de l'Esbekieh et les plantations d'Ibrahim, qui entourent de verdure le Nil majestueux. De ce côté s'étendent deux autres massifs de maisons. Ce sont les deux ports de Boulacq et du Vieux-Caire; le premier pour la Basse-Égypte, et le second recevant les marchandises du Haut-Nil. Le port de Boulacq surtout a pris une grande extension; c'est maintenant une ville très-importante, où l'on a établi plusieurs manufactures. C'est là qu'est l'école Polytechnique. Vis-à-vis du Vieux-Caire s'allonge l'île de Rhoda, qui en est séparée par un bras du Nil. Sur l'autre rive paraît la ligne blanche des bâtiments de l'école de cavalerie; puis, au-delà, les gigantesques pyramides de Ghyzeh, qui étonnent l'imagination, et dont l'œil ne peut se détacher. À gauche apparaissent, dans un lointain vaporeux, les pyramides de Saccarah et de Daschour. En ramenant la vue près de soi, on voit le désert et les cimetières des Califes et des Mamelucks, qui s'étendent à droite et à gauche. C'est dans ce dernier que se trouve la sépulture de la famille du vice-roi.

Le Grand-Caire, que nous avions à nos pieds, doit son développement à Saladin, qui voulut remplacer le Fostat d'Amrou, lorsque l'incendie de 1167 l'eut détruit. La capitale des Arabes avait succédé à l'Alexandrie des Grecs, comme celle-ci avait remplacé la Memphis des Pharaons, qui elle-même avait été la rivale de Thèbes, la ville sacerdotale.

Le Caire, situé sous 30° de latitude, a la forme d'un carré long, d'une lieue de longueur, sur la moitié de largeur. Sa population peut être portée à 260,000 habitants environ, répartis ainsi :

Européens, 1,000;
Grecs, 1,200;
Arméniens, 600;
Coptes, 1,000;
Turcs, 6,000;
Juifs, 2,000;
Syriens, 2,000;
Abyssiniens, Barabras et Nègres, 15,000.

Le reste donnera le montant de la population indigène soit arabe, soit égyptienne. M. le docteur Pruner, dans un opuscule très-intéressant sur l'Égypte, et orné d'un bon plan du Caire, donne des détails physiologiques sur ces différentes races. Les Grecs, les Juifs, les Francs, les Syriens et les Coptes occupent dans la ville des quartiers particuliers, bien que beaucoup de familles chrétiennes habitent dans les quartiers musulmans, où elles vivent en bonne intelligence avec ces hommes, d'un caractère doux et tolérant.

Les rues sont en général étroites et tortueuses; cependant il y en a plusieurs assez régulières. Deux, entr'autres, traversent la ville dans toute sa longueur, à peu près en ligne droite, et sont utiles pour se retrouver dans ce labyrinthe. Toutes les rues ont leurs noms écrits en Arabe, et les maisons leurs numéros. La ville est entourée d'une enceinte qui, surtout au nord et à l'ouest, a peu d'importance; ce n'est là qu'un mur de jardin. Parmi les portes de la ville, on remarque *Bab-el-Nasr* (Porte de la Victoire) et *Bab-el-Foutouh* (Porte du Déjeuner). Elles sont remarquables par leurs masses, et flanquées de hautes tours, dans le style des fortifications arabes.

Entre ces deux portes placées au nord se trouve la mosquée du sultan Hakem. C'est une cour carrée, entourée d'une galerie, dans le genre de celle d'Amrou; mais elle est en partie ruinée. A l'extrémité sud de la rue qui, partant de *Bab-el-Foutouh*, traverse la ville dans sa longueur, on trouve encore une mosquée du même style. C'est celle de Touloun, bâtie au IXe siècle. Les fenêtres et les arcades qui forment la galerie sont en ogive, découpées à jour, et couvertes d'arabesques très-délicates. Le plafond en bois de palmier est richement sculpté. Une inscription en arabe règne tout autour de la corniche ; ces caractères arabes sont d'une forme qui convient très-bien pour l'ornementation. La chaire est en bois, d'un travail très-fin. Au milieu de la cour est une belle fontaine en marbre, décorée de caractères arabes. Cette mosquée abandonnée est toute délabrée et sert de magasins. On a même muré une partie des arcades, pour fermer les galeries. Les bois sont tout déjetés, et quelques pans de murs sont en ruine. Il y a encore au Caire un grand nombre de belles mosquées ; il n'est pas difficile d'y entrer. Du reste, on voit tout l'intérieur par les fenêtres.

L'intérieur d'une mosquée est toujours très-simple. Une chaire où se place l'iman, pour expliquer le Coran ; une natte couvrant le pavé, sur laquelle s'accroupissent les croyants qui viennent écouter les instructions ou faire leurs prières ; une multitude de veilleuses, attachées à des fils de fer, pour éclairer : voilà à peu près tout l'ameublement. Quelques versets du Coran sont peints çà et là ; et, dans la direction de la Mecque, une niche, nommée le mirab, décorée de peintures et de sculptures, indique le côté vers lequel on doit se tourner pour prier. Le minaret remplace nos clochers. C'est du haut de ces tours que les muezzins appellent la population à la prière.

CHAPITRE VI.

Héliopolis.

Les bazars du Caire sont loin de valoir leur réputation, et sont bien inférieurs à ceux de Constantinople, ou même de Smyrne. On y voit cependant, quelquefois, des objets assez précieux venant de l'Inde, de la Perse, ou de l'intérieur de l'Afrique. La plus grande partie des marchandises arrive d'Europe. Les boutiques sont des échoppes, dans lesquelles les marchands sont accroupis, comme des tailleurs sur leurs tables. Pendant que les chalands font leurs choix, ils les font asseoir, et leur présentent la pipe et le café. La plus stricte politesse, en Orient, quand on reçoit une visite, exige qu'on fasse apporter au visiteur une tasse de café et un chibouque ou un narghilé. Le café, qui est du pur moka, se sert dans de petites tasses contenues dans des espèces de vases à pied, en métal, plus ou moins ornés, de la forme d'un coquetier, et nommés des *zarf*. Ce café n'est pas passé ; il faut le laisser déposer un instant. Il a ainsi beaucoup plus d'arome. Tous les Orientaux, même les plus pauvres, en font une grande consommation. Les différentes espèces de marchandises ont chacune leur emplacement particulier dans le bazar, les marchandises les plus précieuses sont dans des passages fermés par des chaînes. Il y a toujours là une grande foule, au milieu de laquelle circulent de nombreux kavas, espèce de gendarmes turcs, chargés de la police et du maintien de l'ordre.

Mehemet-Ali avait beaucoup embelli la ville, et élargi un grand nombre de rues ; il avait entre autres fait commencer une longue rue, large et droite, qui, faisant suite au Mouski, ou bazar des Francs, devait arriver jusqu'à la rue du grand bazar. Cette rue devait être bordée de maisons uniformes, d'une assez belle architecture, et former un nouveau bazar, dans le genre des galeries de nos villes d'Europe. La rue est déjà débarassée des décombres ; une partie des édifices sont bâtis. Maintenant l'achèvera-t-on ! Abbas s'occupe peu des embellissements du Caire. Les rues larges ont, il est vrai, un grand inconvénient, à cause des rayons du soleil, qui y pénètrent plus facilement, mais on peut toujours obvier à cet inconvénient en couvrant ces rues avec des nattes. On obtient ainsi de la fraîcheur à toute heure de la journée. Au bout de la rue du Mouski, nous trouvâmes l'enseigne, en français et en arabe, de M. Leichel, *carrossier*, notre compagnon de voyage sur le bateau de Marseille. Depuis quelque temps, tous les gens riches du Caire ont leurs voitures, qu'ils font venir de France, d'Autriche et d'Angleterre. On rencontre dans les rues, et sur les routes, près de la ville, des équipages, comme dans une ville de France. Leichel est établi au Caire, depuis une quinzaine d'années, et y a fait de très bonnes affaires. Il se charge de faire venir les voitures, et y fait les réparations nécessaires.

La poste européenne est dans le Mouski, c'est là qu'arrivent toutes les lettres venant d'Europe, et que sont réunies celles qui y sont adressées ; l'affranchissement est obligatoire jusqu'à Alexandrie.

En sortant par la belle porte *Bab-el-Nasr*, on entre dans une grande plaine de sable, située au pied et au nord du Mokattam, et qui s'étend jusqu'aux murs du Caire. Cette plaine est occupée par une énorme quantité de mosquées à coupoles allongées comme le turban d'un mollah, à minarets élancés. On croit entrer dans une ville importante ; mais un silence de mort y règne partout. C'est en effet la ville des morts. Toutes ces mosquées d'une architecture entièrement arabe sont des tombeaux : elles sont connues sous le nom de *Tombeaux des Califes*; c'est là en effet que reposent les premières dynasties arabes qui ont dominé sur l'Égypte. Ces mosquées sont maintenant abandonnées; elles sont généralement isolées les unes des autres; la plus éloignée a été convertie en magasin à poudre, et quelques soldats d'artillerie l'habitent. De longues files de chameaux, aux pas lents, attachés les uns derrière les autres, traversent ce désert et lui donnent une physionomie plus solennelle encore, au milieu de ce silence de mort. Quelques-unes de ces mosquées sont d'une grande magnificence, mais plus ou moins détériorées. Tous ces dômes et minarets, toujours rayés de rouge et de blanc, sont couverts d'arabesques sculptées. Il faut renoncer à rendre, par les paroles, l'effet produit par un coucher de soleil égyptien sur ces monuments placés au milieu de cette plaine de sable. Le pinceau de Charles a pu en rapporter une idée.

Dans la mosquée de Kalaoun, une des plus grandes et des plus belles, on trouve une chaire de marbre très délicatement sculptée ; on y trouve aussi, comme dans tous ces monuments, les tombeaux du calife et de sa famille. Elle a été très endommagée par un tremblement de terre. Cette mosquée est habitée par un vieux gardien, qui y était déjà lors de l'expédition française. Les autres sont complétement désertes. Celle de Caïd-Bey, la principale, celle qui donne son nom à cette nécropole, est surtout remarquable par la variété et le fini de ses ornements; elle est au milieu d'une cour, où l'on voit encore les bâtiments qui en dépendaient. Les Arabes en ont profité pour y établir un village. Je demandai là du feu, pour allumer mon cigare; mais c'était le rhamadan, et même l'espoir d'un bakschisch ne put déterminer aucun de ces Arabes à se charger d'une pareille infraction aux lois du Coran. Ce village est le seul qui puisse fournir des êtres vivants à la ville mortuaire des Califes. La plaine a continué à servir au même usage, car de nombreux cimetières s'étendent jusqu'aux murs du Caire. Il y a en outre quelques autres cimetières dans l'intérieur même de la ville.

La première excursion que nous fîmes aux environs du Caire fut dirigée vers Héliopolis, la ville célèbre de la science égyptienne, et en même temps un de nos glorieux champs de bataille, où Kléber trouva une nouvelle occasion d'ajouter à l'illustration de nos armes. C'est à une heure et demie de distance de l'hôtel d'Orient. Nous partîmes donc à cinq heures et demie du matin, montés sur des ânes, et guidés par Olivier.

Nous sortîmes par la porte *el Foutouh*, et nous entrâmes dans le désert, à l'endroit où se réunissent les caravanes. A droite, nous vîmes le palais qu'Abbas-Pacha vient de se faire construire. Par un caprice bizarre, bien digne de lui, il a imaginé de faire élever une ville dans le désert, au milieu du sable; un certain nombre de fonctionnaires ont reçu l'ordre de construire des palais autour du sien; ils ont pour cela un délai assez court, et, faute d'obéir, ils sont menacés de descendre d'un grade. Déjà plusieurs maisons s'élèvent; on va construire des bazars, où il ne manquera probablement que des acheteurs; car il n'y aura pas foule dans cette plaine de sable, où le pacha ne veut voir aucune trace de végétation, ni laisser creuser aucun canal pour faire arriver l'eau. Voilà au moins de l'absolutisme dans toute son extension. Dans ce genre de gouvernement, lorsque le chef est désireux et capable de faire le bien, tout est pour le mieux; mais quand il est inepte et extravagant, quelle position que celle de son sujet!

Nous quittâmes le désert, pour suivre par des sentiers le bord d'une grande plaine richement cultivée, qui s'étend jusqu'au Nil. L'inondation commençait à y pénétrer, et de nombreuses sakis élevaient l'eau pour la verser dans les rigoles qui devaient la répandre dans les champs. Les travaux agricoles sont plus pénibles qu'on ne le croirait, à cause de la nécessité d'arroser les terres ; des paysans sont obligés de travailler toute la journée, malgré la chaleur, afin de puiser l'eau au moyen de chadouffs, ou bascules, pour la verser dans les rigoles, là où il n'y a pas de sakis. Quant à la culture en elle-même, elle est bien simple : on se contente de jeter la graine sur la terre dès que l'eau s'est retirée ; quelquefois cependant, on retourne la terre avec une charrue consistant en un pieu terminé par une pointe, sur le milieu duquel est fixée une perche, à laquelle sont attelés des bœufs ; la partie supérieure du pieu sert de manche. C'est la vraie charrue de Triptolème. On se sert aussi de houes, lorsqu'il y a peu de chose à faire.

On fait quelquefois jusqu'à trois récoltes dans l'année. Au mois de juin, on sème le dourah, espèce de maïs, qu'on récolte pendant l'inondation ; on sème ensuite du trèfle, puis du blé. On cultive aussi les fèves, les lentilles, les pommes de terre, les pastèques et autres produits de ce genre. Il y a en outre des cultures d'une plus grande valeur, comme le riz, le coton, l'indigo, la canne à sucre, le sézame. La culture du coton est très étendue. Le cotonnier est un petit arbrisseau assez semblable à la mauve ; le coton est renfermé dans des gousses qui s'ouvrent lorsqu'elles sont mûres, ce qui arrive à la fin de l'automne. L'indigo est une petite plante, à feuilles bleuâtres, menues, qui sont recueillies, pour faire de la couleur. La canne à sucre, qui ressemble à un roseau, est très-abondante ; elle est employée dans les différentes manufactures d'Égypte ; elle ne donne pas autant de sucre que celles des colonies.

Ces différentes cultures sont confiées aux paysans ou fellahs, qui peuvent faire la quantité de dourah nécessaire pour la nourriture de leur famille ; on leur abandonne aussi une portion assez faible des céréales, légumes et autres récoltes ordinaires. Quant aux denrées plus précieuses, elles sont versées dans les magasins du Pacha ; cela n'empêche pas le fellah de payer un impôt personnel, proportionné à ce qu'on lui suppose de fortune ; il paie aussi pour chaque tête de bétail, pour chaque bête de somme, pour chaque arbre fruitier ou palmier qu'il possède. La récolte de blé est battue au moyen d'un chariot armé de plaques de fer tranchantes, qu'on fait passer sur les épis.

On voit aussi dans cette plaine une grande quantité d'arbres, qui font partie des immenses plantations faites partout par ordre d'Ibrahim-Pacha. Il y a des mûriers, des oliviers, des orangers, des grenadiers et autres arbres fruitiers. Après avoir traversé ce riche pays de culture et quelques gros villages entourés de palmiers, nous arrivâmes à Matarieh, bourgade située près de l'emplacement d'Héliopolis. C'est à Matarieh que demeura Putiphar, suivant la tradition.

C'est là, dit-on, que la Vierge s'arrêta, lorsque, pour éviter les fureurs d'Hérode, elle se réfugia en Égypte. On y voit un sycomore, à l'ombre duquel elle se reposa avec son fils dans ses bras; elle lava les langes du divin enfant au bord d'un puits dont l'eau élevée par une saki sert encore à arroser les terres. Les philosophes et les bons bourgeois esprits-forts (mais non pas forts esprits) vont sourire à ce récit. Eh! laissons le rationalisme chercher des preuves, et dessécher tout ce qu'il y a de douces sensations dans l'âme. Le fait est-il vrai, ou n'est-ce qu'une tradition superstitieuse? Que m'importe! L'imagination n'est-elle pas rafraîchie par ce qu'il y a de touchant et de gracieux dans cette pieuse tradition? Gardons nos croyances, je ne vois pas que le positivisme nous ait apporté du bonheur; la triste réalité se fait assez souvent sentir!

Ce vieux sycomore est énorme; son tronc est rabougri, creux et desséché. Ces arbres vivent bien longtemps, surtout par leurs rejetons; et certes il n'est pas contraire à la nature que ce sycomore soit un rejeton de celui sous lequel s'abritèrent les saints voyageurs. Les Turcs, qui sont plus croyants que nous, ont une grande vénération pour cet arbre. Il est au milieu d'un joli jardin, qu'Abbas-Pacha a fait dessiner autour, de manière qu'il occupe le rond-point d'où partent les allées. Ce jardin est clos; mais on peut y entrer au moyen du bakschisch donné au jardinier.

De Matarieh, on aperçoit à travers les massifs de palmiers l'obélisque d'Héliopolis qui est à une petite distance. Cet obélisque est le seul monument qui reste de cette superbe Héliopolis, qui, après sa destruction, fournit à elle seule tant de colonnes et d'obélisques aux maîtres du monde. L'enceinte de la ville est parfaitement déterminée par des collines de décombres. En Égypte, autrefois comme maintenant, les maisons étaient bâties avec des briques crues, séchées au soleil ; de sorte que lorsqu'elles tombaient en ruines, elles finissaient par se dissoudre, et ne présentent plus actuellement que des tertres formés de terre, et de débris de tuiles et de poteries. Les monuments publics, royaux ou religieux, qui étaient en pierre ou en granit sont seuls conservés. Le granit est rare en Égypte ; et ces beaux blocs dont on faisait les colonnes et les obélisques venaient de la Haute-Égypte, ou de la Nubie. Les chaînes de montagnes qui servent de murailles à l'Égypte sont en calcaire blanc assez tendre. On trouve aussi quelques carrières de marbre et d'albâtre oriental.

L'enceinte d'Héliopolis n'était pas très considérable ; mais c'était la ville de la science ; c'était là qu'étaient réunis les écoles et les collèges des prêtres ; et il devait s'y trouver des monuments d'une grande magnificence. L'obélisque qui en reste est en granit rose, et orné d'inscriptions hiéroglyphiques. Champollion l'attribue à Orsotasen, roi de la 16e dynastie, et le fait remonter au xxiiie siècle avant l'ère vulgaire. Il est debout, au milieu d'un plan de grenadiers, à peu près au centre de la place qu'occupait cette ville célèbre, et reste seul témoin de tant de splendeurs passées.

Assis sur ces décombres, je voyais briller les coupoles et les minarets de la ville du Caire, dont les monuments et la magnificence modernes contrastaient avec le silence de cette vieille cité morte et disparue du sol. Un égyptien, frère de Boghos-Bey, qui habite une jolie maison dans le petit village qui touche à Héliopolis même, a fait faire quelques fouilles ; il a trouvé des fragments de granit sculptés et l'encadrement d'une des portes de la ville.

Héliopolis est entouré de jardins et de champs cultivés ; au delà s'étendent des plaines de sable. C'est par là qu'arrivèrent les troupes du grand visir, et que, le 20 mars 1800, le brave Kléber livra la bataille d'Héliopolis, où il repoussa si vigoureusement les Turcs de l'autre côté du désert. Cette expédition est une preuve de ce que peut l'énergie du soldat français ; on peut se faire une idée de cette énergie, quand on pense que des hommes, habitués à des climats froids, se battaient gaiement, sous le ciel brûlant de l'Égypte, malgré le poids de leurs armes et de leur équipement, tandis que des promeneurs vêtus légèrement, et n'ayant rien à porter, s'affaissent sous l'ardeur du soleil.

Le Caire, d'après M. le docteur Pruner, situé entre la Haute et la Basse-Égypte, participe, quant à son climat, plutôt des régions méridionales que du Delta. On a trouvé que sa température moyenne est de 21° 26′ centigrades ; c'est le mois de janvier qui est le plus froid, avec une température moyenne de 12° 51′ ; le mois d'août est le plus chaud. Rarement le thermomètre descend en ville à 9° ; et, en été, il n'atteint pas souvent 40°. L'air y est beaucoup plus sec qu'à Alexandrie ; le mois le plus humide est décembre. On compte en moyenne, pour une année, douze jours de pluie, dont la quantité tombée serait de 331 millimètres. Je bravais la chaleur pour faire mes excursions ; cependant il arrivait souvent que, même en allant doucement, j'étais en nage, surtout entre deux et trois heures, moment où la chaleur est la plus forte ; alors je rentrais dans ma chambre dans laquelle les jalousies toujours fermées ne laissaient pas pénétrer le soleil ; je buvais un verre d'eau du Nil, je me mettais un instant à mon aise, puis je repartais.

Le 19 août était un dimanche. Vis-à-vis le consulat de France est l'église catholique, desservie par des moines franciscains. Quelque peu dévot qu'on soit, lorsqu'on est loin de sa patrie, chez des peuples d'une autre croyance que la sienne, on éprouve un vif sentiment de bonheur à se retrouver au milieu de ses frères, assistant aux mêmes cérémonies que dans son pays. Dans quelque point du globe qu'on se trouve, la religion catholique est toujours la même ; et, dans cette chapelle du Caire, en voyant ce prêtre qui célébrait la messe, ces Européens qui priaient, je pouvais me croire un instant dans une de nos églises. C'est là la vraie fraternité. Ce jour là, la promenade de l'Esbekieh était très-brillante, surtout le soir où toutes les dames européennes en toilette, remplissaient les chaises qui garnissent les allées de la place, comme sur nos boulevards. Il y avait aussi beaucoup de familles grecques et arméniennes.

Un grand nombre de promeneurs se répandaient aussi jusqu'aux ombrages de Choubra. Choubra est un palais du pacha; mais on ne peut y entrer maintenant, car il y a son harem. Une magnifique allée très large, de plus de trois quarts de lieue de longueur, conduit de la porte el Hadid au palais; elle est plantée de gros sycomores et de mimosas qui étendent leurs branches, et forment un berceau précieux pour son ombrage. Près de là est l'école vétérinaire; les jardins paraissent très beaux et plantés de grands arbres. Ce sont les Champs-Élysées du Caire. On y voit passer de beaux équipages et d'élégants cavaliers turcs ou européens, montant de beaux chevaux arabes. Nous y passer une voiture à quatre chevaux, dans laquelle se trouvait le vice-roi Abbas-Pacha, gardé par une troupe de kavas à cheval, et escorté de quelques aides-de-camp. Une large rue, bordée de jardins et de riches habitations, ramène à l'Esbekieh, sur lequel nous vîmes la maison dans laquelle Kléber fût assassiné.

Le 19, les ulémas avaient décidé que la lune de *Rhamadan* allait finir et que celle de *Chaoual* commençait. A trois heures, une salve de coups de canon annonça à la population musulmane que le jeûne était fini. Le lendemain, 20 août commençaient les fêtes du *grand Bairam*, qui durent trois jours après la fin du Rhamadan. C'est la principale fête de l'islamisme, mais la mort de Mehemet-Aly, dont on portait encore le deuil, empêchait de la célébrer cette année avec toute la pompe accoutumée. Dès le matin, on voyait de toutes parts des gens à l'air joyeux, revêtus de leurs plus beaux habits. Le plus pauvre fellah veut avoir quelque chose de neuf pour cette solennité. Ceux qui se rencontrent s'embrassent, un grand nombre portent des branches de palmiers.

Il y avait ce jour-là grande réception au palais de la citadelle. Deux régiments d'infanterie étaient en bataille sur la place qui est devant l'escalier de marbre, et les musiques ne cessaient de jouer pendant que tous les fonctionnaires civils et militaires étaient admis à faire leur cour à son Altesse, qui les recevait tous successivement. On voyait une quantité de pachas et de beys civils et militaires, tout couverts de dorures. Les fonctionnaires civils ont la redingotte bleue à collet droit et le tarbousch. Les militaires, d'après la dernière ordonnance, portent les épaulettes de leur grade; leur tarbousch est décoré, sur le sommet, d'une plaque ronde en cuivre doré. Les grades civils ou militaires sont indiqués par une décoration ou nischam que l'on porte au cou. Pour les lieutenants et sous-lieutenants, c'est un croissant en argent, renfermant une étoile. Il est en or pour les capitaines, et orné d'un diamant pour les commandants. Les lieutenants-colonels ou kaimakans portent plusieurs diamants. Le nischam du bey ou colonel est *tout garni de diamants. Les pachas ou généraux de différentes* classes se distinguent par la largeur du nischam tout en diamants.

Tous les fonctionnaires civils ont un rang correspondant à un des grades de l'armée. Le cuisinier en chef porte le nischam de commandant. On ajoute, du reste, à cette décoration des attributs qui indiquent le genre de fonctions qu'exerce celui qui la porte. Je vis, à la réception du Bairam, beaucoup d'officiers qui avaient encore l'ancien costume. C'est un pantalon à la turque, avec un dolman rouge, tellement couvert de broderies d'or, qu'on ne voit pas l'étoffe; la ceinture est en or. Des voitures élégantes, ou de beaux chevaux couverts de housses brodées d'or, ornées de gros glands en or, attendaient tous ces personnages.

Par un singulier usage, c'est dans les cimetières que le peuple se livre à ses divertissements, à l'occasion de la fête du Bairam. On s'installe sur la tombe de ses parents, sous des tentes qu'on établit pour se garantir du soleil, puis on mange et on boit, après avoir psalmodié quelques versets en l'honneur des défunts. Des cuisines en plein vent étaient encombrées d'amateurs de fritures et de gâteaux. D'autres se livraient aux plaisirs de la balançoire. Des guirlandes de grelots étaient agitées à chaque aller et retour de celui qui se balançait, ce qui réjouissait infiniment ces *bonnes gens*. Il y avait foule, surtout au cimetière, près du *Bab-el-Nasr*. Ces pauvres fellahs oubliaient leur misère pour se livrer à toutes les joies de la fête. Les Égyptiens n'ont pas la gravité des Turcs. Ils sont plus vifs, plus gais, et ne craignent pas d'avoir l'air de s'amuser.

Les rues, l'Esbekieh surtout, avaient pris une nouvelle physionomie. Tous les cafés étaient remplis de mahométans qui savouraient le moka, dont le parfum leur avait manqué si longtemps, et qui aspiraient avec délices la fumée d'un chibouque ou d'un narguileh. Ces cafés se composent d'échoppes en toile ou en planches, contenant des tasses et un réchaud pour faire le café. Sur une planche sont rangées des lignes de narguilehs en verre ou en coco, avec leurs longs tuyaux flexibles. D'un autre côté sont accrochés des chibouques en cerisier ou en jasmin.

CHAPITRE VII.

Les Pyramides.

Nous avions vu de loin les masses imposantes des pyramides de Ghyzeh ; cela ne nous suffisait pas ; il fallait toucher ces gigantesques monuments. Nous voulions même les escalader, et voir, de leur cîme, l'effet du soleil levant sur la plaine d'Égypte. Le 21, à trois heures et demie du soir, nous enfourchâmes donc nos ânes. Un âne de supplément était chargé des provisions nécessaires à notre repas et à notre installation dans un *tombeau* situé au pied des pyramides, et où nous voulions passer la nuit. Nous allâmes au Vieux-Caire nous embarquer sur un bateau qui traverse le Nil et porte le public, hommes et bêtes, pour une faible rétribution, du Vieux-Caire à Ghyzeh, où se trouve un marché de grains. Nous passâmes ensuite un petit bras du fleuve sur un bac. Nos ânes avaient l'habitude de ces moyens de locomotion, et sautaient parfaitement bien pour entrer dans le bac ou pour en sortir. Nous suivîmes ensuite, sur les digues, au milieu de l'inondation qui commençait déjà à couvrir toute la campagne. On est obligé de faire ainsi un grand circuit. Ces digues servent à maintenir la communication des villages entre eux, pendant l'inondation du Nil. Les maisons de ces villages, bâties en briques crues, sont carrées, plus larges en bas qu'en haut, ce qui les fait ressembler à ces pylônes qui formaient l'entrée des grands monuments égyptiens.

Enfin, nous quittâmes l'eau et les champs cultivés pour entrer dans le désert. Depuis quelque temps, les pyramides dont nous approchions semblaient s'abaisser. Autour d'elles s'étendaient des dunes de sable auxquelles le soleil couchant donnait des teintes blafardes. Nous marchâmes quelque temps dans le sable, où l'on ne voyait que quelques touffes d'herbe sèche, d'où à notre approche, s'échappaient des chacals. A la limite du désert, vis-à-vis le but de notre expédition, on voyait un village arabe. Ce sont les habitants de ce village qui se regardent comme les propriétaires des pyramides. Autrefois ils se croyaient aussi des droits sur la bourse des voyageurs. Maintenant il n'y a plus rien à craindre, car les Arabes savent qu'une violence exercée contre un Européen serait suivie d'un châtiment terrible. Mehemet-Ali, par la rigueur et la promptitude de ses expéditions contre les voleurs, a rétabli la sécurité dans toute l'Égypte, au point qu'on pourrait circuler partout avec ses poches pleines d'or, sans avoir à redouter la moindre attaque. Au reste, le pacha a donné à ces Arabes le privilége exclusif sur ceux des autres villages, de guider les étrangers aux pyramides. Depuis qu'un Anglais, en voulant monter seul, s'est tué en tombant du haut en bas de la grande pyramide, on est obligé, par ordre, de prendre deux guides par personne pour faire l'ascension. Le *cheick el beled*, ou maire du village, est responsable de tous les accidents qui peuvent arriver, comme de toute plainte que l'on pourrait avoir à porter contre ses administrés.

Nous arrivâmes, après le coucher du soleil, aux bancs de rochers sur lesquels sont assises les pyramides. Ces roches sont percées de nombreuses excavations qui étaient autrefois des tombeaux. Un Anglais, M. Hills, avait établi là une espèce d'auberge qui n'existe plus. Nous choisîmes un de ces tombeaux pour notre gîte. C'était une chambre carrée, taillée dans le roc, ornée au fond de quatre figures sculptées. Il faisait déjà nuit, de manière que nous n'avions pas été aperçus par les Arabes du village, qui ne s'attendaient pas à notre visite. Nous espérions donc être débarrassés de ces hommes qui viennent ordinairement prendre possession de leurs voyageurs dès qu'ils les voient arriver. Notre ânier, assez poltron du reste, avait amené de son village deux hommes armés de bâtons pour faire la garde; lui-même avait un mauvais pistolet.

Lorsque nous eûmes déchargé nos provisions, nous nous aperçûmes que nous avions oublié l'eau. Elle était cependant bien nécessaire, après notre course. Il fallut donc prendre notre parti, et appeler les bédouins, afin de pouvoir étancher notre soif. Rien n'était plus facile. Nous n'eûmes qu'à allumer un feu de papier; nous fûmes de suite signalés. Quelques minutes après, nous entendîmes des voix dans la plaine, et, en un instant, tout le village entourait notre domicile. Nous chargeâmes le premier arrivé d'aller nous chercher une cruche d'eau. Ensuite, sur nos ordres, le cheick, qui était venu aussi, choisit quatre hommes qui furent chargés de monter la garde à notre porte. Les autres restèrent là une partie de la nuit à fumer et à causer. C'était une scène assez pittoresque que ce bivouac de bédouins en chemises blanches, éclairés par un faible croissant de la lune. En avant d'eux, s'allongeait l'ombre gigantesque de la pyramide de Cheops, qui était derrière nous. Après avoir soupé, nous nous étendîmes sur des tapis, pour y passer la nuit, enveloppés dans nos manteaux.

Le lendemain, à quatre heures, avant l'aurore, nous étions sur pied, escortés par nos quatre gardiens et par une douzaine d'autres qui avaient passé la nuit là; nous nous dirigeâmes vers le vieux monument du roi Cheops. Nous avions prévenu les Arabes que nous n'acceptions que les quatre guides réglementaires et que les autres ne devaient compter sur rien de notre part.

Nous étions donc au pied de cette immense masse de pierres. Ces pyramides sont les plus anciens monuments du monde sortis de la main des hommes. Celle dont je touchais la base, la plus grande et la plus ancienne, avait été construite, suivant Champollion, sous le règne de Souphi ou Cheops, premier roi de la quatrième dynastie. La liste des dynasties, de Manethon, ferait remonter ce règne à une antiquité peu croyable, à plus de cinq mille ans avant notre ère. Les renseignements sur ces temps reculés sont très-incertains. Dans tous les cas, le général Bonaparte, dans son allocution à ses soldats, était peut être encore au-dessous de la vérité, et ces pyramides portent plus de quarante siècles (1).

Cette montagne de pierres est formée d'assises régulières, en retraite les unes au-dessus des autres, et formant tout autour de véritables marches, dont quelques-unes ont jusqu'à 3 pieds de hauteur. Il y a 202 de ces gradins, formant une hauteur verticale de 140 mètres, pour la pyramide, dans son état actuel. La base a une longueur de 233 mètres; l'arête se trouve alors avoir 216 mètres de longueur; il en résulte un volume de 7,536,130 mètres cubes. La pyramide repose sur un banc de roches élevé de 100 pieds environ au-dessus du Nil. Les matériaux proviennent des montagnes de calcaire blanc des environs. Les pierres qui forment les assises sont de gros blocs parfaitement joints et incrustés l'un dans l'autre, la pierre inférieure creusée de deux pouces, recevant une saillie égale de la pierre supérieure. Anciennement, cette pyramide était revêtue extérieurement au moyen de prismes

---

(1) Quelques personnes ont voulu contester le chiffre élevé de l'âge de ces monuments, et ne les font pas remonter au delà du xiie siècle avant J. C., postérieurement à Sésostris. Cette opinion n'est guère admissible, si l'on compare les pyramides aux édifices construits depuis les dynasties thébaines. Il en est aussi qui veulent qu'elles aient été élevées par les Hébreux, pendant leur captivité. Ceux-là n'ont probablement pas lu l'*Exode*. Au chap. 1, v. 2, il est dit positivement que les Israélites bâtirent à Pharaon deux villes, Phitom et Ramesès; et au v. 14, qu'on les employa à faire du mortier et de la brique. Dans d'autres passages, il est encore question de cette brique; mais on ne trouve rien qui ait rapport aux pyramides, lesquelles étaient bâties en pierres et sans mortier. Les Israélites occupèrent d'ailleurs la terre de *Gessen*, qui était dans le Delta, plus bas qu'Héliopolis, et les pyramides sont bien au-dessus, près de Memphis. Les pyramides doivent être d'une époque bien antérieure à celle de l'arrivée des Hébreux en Égypte.

triangulaires de granit qui remplissaient les vides et formaient un plan incliné d'un accès très-difficile (1).

C'est par l'arête du côté de l'est que se fait l'ascension. Les deux Arabes ayant retroussé leur chemise jusqu'à la ceinture, pour être plus lestes, me tendirent chacun une main à laquelle je m'accrochai ; et les voilà, sautant comme des chacals, de marche en marche, et me traînant à la remorque. Il m'était difficile de modérer leur ardeur ; ils me montraient mon compagnon qui était en avant, et me faisaient signe qu'il allait arriver plus tôt que nous ; mais cela m'importait peu, et je cherchais à ralentir la rapidité de leur course. Vers le milieu de l'arête, je m'arrêtai un instant à une espèce de niche formée par la chute de plusieurs pierres. A peine avais-je un peu soufflé, que nous reprîmes notre ascension, mes bédouins escaladant toujours, en courant, et me tirant après eux, au risque de n'arriver au sommet qu'avec mes bras désarticulés, et de laisser le corps en arrière. Il me fallait lever la jambe pour poser le pied à une hauteur de deux à trois pieds ; ils m'enlevaient alors vigoureusement sur le gradin, tandis qu'un troisième, qui était là par contrebande, poussait quelquefois par derrière. Il fallut répéter cet exercice, sans relâche, deux cent deux fois de suite, en vingt minutes à peu près. Ils me déposèrent donc, haletant et en nage, sur une plate-forme, formée par l'enlèvement des deux ou trois assises du sommet, et assez large pour tenir plusieurs personnes.

Ayant repris un peu haleine, après avoir bu un verre d'eau, nous nous relevâmes pour jouir de l'apparition du soleil qui commençait à se montrer derrière le Mokattam. La plaine paraissait encore dans l'ombre, et le Nil était comme un ruban d'argent. Mais lorsque le soleil se fut dégagé de l'horizon, la scène changea tout à coup. Une perspective magnifique étincela autour de nous. En nous tournant vers l'est, nous découvrions, sur notre gauche, jusque dans un immense lointain, les belles et vertes plaines du Delta. En avant brillaient les coupoles du Caire et la mosquée du Mokattam, et, par delà, les sables du désert qui arrivent jusqu'aux murs de la grande

---

(1) Les mesures de la pyramide sont extraites d'un ouvrage de Champollion-Figeac.

ville. Dans ces riches campagnes serpentait le fleuve nourricier, comme une immense nappe d'eau que l'œil remontait au loin, vers le sud, entre les deux chaînes de montagnes qui enserrent l'Égypte et la séparent des déserts d'Arabie et de Lybie. Derrière nous, la vue se perdait dans une immense mer de sable jaune, où le vent avait creusé des rides profondes, semblables aux vagues de l'Océan. Quelques roches blanches apparaissaient seules de place en place, comme des squelettes. A nos pieds se trouvaient une multitude de petites pyramides, en partie détruites; puis à l'ouest les deux grands monuments de Chephrem et de Mycerinus, les successeurs de Chéops. La pyramide de Chephrem a presque les mêmes dimensions que celle dont nous occupions la cime; la partie supérieure a encore conservé son revêtement. Quant à celle de Mycerinus, elle est beaucoup plus petite.

Les pyramides sont orientées avec une précision qui dénote les connaissances astronomiques du peuple qui les a construites. Les quatre arêtes sont tournées bien exactement vers les quatre points cardinaux. Je n'oubliai pas un regard sur le village d'Embabeh, situé vis-à-vis Boulacq, et où se livra la fameuse bataille des Pyramides, dans laquelle les mamelucks vinrent se briser contre nos bataillons carrés. L'inclinaison des faces de la pyramide est d'environ quarante degrés, ce qui fait qu'on n'éprouve pas, sur son sommet, la sensation que produit l'ascension sur un monument complétement escarpé. On ne juge même de la hauteur où l'on se trouve, que par la comparaison de la taille des personnes qui sont restées au pied.

On nous avait prévenus que, pour éviter toute discussion, il fallait, au moment de notre départ, remettre au cheick l'argent destiné à nos guides, et ne leur rien donner d'avance, sous aucun prétexte, sans quoi on ne pourrait s'en débarrasser. Ils essayèrent, en effet, lorsqu'ils nous tinrent là haut, de se faire donner quelque chose. Ils mirent en œuvre pour nous séduire, une foule de mots italiens, français ou même anglais qu'ils avaient retenus. « *Boun Frances! Sultan Bonaberdi, chassé mamelucks; buono!* disaient-ils, espérant qu'en l'honneur du sultan Bonaparte, qui les avaient délivrés des mamelucks, ils nous attendriraient. Ils essayèrent de nous vendre de prétendues antiquités qu'ils font fabriquer au Caire. Ils demandaient leur bakschisch, disant que, si nous le donnions au cheick, il le garderait pour lui. Un autre nous proposait de monter en cinq minutes sur l'autre pyramide. Les deux qui m'avaient laissé là, me prirent à part, me disant de leur donner, que les autres ne le sauraient pas. Ils cherchaient aussi à nous effrayer, annonçant l'intention de ne pas nous laisser redescendre. Les flatteries, le sentiment, la menace, tout cela fut inutile; nous fûmes inflexibles. Nous leur répondîmes qu'ils n'auraient pas un *para* avant d'être en bas, et que l'argent serait donné au cheick, suivant nos conventions. Puis, sur un ton qui leur fit voir qu'il était inutile d'insister, nous leur ordonnâmes de se préparer à redescendre.

Pour la descente, les Arabes marchent en avant, en sautant de marche en marche. On s'aide alors, en se soutenant sur leur poignets, pour sauter derrière eux. La descente est facile; les pierres ne glissent pas, et sont assez larges. Les bédouins nous traînèrent ainsi, jusqu'à la quinzième assise à partir de la base. Au milieu de cette assise, sur la face nord-est, se trouve une ouverture qui mène dans l'intérieur de la pyramide. Il fallait voir jusqu'au bout; les Arabes y tenaient; c'était d'ailleurs un cas de conscience. Qu'aurait-on dit, à notre retour en France, de touristes venant d'Égypte, et n'étant pas entrés dans l'intérieur des pyramides? Nous armâmes donc chacun de nos Arabes d'une bougie allumée, et nous nous introduisîmes sous la masse de pierres.

Nos guides nous remorquaient toujours, en nous tenant par les mains. On descend d'abord un couloir incliné, de 75 pieds de long et de 3 pieds 5 pouces en hauteur et en largeur. On en remonte un autre de mêmes dimensions, mais long de 202 pieds. Les deux galeries sont raides et glissantes, malgré des trous qu'on y a faits. Il faut se plier en quatre, ce qui est très-fatigant, pour monter ou descendre. Dans le passage d'un canal à l'autre, on est même obligé de marcher en rampant. On arrive ensuite à un palier près duquel est un puits étroit, dont on n'a pas pu trouver le fond. Sur ce palier, on découvre une nouvelle galerie ascendante, longue de 125 pieds, haute de 25, et large de 6 et 1/2, dans laquelle on peut se tenir debout. De chaque côté sont des banquettes de 21 pouces, à chacune desquelles on remarque des trous de 6 pouces de profondeur, de distance en distance. C'est sur ces banquettes très-glissantes que l'on marche. On arrive ensuite dans un vestibule; puis, on passe, en rampant, par une ouverture étroite, longue de 8 pieds, qui sert d'entrée à une chambre, nommée chambre du roi, placée au centre géométrique de la pyramide. Cette chambre a 18 pieds de hauteur, et 32 sur 16 en carré. Elle est revêtue de blocs de granit poli. On y trouve un sarcophage en granit, sans couvercle.

Que de milliers de bras ont été employés pour élever ces gigantesques monceaux de pierres! Il a fallu sacrifier plus de matériaux, plus d'argent, plus d'hommes que n'en emploierait la construction d'une ville. Eh! bien, tout ce travail, toutes ces sueurs dépensées, n'avaient d'autre objet que de conserver dans un cercueil un cadavre royal. Précautions inutiles! Le cercueil est vide; et l'on n'a jamais su ce qu'était devenue la momie. Dès que nos bédouins furent dans cette chambre, ils se mirent à pousser de grands cris; puis, se prenant par la main, après nous avoir confié les bougies, ils dansèrent une fantasia, en chantant et frappant dans leurs mains. L'un d'eux, au milieu du cercle, imitait une danse d'almée, et les autres dansaient autour de lui. Ils soulevaient des flots de cette poussière qui reposait depuis tant de siècles dans les entrailles du vieux monument pharaonique, dans cette chambre destinée, il y a plus de quatre mille ans, à cacher un corps mort. Cette danse et ces chants des fellahs descendant peut-être de ceux qui avaient assemblé ces pierres, dans le sépulcre même de leur maître; tout cela avait un aspect fantastique dont on ne peut se faire d'idée. C'étaient des scènes de l'*Amenthi* des Égyptiens. Nous redescendîmes la galerie, et, arrivés au palier près duquel est le puits, nous suivîmes un couloir horizontal, haut de 3 pieds et 1/2, et long de 117 pieds, qui mène de ce palier à une chambre cubique d'environ 16 pieds de côtés, dite la chambre de la reine. Cette chambre est placée sous celle du roi ; elle est vide. Les bédouins, pendant que nous étions dans ces couloirs, voulurent encore essayer leur éloquence, pour obtenir le bakschisch anticipé ; mais ils nous trouvèrent toujours inébranlables. Enfin, nous reparûmes à la lumière, les articulations un peu raidies par ce *voyage sous pierres*. On ne trouve aucune inscription sur ces pyramides, ni intérieurement, ni extérieurement, ce qui annonce une haute antiquité, puisque tous les monuments égyptiens en sont couverts.

Nous visitâmes près de là un tombeau taillé dans le roc, très-curieux par les peintures qui le décorent, et qui représentent des scènes de la vie privée, avec des inscriptions hiéroglyphiques. Nous passâmes au pied des deux secondes pyramides, et nous arrivâmes au Sphinx qui est en partie enterré dans le sable. On ne voit que sa tête, qui est très-endommagée, et la partie supérieure de sa croupe. Il est taillé dans le roc même, et tient au sol. Il a 39 pieds de hauteur et 120 pieds de longueur. Nous retournâmes ensuite à notre tombeau, pour déjeuner avec d'excellent lait que nous avaient apporté les Arabes. Nous jetâmes encore un coup d'œil sur notre pyramide que nous venions de parcourir. Les gros blocs qui forment les assises étant écornés, rompent la ligne, de manière qu'à cette distance cela fait l'effet d'un énorme tas de pierres. Nous chargeâmes Olivier de remettre au cheick deux *talaris* (10 francs), pour les partager entre ses hommes, après avoir donné à part pour l'eau et le lait qu'on avait apportés, ainsi que pour l'Arabe qui avait fait la danse d'almée dans le tombeau. Au même moment nous sautâmes sur nos ânes, et nous partîmes au galop, pour éviter les criailleries habituelles aux Arabes. Plusieurs voulurent nous suivre, pour nous tirer encore quelque chose de plus ; mais ils finirent par nous laisser, de peur d'être oubliés dans la distribution pendant qu'ils couraient après nous. Nous revînmes par le chemin que nous avions suivi la veille, par une chaleur très-forte qui nous fit bien apprécier le mérite de l'idée que nous avions eue de choisir le matin pour notre ascension. Le soir, et même le lendemain matin, je ressentais encore un peu de courbature dans les articulations.

4.

CHAPITRE VIII.

Le Barrage.

Le 23 août nous devions aller voir le barrage du Nil. Nous partîmes donc à quatre heures et demie du matin. Nous passâmes par la belle allée de Choubra ; nous suivîmes la rive droite du Nil, sur les digues, que l'inondation n'atteint pas, et nous arrivâmes, à sept heures trois-quarts, vis-à-vis la pointe du Delta, à l'origine de la branche de Damiette. Des amas de pierres, de bois et d'autres matériaux, des agglomérations de huttes des fellahs employés aux constructions, annonçaient déjà d'importants travaux. Nous traversâmes le fleuve sur un bateau destiné à cet effet pour le public, et nous arrivâmes au Ventre de la Vache, ou pointe du Delta. M. Mougel occupe une fort jolie maison qu'il a fait bâtir de l'autre côté, sur la branche de Rosette. Nous trouvâmes Mougel-Bey dans son bureau, où il nous reçut de la manière la plus cordiale.

Mougel-Bey, sorti de l'École Polytechnique en 1831, a été employé longtemps à Fécamp en qualité d'ingénieur. Remarqué par la manière dont il s'était acquitté de travaux importants dans ce port, il a été choisi, en 1838, pour être envoyé en Égypte, où Mehemet-Aly l'a chargé de la construction du barrage. Il n'a pas cessé de faire partie du corps des ponts et chaussées, où il compte toujours comme ingénieur. Il nous montra et nous expliqua tous ses plans. Il s'agissait de se rendre maître du cours du Nil, afin de pouvoir distribuer les eaux dans les terres, de manière à suppléer aux inondations trop faibles, et à modérer les inondations trop fortes ; il fallait en même temps organiser la navigation. On s'occupa donc de construire un pont sur chacune des branches du Nil. Les piles sont établies sur un radier en béton. Il y en a soixante-deux sur la branche de Rosette et soixante-douze sur l'autre. L'arche du milieu doit être beaucoup plus large que les deux autres, afin de donner passage aux bâtiments. Chaque arche formera un barrage à poutrelles, composé de poutres que l'on placera successivement dans ces arches, et qu'on pourra enlever à volonté au moyen d'un mécanisme ingénieux, de manière à arrêter les eaux à la hauteur que l'on voudra. Une écluse à sas, à l'une des extrémités, servira pour la navigation dans le cas où l'on serait obligé de barrer toutes les arches. Trois canaux, enfin, seraient creusés : l'un traversant le Delta par le milieu ; les deux autres allant, l'un à Alexandrie, l'autre à Damiette. Ces canaux seraient assez larges pour suffire à la navigation ; l'eau de ces canaux pourrait ensuite être conduite par des rigoles dans toute la Haute-Égypte. On augmenterait ainsi considérablement la quantité des terres inondées, et par conséquent des terres cultivables : on prolongerait à volonté l'inondation. Des quais seront ensuite établis sur les rives, dans chaque branche et à la pointe du Delta, de manière à régler le cours du fleuve.

Mehemet-Aly s'était particulièrement occupé de ce projet de barrage, auquel avait déjà pensé le général Bonaparte. Il avait assisté à la fête de l'inauguration des travaux, qu'il venait souvent suivre avec intérêt ; il avait fait frapper une médaille en mémoire de cette inauguration. Il avait donné à M. Mougel la décoration de bey. Pour compléter ses projets, Mougel-Bey avait pensé aussi à faire partir de cet endroit le canal de Suez. Le niveau du fleuve, à ce point, étant plus élevé que celui de la mer Rouge, l'eau du Nil se rendrait à Suez, tandis que le canal projeté de Suez à Peluse ne peut amener que de l'eau salée dans les campagnes.

M. Mougel donna des ordres pour préparer son sandal, jolie embarcation montée par quatorze rameurs, pendant que, suivant l'usage oriental, nous prenions le café et que nous fumions le latakieh dans de longs chibouques couverts d'or et de soie et garnis de bouquins d'ambre. Nous nous mîmes ensuite en route pour visiter les travaux, dont l'habile ingénieur nous fit les honneurs avec la plus grande complaisance.

On a employé pour ces travaux les moyens les plus nouveaux et les plus ingénieux adoptés en Europe pour les travaux publics. Un grand nombre de machines à vapeur, venant des ateliers de France, y sont occupées. Nous vîmes d'abord des bateaux plongeurs, pour travailler sous l'eau ; l'air y est refoulé par une machine à vapeur, et un système d'écluse à air permet d'entrer et de sortir sans déperdition de plus d'air qu'il ne s'en trouve entre les deux portes de l'écluse. Ces bateaux, ainsi que beaucoup d'autres machines, viennent des ateliers de M. Cavé ; sur l'autre rive se trouve l'appareil à faire le mortier. C'est l'auge en fonte contenant les matières qui est mise en mouvement par une machine, et la roue qui doit les broyer et les mêler, reste fixe. Le béton sort de là, pour entrer dans des tonneaux soumis à un mouvement de rotation, et dans lesquels il est mélangé de nouveau. Il est recueilli dans des couffes ou paniers en feuilles de palmier, et porté dans les caisses à béton sur le radier. Ces caisses à béton contiennent un mètre cube ; on les descend sur le radier, où elles s'ouvrent d'elles-mêmes, par un procédé très-ingénieux. L'atelier à briques est établi sur une grande échelle. Une machine prend la terre, la moule, et dépose la brique sur une planche, d'où on la porte au four ; on en fait vingt-cinq mille par jour ; c'est alors une vraie rivière de briques. En revenant sur la rive gauche de la branche de Rosette, nous vîmes la fabrique de pouzolane. La brique y est broyée et tamisée dans des auges sillonnées de rainures et percées de trous, qui tournent sous des rouleaux de fonte.

Les arches seront faites en brique avec des cordons de pierres ; le radier et une partie des piles sont achevés. On a fait construire une grande quantitée de magasins, de bâtiments d'administration et autres, qui doivent former le commencement d'une ville dont les rues sont déjà tracées. Les quais sont terminés sur un grand développement ; ils sont plantés d'arbres, et serviraient de promenade à la ville du Barrage qui, par sa position au point de réunion des branches de navigation, pourrait acquérir une grande importance. Déjà Napoléon, lors de l'expédition d'Égypte, avait eu l'idée de bâtir là une ville. Tout cela a été créé par M. Mougel qui est un ingénieur d'un grand mérite. Il a eu pendant quelque temps, pour ses travaux, jusqu'à vingt-cinq mille fellahs qu'on lui amenait de force et attachés, et qui désertaient quand ils le pouvaient. Ces hommes sont intelligents et ont surtout l'esprit d'imitation. On tire un bon parti de ceux qui veulent travailler et ont de l'émulation ; on a pu former ainsi un certain nombre de bons contre-maîtres arabes. Il y a aussi plusieurs employés européens, surtout français, entre autres un ancien conducteur des travaux de Fécamp, qui a suivi son chef en Égypte, et qui lui est très-utile par son intelligence.

Il est malheureusement à craindre que tous ces beaux travaux ne restent stériles. Abbas-Pacha, qui a besoin de son argent pour ses plaisirs, et tient peu à l'employer à des travaux publics, va probablement arrêter tout, quoique les plus grandes dépenses aient été faites, que les principales difficultés soient déjà surmontées. On achèverait seulement les ponts qui ne sont par eux-mêmes d'aucune utilité, dans cet endroit où ils ne mènent à rien ; on abandonnerait ensuite le barrage et les canaux de navigation. Mougel-Bey va donc probablement quitter l'Égypte et revenir en France. Si Mehemet-Aly avait vécu, il aurait eu la gloire d'attacher son nom à un œuvre gigantesque, dont j'aurais voulu être en état de donner un aperçu. Il va probablement publier ses travaux, à son retour en France.

Après nous avoir montré en détail toute son intéressante entreprise, Mougel-Bey nous ramena chez lui, où nous fûmes reçus par la gracieuse Mme Mougel, jeune et jolie femme, très-aimable. Ses cheveux noirs, et ce léger accent italien si agréable dans une bouche féminine, décelaient son origine corse ; c'est la fille de M. Vicenti. Trois beaux enfants bien forts, deux garçons et une petite fille, entouraient leur mère ; ils étaient nés en Égypte dont le soleil avait bruni leur teint. Entourés de domestiques indigènes, ils parlaient l'arabe aussi naturellement que le français. Mme Mougel avait un quatrième enfant qu'elle nourrissait. Nous trouvâmes un excellent déjeuner qui nous fit oublier que nous étions à environ quatre mille kilomètres du café de Paris. La maison est très-bien disposée, meublée avec goût, à l'européenne. Le costume des domestiques arabes, la chaleur et les myriades de mouches qui nous incommodaient, nous rappelaient seuls l'Égypte, que nous faisait oublier une aimable et cordiale hospitalité.

Nous reprîmes ensuite l'embarcation, et nous fîmes le tour de la pointe du Delta, pour bien voir les travaux. Nous débarquâmes sur la rive droite, où nous attendaient nos ânes. Nous remerciâmes M. Mougel de son bon accueil, et nous repartîmes pour le Caire.

Les personnes qui veulent voyager, surtout en Orient, feront bien d'emporter avec eux une bonne somme en or. L'or français gagne assez dans ce pays pour compenser le prix qu'on l'a payé à Paris. Cependant, en cas de perte ou de tout autre accident, il est bon d'avoir en outre, comme réserve, une lettre de crédit sur les banquiers des villes dans lesquelles on doit s'arrêter; mais on fera bien d'en user le moins possible, car elles coûtent fort cher. Outre un demi pour cent qu'il faut payer en versant l'argent à Paris, le banquier étranger retient encore un ou un demi pour cent; mais c'est surtout sur le change qu'il gagne, en convertissant en monnaie turque la somme demandée exprimée en monnaie de France, puis rapportant cette même monnaie turque aux espèces dans lesquelles il fait le payement. C'est toujours un compte très-embrouillé pour moi consommateur, qui ne m'occupe, en fait de calcul de change, que du cours adopté pour les différentes espèces de monnaies, dans les boutiques, hôtels, ou autres endroits où j'ai à dépenser mon argent. Ainsi sur 500 francs que m'avait payés M. Wallue, consul d'Angleterre au Caire et banquier, j'ai trouvé que je n'avais en réalité que la valeur de 481 francs 50 centimes à ma disposition.

La monnaie turque de compte est la piastre, qui se divise en 40 paras. La piastre vaut 25 centimes. Le talari de France, ou pièce de 5 francs, vaut 20 piastres 1/2. Le talari d'Espagne ou colonate, vaut 22 piastres et 10 paras. Il y a des pièces d'or de 80 piastres, de 40 piastres ou sequins, de 20 piastres et même de 10 piastres. La monnaie d'argent se compose de pièces de 20, de 10, de 6, de 5, de 3, de 1 1/2, de 1, de 1/2 piastre. Celles de 3 piastres se nomment beylicks. Il y a des monnaies de cuivre de 5 paras. La monnaie de Constantinople perd au Caire 2 paras par piastre, ou 5 pour cent.

Depuis quelques jours nous remarquions au Caire beaucoup de figures étrangères, entre autres des Kabyles de notre Algérie qui encombraient notre consulat. C'était l'approche de l'époque du pèlerinage de la Mecque qui les attirait. Les pèlerins qui viennent de tous les pays musulmans se réunissent ordinairement pour ce voyage en deux bandes principales, afin de pouvoir être en force pour se défendre contre les troupes de bédouins qui attaquent souvent les caravanes. L'une se réunit à Damas sous la protection du gouvernement de la Porte; l'autre au Caire, et les autorités égyptiennes veillent à ce qu'elle ne manque de rien sur la route. Chaque bande est composée de quelques milliers d'hommes. On porte avec la caravane des tapis, des tentes en riches étoffes, et autres cadeaux envoyés de Constantinople ou du Caire, au tombeau du prophète. Le rendez-vous des pèlerins qui partent du Caire est dans le désert, hors la porte de la Victoire, pour le 24 de la lune de *Chaoual*, de manière que la caravane puisse se trouver à la frontière d'Égypte le 1er de la lune suivante, ou de *Zoulkhadeh*.

Le 25 août (qui, cette année, correspondait au 6 chaoual) devait avoir lieu, sur la place Roumayleh, la cérémonie de la présentation des tapis destinés pour la Mecque. Le cortége est fort original. Le gouverneur du Caire y assiste, accompagné d'un grand nombre d'officiers, de muphtis et autres fonctionnaires, sur une estrade richement décorée. Un régiment était en bataille sur la place. En attendant le commencement de la fête, des cavaliers nous donnèrent une représentation du jeu de *djerid*, qui consiste à se poursuivre et à s'atteindre avec un bâton court. Ces cavaliers avaient de beaux chevaux qu'ils maniaient avec beaucoup d'adresse.

Enfin deux pièces de canon nous annoncèrent, par leurs salves, l'arrivée du gouverneur et le commencement de la cérémonie. La marche s'ouvre par des députations de toutes les mosquées du Caire, portant leurs étendards et frappant sur un *tarabouch*, espèce de tambour qu'on tient sous le bras, et qu'on bat avec les mains. Ceux de la mosquée des pêcheurs portaient un filet au bout d'une perche. Vient ensuite le chameau sacré, couvert de riches étoffes, la tête empanachée et portant une tente en damas vert et or, qui se balance sur son dos à chaque pas, et qui renferme le tapis offert par son altesse à la *kabbah*. Derrière la tente vient le conducteur de la caravane. C'est un vieillard nu jusqu'à la ceinture, n'ayant pour tout vêtements qu'une large culotte blanche avec une ceinture rouge et une calotte blanche. Il est monté sur un chameau orné de riches couvertures, et portant de grandes plumes sur la tête. Ce saint personnage, non content du mouvement habituel produit par le pas du chameau, balance encore à droite et à gauche sa tête décorée d'une longue barbe blanche. Il doit continuer à se livrer à cet exercice bizarre pendant tout le voyage sacré. Il est suivi par une file d'autre chameaux enharnachés de la même manière, portant des gens qui battent du tarabouch, ou bien soufflent dans une espèce de clarinette. Viennent ensuite d'autres musulmans portant des tapis roulés, offerts par les mosquées; puis d'autres cadeaux, et enfin une grande bannière verte toute brodée en or. Cette singulière procession parcourt trois fois un cercle qu'elle décrit devant l'estrade ; puis se dirige du côté du bazar, au bruit répété des salves d'artillerie. Le régiment, formé de trois bataillons, de huit compagnies chacun, défila ensuite par pelotons, en bon ordre. Je remarquai l'ensemble et la précision de leurs mouvements.

Notre intention étant de remonter le Nil pour visiter la Haute-Égypte, nous nous étions occupés, depuis plusieurs jours, d'organiser ce voyage. Mari-Bey, avec son obligeance accoutumée, nous donna les indications nécessaires. Un jeune artiste marseillais, M. Barbot, qui demeurait à l'hôtel d'Orient, dont il avait la direction pendant l'absence de M. Coulomb, nous fournit aussi de précieux renseignements. M. Barbot était depuis trois ans en Égypte, et il avait fait des excursions jusqu'en Nubie. Il fut très-obligeant pour nous.

Nous fîmes un arrangement avec un patron de barque, que nous avait trouvé Mari-Bey. Il s'engagea à nous conduire dans sa dahabieh jusqu'à Thèbes, ou jusqu'à Assouan, à notre volonté. Dans le premier cas, nous fîmes prix pour 110 talaris (550 fr.), et dans le deuxième, pour 40 talaris (200 fr.) en sus. Nous nous réservions, en outre du temps nécessaire pour le voyage, dix jours d'arrêt à notre volonté, et quatorze, dans le cas où nous irions jusqu'à Assouan. Pour chaque jour que nous emploierions en sus de ceux fixés ci-dessus, nous devions payer 15 francs. L'équipage devait se composer d'un reiss ou capitaine et de huit matelots ; le patron devait venir avec nous. Ce patron était un habitant d'Ancône, nommé Paggi, qui après avoir fait plusieurs métiers, et en dernier lieu celui de peintre en décors et bâtiments, s'était associé avec un médecin italien, nommé Capo-Grosso, pour faire la navigation du Nil. M. Capo-Grosso avait fourni l'argent ; Paggi avait fait construire la barque, et se chargeait de sa conduite. La barque n'avait pas encore servi, elle n'était même pas entièrement terminée ; nous avions été la voir au Vieux-Caire, où l'on y travaillait encore. C'était un grand avantage que d'avoir un bateau neuf, où nous ne risquerions pas d'être dévorés par les punaises et autres insectes de ce genre ; ensuite, avec le patron italien, nous pouvions nous faire comprendre directement, et nous n'étions pas à la merci de l'équipage, ni du drogman.

Nous allâmes avec Paggi trouver M. Belin, le chancelier du consulat de France, qui se chargea de nous faire un traité en double expédition, revêtu de toutes les formalités de chancellerie, et énonçant les conditions arrêtées entre nous et Paggi. Ce dernier, en sa qualité de sujet romain, relevait du consulat de France, qui était chargé des intérêts des États romains et de beaucoup d'autres États qui n'ont pas de consuls au Caire.

Olivier n'étant pas fort sur la cuisine, et ne paraissant pas d'ailleurs se soucier de faire une longue excursion, nous prîmes pour drogman un génois, nommé Domenico Chiesa, et surnommé le Triestin, qui avait l'habitude de ce voyage. Il nous prenait 125 francs par mois, et se chargeait de fournir la vaisselle et tous les ustensiles de cuisine. Il nous conduisit chez un italien, nommé Pini, le *Chevet* de l'endroit, marchand de comestibles, qui vend tout ce dont on a besoin pour les voyages de la Haute-Égypte et de la Syrie. Nous achetâmes toutes les provisions nécessaires, telles que riz, café, sucre, macaroni, pommes de terre, savon, bougie, huile, vinaigre, épices, etc. ; plus un pavillon français pour notre bâtiment.

Les étrangers ont l'usage d'arborer le pavillon de leurs nations, dans les courses sur le Nil, afin de se faire reconnaître.

On nous avait délivré au consulat, moyennant 4 francs chacun, des passeports à l'intérieur, valables pour l'Egypte. M. Mari voulut bien se charger de les faire viser par l'autorité égyptienne. Je trouvai chez lui, M. Benedetti, qui venait d'arriver au Caire, et qui se chargea de l'expédition de notre correspondance.

Le 27 août, veille de notre départ, nous allâmes chez Soliman-Pacha, qui nous avait engagés à venir passer cette journée chez lui, à y coucher et à y attendre notre bateau. Nous y arrivâmes pour déjeuner; la table était servie à la française; la cuisine était faite par un cuisinier arabe, avec des mets arabes, mais modifiée de manière à se rapprocher de nos goûts. Les Arabes apprennent tout très-facilement, et notre déjeuner était fort bon. Le *vin* venait de France. Des domestiques, armés de balais de feuilles de palmier, étaient chargés de chasser les mouches qui, en Égypte, sont remarquablement nombreuses et importunes.

Le général nous prêta son sandal, pour aller visiter l'île de Rhoda, dont la pointe est vis-à-vis sa maison. Outre ce sandal, il a une cange ou bateau ponté, très jolie et très-commodément emménagée. Un aide-de-camp du général, M. Castet de la Boulebesne, était avec nous. M. Castet était un de mes anciens camarades de l'école de cavalerie de Saumur. Après avoir servi dans les spahis, il avait été employé au consulat du Maroc; il était ensuite venu en Égypte, où Soliman-Pacha, qui cherche toutes les occasions d'être utile à des Français, l'avait pris chez lui comme secrétaire et aide-de-camp.

Nous visitâmes d'abord le Mekias ou Nilomètre. Ce Mekias est une planche sur laquelle est tracée une échelle divisée qui marque la hauteur de l'eau du Nil. Elle est dans une tour qui se trouve comprise dans les dépendances de la manufacture de poudre, qui vient d'être donnée par le vice-roi au ministre de la guerre. La colonne qui supporte cette échelle était alors sous l'eau. Le général nous avait fait avoir une permission pour entrer dans cette enceinte. Nous nous fîmes conduire de là, sur la rive gauche du Nil, à l'école de cavalerie, située à Ghizeh. Cette école est dirigée par un ancien officier supérieur français, **M.** Varin, actuellement bey, et établi en Égypte depuis bien des années. Nous le trouvâmes dans le découragement, par suite de la désorganisation récente de son école. Il avait, avant l'avénement d'Abbas-Pacha, deux escadrons d'élèves et deux de troupes ; il ne lui reste plus qu'un escadron de cent cinquante élèves. Il nous fit cependant visiter son école en détail.

Le local est très vaste, et contient de longs corridors dans lesquels donnent les chambres de la troupe, et d'immenses écuries à deux rangs de chevaux. Les chambres sont parfaitement tenues, et exactement sur le même modèle que celles de nos cavaliers français; les charges sont faites au-dessus de chaque lit; les brides, armes et fourniments aux râteliers; tout est étiqueté, comme chez nous, au nom de l'homme; tout cela est bien nettoyé, les buffleteries blanchies. Les hommes portent un costume à peu près pareil à celui de l'infanterie. En grande tenue, il ont le pantalon rouge à bandes jaunes, le dolman vert à brandebourgs jaunes et le tarbousch. Leur armement se compose d'un sabre de ligne, d'un pistolet et d'une lance. Le capitaine-commandant et le capitaine en second nous accompagnaient. Les hommes, quand un officier entre dans la chambrée, se tiennent, comme en France, debout, immobiles, à la tête de leurs lits, qui sont formés d'une planche sur laquelle on étend des nattes. Le harnachement et l'équipement sont sur le même modèle que dans notre cavalerie. Les sonneries sont les mêmes. On a enfin suivi littéralement nos ordonnances sur le service intérieur des troupes à cheval. Varin-Bey nous mena ensuite dans de magnifiques écuries, en partie désertes. Ces chevaux arabes sont très-beaux; ils sont entravés par les pieds, dans l'écurie. Des palefreniers sont chargés de les panser, et de monter la garde d'écurie. A la sonnerie du pansage, nous vîmes arriver les cavaliers, en ordre, avec leurs bridons d'abreuvoir roulés, à la main. Ils ne viennent à l'écurie que pour faire boire les chevaux et leur distribuer l'orge ou la paille hachée.

Il y a aussi, dans cette vaste cour, un manége, des forges,

et une infirmerie de chevaux. Varin-Bey a essayé d'appliquer aussi la partie du règlement français qui concerne les punitions ; mais la salle de police était inefficace, et il a fallu en revenir aux coups de bâton. Les élèves apprennent encore là l'écriture, la lecture, le dessin et la topographie, outre la théorie et le règlement. Le colonel nous fit voir des dessins topographiques, très bien faits par quelques-uns de ces jeunes gens. Ces élèves sont destinés à former des sous-officiers et des officiers pour l'armée ; on y prend même des officiers supérieurs. C'est Varin-Bey qui fait la plupart des nominations, ou au moins qui les soumet au pacha. Cet établissement fait grand honneur à M. Varin. L'endroit où sont situés ces bâtiments appartenait à Mourad, bey des mamelucks ; le général Bonaparte y vint. C'est là que le général Béliard signa la capitulation qui nous faisait évacuer l'Égypte.

Nous nous rendîmes ensuite à la pointe nord de l'île de Rhoda, dans des jardins créés par Ibrahim-Pacha, et propriété actuelle de ses enfants. Ces jardins sont très-beaux, et forment un charmant parc ; ils renferment des arbres de toutes espèces, chênes à glands doux, cassiers, etc. Ce beau jardin est public, et beaucoup de familles viennent s'y promener. Depuis la mort d'Ibrahim, il est mal entretenu, personne n'en faisant les frais. C'est cependant une délicieuse résidence. C'est dans l'île de Rhoda que, suivant la tradition, Moïse fut exposé sur les eaux.

Nous revînmes dîner chez Soliman-Pacha, en remontant le joli bras du Nil, qui sépare l'île de Rhoda du Vieux-Caire. Le général, plus libre avec nous, était très gai ; ses expressions étaient même un peu crues ; sa conversation est très intéressante. Comme nous n'étions plus en rhamadan, il put nous offrir à volonté le café et le chibouque ; il nous donna des chambres, avec des lits tout à fait à l'européenne.

CHAPITRE IX.

Voyage de la Haute-Égypte.

Le 28 août, vers neuf heures du matin, notre dahabieh vint accoster devant la maison de Soliman-Pacha. Nous prîmes donc congé du général, qui s'était assuré que nous ne manquions de rien, et nous avait donné les instructions nécessaires. On avait craint que, depuis le nouveau règne, les communications de la Haute-Égypte ne fussent plus aussi sûres que du temps d'Ibrahim ; d'autant plus qu'on avait licencié une partie de l'armée, et que ces soldats s'étaient répandus dans le pays. Mais les renseignements qu'on avait reçus depuis étaient de nature à nous rassurer. Ce n'était qu'à grand'peine que Mehemet-Aly avait obtenu cette sécurité. Les bords du Nil étaient autrefois infestés de voleurs qui pillaient les barques et rendaient très-dangereuses les excursions dans la Haute-Égypte. Ibrahim, envoyé dans ces contrées, avait détruit tous ces repaires de brigands, et tellement effrayé les habitants par la rapidité et la sévérité impitoyable de la répression que, même après sa mort, on y jouissait d'autant de sécurité que sur les bords de la Seine ou de la Loire.

Notre barque était toute neuve et très-bien installée. Elle était pontée. A l'arrière était une espèce de dunette, sur laquelle se tenait le timonier, et qui occupait plus du tiers du bateau ; sous cette dunette, on avait ménagé des chambres, le long desquelles régnaient des divans, ou bancs de bois. Les fenêtres étaient fermées par des vitres et par des persiennes. La chambre du fond servait à mettre nos effets ; un cabinet de toilette y était contigu. Un autre appartement devint notre chambre à coucher. De chaque côté, sur les divans, nous avions un lit complet, avec moustiquaires. Enfin, à la suite venait une galerie couverte, dont nous fîmes notre salle à manger, et dont les divans garnis de coussins nous servaient de lits de repos. Nous avions d'ailleurs des tables et des chaises. La cuisine, garnie de fourneaux, était à l'avant du bateau.

Un mât court, à l'avant, supportait une vergue d'une longueur extraordinaire, le long de laquelle se gonflait une de ces voiles blanches, effilées en pointe, qui sont particulières à la navigation du Nil. A l'arrière, un second mât servait à fixer une voile beaucoup plus petite, puis au mât de pavillon flottaient les couleurs de France. Ces bateaux, de forme allongée et assez gracieuse, prennent le nom de djermes, de dahabieh, de cange, suivant leur grandeur. On nomme aussi cayasses des bateaux plus grands et de proportions plus larges, qui ne servent guère qu'au transport des marchandises. Une tente en toile de coton, comme les voiles, s'étendait sur le pont, quand le vent le permettait, pour nous garantir du soleil. Dominique, notre drogman, cuisinier et domestique, avait fait porter à bord tous nos ustensiles et nos provisions. Il y avait ajouté une cage à poulets, de la viande, des œufs, du beurre, du pain, du charbon et autres objets de nécessité journalière, que nous devions renouveler dans les villes situées sur notre passage. Nous étions en tout quinze à bord : Charles et moi, Paggi, le patron, le reiss, ou capitaine arabe, huit matelots, un mousse, Dominique et un copte nommé Guirguess, que ce dernier avait pris comme aide de cuisine.

Après avoir remonté à la rame le bras du Nil qui sépare Rhoda du Vieux-Caire, nous déployâmes nos voiles dans le grand Nil. Le vent était fort et soufflait du nord; nous filions bon train.

Nous laissâmes derrière nous les majestueuses pyramides de Ghizeh, puis celles de Saccarah. Vis-à-vis, à Tourah, un grand édifice renferme l'école d'artillerie, isolée au milieu d'une plaine de sable, entourée d'un bouquet d'arbres.

Le 29, vers deux heures, nous arrivâmes devant la ville de Beni-Souef, mais nous ne nous y arrêtâmes pas, notre intention étant de profiter du vent pour remonter le plus haut possible dans le Nil, et de revoir les détails en redescendant avec le courant. Les matelots vinrent là nous demander un bakschisch qu'ils sont dans l'habitude de tâcher d'obtenir de tous les voyageurs, à l'arrivée devant chaque ville. Nous leur fîmes dire que nous donnerions tout ensemble à notre arrivée au Caire, mais que nous ne paierions rien d'avance. De cette manière ils étaient intéressés à nous contenter pendant toute la traversée.

Nous rencontrâmes, près de Beni-Souef, un bateau à vapeur appartenant à Cheriff-Bey. Les rives du fleuve sont un peu monotones. A gauche est la rive arabique bordée par des montagnes assez rapprochées, et ne présentant qu'une langue de terre cultivée, derrière laquelle commence le désert. Ces montagnes ont quelquefois des formes assez bizarres, par suite de l'érosion par le vent, des parties les plus sablonneuses. Le noyau est d'un calcaire blanc et tendre. Elles présentent des teintes d'un jaune clair, sur lesquelles tranche le vert foncé des palmiers qui sont en grande quantité dans les endroits où la montagne s'éloigne un peu de la rive. Du côté opposé, la rive lybique offre d'immenses plaines cultivées, coupées de villages composés de maisons en terre, et entourés de plantations de palmiers. La chaîne qui borde la vallée de ce côté est plus basse que la chaîne arabique, et beaucoup plus éloignée du fleuve ; on n'aperçoit que quelques crêtes blanches apparaître dans le vague du lointain. On voit beaucoup de troupeaux de moutons, de chèvres et de buffles, et quelques vaches.

Les eaux, couvrant les plaines, par suite de l'inondation, nous ne nous astreignions pas à suivre le lit du Nil; aussi nous arrivait-il quelquefois de donner contre quelque haut fond, et d'échouer dans un champ. Alors tous nos hommes jettaient de côté la chemise de coton ou de laine brune, qui est leur seul vêtement, et se précipitaient à l'eau, comme des grenouilles, afin de pousser notre bâtiment et de le renflouer. Nous avions à bord des perches armées de pointes de fer pour cet usage. Quoique le vent soufle régulièrement du nord, cependant on est exposé à des raffales subites, pendant lesquelles on est obligé de s'arrêter quelque part, à l'abri, en attendant qu'elles soient passées. Ces raffales ont surtout lieu dans les endroits où la montagne se rapproche jusque sur les bords du fleuve et y forme une falaise à pic. Le vent, alors brisé par ces crêtes assez élevées, fond tout à coup en tourbillons sur le Nil et rend la navigation très-dangereuse, surtout la nuit. Nous ne marchions la nuit que lorsque nous étions en plaine et que le vent était modéré.

Le 30, au soir, la force du vent nous fit relâcher au village de Kalousneh, où les matelots amarrèrent la dahabieh à des pieux qu'ils enfoncèrent en terre. Kalousneh est un gros village où il y a un marché qui y amène beaucoup de monde. Nous y attirâmes la curiosité des habitants. Le kachef, grave Turc, accompagné de son secrétaire, vint se promener devant notre dahabieh, et nous fit demander si nous avions besoin de quelque chose. Nous le remerciâmes, et nous repartîmes ; mais nous fûmes obligés de nous arrêter à la fin du jour devant le bourg de Samallout. Nous avions à passer le Gebel-Their, montagne escarpée où les bourrasques sont assez fréquentes et étaient à craindre pour cette nuit, en raison de la force du vent.

Nous commencions déjà à admirer ces effets de coucher et de lever de soleil, si splendides dans les régions presque tropicales de la Haute-Égypte, sous ce ciel toujours pur, doré par les chauds reflets des sables du désert. Le soir, ce sont des tons délicatement nuancés entre le rouge ou l'or ; le matin, les montagnes prennent des teintes d'une délicatesse infinie, entre le bleu et le rose. On ne peut se figurer les nuances qu'affectent alors les objets, surtout les montagnes sablonneuses dont les couleurs sont brisées par les mille anfractuosités qui leur donnent une apparence qu'on pourrait comparer à celle d'un papier chifonné. Charles en fit plusieurs études très-exactes, et cependant les personnes qui n'ont pas vu l'Égypte, pour peu qu'elles soient disposées à l'incrédulité, regarderont ces teintes comme impossibles dans la nature. Il n'y a qu'en Grèce que j'aie vu des effets semblables.

Les nuits aussi étaient magnifiques. Nous étions étendus sur le haut de la dunette, laissant échapper la fumée de nos chibouques, et admirant, au milieu d'un silence solennel, cette belle voûte si pure, parsemée d'étoiles scintillantes, éclairée par les brillants reflets de la lune. De place en place, on voyait de grands feux allumés, semblables à des feux d'incendie ; c'étaient des herbes que les paysans brûlaient pour fumer les terres. J'ai passé souvent plusieurs heures de la nuit sans pouvoir m'arracher aux rêveries dans lesquelles ce spectacle me plongeait, et je jouissais du bien-être que procure la douce fraîcheur du soir, après les ardeurs excessives du jour.

Le matin, à l'aube, nous passâmes sans accident au Gebel-Their, ou Montagne des Oiseaux. Une muraille de roches borde ce fleuve, en tournant vers le sud, et s'étend jusque vis-à-vis Minieh. Sur le haut de ces roches, on voit un couvent de moines coptes, qui, lorsqu'il passe une barque, se jettent ordinairement à l'eau, pour venir quêter à bord. Il était trop matin lorsque nous passâmes au pied du couvent, et nous n'eûmes pas la visite de ses habitants.

A sept heures et demie, nous passâmes devant Minieh, jolie ville, où nous remarquâmes un palais du vice-roi et plusieurs manufactures. Nous vîmes près de là une machine à vapeur, construite par ordre d'Ibrahim-Pacha, pour élever l'eau du Nil, la répandre à volonté, et remplacer les sakis et les chadoufs qui ne remplissent leur objet que très-imparfaitement. Ibrahim a fait établir plusieurs de ces machines à vapeur, dans différentes parties de l'Égypte, pour l'arrosement de ses terres.

Nous passâmes ensuite devant Beni-Hassan, célèbre par ses hypogées. La montagne est percée partout de trous carrés qui donnent entrée dans des cavernes où étaient conservées les momies.

Vers le soir, nous fûmes encore contraints de nous arrêter à Cheick-Abadieh, assez joli bourg, bâti sur l'emplacement d'Antinoë. Entre le village et le Nil, s'étend une place garnie de grands palmiers, qui me rappelait nos places plantées d'arbres. Au bout d'une heure et demie, nous nous remîmes en route; mais, le vent étant toujours mauvais, nous fûmes obligés de passer la nuit devant Melaoui, où nous trouvâmes des barques pleines de pèlerins qui allaient à la Mecque par Cosseir. C'est lorsque nous étions ainsi amarrés près de la terre que nous étions le plus importunés par ces mouches petites, vives et très-tenaces qui sont une des plaies modernes de l'Égypte.

Le 1er septembre, nous arrivâmes près de la montagne

5.

nommée Gebel-Abou-Iffoda. C'est un des passages les plus dangereux du Nil. Depuis quelque temps, la vallée s'était resserrée Nous n'étions pas loin de la chaîne lybique, et l'autre était comme une muraille dont le pied était baigné par les eaux. En arrivant à la pointe d'un coude que fait la montagne, et sous laquelle nous étions obligés de passer, une violente bourrasque tomba sur nous du haut de la montagne, en produisant des effets presque analogues à ceux de ce vent si terrible au printemps dans ces pays, et qu'on appelle *khamsin* en Égypte, et *simoun* dans le désert. Le vent sifflait avec un bruit effrayant, en faisant voler des nuages de sable. L'horizon était obscurci, le ciel plombé. Ce vent était brûlant, comme s'il sortait d'une fournaise, et desséchait la peau. Tous les objets que nous touchions nous paraissaient extrêmement chauds. Une poussière fine pénétrait partout. Le mieux alors est de tout fermer, en attendant la fin de la raffale. Les matelots effrayés avaient tout laissé aller à la grâce de Dieu en criant : *Allah kherim* (Dieu est grand). La voile battait violemment contre le mât qui pliait. Heureusement que la toile était bonne et le mât solide, car tout aurait été emporté. C'est, du reste, l'usage de ces matelots du Nil, de lâcher l'écoute de leur voile triangulaire, lorsqu'il survient une raffale, pensant que le vent n'éprouvant plus de résistance ils évitent le danger d'être coulés. Au bout de vingt minutes, la bourrasque se calma un peu, nos matelots purent rattrapper leur écoute, et nous parvînmes à nous mettre à l'abri près d'un petit village où nous attendîmes la fin de l'ouragan. Nous en profitâmes pour renouveler notre poulailler. Les femmes du village arrivaient en foule pour nous apporter leurs poules et leurs denrées. Ces poulets ne coûtent que 20 paras, ou 2 sous et demi ; il est vrai qu'ils sont très-petits. On les nourrit avec du dourah. Au reste, toutes les denrées coûtent très-bon marché en Égypte, et notre nourriture n'était pas chère.

Dominique nous faisait une assez bonne cuisine, et nous ne manquions de rien. A vrai dire, depuis que nous avions fini la viande de boucherie achetée au Caire, nos repas étaient un peu monotones. Deux poulets le matin, trois poulets le soir, c'était invariablement le menu. Dominique, en chef habile, savait varier ses préparations. Le riz, les tomates, le kari, les épices, enfin les provisions de notre office, fournissaient aux combinaisons différentes auxquelles il soumettait l'invariable poulet. Nous avions en outre des abricots secs qui nous fournissaient le plat sucré; puis un dessert composé de dattes, de grenades, ou de limons doux. Quelquefois nous y ajoutions la pastèque si rafraîchissante. De grand matin, nous nous arrêtions devant un village pour avoir du lait de n'importe quel animal, vache, buffle, chèvre, brebis ou chamelle, et nous prenions notre café au lait. Il va sans dire que le café venait après chaque repas; c'est une des nécessités d'Orient. Notre boisson était cette excellente eau du Nil que nous faisions filtrer dans une jarre de terre poreuse. L'eau bourbeuse du fleuve passe à travers cette terre, et est reçue claire et limpide dans un vase placé sous la jarre.

La tempête étant à peu près finie, nous quittâmes le village près duquel nous nous étions abrités, et qui, comme tous ceux que nous rencontrions, était composé de maisons en boue sèche, entourées de joncs et de roseaux. Nous gagnâmes la ville de Manfalout. Cette ville fait un bon effet, vue du fleuve; elle est, comme toutes les villes et les villages, entourée de palmiers qui cachent en partie les maisons, et lui donnent l'apparence d'un bosquet. Paggi avait eu à se plaindre d'un des matelots; et il devait faire une plainte aux autorités de Manfalout, afin de faire infliger une punition à cet homme. Ordinairement, lorsqu'un Européen, ou toute autre personne, porte au gouverneur d'une ville ou d'un village, une plainte contre un indigène, ce chef juge le cas, et fait exécuter à l'instant la sentence, qui se résout toujours en coups de bâton.

L'Égypte est divisée en gouvernements à la tête desquels sont des officiers appelés *moudirs*. Les gouvernements sont divisés en provinces sous l'autorité des *mamours*. Des *nazirs* commandent les arrondissements composant les provinces. Enfin, les arrondissements se subdivisent en cantons dont les gouverneurs se nomment *kachefs*. Quant aux villages, leurs chefs ou maires sont des *cheicks-el-beled*. Manfalout est un chef-lieu de province régie par un mamour.

Nous descendîmes à terre avec Paggi qui, ayant trouvé là un de ses amis, le chargea de nous faire les honneurs de la ville de Manfalout. Cet ami était un habitant de la Savoie, fort riche, mais bizarre, et qui était venu s'établir à Manfalout pour faire le commerce. C'était presque un compatriote, au moins par le langage; il portait le costume oriental. La ville n'est composée que de maisons en briques crues, formant des rues et des ruelles qui se croisent en vrai labyrinthe. Le bazar présente des galeries plafonnées, larges et assez belles. La ville est sur un terrain un peu élevé. Le Nil, qui abandonne la rive opposée où il forme des attérissements, se porte sur celle-ci, et a déjà mangé une partie du terrain; il entraîne, tous les ans, des maisons. Dans la montagne, vis-à-vis de Manfalout, sur la rive opposée, il y a d'immenses cavernes remplies de momies. Au reste, les deux chaînes de montagnes qui bordent l'Égypte sont toutes percées de ces hypogées, où allaient s'entasser successivement les générations égyptiennes. Il y a ordinairement beaucoup de crocodiles près de Manfalout. Dans les basses eaux, ils dorment sur les bancs de sable qui sont alors à découvert, et dans lesquels les femelles déposent leurs œufs. On peut alors les approcher et les tirer. Il faut les frapper à l'œil ou au défaut de l'épaule; car la cuirasse de ces animaux est à l'épreuve de la balle. On en voit beaucoup d'empaillés, suspendus à la porte des maisons. Nous n'en avons pas vu dans le Nil, pendant notre navigation; c'était l'époque des grandes eaux.

Le vent était encore assez fort pour nous faire rester à Manfalout. Nos matelots étaient très disposés à trouver le temps trop mauvais pour naviguer. Ils sont assez paresseux, et cherchent à allonger le voyage, et à s'arrêter souvent. Lorsqu'on est pressé, ils tâchent de faire échouer de temps en temps le bateau sur quelque banc de sable, afin d'avoir un prétexte pour rester là. D'autres fois ils cassent exprès quelque chose; enfin, ils emploient tous les moyens pour ralentir la marche. Heureusement nous avions un patron qui avait intérêt à aller vite, puisqu'il était payé pour le voyage. D'ailleurs, comme c'était son premier essai en qualité de patron, il cherchait à nous contenter, pour avoir un bon certificat.

C'était un homme actif et énergique, qui déjouait toutes les ruses des Arabes, et les menait avec fermeté, peut-être même avec un peu trop de rigueur. Vis-à-vis de nous, ces matelots avaient l'air de fort bonnes gens, et nous n'avons jamais eu à nous en plaindre personnellement. Le reiss connaissait très-bien la navigation du Nil, et avait été, en cette qualité, au service de Selim-Pacha, moudir de Siout ; mais il n'avait pas de fermeté avec ses subordonnés, peut-être même entrait-il dans leurs petits complots. Au reste, une fois stimulés, ces hommes travaillent vigoureusement. Ils s'aident alors en chantant, et s'encouragent en criant *Allah elesa* sur le même ton que nos ouvriers, en France, lorsqu'ils crient ensemble pour réunir leurs efforts. La difficulté est de les stimuler. A l'armée, ils font de bons soldats, une fois enrégimentés ; mais auparavant il faut les amener enchaînés à la caserne. Les paysans ont une telle aversion pour le service militaire, qu'ils se mutilent, et vont jusqu'à se crever un œil, pour y échapper. Il n'y avait pas un de nos matelots à qui il ne manquât quelque chose, par suite de mutilations. Deux étaient borgnes.

Nous repartîmes de grand matin de Manfalout, qui est la dernière ville de la moyenne Égypte ; et vers midi nous arrivâmes devant Siout, capitale de la Haute-Égypte, l'ancienne Thébaïde.

Le pays avait changé d'aspect ; la vallée s'étant rétrécie, et les deux chaînes de montagnes étant plus rapprochées, les sites deviennent plus accidentés. Le Nil fait beaucoup de circuits, de manière que les points de vue n'ont plus la monotonie des plaines du bas Nil. Les deux chaînes lybique et arabique se rapprochent successivement du fleuve, puis s'en éloignent en présentant quelquefois de vastes amphithéâtres. Leurs crêtes affectent aussi des formes pittoresques. La culture y est très-soignée ; on récolte beaucoup plus de cannes à sucre, d'indigo, de coton, et d'autres produits riches, que dans la Basse-Égypte. On n'y voit plus de plaines de sable, et il n'y a pas de terrain perdu. Le paysage, enfin, sous tous les rapports, est beaucoup plus intéressant, lorsqu'on est au-dessus de Siout. Beaucoup de fellahs étaient employés aux chadoufs, pour remplir les rigoles d'irrigation; ils étaient presque tout nus. Des enfants entièrement nus couraient sur la rive en demandant le bakschisch; nous leur jetions des morceaux de pain, qu'ils allaient chercher à la nage, lorsqu'ils tombaient dans l'eau.

Nous passâmes devant Tahtah, où l'on aperçoit un palais dont la couleur blanche se détache sur la verdure des arbres; puis devant Akhmin, l'ancienne Panopolis. Akhmin se fait remarquer par des maisons plus grandes que celles que nous avions vues jusqu'alors; elle est située sur la rive droite. La plupart des villes sont du côté opposé; il n'y en a qu'un très-petit nombre sur l'autre rive, qui est beaucoup plus aride, et où les montagnes et le sable s'avancent plus près du fleuve.

Nous nous arrêtâmes ensuite à Menchieh, par suite de la force du vent. Ici les maisons sont carrées et semblent avoir deux étages. Le deuxième étage est un pigeonnier orné de créneaux, et ayant une certaine architecture. Des branches fixées dans le mur servent de perchoirs aux pigeons. Cet étage est ordinairement formé de pots maçonnés, ayant la bouche en dedans, de manière à pouvoir servir de nids aux pigeons. On voit en effet des bandes très-nombreuses de ces oiseaux. Le reste de la maison est toujours bâti avec de la boue sèche, ou des briques crues. Ces villages ont une apparence très-originale; ils paraissent aussi plus considérables qu'ils ne le sont réellement.

Au point du jour, nous nous trouvâmes arrêtés devant la ville de Girgeh, chef-lieu de province. Nous avions profité du clair de lune, pour longer les montagnes de Girgeh, quelquefois difficiles à passer à cause des tourbillons de vent. Girgeh est une jolie ville, dans une situation pittoresque, sur une hauteur. On y remarque des maisons assez grandes, et plusieurs minarets, dont deux ou trois sont d'une jolie construction. Des plantations autour de la ville forment des promenades. Comme à Manfalout, le fleuve ronge le terrain sur lequel la ville est assise.

Nous passâmes ensuite devant Farchout, où se trouve une manufacture de sucre organisée par des Français. La vallée était de plus en plus resserrée, et les montagnes plus élevées. Des anfractuosités de la crête, descendaient des masses de sable comme les glaciers dans les montagnes de la Suisse. En plusieurs endroits même, le désert de la chaîne lybique venait jusqu'auprès du fleuve, qui n'est plus bordé que par une lisière de terrain cultivé. Nous commençâmes à voir de ce côté une espèce de palmier, nommé *doum*. Au lieu d'avoir une tige unique et droite, comme les dattiers, son tronc se bifurque ainsi que ses branches. Ce tronc est couvert d'écailles triangulaires ; ses feuilles ressemblent à celles du latanier, et il fournit des grappes d'une espèce de petits cocos. Ces doums sont d'un joli aspect, et rompent la monotonie des dattiers. On voyait aussi beaucoup d'oiseaux, des bandes d'oies sauvages et des ibis (bel oiseau blanc à longues jambes et à long cou), des pélicans, et une foule d'autres.

Le 5, nous passâmes devant Denderah, dont nous vîmes les ruines au milieu du désert; et nous arrivâmes à neuf heures et demie à Kenneh. Notre bateau avait parfaitement marché; car, malgré nos arrêts, nous avions fait en huit jours le trajet qui en demande quelquefois le double. A l'entrée de Kenneh, nous vîmes une manufacture de toile de coton assez considérable. Les autres maisons de cette ville, qui est le chef-lieu de la province de Thèbes, à part quelques-unes qui ont un étage, sont comme toutes celles que nous avions déjà vues. Celle du gouverneur a deux étages, et est défendue par trois petits canons en mauvais état. Nous nous amarrâmes devant un petit quai en terre, bordé de cafés alors remplis de pélerins. Ces pélerins viennent par le Nil jusque-là. Ils traversent ensuite le désert sur des chameaux, jusqu'au port de Cosseir sur la mer Rouge, où ils s'embarquent, et se rendent sur la côte opposée à Djedda, et de là à la Mecque. Parmi ces pélerins il y avait plusieurs Arabes d'Algérie. L'un d'eux, ayant reconnu notre pavillon, vint de suite à nous en s'écriant en français : *voilà notre pavillon!* et il se présenta comme compatriote. On voit qu'ils commencent à s'habituer à notre domination, puisque maintenant ils se regardent comme Français. Celui-là parlait assez bien notre langue, et il avait vu Paris, ce dont il était bien fier. Le gouvernement français avait fait transporter ces hommes jusqu'en Égypte ; et là, ils s'étaient adressés au consul de France qui les avait aidés pour le reste du voyage.

Nous étions obligés de séjourner à Kenneh, pour laisser à nos matelots le temps de faire leur pain. De notre côté, nous voulions expédier des lettres, et savoir si l'on avait reçu celles que M. Benedetti devait nous faire parvenir. Il y a un courrier qui va tous les deux jours au Caire par terre ; nous lui remîmes notre correspondance, sous le couvert du consul général, ayant soin de faire mettre l'adresse en arabe.

Le bazar de Kenneh est assez grand, et se compose de galeries couvertes de nattes par en haut. Il est assez mal approvisionné ; on y vend surtout des légumes. Dans les rues, on trouve un grand nombre de jeunes femmes assez jolies, légèrement vêtues avec des robes de diverses couleurs ; elles ont la tête et le cou ornés de guirlandes de sequins en or. Ce sont des almées ou danseuses par lesquelles on est assailli, en débarquant ; car, à l'industrie de la danse, elles en joignent une autre qu'elles exercent sans mystère. Beaucoup viennent de Nubie, et elles sont presque noires. Le soir nos matelots n'avaient pas encore fini leur pain ; ils prétendaient qu'il n'y avait qu'un four dans la ville et qu'ils étaient obligés d'attendre leur tour pour cuire leur pâte. Je crois plutôt que c'étaient les almées qui les retenaient. Les Arabes sont généralement très-portés pour ce genre de vice, et leur religion est très-tolérante sur cet article.

Comme il faut tout voir, nous voulûmes avoir une danse d'almées. Nous chargeâmes donc Dominique d'organiser cela. Il fit prix avec une de ces femmes, qui pour 100 piastres devait nous donner spectacle complet : danse de quatre à cinq almées, avec accompagnement de musique arabe. Nous nous fîmes donc conduire chez cette femme, escortés par Hadji-Mahamet, un de nos matelots, qui portait le falot. Au fond d'une petite cour plantée de palmiers, était une espèce de bouge composé d'une chambre en plein air, et d'une autre pièce au fond, dont le plafond formé de branches de palmiers soutenait un toit en terrasse. C'était encore une des plus splendides maisons du quartier. C'est là que le bal devait avoir lieu. Nous nous assîmes sur un *cafar*, espèce de bahut fait en branches de palmiers. La salle était éclairée par deux bougies que nous avions apportées. Quatre femmes étaient accroupies sur une natte, fumant le narguileh et buvant de l'eau-de-vie de dattes, dont nous les avions régalées. Ces femmes sont coiffées d'un tarbousch, orné d'une calotte en or, de ce tarbousch descendent, par derrière, une quantité de petites tresses de cheveux et de chaînettes ornées de sequins d'or. Elles ont aussi des colliers de sequins et des bracelets; elles portent une chemise en gaze noire, un gilet court en drap ou en soie, enfin un pantalon large noué sur les hanches, et descendant jusqu'à la cheville du pied. On ne nous avait pas donné les beautés du pays, celles-là étaient même laides, excepté une qui, sans avoir une jolie figure, était parfaitement faite et avait beaucoup de grâce. La musique arriva ensuite; elle était composé de deux mandolines et d'un violon en coco avec des cordes de crins, dont la façon bizarre et primitive remontait certainement aux instruments de musique du roi Mœris. Les femmes avaient en outre des *tarabouchs*, espèces de tambours, sur lesquels frappaient avec les mains celles qui ne dansaient pas. Nos musiciens avaient aussi des tournures originales. L'un d'eux, vêtu d'une robe à grands ramages, et qui nous répétait sans cesse trois ou quatre mots italiens qu'il avait appris par cœur, me rappelait Sainte-Foy de l'Opéra-Comique, dans le rôle de l'eunuque du *Caïd*.

La danse des almées ressemble beaucoup à la danse des mauresques d'Alger, elle est cependant plus variée, et plusieurs femmes dansent à la fois. Ce sont au reste des gestes et des mouvements assez lascifs qu'elles exécutent en mesure, au son de la musique, et avec une incroyable flexibilité du corps. Dans les intermèdes, elles nous chantaient des chansons arabes, sur des airs assez peu harmonieux. Il y avait encore la danse de *l'abeille* que nous voulions voir, et que nous réclamâmes. Ces femmes firent des difficultés, mais, après quelques pourparlers, nous ajoutâmes 30 piastres pour une des almées qui se chargea de nous donner cette représentation. Par une pudeur singulière chez cette sorte de femmes, elle voulut que tout le monde sortît, excepté nous et la maîtresse de la maison. Elle dansa alors, en feignant de se plaindre d'avoir une abeille cachée sous ses vêtements, et en chantant *Nahl! eho!* (l'abeille! aïe!) Tout en cherchant son abeille, elle finit par se dépouiller *même de son pantalon*.

Ces danses sont assez curieuses comme types de mœurs, les indigènes en raffolent. C'est du reste un spectacle dont on a bien assez, quand on se l'est donné une fois. Lorsque la danse fut finie, nous revînmes à bord, éclairés par Hadji-Mahamet que la vue de la danse avait plongé dans le ravissement. Il était bien content de nous avoir servi de porte-falot.

Lorsque nous fûmes revenus à bord. Dominique demanda à aller chercher son mouchoir qu'il avait, disait-il, oublié chez les almées. Il paraît qu'il eut de la peine à le trouver, car il ne rentra que le lendemain matin, à la pointe du jour. Quant à nos matelots, ils étaient probablement toujours à leur pain. Il est certain qu'il n'en resta que deux à bord.

Kenneh est renommé pour ses bardaques, qu'on expédie dans toute l'Égypte. Elles sont très légères et d'une terre excessivement fine. On en voit des bateaux pleins, semblables à des montagnes. Dans les basses eaux, on les attache ensemble, pour en former des radeaux, et elles descendent ainsi le Nil.

CHAPITRE X.

Thèbes.

Le 6, vers six heures et demie du matin, nos matelots avaient enfin apporté leur pain, qui était au pétrin depuis la veille à neuf heures du matin. Autre anicroche : Hassan, un de nos hommes, manquait à l'appel; il était parti la veille, pour aller voir sa famille à Denderah, et il n'était pas revenu. Le reiss, qui lui avait avancé 50 piastres, était fort embarrassé. Il voulait déposer sa plainte, et le faire chercher, mais nous n'en avions pas le temps, nous étions déjà restés bien assez longtemps à Kenneh; il fut donc obligé de prendre là un autre matelot pour remplacer le déserteur, et nous partîmes.

Le vent du nord, qui nous avait aidés si puissamment pour remonter le Nil, nous manqua tout à fait à partir de Kenneh. A peine si une légère brise soufflait un instant, quelquefois même elle était contraire. On était alors obligé de tirer à la corde. Les matelots se déshabillaient et s'attelaient à une longue corde de feuilles de palmiers, pour remorquer la dahabieh. Dans le moment de la crue des eaux, tous les terrains étant inondés, nos hommes ne pouvaient plus suivre les berges, comme dans les basses eaux ; ils étaient souvent arrêtés par de profondes rigoles et surtout par des murs qui s'avançaient dans l'eau. De plus, le courant était extrêmement rapide. A Kalousneh, où je m'étais baigné, j'avais été obligé de saisir une amarre pour ne pas être entraîné par le courant. Le tirage à la corde était alors très-pénible. Il était inutile de songer aux rames qui n'auraient pu vaincre la rapidité de l'eau. Nous marchions donc très lentement, nous arrêtant de temps en temps. Nous fîmes une halte vis-à-vis Coptos, à l'ombre d'un charmant bois de palmiers-doums et de dattiers, où les arbres, au lieu d'être plantés symétriquement, poussaient spontanément et formaient un massif touffu. Nous fîmes la chasse à une quantité de pigeons et d'oiseaux qui s'y trouvaient.

Nous éprouvions depuis Kenneh une grande augmentation dans la chaleur. Vers le milieu de la journée, la température était brûlante. Je concevais très-bien le turban, dans un pays où les rayons du soleil pénètrent les coiffures minces, et peuvent occasionner des coups de soleil très-dangereux sur le crâne.

Nos matelots se seraient bien arrangés de rester à l'ombre ; ils aimaient beaucoup à faire leur cuisine à terre plutôt qu'à bord, et à s'y reposer. Leurs repas se composait de lentilles qu'ils faisaient cuire et qu'ils mangeaient avec du pain de dourah. Ils y ajoutaient quelquefois des dattes et un fromage d'assez mauvaise mine. Enfin nous ne pouvions rester là : nous quittâmes notre bosquet de palmiers, et nous reprîmes le tirage pénible.

Une fois la corde échappa des mains des Arabes. Le bateau,

dans lequel il ne restait plus que le timonier et le mousse Ahmet, s'en fut à la dérive, et nous eûmes de la peine à regagner l'autre bord, où nos hommes, ayant profité d'une barque qui traversait, vinrent nous retrouver. Paggi employait tous les moyens pour exciter le zèle des hommes de l'équipage : il les poussait, se mettait lui-même à la corde, et les forçait à tirer; il leur promit un mouton à notre arrivée à Louqsor. Enfin il parvint à les stimuler, et ils se mirent résolument à l'œuvre.

Le 8 septembre, le matin, de dessus la dunette, j'aperçus dans le lointain des masses gigantesques qui, à mesure que nous avancions, prenaient une forme monumentale. Des colonnes, des pylônes se détachaient. Ces masses de ruines, c'était Karnac, c'étaient les restes de la Thèbes aux cent portes. Le pays était joli, accidenté et fertile, et justifiait le choix de cet emplacement pour la vieille capitale de l'Égypte. Cette partie de l'Égypte est très riche; les villages ont un air d'aisance qu'on ne trouve pas plus bas; les maisons paraissent habitables. Un grand bâtiment, très beau, servait de caserne à des Arnautes ou garde albanaise. Le Nil faisait de grands circuits, et semblait prendre plaisir à irriter notre impatience. Enfin, après avoir suivi un petit bras du fleuve, à travers un bois touffu, nous nous trouvâmes à une petite distance de Karnac; nous eûmes l'aide d'une légère brise qui vint couronner un dernier effort, et nous parvînmes enfin à nous amarrer au port de Louqsor, au pied du palais de Sésostris.

A peine arrêtés, nous sautâmes à terre, sur ce sol jadis couvert de monuments magnifiques, où s'agitait une nation puissante et riche, et qui maintenant n'offre plus que des ruines et quelques cabanes habitées par des fellahs déguenillés. Malgré un soleil à cuire des œufs, nous nous dirigeâmes de suite à travers le désert vers ces monuments de Karnac, qui nous avaient fait de loin une si vive impression, sans nous arrêter aux belles ruines de Louqsor que nous comptions revoir en détail.

La ville de Thèbes comprenait une immense étendue sur les deux rives du Nil. Les ruines sont répandues de distance en distance, et plusieurs villages arabes se trouvent sur l'emplacement de cette cité célèbre. Ainsi Medinet-Abou, Gournah, Louqsor, Karnac, etc..... ne représentent que des points différents de la Thèbes aux cent portes. Karnac devait être le quartier le plus magnifique, comme l'indiquent les palais qu'on y retrouve.

Après avoir parcouru cet amas de temples, de colonnes, de palais, de colosses, nous revînmes à Louqsor. Les palais de Louqsor, village d'une certaine importance, sont noyés dans des constructions et des cabanes de fellahs. Les pigeonniers qui surmontent ces bicoques font l'effet de faux propylônes. Ces palais sont magnifiques.

On trouve d'abord un grand *pylône* (1) bien conservé. En avant du pylône étaient quatre colosses de granit, d'un seul bloc, de quarante pieds de haut, et, en avant des colosses, deux obélisques en granit. Deux des colosses sont en partie enterrés dans le sable. Quant aux obélisques, celui de droite (du côté du Nil), donné par le vice-roi au gouvernement français, a été transporté à Paris et érigé par les soins de l'habile ingénieur, M. Lebas, sur la place de la Concorde, où il doit se trouver dépaysé et bien isolé, séparé qu'il est de son pylône, au milieu de ce grand espace. Notre climat brumeux est un peu froid pour lui. Enfin, les bons Parisiens ont la satisfaction de contempler un obélisque sans sortir de chez eux ; c'est là le point essentiel. Le frère de ce monolithe est le mieux conservé des deux ; les arêtes en sont plus vives que dans le nôtre, dont le pyramidion est endommagé. Mais M. Champollion a trouvé que l'inscription hiéroglyphique du premier était moins intéressante que celle de l'autre, et je crois que, là-dessus, les Parisiens l'ont cru volontiers sur parole. D'un autre côté, celui qu'on a enlevé était du côté du fleuve, et, par conséquent, plus facile à abattre et à transporter à son embarcadère. C'est à ces considérations que l'obélisque de gauche a dû de rester debout. Les obélisques n'étaient pas destinés à orner le centre d'une place ; ils accompagnaient toujours une porte à laquelle ils servaient d'avancée.

Ce pylône, qui a 24 mètres de haut sur 30 de largeur, de

---

(1) Le pylône est composé de deux grands massifs pyramidaux, réunis par une porte, et servant d'entrée à un temple ou à un palais.

chaque côté, donnait entrée à un palais bâti pour Sesostris-le-Grand, mais qui disparaît maintenant sous les constructions arabes. Des tableaux sculptés sur le pylône et sur les murs du palais présentent des victoires de Sesostris. Deux rangs de grandes et belles colonnes conduisent ensuite à un palais dont il reste des colonnes avec chapiteaux en boutons de lotus, qui soutiennent encore des architraves couvertes de sculptures et d'hiéroglyphes.

Ce palais avait été bâti, suivant Champollion, sous le règne d'Amenophis III, cinquième roi de la dix-huitième dynastie, qui régna de 1687 à 1650 avant notre ère. Ainsi, ces colonnes si belles et si bien conservées étaient là, debout, depuis trente-cinq siècles.

Nous restâmes trois jours à Louqsor, où se trouve un port assez fréquenté par les bateaux du Haut-Nil. Nous partions chaque jour, de grand matin, pour Karnac, qui est à une petite lieue du port, emmenant avec nous un de nos matelots qui portait le matériel de peinture, ainsi que des armes et des munitions, pour tirer les oiseaux ainsi que les chacals et chats sauvages qui habitent ces ruines. Il était en outre chargé d'aller nous chercher de l'eau. Paggi venait aussi avec son fusil. Nous restions là toute la journée. Charles peignait, et moi je parcourais les ruines, ayant à la main Champollion qui m'expliquait les tableaux et les hiéroglyphes dont les murs sont couverts. Vers dix heures, Dominique arrivait avec notre déjeuner, porté par un de nos hommes. La chaleur était tellement violente que, malgré la distance, nos mets arrivaient encore chauds. Quoique nous fussions à peine sous le vingt-cinquième degré de latitude, la chaleur, au commencement de septembre, était plus forte encore que dans des pays placés plus près de l'équateur, et peut-être sous l'équateur même, mais rafraîchis par des brises de mer. Les sables, échauffés par un soleil ardent, élevaient encore la température, sous ce ciel enflammé et presque tropical. Ainsi la chaleur, vers deux heures, était souvent pénible à supporter, et la lumière était tellement éclatante, qu'il était nécessaire de se servir de lunettes à verres de couleur, pour se conserver la vue. Je regrettai d'avoir oublié un thermomètre, au moyen duquel j'aurais pu constater le degré de chaleur auquel nous étions quelquefois soumis.

Le soir, à la fraîche, nous revenions dîner et coucher à bord. Il y a, à Louqsor, un grand nombre d'almées qui vinrent le premier jour, pendant notre dîner, faire résonner leurs castagnettes de cuivre autour de notre bateau qu'elles voulaient prendre d'assaut. Nous avions eu assez de la danse de celles de Kenneh ; nous les fîmes chasser, et nous en fûmes débarrassés. Nous avions également écarté une quantité de gens qui voulaient nous louer des ânes, et nous montrer les antiquités de Thèbes. Nous leur avions fait comprendre que nous voulions aller seuls et à pied. Seulement, à l'aller et au retour, nous étions poursuivis par tous les gamins des deux sexes des villages de Louqsor et de Karnac, nus comme de petits sauvages, qui criaient à tue-tête *cavadji bakschisch*. Ce mot de *bakschisch* est, je crois, le mot le plus employé en Égypte. Si nous nous avisions de jeter quelques paras à ces enfants, alors toute la population accourait, et il n'y avait plus moyen de s'en défaire.

C'est à Karnac que l'on trouve les merveilles les plus surprenantes de l'architecture égyptienne. L'imagination est étonnée à la vue de ces palais gigantesques qui, depuis tant de siècles, témoignent de la puissance à laquelle ce peuple était parvenue. Aucune description ne peut donner une idée, même imparfaite, de ce que sont ces masses.

Après avoir passé le misérable village de Karnac, on suit une allée entre deux rangées d'énormes sphynx en pierre, qui semblent faire la haie, pour garder l'entrée du palais des rois. Ces sphynx avaient des corps de lion et des têtes de béliers, dont la plupart sont cassées. Cette allée aboutit à un beau propylône ou arc-de-triomphe d'une hauteur colossale, couvert de hiéroglyphes, qui précède l'entrée du temple de l'ouest. La cella est très-bien conservée, et les plafonds sont soutenus par des colonnes en tiges de lotus. A gauche de ce temple est la chambre des rois. C'est une salle richement décorée, dans laquelle aboutissent deux chambres dont les parois sont couvertes de sculptures admirables de fini. C'est la série des rois prédécesseurs de Mœris.

On arrive enfin au grand palais qui présente une énorme enceinte. Si l'on veut y pénétrer par la grande entrée, on va regagner une allée de sphynx, en partie détruite, située au nord-ouest, vers le fleuve. On arrive à un pylône gigantesque, le plus grand de tous. Il est formé de deux massifs pyramidaux, dont chacun a 54 mètres de longueur, 43 de hauteur, 15 d'épaisseur. La porte qui les joint a 26 mètres de hauteur et 6 de largeur, ce qui fait 113 mètres pour la longueur totale du pylône (1). Ce pylône n'avait pas été achevé; il ne porte pas de sculptures. Le haut du massif de gauche est détruit. Il occupe toute la largeur de l'enceinte du palais. On éprouve un sentiment involontaire d'étonnement en franchissant cette entrée de géants. Sur le jambage gauche de la porte, je vis un souvenir de notre France. C'était une inscription laissée par la commission d'Égypte, après vérification faite des positions des principaux temples de la Haute-Égypte. Voici cette inscription gravée dans la pierre :

RÉPUBLIQUE FRANÇAISE.

AN VIII.

Temples.	Longitude.	Latitude.
Denderah	30° 21′ 0″	26° 10′ 0″
Thèbes { Karnac	30 20 4	25 44 15
Thèbes { Louqsor	30 19 16	25 44 55
Esneh	30 14 19	25 19 39
Edfou	30 33 4	25 0 0
Ombos	30 38 39	25 28 0
Syène	30 34 19	28 8 6
Ile de Phylé	30 33 46	24 3 45

Vis-à-vis est une autre inscription relatant les noms des membres d'une commission envoyée de Rome aux cataractes, et la déclinaison de l'aiguille aimantée à Thèbes.

(1) Ces mesures sont extraites du voyage du maréchal duc de Raguse.

Ce pylône donne entrée dans une vaste cour pleine de ruines. A droite et à gauche étaient des chambres qui sont en partie enterrées. On voit cependant à droite une petite enceinte qui a été déblayée, et qui est entourée d'une galerie supportée par des colosses adossés à des piliers. Deux rangs de colonnes traversant la cour conduisaient au deuxième pylône. Ces colonnes renversées et brisées gisent encore à terre. Ce deuxième pylône, tout bouleversé, n'offre plus que deux énormes tas de pierres. Il était précédé de deux beaux colosses, mais il n'en reste plus qu'un, très-endommagé. En passant par-dessus les ruines de la porte du pylône, on tombe tout-à-coup dans une vaste salle plantée, pour ainsi dire, d'une forêt d'énormes colonnes qui supportaient le toit. Là, il faut s'arrêter et admirer. Rien d'imposant comme l'aspect de cette partie du palais. On ne pourrait décrire l'émotion dont on est saisi en y entrant la première fois. C'est la salle hypostyle qui servait aux grandes réceptions.

Elle a 100 mètres sur 50. Cent trente-six colonnes soutiennent encore d'énormes architraves qui supportaient les plafonds formés jadis de grandes dalles de pierre, presque toutes détruites. La travée du milieu est plus élevée, et formée par deux rangs de colonnes de *onze mètres de tour*, avec chapiteaux en fleurs de lotus. Les autres colonnes sont plus basses et un peu moins grosses. Ces architraves et ces colonnes ombragent la salle; seulement, quelques rayons du soleil thébaïque, trouvant moyen de pénétrer par les ouvertures, jettent une vive lueur au milieu de la demi-obscurité mystérieuse qui y règne.

Cette salle est due, comme la plus grande partie des palais de Karnac, à Thoutmosis III ou Mœris, qui régnait de 1736 à 1723 avant notre ère. Ces énormes colonnes sont encore tout entières. Presque toutes sont debout; quelques-unes seulement, détachées de leurs bases, sont restées appuyées contre leurs voisines, mais sans qu'une des pierres dont elles sont formées soit disjointe. L'une d'elles même est encore soutenue sur un morceau d'architrave qui ne s'est pas détaché de son chapiteau. Ces colonnes et toutes les autres parties de la salle sont couvertes de tableaux sculptés, représentant principalement des rois faisant des offrandes à des divinités qui prennent ces rois sous leur protection. On reconnaît les divinités à des signes de convention. Des cartouches (1) désignent les personnages près desquels ils sont placés. Beaucoup de ces sculptures sont gravées en relief dans un creux, de sorte que, par un jeu d'ombres, elles paraissent bien plus saillantes qu'elles ne le sont. Ces sculptures sont entaillées dans la pierre avec le plus grand soin; les arêtes en sont excessivement vives. Tous ces édifices sont en pierre; les colosses et les obélisques sont généralement seuls en granit. Les figures des divinités et des rois sont bien dessinées; l'expression y est cependant assez monotone. On y retrouve surtout Ammon-Rha, le Jupiter égyptien qui, sous le nom d'Ammon générateur, reparaît souvent avec un caractère de plus. On voit aussi Hactor, ou la Junon d'Égypte, Neith ou Minerve, Phtha, Anubis, Isis, etc. Les sculptures et les ornements des colonnes et des plafonds sont peints. Ces couleurs, appliquées sur un stuc très-mince, sont en grande partie conservées et encore très-vives. Il faut penser que ces couleurs sont fixées sur ces monuments depuis *plus de trois mille cinq cents ans.*

Sans la main des Barbares, tous ces édifices seraient peut-être conservés dans leur état primitif. On sait en effet que les Perses, lorsqu'ils conquirent l'Égypte saccagèrent par haine tous les monuments appartenant aux anciennes dynasties.

Cette conservation est due à la chaleur et à la sécheresse du climat. Ce n'est pas comme dans nos pays du nord, où l'humidité a une action dissolvante qui détruirait les monuments les plus solides. C'est dans la salle d'apparat du roi Mœris que nous avions établi notre résidence de jour. C'est là que nous déjeûnions sur des pierres qui nous servaient de table et de siéges.

La salle hypostyle a deux grandes portes aux deux extrémités de la travée du milieu; il y en a en outre deux petites latéralement à droite et à gauche. En continuant à suivre du N.-O. au S.-E., on sort de la salle, à travers les décombres du mur.

(1) Le cartouche est un petit encadrement renfermant le nom d'un individu, en caractères hiéroglyphiques.

et on se trouve dans une petite cour, devant une autre série de constructions ; c'est la partie sacerdotale. On voit d'abord deux obélisques de granit rose, dont un, celui de gauche est renversé et brisé en morceaux ; l'autre est debout et entier. Ces obélisques étaient en avant d'un pylône en partie ruiné, qui donne entrée dans un portique formé de colosses d'Osiris, et où se trouvaient encore deux obélisques, dont l'un de 30 mètres de haut, encore en place, parfaitement conservé, est couvert d'hiéroglyphes et de tableaux entaillés, remarquables par la vivacité des arêtes. Les fragments du deuxième obélisque jonchent le sol. Ces derniers obélisques précédaient l'entrée d'un beau sanctuaire en granit rose, très-endommagé. Les parois à l'intérieur sont couvertes de petites figures bleues, peintes sur le granit. Après le sanctuaire qui est au milieu d'un grand espace, on trouve des chambres de prêtres, très-ornées, et qui entourent une grande salle ou galerie, dont le plafond peint en bleu et parsemé d'étoiles d'or, est soutenu par des colonnes et des pilastres.

Les murs extérieurs qui ferment l'enceinte rectangulaire de ces palais que je viens d'essayer de décrire, sont couverts de tableaux sculptés, représentant des combats sur terre et sur mer, et les victoires de plusieurs pharaons d'Égypte. Le roi, de proportions colossales, monté sur un char à quatre chevaux, décoche des flèches sur ses ennemis qui tombent de tous côtés. Ailleurs il revient victorieux, traînant par les cheveux un grand nombre de captifs suppliants, qu'il menace de sa massue. Ces captifs sont des rois de nations vaincues, et portent leurs noms dans des cartouches. On y remarque le roi Sésonchis qui, parmi ses captifs, traîne un prince à barbe pointue et à physionomie Asiatique, dont le cartouche porte les mots *iouda hamalek* (roi de Juda). Ce ne peut-être que Roboam, roi de Juda, qui, en effet, d'après la Bible, fut emmené prisonnier par le roi d'Égypte Sesonk ou Sesonchis. On trouve ainsi une concordance frappante entre le texte sacré et l'histoire d'Égypte écrite sur la pierre en caractères ineffaçables. Toute l'histoire de ce pays se trouve en effet reproduite par les tableaux sculptés expliqués par des phrases hiéroglyphiques, qui couvrent les murs de ces immenses monuments.

Vers le S.-O., deux avenues menaient vers Louqsor : la première dont il a déjà été fait mention; la deuxième parallèle à celle-là. Elle commence par une longue allée de sphynx, qui aboutit à trois énormes pylônes successifs, en ruines. Le deuxième surtout est très-endommagé; d'énormes blocs qui le formaient sont disjoints, et restent suspendus en l'air. Ces pylônes placés les uns derrière les autres, à une assez grande distance, ont chacun, au milieu, une porte de près de 30 mètres de hauteur. Ces portes se correspondent, vis-à-vis le centre du palais. D'énormes statues colossales d'un seul morceau, en granit ou en pierre, ornaient ces portes majestueuses. Quelques-unes sont encore là, mais plus ou moins mutilées. Cette avenue est continuée vers le N.-E., de l'autre côté du palais, par une autre avenue qui arrive presque vis-à-vis la première. Elle mène à une autre masse de palais et de temples entièrement détruits, mais qui laissent sur une grande surface, comme témoin de leur antique magnificence, des pans de murs sculptés, des tronçons de colosses en beau granit noir, des débris d'obélisques. Cette même avenue aboutit à un propylône de grandes proportions, auquel conduisait encore une allée de sphynx.

Des collines de décombres, dans un développement de près de 6 kilomètres, indiquent l'enceinte qui renfermait le palais de Karnac et toutes ses dépendances.

Du haut du grand pylône du N.-O., on pouvait embrasser tout cet ensemble d'un coup d'œil. Que de fois, assis sur le sommet de cet énorme masse, aspirant la fumée de mon chibouque, j'oubliais les temps présents. Mon esprit relevait toutes ces ruines de gigantesques palais, les animait d'un peuple immense de guerriers, de prêtres, de courtisans. Je voyais ces plaines actuellement désertes, couvertes de troupes nombreuses. Le pharaon sortait de son palais, entouré d'une cour brillante, après avoir offert un sacrifice à Ammon-Rha, dans ce sanctuaire de granit, et se mettait à la tête de son armée, pour aller conquérir des peuples lointains. D'autres palais, d'autres temples s'élevaient de tous côtés; les bruits confus de la grande ville retentissaient comme le bourdonnement des abeilles dans leurs ruches; le fleuve sacré était couvert d'embarcations. Je me voyais au milieu des merveilles de la Thèbes de Sésostris; mais tout à coup un bruit se faisait entendre, bruit nullement en rapport avec la civilisation égyptienne. Un coup de fusil à Thèbes! C'était Paggi qui venait de manquer un chacal. Alors je sortais de ma rêverie, et ne voyais plus que d'imposantes ruines, au milieu d'un désert.

CHAPITRE XI.

Thèbes.

Le 10 au soir, nous quittâmes Louqsor, pour aller visiter l'autre rive, où se trouve la seconde moitié de Thèbes. Nous allâmes nous amarrer à un sycomore contre une digue, vis-à-vis Gournah. Trois vauriens à figures patibulaires, armés de fusils, vinrent s'installer près de nous, sous prétexte de nous garder. Je ne sais si les gardiens n'étaient pas autant à craindre que les voleurs eux-mêmes. Les habitants de ces villages étaient les pillards les plus incorrigibles. Le pacha a imaginé de les intéresser à la sécurité, en les chargeant de garder les voyageurs, moyennant un tarif fixé, et en les rendant responsables de tous les méfaits commis.

Notre drogman Dominique, qui était fort paresseux, cherchait toujours à nous faire prendre des guides dans les endroits où nous débarquions, afin d'éviter la corvée, et aussi pour faire gagner quelque chose à des amis qu'il a partout. Il prétendit qu'à Gournah on courait des risques, si on n'avait pas pour guide un habitant du village. Enfin, de guerre lasse, nous acceptâmes un vieil arabe, qui avait l'air assez brave homme, mais qui ne savait d'autre langue que l'arabe.

L'inondation ayant couvert une partie des terres, nous étions amarrés le long d'une espèce d'île. Il fallut donc, pour gagner la rive gauche, traverser un canal plein d'eau, et profond de plus de trois pieds. Nous fûmes obligés de nous mettre entre les mains d'une demi-douzaine d'Arabes, qui s'étaient déjà déshabillés, pour nous transporter de l'autre côté. Ils s'y prennent très-maladroitement; et l'on se tient assez difficilement à leur peau huileuse et d'une odeur désagréable. Une bande d'âniers, prévenus de notre arrivée, nous attendait déjà sur l'autre rive.

Nous fîmes notre choix parmi les montures; et, nous étant mis en selle, nous nous enfonçâmes avec notre Arabe dans la vallée de Biban-el-Moulouk, où sont les tombeaux des rois. Nous étions suivis de nos âniers, jeunes gamins à figures fines et espiègles, noirs comme des taupes. Ils portaient une cruche pleine d'eau, que nous avions pensé devoir nous être utile par cette grande chaleur. La vallée est très-pittoresque. Après avoir suivi un instant le désert, on entre dans une gorge resserrée entre des montagnes de calcaire blanc, parsemées de silex de couleur de suie. Tout y est brûlé et sans traces de végétation. Ces montagnes sont très-accidentées, et présentent des roches de formes très-singulières. Les rayons du soleil se concentraient dans ces défilés, et produisaient par leur réflexion sur les rochers une chaleur excessive, la plus forte que j'aie éprouvée. Après avoir monté pendant longtemps, nous arrivâmes enfin dans un carrefour formé par plusieurs vallées, agrandi par suite de l'extraction des pierres, entouré de tous côtés par des montagnes arides, et séparé en quelque sorte du monde entier. Un certain nombre d'ouvertures carrées, percées dans la roche, apparaissaient çà et là. C'étaient les tombeaux des pharaons des dix-huitième et dix-neuvième dynasties.

Nous n'avions pas oublié, dans cette excursion, Champollion qui devait nous expliquer tous les mystères de ces grottes sépulcrales, et nous faire lire les inscriptions hiéroglyphiques qui en couvrent les parois. Ces tombeaux sont des suites de galeries et de chambres taillées dans le roc, les unes à la suite des autres, quelquefois à plusieurs étages, et ornées de sculptures et de peintures. Le tombeau d'un roi était commencé dès qu'il montait sur le trône. On le continuait ensuite, en creusant de nouvelles galeries, et en y ajoutant des ornements jusqu'à sa mort. Alors les travaux cessaient tout à coup, et la momie du roi défunt était déposée dans ce tombeau qui était fermé dans l'état où il se trouvait. Quelquefois, on a chassé des rois du lieu qui devait être leur dernière demeure, pour y placer des successeurs, qui n'avaient pas eu le temps de faire creuser leur sépulture.

Ordinairement, dans les tableaux de la première salle, les dieux promettent au roi un règne long et heureux. Les salles suivantes représentent l'existence terrestre, tout ce qui concerne la vie usuelle, les mœurs, les sciences, les arts, les métiers. Dans les derniers tableaux, on trouve le jugement des âmes, leurs punitions, ou leurs récompenses, et tout ce qui concerne la Mythologie égyptienne.

Nous commençâmes par le tombeau de Menephtah, père de Sesostris. Ce tombeau a été découvert par Belzoni. On descend un escalier assez raide, dont les parois sont richement sculptées ; et l'on arrive à un vestibule au bout duquel était jadis un puits, et un mur rapporté. Ce puits et ce mur avaient pour but de garantir la momie des profanations, en trompant ceux qui pénétreraient dans le tombeau, et qui croiraient ainsi qu'il n'a pas été creusé plus avant. Belzoni fut le premier qui découvrit cette supercherie. Il détruisit le mur rapporté et pénétra dans les galeries; mais il trouva le cercueil brisé et vide de sa momie. On y était déjà entré par une communication établie au fond avec un autre tombeau. Les pharaons cherchaient ainsi à préserver leurs restes, en donnant le change aux spoliateurs. Ne pourrait-on expliquer ainsi les deux chambres superposées du roi et de la reine dans la pyramide de Cheops?

Au bas d'un second escalier on trouve une suite de chambres sculptées, avec les peintures les plus riches et les mieux conservées. Les couleurs, dans ces tombeaux, sont aussi fraîches que si elles venaient d'être employées. On y remarque la série des supplices de l'enfer, et une suite de personnages représentant les différentes nations en rapport avec l'Égypte. Les Égyptiens sont peints en rouge; les Asiatiques y sont richement vêtus; un Européen se reconnaît à sa couleur blanche. Notre compatriote est vêtu de peaux de bêtes, et tout annonce chez lui l'état sauvage. Les rôles ont bien changé depuis quatre mille ans; il n'y a qu'à comparer maintenant un élégant Parisien avec le fellah. Combien de temps garderons-nous notre supériorité? c'est ce qu'il est difficile de savoir, surtout en présence des monstrueux systèmes de désorganisation qui sont agités dans notre malheureuse patrie.

La salle du cercueil est voûtée et très-riche en peintures. Le sarcophage en granit est brisé. Un escalier descend à un étage inférieur. Ces tombeaux sont remplis de chauve-souris qui s'envolèrent par myriades à notre approche, et faillirent éteindre notre bougie. Elles produisaient une odeur pénétrante et excessivement désagréable.

Nous passâmes de là au tombeau de Rhamsés IV Méïamoum, premier roi de la dix-neuvième dynastie, dont le règne date de l'an 1475 avant J.-C.; c'est le cinquième à l'ouest. On suit une galerie descendant en pente douce. Des deux côtés de cette galerie, sont huit petites salles creusées latéralement, dont les peintures représentent les arts et métiers, les armes, les costumes, les meubles, les intruments de musique, enfin tous les objets en usage chez les anciens Égyptiens. Chaque cabinet était destiné à une spécialité. L'un d'eux représente l'année divisée en trois saisons, avec les semailles, la récolte; on y remarque la culture et la récolte du dourah. Un bateau sur une montagne exprime la hauteur de l'inondation du Nil. Les chambres qui se trouvent à la suite sont dans le genre de celles du tombeau précédent; mais les couleurs sont moins vives, et les dessins moins bien conservés. La chambre du cercueil est vide et détériorée; le sarcophage a été porté à Paris.

Nous entrâmes ensuite dans le tombeau de la reine Taoser, fille de Menephtha II, sœur de Menephtha III et femme de Siphtha Menephtha. Après un corridor et une chambre très-riches de sculptures, on trouve d'autres chambres où les dessins ne sont encore que tracés en rouge. La chambre sépulcrale est tout à fait brute, ce qui prouve que la mort de la reine l'avait empêchée de terminer ce sépulcre. Il avait cependant été usurpé ensuite par Rameri, un de ses successeurs, qui est représenté sur le couvercle du cercueil en granit. On découvrit cette usurpation à la chute du stuc qui recouvrait les noms de la reine et de son mari. Dans les premières chambres, on trouve beaucoup de peintures; l'une d'elles représente les cérémonies de l'ensevelissement des morts; l'ensevelisseur est sous la forme d'Anubis.

Nous arrivâmes enfin à l'entrée du sépulcre de Menephtha II, fils de Sesostris. L'escalier présente des figures fort belles de goût et d'exécution ; mais les salles qui suivent ne sont encore que dessinées. On voit que la longueur du règne d'un roi pouvait se mesurer à l'état d'avancement des travaux de son tombeau.

Le tombeau de Sesostris-le-Grand ou Rhamsès III, est près de celui de son fils ; il est presque entièrement comblé. Ces tombeaux, comme tous les monuments de Thèbes, avaient subi les ravages des Perses qui avaient détruit toutes les momies royales.

Nous revînmes par le même chemin sur les bords du Nil. La vallée de Biban-el-Molouk, surtout à la sortie des montagnes, offre tous les indices d'un lit de torrent, ce qui prouve qu'il pleut quelquefois dans ce pays. Alors ce sont des pluies diluviennes qui creusent les vallées en quelques instants.

Nous arrivâmes au palais de Gournah, ou Menephtheum, fondé par Menephtha Ier, père de Sesostris, et terminé par ce dernier. Ce palais est petit pour Thèbes, mais bien conservé et d'une grande pureté de style. On y remarque d'abord un beau portique de 50 mètres de longueur sur 30 mètres de hauteur, et soutenu par dix colonnes représentant des faisceaux de tiges de lotus. La grande porte conduit dans une belle salle hypostyle de 16 mètres sur 11, dont le plafond est soutenu par des colonnes. Un grand nombre d'autres chambres sont couvertes de sculptures et d'inscriptions hiéroglyphiques.

Nous avions envoyé chercher notre déjeuner, qu'on nous apporta dans ce palais, et nous mangeâmes dans le salon de Menephtha. Dominique avait bien envie de s'en retourner à bord, pour se reposer à la fraîche ; aussi fut-il peu flatté lorsque je lui annonçai qu'il allait nous suivre au Rhamseium, pour nous traduire les explications du guide arabe qu'il nous avait donné. Il voulut faire des observations et montrer de l'humeur ; mais je lui réitérai l'ordre de nous accompagner d'un ton à lui ôter l'envie d'insister davantage. Cet homme, comme la plupart des drogmans européens qu'on trouve en Orient, était un aventurier qui ne cherchait que les occasions d'exploiter les voyageurs et de leur tirer de l'argent sans se donner de mal. Je plains le touriste naïf qui, comme certaines personnes que j'ai rencontrées dans mes voyages, surtout parmi les Anglais, se confie corps et biens à un de ces drôles-là. Quant à nous, nous tenions maître Dominique sur un pied auquel il n'était pas habitué. Aussi, je crois qu'il soupirait après notre séparation.

Nous partîmes à deux heures, malgré l'ardeur du soleil qui était telle que, quoique au pas sur nos ânes, nous étions tout en sueur. Nous suivîmes le Nil jusqu'au magnifique palais de Sesostris, ou Rhamscium, connu jadis sous le nom de tombeau d'Osymandias, et situé à une lieue du Menephtheum. Ce palais est un des plus beaux et des plus élégants de l'Égypte ; malheureusement, il est en partie détruit. On voit d'abord un énorme pylône, de 80 mètres de longueur sur 20 de hauteur et 10 d'épaisseur; mais qui est très-ruiné, surtout du côté du fleuve. Dans ce moment de crue du Nil, sa base était baignée dans l'eau.

A la suite se trouve un second pylône dont il ne reste qu'un des massifs, et derrière lequel se trouvait une rangée de colosses soutenant une galerie parallèle au pylône. Venait ensuite une ligne d'énormes colonnes, dont un assez grand nombre sont encore debout. Cette colonnade était d'une grande majesté, et du plus beau style. A la suite se trouvait une grande pièce, puis une autre que, d'après le sujet de ses sculptures, Champollion pense avoir été la bibliothèque. Le palais se prolongeait encore plus loin ; mais là il n'en reste que les fondations. Entre les pylônes se trouve, gisant sur le dos, une gigantesque statue de Sesostris, d'un seul morceau de granit rose, ayant 13 mètres de hauteur. C'est le plus grand travail qu'il y ait en ce genre. En me tenant debout, près de ce colosse couché sur le dos, ma tête n'arrivait guère qu'au milieu de l'épaisseur de son épaule. Les destructeurs l'ont brisé en plusieurs morceaux ; on voit encore la marque des coins qui ont servi à accomplir cette œuvre de barbarie.

Ce palais est situé au milieu d'une plaine de sable, près du pied de la montagne lybique. Cette montagne est percée d'hypogées qui, après avoir recélé les corps des morts, donnent maintenant asile aux vivants. Ces grottes forment le village de Gournah, et servent d'habitation à ce peuple troglodyte. Au pied des montagnes, à l'embranchement de deux vallées, se trouve un temple du temps des Ptolémées, attribué d'abord à Isis, mais que Champollion démontre avoir été consacré à la déesse Hactor (la Vénus égyptienne). Ce temple est entouré d'un mur de briques crues, avec une porte ou propylône de granit. Il est surchargé d'ornements, et d'une petite dimension.

Dans cette plaine de Gournah se trouvent de nombreuses enceintes de murailles en briques crues, ainsi que des voûtes. Une grande stèle en pierre est près du Nil. Je montai sur un mamelon isolé situé entre le temple d'Isis et le fleuve. De ce point élevé je contemplai l'ensemble de tous ces édifices, de tout ce terrain désert occupé jadis par une ville immense et très-florissante. Il fallut, pour nous en retourner à bord, retraverser l'eau sur les bras de nos gaillards qui nous attendaient depuis longtemps. Je me hâtai de les payer et de les congédier, ainsi que notre vieux guide arabe qui ne nous était pas d'une grande utilité. Nous trouvâmes notre cabine envahie par une telle quatité d'insectes, qu'y avait amenés le voisinage de la terre, que je pouvais à peine écrire.

Le lendemain, nous avions encore à visiter les beaux monuments de Medinet-Abou. Ne nous souciant pas de renouveller la cérémonie peu agréable du transport dans les bras des bédouins, nous avions hélé le patron d'une barque qui fait un service entre Louqsor et Gournah, et nous l'avions chargé de venir nous chercher de grand matin pour nous conduire à Medinet-Abou. Nos Arabes, pour ne pas perdre leurs fonctions de porteurs, avaient imaginé de faire arrêter cette barque de l'autre côté de l'eau; mais nous ne nous laissâmes pas prendre à cette ruse grossière; nous fîmes revenir l'embarcation, en menaçant le patron de le laisser là, s'il n'arrivait pas près de nous, et nous nous embarquâmes avec Paggi, qui demandait souvent la permission d'être de nos excursions. Les Arabes furent bien attrapés; ils ne firent cependant aucune démonstration hostile; et, dans un jargon italien qu'ils se sont arrangé à leur façon, par suite de la fréquentation des étrangers, ils nous crièrent : *barca cattivo!* (maudite barque!)

Nous abordâmes d'abord aux colosses de Memnon, qui étaient alors dans l'eau, et même à une assez grande distance du rivage. Ces colosses sont assis et très-dégradés; ils sont en grès. Ils ont à peu près 20 mètres de hauteur. Celui du sud est d'un seul bloc; il représente Amenophis III. L'autre était célèbre autrefois sous le nom de Memnon, et est formé de plusieurs assises. C'est cette statue qui rendait des sons, lorsqu'elle était frappée par les rayons du soleil levant. Le fait est certifié par un grand nombre d'inscriptions grecques, gravées par les nombreux visiteurs qu'y attirait cette singularité. A cette époque, la statue qui avait été taillée dans un seul bloc, était brisée, la partie supérieure ayant été renversée par un tremblement de terre. Septime-Sévère la fit réparer, et depuis elle cessa de rendre des sons, par suite probablement du changement qu'apporta cette restauration dans les conditions qui faisaient vibrer cette pierre au moment où elle recevait la chaleur du soleil. Ces deux colosses servaient à la décoration du magnifique palais élevé par Amenophis et portant le nom de Mnemonium, ou Amenophium. Les débris considérables qui restent encore de ces palais se trouvaient alors envahis par l'inondation, et nous ne pûmes les voir. Nous débarquâmes donc à Medinet-Abou, où se trouvent les plus beaux monuments de Thèbes, après Karnac.

Medinet-Abou a, de loin, l'apparence d'une ville importante; outre des ruines antiques, on voit une grande étendue de maisons bâties en briques crues, qui couvrent une colline et se prolongent dans la plaine. On est surpris, en approchant, du silence qui règne dans cette enceinte. Lorsqu'on y pénètre, on s'aperçoit qu'il n'y a pas un seul habitant, et que ces maisons sont en ruines.

Les palais de Medinet-Abou renferment des monuments de toutes les époques. On trouve d'abord une enceinte en pierres avec un pylône assez bas. Dans cette enceinte s'élève un grand pylône du temps des Ptolémées. On arrive ensuite à des constructions de l'époque des Éthiopiens, puis à un propylée romain. Plus loin est un petit temple élevé par un des premiers rois de la dix-huitième dynastie. On parvient enfin au merveilleux palais de Rhamsés-Meiamoun. Il est précédé d'un propylée composé de galeries soutenues par des colonnes ornées de cariatides. On y pénètre par un premier pylône d'une grande dimension. Un second pylône, de proportions énormes, et couvert de sculptures comme le premier, ferme cette cour. Après avoir franchi la porte qui est en granit rose, on entre dans la seconde cour du palais, où se déploie toute la magnificence des constructions pharaoniques. Cette cour est entourée d'un péristyle soutenu par de belles colonnes d'un effet majestueux. Cette partie du temple est parfaitement conservée ; les couleurs y sont encore bien vives.

Des tableaux sculptés sur de grandes proportions couvrent les pylônes, les colonnes, les murs tant intérieurs qu'extérieurs, et représentent les batailles et les conquêtes de Rhamsés-Meiamoun. Les scribes inscrivent le compte des mains ou autres membres coupés aux ennemis tués et apportés devant le roi. Une partie de la grande galerie est remplie par les détails du triomphe de ce pharaon. Le palais se prolonge encore, et comprend d'autres cours et d'autres salles, mais elles sont comblées. Le mur d'enceinte, extérieurement, est en partie déblayé. Près du rivage, se trouve un autre palais qui est d'une construction toute différente de celles que nous avions vues jusqu'alors, et qui a plus d'analogie avec les maisons destinées à l'habitation et à la vie privée. C'est une espèce de faux pylône avec une cour. Deux pavillons formant pylône viennent ensuite, puis une deuxième cour, entourée par deux autres pavillons et un corps de logis au fond. Il y a trois étages et des fenêtres carrées. Des sculptures représentent des scènes de ménage. Cette maison servait d'habitation à Meiamoun.

Toutes ces sculptures égyptiennes qui décorent les murs des édifices sont profondément entaillées dans la pierre ; les arêtes en sont très-vives. Le dessin est très-pur, comme lignes, surtout dans les profils des figures. Mais ces peuples n'avaient aucune idée de la perspective, et leurs tableaux sont d'une naïveté extraordinaire. Tout le monde, au reste, a pu voir au Musée égyptien, à Paris, quel était l'état de la science du dessin à cette époque. La plupart de ces sculptures sont coloriées. Leurs couleurs qui, sous ce climat, se conservent éternellement, sont le rouge, le jaune, le noir, le vert et le bleu. Il ne faut donc pas s'attendre, après avoir lu Champollion, à trouver de suite et à saisir les tableaux dont il donne la description. Il faut d'abord s'habituer à démêler les figures et les scènes indiquées, au milieu d'un fouillis de personnages et d'animaux qui sont placés les uns au-dessus des autres.

Les Égyptiens écrivaient ainsi leur histoire sur les monuments. Lorsque, au moyen de la pierre trouvée à Rosette, par la seule comparaison d'un texte grec avec une inscription hiéroglyphique, on fut parvenu à trouver la clef de cette écriture symbolique, et à en dévoiler les mystères, Champollion explora les bords du Nil et lut, à livre ouvert, sur les murailles, les annales de l'antique Égypte. Il put ainsi rectifier une foule de préjugés erronés qui s'étaient propagés jusque là. Il fut aussi à même de vérifier l'exactitude des résultats obtenus dans l'étude de l'écriture hiéroglyphique.

Le vent du nord qui, jusqu'à Kenneh, nous avait poussés, avait cessé complétement depuis notre départ de cette ville ; bien plus, lorsqu'il y avait un peu de vent, il était contraire. Je pense que cela tenait à des circonstances locales. Dans cet état de choses, il nous aurait fallu au moins une quinzaine de jours pour aller jusqu'aux cataractes de Syène ou Assouan, quoiqu'elles ne fussent qu'à une cinquantaine de lieues ; il aurait fallu tirer le bateau à la corde pendant tout le temps. Nous avions admiré à Thèbes ce que l'Égypte offre de plus magnifique, et je pouvais moins regretter de ne pas voir les temples d'Esné, d'Edfou et de Phylœ. Encore ce dernier, à cause de la hauteur de la crue du Nil, devait être sous l'eau. Nous nous décidâmes donc à reprendre le chemin du Caire.

Le 12, à trois heures, nous jetâmes un adieu à cette ville célèbre que nous avions explorée en détail, ne pouvant détacher nos yeux de ces merveilleux monuments qui disparaissaient petit à petit, à mesure que le courant nous emportait.

On avait enlevé la grande voile de notre dahabieh ; nous n'avions gardé, en cas de besoin, que la trinquette qu'on avait passée à l'avant, et l'on avait bordé les huit avirons. Pour redescendre le fleuve, nous n'avions plus qu'à suivre le courant, nous tenant en travers, et forçant de rames, pour empêcher le bateau d'être jeté sur les rives, par la rapidité du courant.

J'avais atteint l'extrémité méridionale de mon voyage, et désormais j'allais piquer dans le nord, jusqu'en Normandie. Nous avions fait à peu près deux cents lieues sur le Nil, à partir du Caire.

CHAPITRE XII.

Denderah.

Le 13 septembre, au matin, nous nous trouvâmes arrêtés à Kenneh, juste à l'endroit où nous nous étions amarrés à notre premier passage ; nous étions là depuis minuit ; ainsi nous avions mis neuf heures pour faire, en descendant, la route qui, à la remonte, nous avait demandé trois jours.

Soliman-Pacha nous avait priés de lui rapporter 800 bardaques, de la célèbre fabrique de Kenneh. Nous les avions commandées en passant, et elles étaient faites depuis deux jours, mais la veille, Ahmet-Menikli-Pacha, étant venu à Kenneh, pour faire une levée de contributions, et ayant besoin de bardaques, avait fait une râfle sur tout ce qui se trouvait dans la fabrique ; ses soldats avaient tout pris sans se préoccuper de ceux auxquels elles étaient destinées. Celles de Soliman avaient donc suivi le même sort. On s'était remis de suite à en faire d'autres, mais elles n'étaient pas encore sorties du four, nous fûmes donc obligés de rester à Kenneh, pour attendre ces vases.

Nous retrouvâmes là Hassan, ce matelot qui avait manqué à l'appel, à notre départ de Kenneh pour Thèbes ; il souffrait depuis plusieurs jours d'une ophthalmie, et comme il était des environs de Kenneh, il avait jugé à propos de rester chez lui, en attendant notre retour. Ces ophthalmies sont très-fréquentes en Égypte, et sont dues à plusieurs causes, dont une des principales est l'éclat excessif de la lumière du soleil. Nous avions avec nous une eau dite *Beaume de Louqsor*, que nous avions achetée à Alexandrie, et avec laquelle nous avions soulagé plusieurs de nos matelots atteints de ces affections. Nous avions aussi une fiole d'ammoniaque, comme remède pour les piqûres de scorpions. Nous n'eûmes jamais besoin de nous en servir pour nous. Les Arabes venaient souvent nous consulter, car ils sont persuadés que tous les Francs sont médecins. Nous avions beaucoup de peine à leur persuader que nous n'étions pas des *hakim frangi* (médecins francs). Nous nous trouvions presque dans la position de Sganarelle, moins les coups de bâton. Pour s'en débarrasser, on finit par leur ordonner quelque potion innocente, et l'imagination les guérit quelquefois mieux que n'aurait fait un docteur de la faculté.

Sur l'espèce de quai en terre, le long duquel notre barque était amarrée, se trouvaient une quantité de cafés remplis alors par les pèlerins en route pour la Mecque. Ces cafés n'entraînent pas grands frais de construction : un trou dans la muraille reçoit les tasses, la cafetière est sur un réchaud de terre placé dans un autre trou; ajoutez à cela trois ou quatre narguilehs et un plateau pour porter le café aux amateurs, voilà tout le matériel d'un café à Kenneh. Quant aux consommateurs, ils s'accroupissent sur des nattes, au premier endroit venu, des tertres leur servent de divans. Une caravane de ces pèlerins se mit en route, pendant notre séjour à Kenneh, c'étaient des Tcherkesses ou Tartares, qui s'en allaient, sur des chameaux, à Cosseir, où ils devaient s'embarquer. J'examinai ce départ avec attention, surtout au point de vue de l'usage du chameau, car j'avais à traverser le désert pour me rendre en Palestine, et je devais faire usage de ces animaux. Il y avait plusieurs femmes dans cette caravane. Elles se mettaient dans des paniers en branches de palmiers, garnis de coussins et portés sur les chameaux, dans lesquels elles pouvaient se coucher. Une toile étendue sur des branches courbées les garantissaient du soleil.

Le soir nos bardaques n'étaient pas finies, elles ne devaient être prêtes que le lendemain. Heureusement nous trouvâmes là un pharmacien qui nous en céda deux cents. Dans toutes les provinces, il y a un hôpital dirigé par un médecin et un pharmacien, chargés en outre d'une inspection sur tout le service médical de la province. Ils sont tous européens, et beaucoup des médecins sont français. Le pharmacien de Kenneh était italien, originaire de Brescia ; depuis une vingtaine d'années il était en Égypte ; c'était un ami de Paggi. Il fut très obligeant pour nous, et nous fit beaucoup d'offres de service ; il était heureux de voir des Européens qui rompaient un instant la monotonie de son isolement dans cette ville. Grâce à sa complaisance, nous pûmes enfin quitter Kenneh une seconde fois.

Nous avions retrouvé notre vent du nord, qui nous avait abandonné au-dessus de Kenneh, à la remonte du Nil. Cela me confirma dans l'idée que cette cessation du vent tenait à des causes particulières, d'autant plus que le même effet s'est produit pour beaucoup de voyageurs qui, par suite, ont dû comme nous renoncer à remonter le Nil jusqu'aux cataractes. J'observerai en passant que ce qu'on appelle cataractes ne sont que de simples rapides. Les bateaux peuvent remonter celle de Syène, qui est la plus forte. Beaucoup de voyageurs y passent pour aller en Nubie, voir le beau temple d'Ipsamboul, et remontent jusqu'à la cataracte de Ouadi-Halfa. La cataracte de Syène est sur la frontière d'Égypte et de Nubie, et à peu près sous le tropique.

Nous trouvions déjà une grande différence avec la température brûlante de Thèbes ; l'air était plus frais. Le pays était aussi moins joli, moins fertile. La crue du Nil avait fait beaucoup de progrès depuis notre passage ; elle était arrivée au point où on désirait qu'elle s'arrêtât, car, lorsque la hauteur de l'eau dépasse une certaine limite, le fleuve entraîne tout, et fait de grands dégâts. Le courant était très fort ; et nous eûmes assez de peine à passer sur l'autre bord. Enfin nous pûmes accoster à la rive lybique, près d'un bois de palmiers qui était à une petite lieue de Denderah.

Le 14, nous partîmes de bon matin escortés par Hadji-Mahamet, un de nos matelots, qui portait différents objets qui nous étaient nécessaires, après avoir donné l'ordre à Dominique de nous apporter le déjeuner dans le temple. Les plaines étaient couvertes d'eau jusqu'auprès de Denderah, mais une chaussée servant de digue nous y conduisit.

Le temple était jadis au milieu d'une ville dont il reste encore quelques pans de murailles en briques crues, et dont les débris entassés forment des collines qui ensevelissent presque cet édifice. On l'a déblayé entièrement, et l'on a soutenu les terres qui l'entourent par des murailles en maçonnerie. L'aspect de ce beau temple est imposant, même lorsqu'on vient de quitter les merveilles de Thèbes. C'est, d'ailleurs, le mieux conservé de tous les monuments d'Égypte. Depuis le pavage jusqu'au plafond, il n'y manque absolument rien. La pierre sur laquelle est sculpté un zodiaque, qui ornait le plafond d'une des salles de ce temple, et qui est maintenant à la bibliothèque, à Paris, est la seule pierre peut-être qui en ait été détachée.

Ce zodiaque, exploité par les savants, avait donné lieu à des calculs superbes qui faisaient remonter ce temple à une antiquité fabuleuse. M. Champollion vint, et tout cet échafaudage qu'on prétendait opposer aux saints livres de Moïse, s'écroula. Le temple est tout simplement un des plus modernes de l'Égypte, et *ne remonte pas au-delà de Cléopâtre*, dont le portrait est représenté de tous côtés. Il eût d'ailleurs suffi de voir le temple pour montrer l'absurdité de toutes les déductions des astronomes. Son état parfait de conservation, le type des figures qui ne sont plus égyptiennes, mais grecques, prouvaient assez que le temple de Denderah est très-moderne, pour un monument égyptien.

Par suite des déblaiements qui ont été faits, on descend dans le temple par un escalier nouvellement construit. On trouve d'abord un *propylée*, soutenu par d'énormes colonnes avec des chapiteaux représentant une tête colossale sur chacune des quatre faces. Les colonnes, les murs et le plafond composé de longues dalles de pierre, ainsi que les architraves, sont sculptés richement. On y voit une foule de figures et d'animaux bizarres, ainsi que des portraits d'empereurs romains. Dans les deux travées de droite et de gauche du plafond, sont deux grandes figures coiffées à l'égyptienne, dont le corps se prolonge de toute la longueur de ce plafond. Tous les signes du zodiaque sont sculptés entre leurs bras étendus et leurs pieds allongés, aux deux extrémités de la travée. On voit que ce style est bien différent de celui des ornements des édifices pharaoniques. Cette salle est l'ouvrage des empereurs romains ; c'est la moins ancienne du temple.

Ce propylée ou *pronaos* est accollé contre un pylône qui fermait l'ancienne enceinte. Des sculptures et des ornements cachent cette jonction qui n'est nullement disparate. La porte de ce pylône mène à une belle salle hypostyle, soutenue par des colonnes semblables à celles du pronaos, mais plus ornées au chapiteau. Quatre petites chambres donnent sur cette salle. Vient ensuite un pallier sur lequel aboutit un escalier en pente douce, tournant carrément, éclairé par des meurtrières, et conduisant sur la plate-forme. On passe de ce pallier au *naos*, dans lequel se trouve le sanctuaire, appartement carré très-orné, isolé, dont le mur extérieur est entouré d'un corridor sur lequel s'ouvrent plusieurs pièces, probablement les chambres des prêtres, éclairées par des soupiraux qui donnent sur le toit. C'est au plafond d'une de ces chambres qu'était le zodiaque de la bibliothèque. Les murs de toutes les salles sont richement sculptés, et représentent toujours des sacrifices aux dieux, imités des sculptures des monuments pharaoniques. Les personnages, dieux et rois, ont la même attitude, les mêmes signes caractéristiques que dans ces sculptures ; mais les traits du visage sont grecs. Cléopâtre y est souvent répétée, avec son fils Césarion qu'elle avait eu de Jules César. Les plafonds représentent des écailles finement sculptées. Les pavages sont en dalles de pierre. Le mur extérieur de l'édifice est également orné de tableaux sculptés, représentant la reine sacrifiant aux dieux.

L'escalier intérieur, en pente douce, qui monte sur la plate-forme, est également très-orné. Au haut de l'escalier on trouve une pièce dont le plafond est décoré encore d'un zodiaque. Le ciel y est représenté par une énorme figure très-bizarre. La tête est au centre, et les jambes et les bras sont contournés de manière à entourer le zodiaque. On voit que dans ce temple on avait multiplié les décorations représentant des descriptions de la voûte céleste ; mais ce n'étaient que de simples ornements, placés au hasard, et n'ayant nullement la haute expression scientifique qu'on avait bien voulu leur attribuer, lors du transport du zodiaque à Paris. On avait vu là une représentation savante et régulière de l'état du ciel, à l'époque où fut construit le temple ; les astronomes avaient remonté jusqu'au temps où les corps célestes avaient pu présenter ces dispositions. Sur la plate-forme se trouvent encore plusieurs salles et petits temples qui sont comme un second étage.

Ce grand temple était dédié à la déesse Hactor, ou Vénus, qui y est représentée en beaucoup d'endroits. Je le trouvai d'une grande magnificence, malgré le dédain qu'éprouve Champellion pour un édifice tout moderne, qui a à peine mille neuf cents ans, puisqu'il est du siècle d'Auguste. Il est certain qu'on n'y retrouve pas la sévérité d'ornementation des monuments de Thèbes, et l'on aperçoit le commencement de la décadence du goût. D'un autre côté, son état parfait de conservation contribue encore à le faire admirer. Les monuments des pharaons avaient été détruits par les Perses, tandis que le temple de Denderah, de l'époque grecque et même romaine, a été laissé intact par les conquérants arabes, qui ne détruisaient pas sans motif.

A ses hôtes d'autrefois, à la brillante cour de la belle Cléopâtre ont succédé des myriades de chauve-souris, qui tapissent surtout les murs des salles obscures situées au fond du temple. Lorsque nous y pénétrâmes, éclairés par des branches de palmier embrasées, elles protestèrent contre notre invasion de domicile, et voltigèrent autour de nous, en poussant des cris plaintifs. Mahamet ayant entendu un bruit sourd, au fond d'un trou profond, qui pouvait conduire à quelque souterrain, imagina d'y jeter un fagot enflammé de branches sèches de palmiers. Aussitôt sortit de là, comme un ouragan, une prodigieuse quantité de chauve-souris à moitié brûlées et étouffées par la fumée ; elles se réfugièrent dans toutes les encoignures du mur, qui paraissait couvert de hideuses taches noires. C'étaient ces oiseaux dont le bruit avait effrayé Mahamet, au point de lui faire croire que ce trou était la tanière de quelque animal sauvage.

Derrière le grand temple de la déesse Hactor, est un plus petit édifice consacré, suivant Champollion, à Isis. Il se composait d'un portique sur lequel s'ouvraient trois portes donnant entrée à des chambres très-ornées ; mais les salles n'étaient pas déblayées. A droite, en arrivant au principal monument, on voit aussi un temple entouré d'une colonnade, avec des chapiteaux à feuilles d'acanthe. On entre d'abord dans une salle soutenue par des colonnes ; c'est le *pronaos* qui précède le *naos* ; le tout est richement orné de sculptures. On voit facilement que ce dernier édifice surtout est d'une époque relativement récente ; on reconnaît la période romaine. Les plafonds de tous ces édifices sont restés entiers, ainsi que les toits en plate-forme sur lesquels on peut encore se promener. Le grand temple a seul été déblayé, les autres sont encore encombrés de terre et de débris.

On voit encore, à une certaine distance des temples, deux portes en propylônes assez ruinés, marquant l'avenue qui conduisait à ces édifices. De l'ancienne ville de Tentyris, il ne reste plus que des collines de décombres et des pans de murailles, habités seulement par des chacals. Le village arabe de Denderah est à une certaine distance, entouré d'une jolie campagne que cultivent les habitants. Deux gamins de ce village, à notre arrivée, nous avaient de suite apporté une cruche d'eau, et des branches sèches de palmier pour éclairer les salles obscures et chauffer notre café. Ils connaissaient les usages des touristes, et en profitaient pour avoir leur bakschisch. La culture vient jusqu'aux temples placés à l'entrée d'une grande plaine de sable, qui s'étend vers les montagnes accidentées de la Lybie.

L'eau provenant de la crue du Nil formait un lac qui s'avançait jusques auprès du petit temple. Comme il n'y avait pas de courant à cet endroit, j'en profitai pour me baigner avant le déjeuner, que nous devions prendre dans la salle des Propylées, à la place où Cléopâtre avait fait des libations à la Vénus égyptienne. J'avais avec moi Hadji Mahamet, qui était toujours très-soigneux pour nous. Il se jeta aussi à l'eau, se croyant obligé de veiller sur moi. A ma sortie de l'eau, il avait préparé avec des herbes une place pour m'asseoir ; et il voulait m'aider à me rhabiller. Il avait peu l'habitude de nos vêtements européens, et je riais en voyant ce brave homme me présenter mon pantalon qu'il avait retourné.

Nous revînmes à bord par une violente chaleur; mais, depuis notre séjour à Thèbes, nous étions faits au feu, et la température de Denderah n'était que de la fraîcheur comparée à celle de Gournah. Nous trouvâmes Paggi et Dominique en discussion, ce qui leur arrivait assez souvent. Le drogman était très-mécontent du choix de notre patron. Il aurait d'abord voulu nous en donner un de sa main, mais un surtout qui ne parlât ni français, ni italien. Alors nous aurions été forcés de nous mettre à sa merci, et de nous en rapporter à lui pour tout, au lieu qu'avec Paggi nous pouvions nous-mêmes, directement, donner tous les ordres et prendre tous les renseignements concernant le service de notre navigation. Nous avions, du reste, beaucoup à nous louer de Paggi, qui était plein d'attentions pour nous. Il avait de l'esprit et une conversation assez originale. Il se tenait parfaitement à sa place et n'abusait jamais, par sa familiarité, des égards que nous pouvions avoir pour lui. Dominique, lui, avait les défauts ordinaires aux drogmans européens; il était braillard, et, s'il n'était pas insolent, c'est parce qu'il savait que nous ne l'aurions pas supporté. Il était jaloux de Paggi et cherchait souvent à nous faire des rapports contre lui.

Ce qui m'amusait dans leurs discussions, c'est lorsque Dominique transportait dans sa langue maternelle, ce qu'il regardait comme les finesses de la langue française. *Mi f...o di voi, siete qui a blaguare*, s'écriait-il souvent. Son aide de cuisine était son souffre-douleur. C'était un Copte, d'une tournure très-grotesque, et le plus sale peut-être de toute l'Égypte; sa robe bleue avait perdu sa couleur primitive et était devenue noire de crasse. Il s'appelait Guirguess. Lorsque nous voulions allumer nos chibouques, nous n'avions qu'à crier : *Guirguess at vola!* (Guirguess, apporte de quoi allumer). Aussitôt je voyais notre Guirguess arrivant en trébuchant au milieu des rameurs qui faisaient exprès de lui barrer le passage, la tête basse, toujours avec la même impassibilité, et portant avec une pince un charbon ardent qu'il déposait assez maladroitement sur le fourneau de nos pipes. D'un autre côté, lorsque nous étions assis sur les *kafass*, ou cantines en branches de palmier qui servaient à ranger notre matériel de cuisine, et se trouvaient sur le pont, Guirguess arrivait de suite pour nous déloger, sous prétexte de chercher quelque casserole. Je ne sais vraiment s'il n'y mettait pas un peu de malice.

Aussitôt revenus à bord, nous nous mîmes en route. Nous descendions le fleuve, en suivant le courant. Seulement, comme ce courant portait à la rive droite, il fallait toujours forcer de rames pour se maintenir au milieu de l'eau. Les matelots chantaient pendant tout le temps qu'ils ramaient ; lorsqu'ils ne chantent pas le travail devient mou. L'un d'eux entonnait des couplets, et tous les autres reprenaient en cœur et en cadence. Quelquefois un bel esprit ajoutait quelque trait de son cru, et ranimait la gaîté parmi les rameurs, qui reprenaient de plus belle leur refrain et leurs vigoureux coups de rame ; et nous avancions rapidement. Ces chants sont peu harmonieux, et je crois que, quant aux paroles, les morceaux de poésie que nous ont rapportés certains voyageurs étaient entièrement dans leur imagination. Je me suis fait traduire quelques-unes de ces chansons, et elles m'ont paru peu poétiques et fort insignifiantes. Le chanteur improvise quelques mots sans suite, et on répond par des refrains tels que *e salami e salam*, ou *Allah ellesa, ellesa*.

Nous passâmes devant Farchout où se trouve une manufacture de sucre dirigée par un Français. Nous revîmes ensuite à Girgeh où nous trouvâmes la cange de Latif-Bey, gouverneur de la Haute-Égypte. Sa cange est fort jolie ; elle est peinte en vert et bien tenue ; elle est accompagnée de deux embarcations pour les personnes de sa suite. La tente du gouverneur était plantée près de la ville, avec les tentes de ses gens. Il était là probablement pour pressurer les malheureux paysans et leur enlever leur argent.

L'inondation avait augmenté considérablement ; presque toute la campagne, entre les deux chaînes de montagnes, était couverte d'eau. Les villages étaient devenus de véritables îles ; et les malheureux habitants étaient restés là avec leurs bestiaux, sans moyens de communication, craignant même de finir par être submergés. Leurs maisons en boue sèche menaçaient d'être entraînées par les eaux ; des palmiers déracinés flottaient sur le fleuve, et une partie des récoltes du dourah était perdue. Le vent était assez fort et agitait les flots; en même temps il nous prenait par le travers, de manière que nous éprouvions un mouvement de roulis, comme sur mer, au point que notre vaisselle était bousculée sur la table.

La navigation est moins agréable en descendant le fleuve qu'en le remontant. D'abord on tient toujours le milieu du Nil, et l'on ne voit pas les rives de près. La barque est mise en travers, tourne dans tous les sens, de manière qu'on ne peut apprécier la direction dans laquelle on se trouve. De plus, comme on marche à la rame, les rameurs envahissent tout le pont, sur lequel on n'a plus de place pour se promener.

CHAPITRE XIII.

Sur le Nil.

Le 16 septembre, nous passâmes devant Maghara, puis devant Tahtah, où l'on voit un assez beau palais appartenant à Latif-Bey. Il arriva là à un de nos matelots un accident qui faillit avoir des suites funestes. C'était Hadji-Mahamet. Il avait vu un poisson qui flottait, et s'était jeté à l'eau pour aller le chercher, le croyant mort. Le poisson, qui n'était qu'endormi, avait plongé; mais notre homme, entraîné par le courant, quoique bon nageur comme tous les Égyptiens, avait dérivé. Ses forces commençaient à s'affaiblir, et il ne pouvait plus rejoindre notre bateau. Un de ses camarades, Suleyman, se jeta à l'eau, traînant avec lui un bout d'amarre, de manière qu'on put les ramener tous les deux contre le courant, en tirant l'amarre. Il était temps, car le pauvre diable avait déjà bu deux fois, et si le secours eût tardé, c'en était fait de lui. Ces Arabes nagent tous comme des poissons. Ce Suleyman, entr'autres, se jetait à l'eau sous le moindre prétexte. C'était un jeune gars de quinze à seize ans, bien découplé, toujours gai, toujours chantant, toujours prêt à faire ce qu'on voulait, malgré les horions qui lui arrivaient quelquefois de la part du reiss ou du patron. Ce jour-là, nous vîmes quelques petits nuages blancs, ce qui ne nous était pas encore arrivé dans la Haute-Égypte.

Le 17, nous passions de bon matin devant Nekileh, où nous trouvâmes d'excellent lait. C'est un joli village autour duquel de nombreux troupeaux paissaient l'herbe, tandis que des femmes, semblables à des statues d'Isis, l'urne antique sur la tête, sortaient du milieu du bois de palmiers qui laissait entrevoir les tas de terre formant leurs habitations. Des bandes d'enfants tout nus se roulaient sur le bord de l'eau, au milieu des buffles. On voyait de nombreux oiseaux ; des oies et des canards sauvages dont les longues files se déroulaient dans l'air ; des cigognes au maintien grave, des ibis d'une blancheur éclatante, des pélicans, des milliers de pigeons et de tourterelles, puis des oiseaux verts, rouges et de toutes couleurs. Le beau ciel pur de l'Égypte contribue à donner un grand charme à ces tableaux champêtres. Nous arrivâmes ensuite à Aboutigh, assez grande ville dominée par trois jolis minarets, et entourée de palmiers, de mimosas et de ghaziehs aux fleurs jaunes et odorantes.

Nous aperçûmes enfin les flèches des minarets de Siout, capitale de la Haute-Égypte, où nous comptions débarquer un instant. Près de cette ville, nous vîmes un fort beau pont bâti sur le canal qui part d'un village nommé Machrah, situé aux environs de Siout. A midi et demi, nous vînmes nous amarrer devant Al-Mara, village qui sert de port à Siout.

Nous partîmes de suite avec Dominique, qui devait nous guider dans cette ville située à trois quarts de lieue environ de notre embarcadère. Nous eûmes d'abord à nous débattre contre une bande d'âniers qui, à notre sortie du bateau, venaient nous jeter leurs quadrupèdes entre les jambes. Je saisis une branche de palmier et, frappant à droite et à gauche, je me fus bientôt débarrassé de cette importunité. Nous voulions aller à pied. Une belle allée, ombragée de beaux sycomores, conduit à Siout.

Une cour plantée d'arbres, et entourée de bâtiments d'administration, forme un passage qui sert d'entrée à la ville. Siout est propre et bien plus jolie que les autres villes de la Haute-Égypte ; elle est aussi plus grande. C'est, au reste, la ville la plus considérable de toute l'Égypte, après les cités un peu européennes du Caire et d'Alexandrie. On y remarque de grandes et belles mosquées, et des minarets élégants, ornés de plusieurs de ces galeries sculptées à jour, qui font l'effet de bagues, et où le muezzin se place pour appeler les croyants à la prière. La grande mosquée a quatre de ces minarets, chacun à trois galeries superposées.

Les bazars de Siout sont beaux et se composent de longues galeries couvertes. Une spécialité de l'industrie de cette ville, ce sont les fourneaux de chibouques, qui sont faits avec une terre particulière, d'une finesse extrême. On rencontre une grande quantité de Coptes que l'on reconnaît à leurs turbans noirs et à leur politesse envers les chrétiens. Les Coptes sont, comme les fellahs, descendants directs des habitants primitifs de l'Égypte, et leurs traits portent le type des statues pharaoniques. Leur langue, qui n'est plus parlée, mais dans laquelle sont écrits plusieurs ouvrages, est la vraie langue égyptienne. C'est au moyen de ces livres en langue copte, et du travail sur les hiéroglyphes, auquel avait donné lieu la découverte de l'inscription de Rosette, qu'on est parvenu à lire sur les monuments égyptiens. Champollion, qui a relevé presque toutes les inscriptions qui se trouvent dans ce pays, a pu vérifier l'exactitude des méthodes suivies. Les Coptes sont chrétiens, mais hérétiques, de la secte d'Eutychès. C'est comme *frères en Jésus-Christ* qu'ils saluent les chrétiens qu'ils rencontrent. Il y en a beaucoup, répandus dans toute l'Égypte, où ils ont plusieurs couvents. Ils sont assez pauvres. Presque tous savent écrire, et la plupart des écrivains et secrétaires sont Coptes. Ils ont toujours l'encrier de cuivre à la ceinture, placé à la manière d'un poignard.

Après avoir fait nos emplettes et acheté nos provisions, dont nous chargeâmes un de nos hommes, nous allâmes visiter les environs de Siout. Un pont, de construction romaine, mais restauré, conduit à la chaîne lybique, au pied de laquelle est placée la ville. Le Nil ayant inondé tous les terrains environnants, Siout était devenue à peu près une île, où l'on n'accédait que par deux ponts, sous les arches desquels l'eau se précipitait avec une grande violence, en formant une chute.

Quelques jours avant notre passage, une barque entraînée par le courant avait été brisée contre les arches du pont qui est à l'entrée de la ville. Deux des trois hommes qui la montaient avaient pu se sauver, comme par miracle, en se cramponnant aux pierres des piles, au moment où la barque y était lancée comme une flèche.

Au pied même de la montagne se trouve un cimetière de mameloucks, où l'on remarque de fort belles tombes, avec des coupoles blanchies à la chaux, et renfermant les corps des anciens dominateurs de ces contrées.

La montagne est percée d'hypogées. On y voit plusieurs grandes grottes formant des chambres successives, ornées de quelques sculptures et d'inscriptions en hiéroglyphes. Il y avait aussi des peintures, mais elles ont été détruites par les ouvriers de Cheriff-Bey, qui, étant gouverneur de la Haute-Égypte, exploita la montagne pour en tirer de la pierre a bâtir. On détruisit ainsi une partie de ces grottes que l'on fit sauter à la mine. Ces cavernes, qui servaient probablement de sépultures publiques, étaient pleines de momies qui ont été jetées pêle-mêle au dehors, où elles forment un banc de plus de vingt pieds de profondeur, composé de débris de cadavres, tant d'hommes que de chacals, loups, chats et autres animaux. La terre est couverte de ces débris, ainsi que de lambeaux de toile qui servaient à envelopper les momies. La chair est desséchée et forme une matière noirâtre qui enveloppe encore les os. Plusieurs corps ou portions de corps sont encore bien conservés.

Ces cadavres embaumés avec tant de soin, renfermés dans des caves dont le jugement dernier devait seul les retirer, se trouvent ainsi, après un repos de trois à quatre mille ans, arrachés violemment de leur séjour paisible, brisés, foulés aux pieds, et rejetés à la lumière du jour. Ces corps aux chairs noires et raccornies, ils avaient foulé cette terre bien des siècles avant moi. C'étaient peut-être des compagnons de la gloire du grand Sesostris. Là pouvaient se trouver les ouvriers qui avaient élevé les monuments de la grandeur pharaonique que je venais d'admirer, sur l'emplacement de l'antique Thèbes, cette cité morte aussi, et dont les débris jonchent le sol. C'étaient des témoins de cette civilisation égyptienne, dont les écrits des anciens nous ont fait de si brillantes descriptions. Enfin, en regardant ces monuments humains, je songeais qu'il y a plus de trois mille ans, ils se mouvaient comme moi, et que ces têtes desséchées renfermaient des idées, de l'intelligence, qu'il y avait un cœur dans ces poitrines écrasées. Ce que c'est que notre misérable guenille, qui nous occupe cependant plus que ce qui l'anime, que ce qui est immortel ! *Vanitas vanitatum !*

Ces hypogées sont étagées les unes au-dessus des autres. Outre les grandes grottes qui étaient soutenues par des piliers ornés de sculptures, il y avait de plus petites ouvertures qui pouvaient servir de sépultures particulières. C'est dans ces grottes que s'étaient retirés ces solitaires des premiers temps du christianisme, qui donnèrent une nouvelle illustration à la Thébaïde. C'est de là que ce nom, qui autrefois s'appliquait à un pays riche, fertile et rempli de vie et de mouvement, est devenu synonyme de désert et de solitude.

Du haut de cette montagne lybique, on a une très-belle vue sur la ville qui, de là, offre un joli aspect. La campagne inondée faisait l'effet d'un immense lac parsemé d'îles. Siout se trouvait momentanément séparée de la montagne par un large bras accidentel du Nil ; les flèches aiguës de ses minarets blancs s'élançaient au-dessus des dômes de mosquées et des groupes de maisons qui sortaient de l'eau. De longues allées d'un joli vert, des bouquets d'arbres étaient répandus çà et là, comme des îles riantes et touffues. C'est par là qu'arrivent les caravanes du Darfour ; elles amènent beaucoup d'esclaves. C'est à Siout qu'on fait subir une barbare mutilation aux jeunes garçons qui sont destinés au service des harems.

En rentrant à bord nous trouvâmes tout en désarroi. Un de nos matelots, nommé Omar, était le plus grand paresseux de la bande. C'était toujours lui qui entraînait les autres dans quelques complots pour ralentir notre marche. Paggi l'avait souvent entendu, pendant qu'il faisait semblant de dormir. La veille de ce jour, il paraît qu'il s'était permis une incongruité, un manque de respect à notre égard, dont, au reste, nous ne nous étions pas aperçus. Paggi, qui en était témoin, s'élança furieux contre lui, une épée à la main, et le blessa au bras. Arrivé à Siout, il avait porté plainte et fait débarquer cet homme. Tous les autres avaient voulu prendre le parti de leur camarade. De là les criailleries et le tapage qui résultent toujours de toutes discussions entre des Arabes. Leur langue est si dure qu'ils ont toujours l'air de se disputer, même lorsqu'ils se disent bonjour. Enfin, tout cela s'apaisa. Les matelots, menacés du bâton du gouverneur, rentrèrent dans l'ordre; et, comme nous n'avions pas le temps de chercher un matelot à Siout, à cause de l'heure avancée, il fut décidé que l'on remplacerait Omar le lendemain à Manfalout; car, par notre traité, Paggi s'engageait à maintenir toujours notre équipage au complet. Nous laissâmes Omar à Siout.

Le lendemain 18, nous arrivions de bonne heure à Manfalout. Le courant était si rapide que nous dépassâmes le port, et ne pûmes nous arrêter que plus bas, contre une digue qui entourait un champ de dourah. Nous nous amarrâmes là avec précaution, de manière à ne pas dégrader cette digue. Le malheureux fellah, cultivateur de ce champ, avait poussé de grands cris en nous voyant arriver là, craignant que sa récolte ne fût compromise. A Manfalout, et en descendant, on ne retrouvait plus les dégâts que l'inondation avait produits plus haut. Là, la crue du Nil était normale; cependant, on désirait qu'elle s'arrêtât; et, d'ailleurs, c'était l'époque à laquelle elle atteint ordinairement son maximum. L'année précédente, la crue avait été beaucoup trop forte, et il en était résulté des dégâts considérables.

Paggi, aidé de quelques amis qu'il avait à Manfalout, trouva un remplaçant pour Omar; et nous repartîmes vers dix heures. Nous permîmes à Paggi de prendre à bord un de ses amis qui voulait descendre à Melaoui. C'était un Tessinois qui était établi à Manfalout, où il faisait le commerce. Nous l'invitâmes à prendre le café. Il nous dit qu'il regrettait vivement que nous n'eussions pas pu nous arrêter quelques jours chez lui. Il nous aurait fait connaître les environs et ses habitants, ainsi que la grotte de Samoun, située dans la montagne, sur l'autre rive, et qui est très-curieuse par les momies, les inscriptions et les objets antiques qu'elle renferme. Je n'aurais pas été fâché surtout de voir de plus près les mœurs des habitants d'une petite ville de l'intérieur de l'Égypte, mais le temps nous manquait. Je n'aurais pas été, comme M. le duc de Raguse, reçu par le Nazer, avec tous les honneurs militaires, mais l'obligeance cordiale et l'hospitalité bien connue des Égyptiens, même musulmans, auraient suffi pour me faire voir bien en détail ce qui mérite d'être observé.

Nous revîmes cette fois plus à notre aise les montagnes d'Abou-Iffodah, où nous n'eûmes pas d'ouragan. L'aspect de cette montagne est assez curieux. Les couches de calcaire qui la forment sont très-tourmentées et ont l'apparence de scories. Nous vîmes des gazelles courir dans les ravines qui coupent la crête de cette montagne.

Le soir nos Arabes se mirent tout-à-coup à pousser des cris de joie ; le reiss me montrait le ciel en criant : « *El kammar !* » (la lune). C'était, en effet, le premier croissant de la nouvelle lune de *Zoulkhadé* qui apparaissait, et qui excitait l'enthousiasme de ces bonnes gens. Ils se mirent de suite à faire leurs prières. Les musulmans sont, en général, très-pieux, et ils ne manquent pas de faire leur *namaz* ou prière, au moins une fois par jour. Aucun de nos hommes n'y manquait, surtout le reiss, qui était d'une grande dévotion, et faisait régulièrement les cinq prières journalières recommandées par le Coran, ce qui ne l'empêchait pas d'être un sournois. Je le soupçonnais fort d'avoir excité sous main notre petite émeute de Siout, tout en prenant avec nous un air de bonhomie empressée.

Pour faire sa prière, un mahométan se tourne, autant que possible, vers la Mecque. Après avoir prié un instant debout, les mains étendues en arrière de la tête, il s'asseoit sur ses talons, et se prosterne plusieurs fois, de manière à toucher la terre avec son front, en continuant à répéter à demi-voix le formulaire de la prière. On voit ainsi, à toute heure de la journée, dans la campagne, sur les places, partout enfin, des hommes occupés à faire leurs prosternations. Dans ce cas, on ne peut les déranger. C'est ainsi que M. le colonel Varin me racontait que, dans les commencements de l'organisation de son école de cavalerie, les élèves choisissaient l'heure de l'exercice pour commencer leurs prières. Il fallut l'autorité d'Ibrahim-Pacha pour réformer cet abus, et il fut décidé qu'ils s'arrangeraient pour faire leur namaz, de manière à ce que l'instruction ou le service n'en souffrissent pas.

Une autre fois, je me trouvai sur l'Esbekieh avec M. le colonel Mari qui, dans sa sollicitude galante pour les dames européennes qui se promènent sur cette place, voulait leur éviter tout ce qui pouvait blesser leur pudeur. Il avait vu des hommes se baignant, en dépit des ordres, dans le petit canal qui longe la promenade. Il voulut s'adresser à un *kawas* (1) pour les faire saisir, mais cet homme était en train de faire sa prière; impossible de le déranger ! Heureusement il aperçut deux soldats qu'il appela, et qu'il chargea d'arrêter ces hommes et de leur administrer un certain nombre de coups de bâton, pour violation des règlements de police.

Le 19 au matin, nous étions arrêtés, devant Cheick Abadieh, contre ce joli jardin de palmiers que j'avais déjà remarqué à mon premier passage. Quelques-uns de nos hommes étaient groupés autour d'un tas de terre creusé à la façon des huttes des castors. C'était un café très-primitif, exploité par une femme qui fumait son chibouque en versant le divin moka à notre équipage. Un de nos *lovelaces* papillonnait autour de la *dame du comptoir*. Nous les arrachâmes à leurs galantes occupations, et nous ne tardâmes pas à arriver vis-à-vis des grottes de Beni-Hassan. La hauteur du fleuve nous permit d'aborder au pied même de la montagne arabique, dans laquelle sont creusées ces grottes.

Aux deux tiers environ de la montagne règne une corniche droite et horizontale, coupée dans le roc. C'est sur cette terrasse que s'ouvrent ces hypogées. Paggi, Dominique et trois ou quatre de nos hommes nous suivirent. Ces grottes avaient servi de sépulture à des personnages importants de l'Égypte ancienne, mais les momies en ont disparu.

Les deux premières, au nord, ont chacune une belle entrée supportée par des colonnes doriques cannelées. Ce sont de grandes salles au fond desquelles on voit un cabinet où était la

---

(1) Espèce de soldats de police, remplaçant les janissaires.

momie. Ces salles sont couvertes de peintures dont quelques-unes ont encore des couleurs très-vives. Elles représentent des scènes de la vie domestique. Le défunt est assis au milieu de ses serviteurs qui se livrent à leurs travaux, et lui apportent les produits de ses biens. On y voit tous les détails de la pêche, de la chasse, de l'agriculture. On retrouve là beaucoup d'ustensiles et d'usages existant encore dans le pays. Les serviteurs s'accroupissent, comme nos Arabes, sur leurs pieds. La forme des vases est semblable à celle des urnes que portent les femmes fellahs. Les charrues, les houes n'ont pas changé. Nos matelots reconnaissaient leur dahabich en voyant les bateaux des anciens Égyptiens. On retrouve aussi l'âne indispensable. Cependant il n'y a pas de chameaux; on n'en trouve dans aucun dessin, ce qui ferait penser qu'un motif religieux ou autre les empêchait de se servir de cet animal qu'ils devaient cependant connaître.

Les hommes sont peints en rouge et les femmes en jaune. Les animaux sont représentés avec une grande vérité. Dans le premier tombeau, on voit quinze individus de différent sexe, richement vêtus, d'une physionomie particulière, et à peau blanche, qui marchent à la suite les uns des autres. D'après Champollion, ces individus seraient des captifs ioniens, présentés au défunt par son fils. Ce défunt serait un haut fonctionnaire qui vivait au ixe siècle avant notre ère. Le second tombeau serait celui d'un chef militaire de la même époque à peu près que le premier.

D'autres salles sont soutenues par de gracieuses colonnettes représentant quatre tiges de lotus liées ensemble. Ces salles voûtées sont entièrement taillées à même le rocher, ainsi que ces colonnes si légères. Deux de ces salles, communiquant ensemble, sont séparées par un mur de quelques centimètres seulement d'épaisseur, et parfaitement dressé des deux côtés, quoiqu'il soit aussi taillé dans le roc vif. On retrouve également des peintures dans ces salles. Il y en a qui représentent des jeux, des luttes. On y voit toutes les positions dans les luttes, semblables à celles qui existent encore dans le pays. Il y a aussi des femmes qui jouent à différents jeux : à la paume, à la balle à cheval, au cheval-fondu.

D'autres font de la musique ; une esclave, par les sons de sa harpe, semble charmer son maître et sa maîtresse, tandis qu'un autre allaite un enfant. Ailleurs ce sont des esclaves qu'on fustige. Enfin, on retrouve là les tableaux complets des mœurs et des usages intérieurs de ces peuples avec lesquels on vit ainsi 3000 ans après leur disparition, grâce à cette habitude des Égyptiens de faire peindre, dans leurs tombeaux, tout ce qui retraçait les occupations de la vie.

Il y a encore beaucoup d'autres grottes plus simples ou à peine commencées. Quelques-unes aussi ont souffert, et les peintures en sont effacées. Dans beaucoup de ces salles sont des puits carrés assez profonds, dont on ne s'est pas bien expliqué l'usage. Peut-être communiquaient-ils entre eux.

Nous quittâmes ces curieuses grottes pour nous mettre à la recherche du Speos Arthemidos, temple souterrain dont parle Champollion, et qui devait se trouver dans une vallée voisine. Nos guides ne le connaissaient pas. Nous suivîmes donc une gorge qui faisait suite aux cavernes, et nous nous enfonçâmes dans la montagne lybique sans pouvoir trouver notre Speos. Cette recherche, au reste, nous donna occasion de parcourir ces montagnes. Tout indique que la gorge dans laquelle nous étions entrés avait dû être creusée par d'énormes torrents de pluie, qui ont formé des arrachures profondes.

Le fond est un calcaire très-blanc, dans lequel se trouvent incrustés des noyaux assez gros et très-arrondis de silex noir. Cette roche est couverte d'une couche épaisse de petits cailloux plats et arrondis, unis par une pâte qui n'a pas encore beaucoup de consistance. Cela produit une croûte qui se brise sous les pieds, comme lorsqu'on marche sur de la neige couverte d'une couche de verglas. Sur toutes les hauteurs on remarque cette formation qui prend les formes les plus bizarres, par suite de l'érosion produite par le vent et les eaux. Sur les mamelons élevés, on a une belle vue sur toute la vallée du Nil, et on se trouve au milieu de la chaîne arabique qu'on domine, et qui offre à l'œil un plateau sans bornes, très-accidenté. Les vallons pleins de sable sont d'un jaune pâle, qui tranche avec la couleur noire des silex que le vent a laissés sur les hauteurs, en faisant voler des tourbillons poudreux qui s'accumulent dans les fonds et sur les bords du Nil. On y trouve beaucoup de cristallisations quartzeuses.

Ces vallons sont sans eau, et l'on n'aperçoit aucune espèce de traces d'habitation ou de végétation. Ce ne sont que des rochers, des gorges pleines de sable, et des pointes arides ; c'est le désert dans toute sa nudité. Quelques animaux sauvages s'y trouvent, mais nous n'en vîmes pas.

Après une longue promenade dans ce désert, nous redescendîmes dans la vallée. A nos pieds se trouvaient deux gros villages, bien bâtis, dominés par de jolies coupoles de mosquées. Les maisons étaient en pierres et avaient un air d'aisance que n'ont pas les cabanes de fellahs. Nous ne voyions pas d'habitants autour ; un silence de mort nous accueillit seul à notre entrée; nous étions au milieu de ruines. Ces villages étaient d'effrayants monuments de la justice impitoyable d'Ibrahim-Pacha. Les habitants de ces villages ne vivaient autrefois que de brigandage ; c'est même ce métier qui leur avait donné les moyens de bâtir de si belles maisons. Quelques exemples avaient été faits, des avertissements avaient été donnés ; tout cela inutilement. Les écumeurs du Nil riaient des menaces du Pacha; et, tous les jours, on apprenait au Caire que de nouvelles barques avaient été pillées. Mehemet envoya son fils pour en finir avec ces pirates et rétablir la sécurité complète de la navigation. Ibrahim tombe à l'improviste sur les villages de Beni-Hassan, après les avoir fait cerner. Les habitants furent tous massacrés, sans distinction d'âge ni de sexe, de manière qu'il n'en resta même pas un rejeton. Les maisons furent brûlées et saccagées, et elles n'ont reçu aucun habitant depuis cette terrible exécution. Il n'en restait plus que les murailles en pierres.

CHAPITRE XIV.

Sur le Nil.

Nous regagnâmes notre bord ; et, à cinq heures du soir, nous arrivions à Minyeh, qui s'annonçait par un grand bâtiment blanc dans lequel on a établi une manufacture de coton.

Le quai en terre contre lequel nous avions abordé est garni de grandes et belles maisons en pierres et en briques, à plusieurs étages, avec des *mucharabiehs*, ou fenêtres garnies de treillages découpés à jour. Beaucoup de monde circulait sur ce quai, à la fraîche, entr'autres beaucoup de Coptes qui nous saluaient d'un air affable, à la vue de notre costume et de notre pavillon. Des cafés étaient remplis de gens aux larges culottes et au dolman, qui venaient fumer le chibouque ou le narguileh, et savourer le moka. Minyeh est une ville importante; c'est un chef-lieu de province.

Le lendemain matin, nous nous allâmes visiter une fabrique de sucre. En passant dans les rues, nous vîmes qu'à part des quartiers habités par des fellahs, Minyeh est généralement bien bâtie et assez propre; elle est bien au-dessus des villes de la Haute-Égypte.

La fabrique de sucre est dans des bâtiments très-considérables, en pierres et briques, situés au milieu d'une grande cour. Ils ont été bâtis par les indigènes, sous la direction d'un architecte français; on travaille encore à de nouvelles constructions. Cette fabrique appartient au fils d'Abbas-Pacha. Elle est dirigée par un Français, M. Monnier, de Loubans (Saône-et-Loire), qui a sous lui plusieurs employés et ouvriers également français. Toutes les machines viennent de France. M. Monnier a d'abord été longtemps à la tête de la fabrique de Farchout, qui appartenait à Ibrahim-Pacha. Il est ensuite venu organiser celle de Minyeh, qui n'est établie que depuis très-peu de temps. Il nous montra tout, en détail. Il y a deux établissements réunis : l'un pour la fabrication du sucre, recevant la canne et rendant le sucre brut ; l'autre pour la raffinerie. Ces établissements sont sur une grande échelle, et très-bien organisés.

Les cannes à sucre sont apportées de la Haute-Égypte, où elles sont cultivées en grand. C'est une culture très-productive. D'après M. le duc de Raguse, un demi-hectare donne, au bout de six mois, 45,000 livres de cannes, qui rendent six pour cent en sucre, ou 27 quintaux. Autrefois, les fellahs étaient tenus de faire eux-mêmes leur sucre brut, et de le porter ainsi aux raffineries. J'ai vu encore, près du Caire, des machines à broyer les cannes, qui étaient tout ce qu'il y a de plus primitif. Les cylindres étaient en bois, mus au moyen d'un engrenage que des bœufs mettaient en mouvement. Le jus tombait dans une chaudière placée sur un fourneau. Tout cela était très-imparfait, devait occasionner de la perte, et donner de médiocres résultats.

Maintenant, les cannes sont apportées à la fabrique, où tout est mu par des machines à vapeur. La canne est broyée entre des cylindres de fonte. Le jus exprimé par ces cylindres passe dans des chaudières où la chaux lui enlève son principe acide. Il passe ensuite dans des filtres au noir animal; puis, descend sur un serpentin chauffé à la vapeur; repasse au filtre et arrive dans les bouilloires, d'où il va enfin dans les formes. Il est conduit dans les tuyaux, tantôt par le vide, tantôt par la pression.

Les préjugés musulmans s'opposent encore à l'emploi du sang de bœuf qui est le meilleur clarifiant; cependant on a obtenu déjà de pouvoir se servir du noir animal. Il y a peu de temps, les Turcs ne toléraient que l'emploi de l'œuf, ce qui donnait un sucre médiocre. Le noir animal se fabrique aussi dans l'établissement, par des procédés ingénieux. Tous les ouvriers sont arabes, à l'exception de quelques contre-maîtres et employés français. Nous allâmes prendre le café chez M. Monnier, qui avait montré une grande complaisance à nous faire les honneurs de son établissement, et nous nous rembarquâmes vers huit heures et demie.

Lorsque nous passâmes devant la fabrique, les autres Français, qui avaient été prévenus trop tard de notre arrivée, se trouvèrent là pour nous saluer, en tirant des salves de coups de fusil au passage de compatriotes. Ils avaient hissé le pavillon français sur la barque de M. Monnier. Nous leur rendîmes leur politesse, et nous fîmes les trois saluts du pavillon.

La fin de l'automne ou l'hiver sont plus généralement choisis par les touristes pour les excursions sur le Haut-Nil, la chaleur étant moins forte. Les Européens qui habitent dans les villes situées sur les bords du Nil sont aux aguets pour saisir au passage un compatriote et le recevoir chez eux. On est heureux, si loin de son pays, de voir des personnes qui viennent de la patrie, de savoir ce qui s'y passe. On est toujours accueilli avec la plus grande cordialité. Il en est de même lorsque des bateaux de touristes se rencontrent, surtout lorsqu'ils portent le même pavillon. On s'arrête alors pour se recevoir réciproquement, et se traiter dans sa maison flottante. A cette époque de l'année, nous étions les seuls à affronter les chaleurs de l'été sur le Nil; aussi, comme on ne s'attendait pas à nous voir, nous passions inaperçus. Nous n'eûmes, dans notre voyage, que les saluts des Français de Minyeh.

Nous arrivâmes en peu de temps au Gebel-Their, ou montagne des Oiseaux, où, par parenthèse, nous ne vîmes pas d'oiseaux. C'est sur le haut de cette montagne escarpée, dont le pied baigne dans le fleuve, qu'est le couvent copte que nous avions déjà vu en remontant. Cette fois nous fûmes signalés. Un des moines parut sur le bord de la falaise, et nous héla, en demandant une aumône; puis, il descendit rapidement l'escarpement par un escalier, se déshabilla, et se jeta à l'eau. Il nageait avec une grande vitesse, en criant de toute la force de ses poumons : « *cavadji, backschisch.* » Malheureusement le courant était trop fort dans cet endroit, assez dangereux lorsqu'il y a du vent, nous ne pouvions, sans imprudence, nous rapprocher de la montagne. D'un autre côté, le pauvre moine n'osait gagner le milieu du fleuve, de peur d'être emporté. Nous voyions toujours sa tête bronzée à la surface de l'eau; et nous entendions ses cris de *bakschisch*. Je regrettais de ne pouvoir l'atteindre pour lui donner ce qu'il avait bien gagné, après tant de peine; mais cela n'était pas possible. Il fut donc forcé de descendre encore fort loin, jusqu'au bout de la falaise, car il avait passé le second escalier; et, les montagnes étant à pic, il ne pouvait plus remonter. Il lui fallut, sans même avoir son bakschisch, s'en retourner à pied, sans vêtements, et par le haut de la montagne, jusqu'à son couvent.

Le courant nous emportait rapidement. Nous aperçûmes bientôt le haut minaret de Samallout; puis, nous repassâmes au village de Kalousbeh que j'eus de la peine à reconnaître, l'inondation ayant couvert les champs que nous avions vus sans eau. La température allait toujours en se rafraîchissant;

et nous avions déjà vu des nuages couvrir une partie du ciel. Les montagnes commençaient aussi à s'éloigner et à s'abaisser. On ne voyait presque plus la chaîne lybique, et la chaîne arabique n'avait plus ses falaises. Elle descendait en pente douce vers le fleuve, et, au lieu de rochers, offrait des pentes de sable. Nous y revoyions les reflets jaunes du sable dans le ciel. Le soir, les montagnes, dont la crête d'un horizontal parfait, sans aucune inflexion, se trouvait, ainsi que le pied, éclairée par le soleil couchant, prenaient l'aspect d'un ruban jaune bordé de deux liserés blancs. Sur les bords, toujours de la culture et des villages entourés de palmiers. Ces villages, avec leur ceinture de grands arbres, rappelaient tout à fait nos fermes de Normandie, enceintes d'un rempart de terre planté de grandes futaies.

Le 21, nous avions fait bonne route, et nous commencions à voir beaucoup de bateaux sur le Nil. C'était vendredi, et ils avaient arboré tous le pavillon turc. Notre pavillon français passait fièrement au milieu de tout cela ; et nous arrivâmes à sept heures et demie à Beni-Souef, chef-lieu de la province de ce nom, et résidence d'un mamour. Les matelots avaient demandé à s'arrêter dans cette ville. Nous le leur accordâmes, et nous en profitâmes pour visiter Beni-Souef, escortés par Hassan.

La caserne de cavalerie près de laquelle nous étions amarrés est un très-beau bâtiment carré, bâti en pierres, avec une entrée ornée d'un portique. Le palais du mamour est assez bien, avec un joli jardin, où croissaient des figuiers de Barbarie. Nous n'en avions pas vu dans la Haute-Égypte, non plus que des oliviers ou des orangers, qui ne poussent guère au-dessus du Caire. On ne trouve dans la Haute-Égypte que de petits citrons verts, dont une espèce est douce.

La ville n'a rien autre chose de remarquable, et ressemble à la plupart des autres villes d'Égypte. Une partie des maisons est bâtie en briques crues ou en boue sèche. Le bazar, quoique étroit, est très-long et assez bien fourni. Le long du fleuve, devant la caserne de cavalerie, s'étend une jolie promenade, plantée de beaux arbres à fleurs jaunes qu'on nomme *gasieks*.

De Beni-Souef on voit la vallée qui coupe la chaîne lybique, et mène au Fayoum. A Beni-Souef résidait un médecin français chargé du service de la province; c'était le gendre de M. Linant. Nous n'eûmes pas le temps d'aller le voir.

Nous étions repartis avant neuf heures. Nos matelots étaient en émulation de travail, et nous descendions rapidement le courant. Le vent du nord était cependant très-fort, et les barques qui remontaient le fleuve, filaient aussi vite que celles qui suivaient son cours rapide. Une grande quantité de voiles animaient le tableau, en glissant légèrement sur la surface des eaux. Il fallait seulement veiller aux abordages, car les navigateurs du Nil ne sont pas des marins consommés. Nous pensâmes occasionner une mêlée assez singulière. Une petite barque, lancée comme une flèche, était venue donner dans une cayasse. La vergue avait traversé la voile de la cayasse, et on ne pouvait plus la dégager. Pendant ce temps, nous arrivions en plein sur ce groupe, et la situation menaçait de se compliquer.

Tous les habitants d'un village voisin, auquel appartenait le petit bateau, étaient sur le rivage, poussant des cris de terreur. Heureusement notre timonier, moins maladroit que les autres, put éviter les deux bateaux qui, non sans quelques avaries, parvinrent à se dégager de cet embrassement fatal. La force du vent soulevait des vagues dans le Nil, et rendait leur position encore plus critique.

Le soir, nous étions déjà à Atfieh, que l'on apercevait à travers les tiges des palmiers.

Le 22, en nous levant, nous aperçûmes les pyramides de Daschour. Il n'y en a que deux qui soient remarquables; les autres ont l'apparence de tas de terre. L'une des pyramides de Daschour est entière, d'une forme écrasée. Les arêtes de l'autre, au lieu d'être droites, présentent une courbure qui semble régulière, mais qui me parut résulter de son état de dégradation. Après ces pyramides apparurent celles de Sakkarah; puis les géants de Ghizeh; puis, enfin, la mosquée de Mehemet-Aly, sur le Mokattam que l'on voit de très-loin en raison de son élévation. Nous avions donc déjà devant les yeux le terme de notre navigation. Il nous restait à voir Sakkárah et l'emplacement de l'antique Memphis. Le vent était très-violent, et nous roulions comme sur la mer.

Nous arrivâmes, vers neuf heures et demie, dans une petite anse que forme le fleuve, près du village de Bédrechein. On nous avait amené des ânes, mais il n'avaient ni brides ni étriers. Nous les renvoyâmes, préférant aller à pied, malgré les observations de Dominique, qui n'aimait pas cette manière de voyager, et qui prit alors le parti de garder une de ces montures pour lui. Nous nous mîmes donc en route avec Dominique sur son âne, et Hassan qui portait un fusil.

Nous traversâmes le village de Bédrechein; puis une digue nous conduisit à un grand bois de palmiers, où se trouvaient campées des tribus de bédouins. Ils logeaient dans des cases faites avec des roseaux, ou sous des tentes en étoffes de laine; ils avaient là de nombreux troupeaux. Au milieu de ces bois, nous remarquâmes de grandes collines de décombres qui paraissaient couvrir un immense espace de terrain. Parmi ces décombres, formées en partie de briques crues et de débris de poterie, on voyait çà et là quelques blocs de granit où se remarquaient des sculptures, puis des débris d'obélisques ornés d'hiéroglyphes.

Ces décombres, ces morceaux de granit, c'est ce qui reste de l'antique capitale des rois d'Égypte, de la célèbre Memphis; Memphis, qui fut fondée par Ménès, le premier roi d'Égypte, Memphis la ville royale, rivale de Thèbes la cité sacerdotale; elle qui réunit dans son enceinte tout le luxe, toutes les splendeurs de la civilisation égyptienne, la voilà devant nous; nous foulions au pied la place où s'élevaient ses palais somptueux. Thèbes a conservé ses gigantesques ruines; mais Memphis, détruite par toutes les invasions, rayée de la liste des villes, a disparu de la surface du sol; et cependant elle occupait un immense espace de terrain, à en juger par l'étendue des tertres qui indiquent seulement sa sépulture. Il reste encore un énorme colosse en granit, représentant Sesostris-le-Grand; mais nous ne pûmes le voir; il était entièrement sous l'eau qui couvrait une grande partie de l'emplacement de Memphis.

A côté de la grande cité royale, était une autre cité, celle des morts; cette immense nécropole, qui s'étend de Ghizeh jusqu'à Daschour, et qui témoigne encore de la grandeur de Memphis. Une longue chaussée très-sinueuse sert à traverser cette grande nappe d'eau dont le Nil débordé avait couvert les plaines cultivées qui ont remplacé Memphis. Deux ponts antiques, d'une belle construction, donnent passage à ces eaux qui s'écoulent dans des canaux. Après de longs détours, cette chaussée nous conduisit à la limite de l'inondation, c'est-à-dire aux sables du désert. Sept à huit bédouins qui nous avaient vus arriver, s'étaient placés sur notre passage; mais quand nous approchâmes d'eux, nous vîmes qu'ils n'avaient d'autres intentions que de nous tirer quelques bakschichs, sous prétexte de nous guider aux tombeaux de Sakkarah. Nous nous en débarrassâmes, et nous n'en gardâmes qu'un, que nous chargeâmes d'aller nous chercher une cruche d'eau. Quoique nous ne fussions plus à Thèbes, il faisait encore assez chaud pour avoir soif, après une course à travers les sables.

Devant nous était une plaine sans bornes, de sable jaune et fin, dans lequel on marche difficilement; elle présente un grand nombre de rides et de monticules formés par le vent. Ce plateau est percé de toutes parts de trous carrés maçonnés, qui sont remplis de momies; beaucoup sont comblés par les sables mouvants. Le sol est couvert d'ossements d'hommes et d'animaux d'une blancheur éclatante, ainsi que de débris de momies et de linceuls. La curiosité impie des Européens et la cupidité des Arabes, sans respect pour le dernier asile des morts, ont violé ces sépultures, et jeté au vent ces débris humains qui blanchissent au soleil.

Dans une grotte horizontale, nous trouvâmes les parois d'un tombeau couvertes de peintures très-bien conservées, mais l'hypogée était en partie encombrée par le sable. Au milieu de ces caves sépulcrales, on trouve trois pyramides en pierres placées sur la même ligne, et très-ruinées. L'une d'elles a été bouleversée du haut en bas, de manière à ne former qu'un grand tas de pierres placées sans ordre. Une autre, au pied de laquelle nous nous reposâmes, est aussi très-dégradée; mais les pierres qui la forment ont été enlevées sur les faces, par portions de couches, de manière à former cinq étages.

8.

Du haut de cette pyramide, on a une belle vue. On saisit tout l'ensemble de l'emplacement de Memphis et de la nécropole qui se termine, au nord, par les colossales pyramides de Ghizeh. Il y a en outre un grand nombre de petites pyramides, mais en ruines et couvertes de sable, de manière à ne plus présenter que des buttes. Le sable, en effet, poussé par le vent, vient s'accumuler sur ces débris, et envahit même le pied des grandes pyramides.

Nous avions renvoyé Dominique à ses fourneaux, et nous regagnâmes notre bord, escortés de notre matelot Hassan, arpentant le terrain de manière à mettre sur les dents notre Arabe, qui demeura convaincu que les Français étaient des hommes infatigables. Il portait notre gibier, qui se composait d'un milan. Nous avions vu des cailles, mais sans pouvoir les approcher. J'avais cherché aussi, mais en vain, à rejoindre un chacal qui se promenait sur la pyramide.

C'était notre dernier dîner à bord. Nous le célébrâmes en faisant sauter le bouchon d'une bouteille de vin de Champagne. Paggi, dont nous avions été très-content, en eut sa part. En rentrant à bord, nous avions entendu résonner le canon. Si j'avais été à Saint-Denis ou à Meudon, j'aurais pu penser que c'était quelque nouvelle révolution passant sur la tête des bourgeois de Paris. Au Caire, grâce à Dieu, on ne connaît pas encore ce progrès de la civilisation. Les révolutions, en Orient, se font dans le palais, avec un cordon ou une tasse de café *préparé*. C'étaient tout bonnement des salves de réjouissance pour célébrer la circoncision du fils d'Abbas-Pacha. Cette cérémonie avait été retardée jusqu'à la fin du deuil occasionné par la mort de Mehemet-Aly. Nous ne repartîmes que dans la nuit, lorsque le vent fut calmé.

Le 23, nous nous réveillâmes au Vieux-Caire, amarrés un peu au-dessus du port où l'on s'embarque pour Ghizeh. Nous réglâmes tous nos comptes; nous donnâmes au reiss le bakschisch de ses matelots, qui parurent très-contents, et nous chargeâmes Dominique de faire transporter nos bagages à l'hôtel. Nous avions eu une visite des douaniers. Après bien des pourparlers, ils firent payer un droit pour les bardaques que nous apportions. Ils n'avaient pas de registre et ne firent aucune écriture, de manière qu'il serait difficile de savoir dans quelle poche passait l'argent qu'ils réclamèrent.

Lorsque tout cela fut terminé, nous fîmes accoster devant la terrasse de Soliman-Pacha, chez lequel nous mîmes enfin pied à terre, après un mois environ de navigation sur le Nil. Notre intéressant voyage finissait là.

Le général parut très-content de nous revoir, et nous accueillit avec sa bienveillance et sa cordialité accoutumées. Nous trouvâmes chez lui une masse de journaux français sur lesquels nous nous jetâmes ; car, depuis longtemps, nous n'avions aucune nouvelle sur ce qui pouvait se passer en Europe.

Venise avait capitulé, après une résistance héroïque. La Hongrie, accablée par les forces de deux empires, devenait une simple province autrichienne, et la Russie, qui avait tous les honneurs de ce triomphe, venait de faire faire encore un grand pas à sa politique. Quant à la France, elle était toujours dans son *statu quo*, dans l'état provisoire, mixte entre l'ordre et l'anarchie, où je l'avais laissée. Les partis s'observaient et attendaient. Nos affaires, en Italie, n'avaient pas fait un pas. On s'occupait toujours de faire de la polémique dans les journaux, et rien de plus.

Soliman nous demanda des nouvelles de notre voyage. Il avait craint pour notre sûreté, à cause du changement de règne. Nous pûmes le rassurer sur l'état parfait de sécurité dont la Haute-Égypte continue à jouir. Il était occupé de faire venir une machine à vapeur pour l'irrigation des terres qu'il possède dans le Delta, et dont il comptait, par ce moyen, augmenter considérablement la valeur. Il calculait que les frais seraient payés en moins de deux ans par les bénéfices. On évite, en effet, ainsi l'emploi des bœufs qui font mouvoir les sakis ; de plus on est à l'abri des désastres causés à la récolte du dourah par les inondations trop précoces. En effet, on peut semer cette graine plutôt dans des champs, qu'au moyen de la machine à vapeur on arrose quand on veut.

Nous déjeunâmes chez le général, qui nous dit qu'il allait s'occuper des moyens de faciliter notre voyage en Syrie et nous rentrâmes ensuite à l'hôtel d'Orient. J'envoyai de suite réclamer mes lettres ; je n'avais encore reçu aucune nouvelle de ma famille, depuis mon départ de Paris. Aussi les lettres qu'on m'apporta furent-elles bien reçues, surtout en raison des personnes qui me les adressaient. Je les parcourus avidement.

M. Benedetti avait eu déjà, il est vrai, la complaisance de nous expédier, à Kenneh, des lettres qui étaient arrivées à notre adresse au Caire, au commencement du mois; mais, par suite de la négligence des courriers arabes, elles ne nous étaient pas parvenues. Celles que je trouvai au Caire étaient donc les premières que je recevais. Il faut avoir quitté son pays, pour savoir quel bonheur procure au voyageur une lettre où il retrouve une main amie qui lui prouve que son souvenir n'est pas effacé de tous les cœurs, qu'il laisse quelque chose derrière lui. En voyage, pendant qu'on écrit à ceux qu'on aime, de même que lorsqu'on lit leurs lettres, on se reporte un instant au milieu d'eux, dans sa patrie. On oublie qu'on est seul; on oublie la distance.

Souvent, dans mes rêveries, je suis la lettre que je viens de confier à la poste; je la vois débarquer, traverser la France, arriver à son adresse. Je vois l'impression qu'elle produit; j'entends les observations auxquelles elle donne lieu; puis je vois écrire la réponse, je calcule le temps nécessaire pour qu'elle me parvienne. Il est vrai que lorsque je vais la chercher au bureau de poste, il arrive souvent que je me suis trompé dans mes calculs. Il n'est rien arrivé, il faut, tout en maugréant, attendre le courrier suivant.

J'étais heureux d'arriver au Caire, pour faire blanchir mon linge, qu'on y lave du reste fort mal. A bord j'étais obligé de le confier à Guirguess, qui me le rendait beaucoup plus sale qu'avant de l'avoir reçu. Il y ajoutait la crasse de ses mains.

CHAPITRE XV.

Le Caire.

Nous trouvâmes le Caire au milieu des réjouissances. Mehemet-Aly avait célébré le mariage de sa fille par huit jours de fêtes; Abbas-Pacha, voulant renchérir encore pour la circoncision de son fils, avait décidé qu'il y aurait quinze jours de réjouissances. Heureusement il y en avait déjà dix que cela durait, de manière que nous n'en avions plus que pour cinq jours. Pendant ces quinze jours, trois batteries, dont l'une tout près de nous, sur l'Esbekieh, tiraient une vingtaine de coups de canon, toutes les demi-heures, depuis le lever du soleil jusqu'à minuit, en sorte qu'il n'y avait pas moyen de reposer. Il paraît qu'il y avait en magasin une grande quantité de poudre de mauvaise qualité, et qu'on voulait l'user. On tirait aussi des feux d'artifice tous les soirs; on en tirait même en plein jour.

L'Esbekieh était rempli de monde, et ressemblait à une foire. Des jeux, des danses, de la musique, des boutiques de rafraîchissements y étaient établis, ainsi qu'aux portes de la ville. Pendant ce temps, 2,000 femmes environ étaient traitées chaque jour au harem. De son côté, son altesse le vice-roi tenait table ouverte. Les individus des différentes classes de la population, à quelque religion, à quelque nation qu'ils appartinssent, y étaient invités successivement. Un jour c'étaient les magistrats; un autre jour les militaires, puis les négociants, et ainsi de suite. Ainsi un jour tous les prêtres de toutes les religions, catholiques, grecs, juifs, musulmans y étaient invités ensemble. C'est le ministre de l'intérieur, Cheriff-Pacha, qui était chargé de faire les honneurs. C'est un bon vivant, qui s'acquitte très-bien de ces fonctions, et, en dépit du prophète et de sa loi, connaît parfaitement le prix du bon vin. On avait aussi amnistié beaucoup de condamnés. On espérait que cette fête, où le vice-roi s'était rapproché des Européens, serait le signal du retour à une meilleure politique.

Nous retrouvâmes M. Benedetti, toujours serviable. Il habite une belle maison où avait demeuré Clot-Bey, derrière l'Esbekieh. Mme Benedetti est fort aimable; M. d'Anastasi, son père, et plusieurs Français étaient dans son salon, où le chibouque est admis, en vertu des usages orientaux. M. et Mme Benedetti reçoivent souvent le soir; c'est une maison fort agréable. Mme Benedetti va quelquefois faire des visites chez les dames des harems. Ces dames turques passent leur vie dans l'oisiveté la plus complète, accroupies sur leurs riches divans, où elles ne font que fumer et prendre du café ou des confitures. Elles sont d'une ignorance inimaginable ; et ne savent pas s'il existe quelque chose au-delà du Caire.

Nous retrouvâmes chez M. le colonel Mari toute la colonie française. M. Benedetti y vient tous les jours. M. Mougel était venu passer quelques jours au Caire, et logeait chez le colonel. Nous trouvâmes aussi chez lui M. Lubert, directeur de l'Opéra sous la Restauration. Il avait quitté la France après 1830, et était devenu secrétaire du Pacha. Il y avait encore M. Lambert, directeur de l'École Polytechnique et de l'Observatoire, élevé à la dignité de Bey. Lambert-Bey, ancien élève de l'École Polytechnique de France et ancien Saint-Simonien, passe pour un homme d'une haute instruction, malgré la gaîté de son caractère. On le désignait comme le représentant de la science au Caire. Mari-Bey nous annonça que, d'après les avis qu'on avait reçus, le désert était tranquille, et que nous pourrions le traverser sans inconvénients. D'un autre côté, la quarantaine venait d'être supprimée en France, ce qui nous intéressait pour notre retour.

Nous trouvâmes notre hôtel assez garni de nouvelles figures. Nous y revîmes un Français, M. Nettinger, que Mehemet-Aly avait chargé de chercher des mines de charbon en Égypte. Il s'était installé dans le désert, au-dessus de Thèbes, et là il avait espoir de trouver un bon résultat. Les sondages avaient déjà découvert des veines de houille, mais pas encore assez abondantes pour être exploitées avec fruit.

Nous retrouvâmes encore un Prussien, à longue barbe rousse, d'un certain âge, que nous y avions laissé, et qui avait la monomanie d'aller chercher les sources du Nil. Ce fleuve est formé de deux cours d'eau : le fleuve blanc et le fleuve bleu. On est remonté jusqu'au point de réunion des deux fleuves. On a suivi aussi le fleuve bleu dont on connaît à peu près les sources qui sont en Abyssinie. Quant au fleuve blanc, on n'a pu encore trouver son origine, sur laquelle bien des systèmes ont été établis. On supposerait que pour cette branche il y aurait une communication entre le Nil et le Niger. Quoi qu'il en soit, plusieurs expéditions ont été tentées, principalement par MM. d'Abbadie et par M. Darnaud ; mais les difficultés innombrables qui surgirent les ont fait échouer. Dans ces immenses déserts, on a à lutter contre le climat, contre le manque de toute espèce de ressources, et surtout contre la férocité des tribus qu'il faut traverser.

C'était toujours, du reste, la question à l'ordre du jour, et on parlait d'envoyer incessamment une expédition pour cet objet, au compte du gouvernement égyptien. Notre Prussien avait essayé d'entrer par Zanzibar; mais il avait reculé devant les observations du consul anglais qui lui affirmait qu'il serait massacré avant d'avoir fait une lieue. Il était donc revenu au Caire, poursuivi par son idée; et il demandait, par l'intermédiaire des consuls européens, à faire partie de l'expédition qu'on devait envoyer. Il fut éconduit poliment; et je pense qu'il se décida enfin à renoncer à une entreprise qu'il n'était pas d'ailleurs en état de poursuivre. Je crois avec cela qu'il était un peu à court d'argent. Voyant qu'il ne pouvait aller aux sources du Nil, comme il voulait aller quelque part, il avait envie de se rendre en Syrie, et de traverser la Mésopotamie et la Perse pour rejoindre son petit-fils qui etait à Bombay. Nous lui démontrâmes l'absurdité de son projet de traverser une partie de l'Asie pour gagner les Indes, tandis que le bateau anglais pouvait l'y conduire directement, à moins de frais et sans danger. Par terre, il courait grand risque de ne jamais arriver. Je n'ai plus entendu parler de ce Prussien qui, avec son excentricité, était, au demeurant, un brave homme, très-poli, mais un peu naïf.

Le soir, nous allâmes voir les illuminations qui garnissaient toutes les rues. Tous les fonctionnaires, ainsi que les consuls étrangers, rivalisaient de luxe pour l'illumination de leurs maisons. Des lampions en verres de couleur tapissaient les façades, et présentaient toutes sortes de dessins; chacun cherchait à se faire remarquer. Il y en avait en effet de fort jolis. Le Mouski se distinguait. Toutes les allées de l'Esbekieh étaient garnies de pots à feu, et le rond-point était orné d'emblèmes représentés par des verres de couleur que soutenaient une énorme quantité de cordages.

Nous allâmes voir le feu d'artifice; c'était fort naïf. On plaçait sur un chevalet huit fusées volantes; puis un homme armé d'une lance à feu tâchait de les allumer. La plupart manquaient; et lorsque, enfin, elles étaient brûlées, tant bien que mal, on allait en chercher huit autres, et on continuait ainsi jusqu'à minuit. Pendant ce temps, on rangeait à terre des feux de bengale, des pots d'artifices, des chandelles romaines et autres pièces qu'on allumait successivement, et qui partaient dans la figure des curieux qui se pressaient en foule autour de l'enceinte où se tirait le feu d'artifice. Les soldats les contenaient à coups de crosses de fusils. Nous étions avec M. Barbot. Grâce à notre costume européen, nous entrâmes dans l'enceinte, sans aucune observation de la part des soldats qui envoyaient des bourrades aux Turcs comme aux fellahs. Un officier d'artillerie vint seulement nous prier d'éteindre nos cigares, parce que nous nous trouvions près d'un amas d'artifices.

Le 24, à neuf heures du matin, Soliman-Pacha vint nous chercher dans sa voiture, et nous conduisit chez Linant-Bey, auquel il devait nous recommander. M. Linant, ancien officier dans la marine française, était, depuis vingt-huit ans environ, établi en Égypte, où il est ingénieur en chef des canaux. C'est un homme très-capable, et qui a rendu de grands services au vice-roi. Il connaît parfaitement tout le pays. Il a passé beaucoup d'années dans le désert, chez les Arabes du Mont-Sinaï, où il jouit d'une grande considération. Tous les Arabes ont pour lui une profonde vénération. Il habite une jolie maison dans la rue de *Bab-el-Hadîd*. Il a une nombreuse famille, ayant été marié deux fois, la première à une Abyssinienne. Une de ses filles a épousé le médecin de Béni-Souef, et il a un fils au collège de Marseille. Il est bey depuis longtemps.

C'est un homme excessivement complaisant, surtout pour les Français, et très-aimé au Caire. Il voulut bien s'occuper de notre traversée du désert, et nous aider de ses connaissances et de ses protections. Notre intention était de gagner la Palestine par le désert d'El-Ariseh, ou le petit désert; mais nous fûmes tentés, par ce que nous dit M. Linant, de la possibilité, de la facilité même qu'offrait une excursion par le Sinaï. Nous nous décidâmes donc à prendre cette voie. Linant-Bey nous dit qu'il se chargerait de nous trouver un drogman, et de voir les cheicks arabes qui pourraient nous conduire et nous louer des chameaux. Il nous donna rendez-vous pour le lendemain.

Avant notre départ pour la Haute-Égypte, nous avions été au bazar, avec M. Daben, le secrétaire de l'hôtel, pour acheter de ces chibouques à l'égyptienne, recouverts en soie avec ornements de fils d'or. Nous avions donné des arrhes afin qu'on nous les préparât. M. Daben nous avait promis de les faire prendre avant notre départ, mais il n'en avait rien fait, de manière que nous ne comptions plus les ravoir. Je fus cependant moi-même au bazar, où le marchand me reconnut et ne fit aucune difficulté pour me remettre les chibouques aux conditions convenues, sans aucune explication, quoiqu'il n'eût plus entendu parler de nous depuis un mois, donnant ainsi un démenti à la réputation d'hommes de mauvaise foi que l'on a faite aux Arabes.

Paggi vint à l'hôtel nous faire ses adieux. Nous avions été fort contents de lui, aussi nous lui donnâmes un certificat très-favorable.

Le soir il y avait beaucoup de monde à l'Esbekieh. Nous y retrouvâmes Mari-Bey, Mougel-Bey, Lambert-Bey, enfin une collection de beys français. Avec eux était M. Pastrey, banquier à Marseille, établi depuis longtemps à Alexandrie, et très en faveur auprès de Mehemet, auquel il avait rendu de grands services. Il est, du reste, fort bien et très-aimé de ces messieurs. Il était venu passer quelques jours au Caire avec des négociants d'Alexandrie, et logeait à l'hôtel d'Orient. Nous vîmes passer en voiture le jeune prince qui était l'objet de toutes ces fêtes et de ces décharges d'artillerie.

Le lendemain, nous allâmes chez Linant-Bey; mais il était chez Ssaid-Pacha, qui était arrivé de la veille, et qui l'avait fait demander. Nous attendîmes dans le jardin, en fumant des narguilehs et buvant le café qu'un domestique noir nous apporta de suite. Nous y fûmes rejoints par MM. Lambert, Mougel et Lubert. Une bande de jolis enfants bien portants et vigoureux comme leur père, échelonnés d'âge en âge, jouaient dans le jardin. C'était la jeune famille de M. Linant. Il rentra vers neuf heures, en grande tenue de bey.

Il n'avait pas encore vu les cheicks, dont une partie était

retournée au Sinaï pour la récolte des dattes. Il nous fit venir un Égyptien, nommé Mahmoud, qu'il nous recommanda comme *drogman* (1). C'était un homme intelligent, connaissant parfaitement l'Égypte et la Syrie, ayant servi MM. Champollion, le duc de Raguse, lord Castelreagh, Mme de Rochedragon, et d'autres personnages connus. M. Linant nous le donnait comme le meilleur drogman de l'Égypte. Il parle un peu italien et français. Il vint nous trouver après notre déjeuner, pour entamer les conditions; mais nous ne pûmes encore rien décider.

En parcourant le bazar dans la journée, je rencontrai un mort qu'on portait en terre. Des gens qui suivaient le cercueil poussaient des lamentations et donnaient tous les signes de la douleur. Venaient ensuite des hommes qui portaient de l'encens, et, enfin, deux individus aspergeaient la foule avec de l'eau de senteur.

En rentrant, je trouvai M. Benedetti qui était venu nous voir, et qui nous confirma la nouvelle agréable de l'abolition des quarantaines à Marseille. M. Mari était allé à une réception chez son altesse; nous l'aperçûmes, le soir, sur son balcon, tout brillant dans son uniforme rouge brodé d'or. Il nous fit signe de venir fumer le chibouque. Nous y trouvâmes le chancelier du consulat, M. Belin, qui nous parla des lettres que nous aurions dû trouver à Kenneh et qui avaient été retardées. Il nous dit qu'il allait les faire revenir, et qu'il les enverrait à Beyrouth.

Le 26, au matin, nous eûmes la visite de M. Mougel, qui désirait voir les croquis peints et dessinés que Charles avait rapportés de notre expédition dans la Haute-Égypte. Il avait beaucoup travaillé, et sa collection était très-complète, très-intéressante, et d'une grande exactitude. M. Mougel était sur le point de repartir pour le barrage. Il me fit espérer qu'à son retour en France, j'aurais le plaisir de lui rendre son hospitalité.

Vers trois heures, M. Linant arriva avec Mahmoud, qui avait amené des Arabes du Sinaï pour entrer en arrange-

---

(1) Interprète.

ment avec nous. M. Linant, plein de complaisance, organisa toute notre affaire. Nous commençâmes d'abord par nous entendre avec Mahmoud. Nous convînmes de lui donner 150 fr. par mois, plus 5 fr. pour chaque jour en sus du mois, et 125 fr. pour son retour, lorsque nous le quitterions. Il devait nous fournir la cantine garnie de la batterie de cuisine. Il demanda un traité par écrit, qu'il eut soin de se faire lire en sortant, avec la défiance qui caractérise les Arabes. Il voulait qu'on spécifiât qu'on ne le quitterait qu'à Beyrouth ; mais je maintins que nous pourrions le congédier, n'importe où, en lui donnant ses 125 francs de retour.

Le *cheick* arabe vint ensuite. C'était un homme de la tribu des Ouled-Ssaid. Il s'accroupit sur ses talons, afin d'être plus à l'aise pour prendre part à la conversation. Cet homme n'est pas *cheick*, ou chef de tribu ; mais on donne aussi le nom de *cheick* au chef d'une caravane. Il se nommait Aoudeh. Il avait une figure assez extraordinaire, avec de gros yeux blancs étonnés, tranchant sur la couleur basanée de son teint, la bouche ouverte et l'air effaré. Du reste, il avait la physionomie d'un brave homme. Il était vêtu d'une chemise blanche serrée par une ceinture de maroquin rouge qui supportait un long poignard. Il avait les jambes et les bras nus, portait un turban blanc ; et à une lanière placée en bandoulière étaient fixés des tuyaux de roseaux pour mettre des cartouches. Il se chargea de trouver les chameaux nécessaires pour notre voyage ; et il fut convenu que nous réglerions définitivement nos conventions, et que nous ferions le traité chez Linant-Bey.

Mahmoud sortit de suite avec nous pour commencer l'achat des ustensiles nécessaires. C'était fête chez les Grecs, de manière qu'un grand nombre de boutiques étaient fermées. Mahmoud me fit l'effet d'un homme qui aime à faire aller le commerce. Si nous l'avions laissé faire, je crois qu'il aurait acheté tout le bazar. En passant au Mouski nous rencontrâmes notre marmiton du Nil, le célèbre Guirguess, qui nous fit en ami un sourire qu'il essaya de rendre gracieux. Nous aperçûmes aussi Olivier, notre premier drogman lors de notre arrivée au Caire, dont nous avions été contents.

C'est le 27 septembre que devait se terminer cette quinzaine de fêtes, par la circoncision du jeune Ibrahim, fils d'Abbas-Pacha. Nous parvînmes jusqu'à la citadelle, en traversant avec beaucoup de peine une foule immense qui remplissait les rues. Les Égyptiens aiment beaucoup les fêtes, de sorte que tout le monde était dehors. Les fellahs, les Arabes, les Turcs, les Coptes, les Juifs, les Grecs, les Européens, tous étaient là. C'était un océan de turbans de toutes couleurs, de tarbouschs, de robes bleues, de robes brunes, de robes rouges, de dolmans, de chemises, de burnous; puis, un immense murmure de sons gutturaux. Il eût été difficile, pour les amateurs d'ânes, de se frayer un chemin au milieu de cette multitude. Cependant, si quelque fonctionnaire important venait à se présenter à cheval, ou même en voiture, il fallait bien qu'on lui fît place. Les *saïs*, ou coureurs, trouvaient moyen d'ouvrir la foule à coups de courbache. Tout cela se séparait, se pressait, s'étouffait, s'aplatissait, formait deux murailles vivantes, entre lesquelles passait au galop le personnage qui se rendait à la cérémonie, sans s'inquiéter des gens qu'il pouvait écraser. C'est, du reste, en Égypte, le moindre des soucis, pour les personnes qui vont en voiture, à cheval ou même à âne. On marche devant soi dans les rues, partout, sans s'occuper des passants; c'est à eux à se ranger; *malheur aux piétons! væ victis!* Tout au plus, crie-t-on quelquefois gare, lorsqu'on arrive sur un individu vêtu à l'européenne. Quant aux fellahs, on leur donne des coups de courbache, et on les écrase s'ils ne se dérangent pas.

Nous parvînmes quoique piétons, piétons européens il est vrai, à gagner l'entrée de la citadelle, où nous étions très-bien placés pour voir le cortége. Des régiments d'infanterie faisaient la haie depuis la citadelle jusqu'au palais de Quolsoum, où devait se rendre, pour la cérémonie, le jeune prince escorté de tous les fonctionnaires qui avaient été réunis à la citadelle.

A dix heures commença le défilé. La marche était ouverte par l'escadron de l'école de cavalerie, en tête de laquelle se trouvait Varin-Bey, en tunique verte et épaulettes de colonel. Les hommes portaient la veste verte à collet et parements rouges, ornée de tresses aurores; le pantalon rouge à bandes aurores. Leurs schabraques et leurs porte-manteaux étaient rouges ; ils étaient armés de lances. Venait ensuite un escadron de cavalerie habillée en blanc, dans le genre de l'infanterie, avec des bottes de peau fauve, et armée du sabre seulement. Ces troupes précédaient un long cortége d'officiers supérieurs, de pachas, et d'autres autorités civiles et militaires. Les uns avaient l'habit rouge brodé d'or, à l'ancienne ordonnance, les autres la redingotte de la réforme, brodée au collet et aux parements, avec ou sans épaulettes. Quant aux pantalons, il y en avait de toutes les couleurs : c'était une vraie bigarrure. Les chevaux étaient couverts de housses, brodées d'or, dont quelques-unes étaient garnies de pierreries. Des saïs en chemise bleue, avec une écharpe d'étoffe rouge sur l'épaule, marchaient près de leurs maîtres, pour tenir leurs chevaux lorsqu'ils mettaient pied à terre. Enfin, venait le jeune prince âgé d'environ onze ans, sur un beau cheval magnifiquement enharnaché. Sa tunique était toute brodée d'or, et son tarbousch couvert de diamants ; un sabre étincelant de pierreries pendait à son côté. On portait sur sa tête un parasol, pour le garantir du soleil, et deux personnes le tenaient sous le bras. Près de lui étaient deux de ses cousins, fils d'Ibrahim-Pacha. Le jeune Ibrahim a de la grâce ; mais on remarquait sur son visage un peu d'appréhension pour les *suites* de la cérémonie. Derrière lui venait une foule d'employés du palais, et le cortége était fermé par un escadron de cavalerie.

Le fils de son altesse fut ainsi conduit au palais de Quolsoum, dans la chambre où l'attendait l'iman. Le vice-roi, qui se trouvait dans ce palais, reçut alors les fonctionnaires qui vinrent lui faire leur cour, et présenter leurs félicitations. Le colonel Mari, qui faisait parti du cortége, en rôdant dans le palais, trouva moyen de pénétrer dans la chambre du jeune prince qui venait de recevoir son baptême de musulman. Il le trouva couché, pâle et un peu souffrant. Trois personnes étaient occupées à lui faire respirer des parfums, tandis qu'une vingtaine de bouffons faisaient des grimaces pour le distraire. A midi, on ferma les portes des appartements, et les harems furent admis à visiter l'enfant, que sa mère était déjà venue recevoir au palais.

Nous eûmes assez de peine à revenir de la citadelle, d'autant plus que l'escadron de cavalerie qui s'en retournait, en passant au galop dans cette foule, augmentait encore la confusion. Enfin, après avoir distribué des coups de pied et des coups de poing; après avoir bousculé impunément (grâce à notre costume franc) des soldats qui, sous prétexte de mettre l'ordre, arrêtaient la foule, et augmentaient ainsi l'encombrement, nous parvînmes à la mosquée de Moyed. Là (toujours grâce à notre chapeau), nous perçâmes la haie de soldats, et nous nous trouvâmes dans des rues plus libres, par lesquelles nous rentrâmes à notre aise.

Une heure après, de toute cette foule immense, il ne restait plus personne. A midi, au moment où le canon avait annoncé la circoncision du prince et la fin de la fête, tout était rentré comme par enchantement dans la vie habituelle. Les jeux, les marchands ambulants qui garnissaient les portes et les places, avaient disparu tout à coup. Aucun signe de réjouissance, aucune de ces suites de fête qui se prolongent quelquefois assez longtemps dans nos pays. Il n'y avait dans les rues ni plus ni moins de monde qu'à l'ordinaire; le plus grand calme avait subitement fait place à l'agitation de quinze jours. C'est ce qu'il y a de particulier dans les fêtes égyptiennes. On s'amuse par ordre. Ainsi, on doit *s'amuser* pendant quinze jours de suite, jusqu'au dernier jour, à midi. Très-bien; cela suffit. On *s'amuse* comme il est prescrit, et, à midi sonnant, on cesse de s'amuser. Cela rappelle la pièce de l'*Ours et le Pacha*, où le sultan Schaabaam ordonnait l'allégresse, sous peine d'avoir la tête coupée. Un jour, Mehemet-Aly, à propos du mariage de sa fille, imagina de donner un dîner aux fellahs. Aussitôt on en amena une multitude qui furent conduits sur la place où le repas était servi. Seulement, comme ces malheureux se défiaient de cette largesse, il fallut les faire marcher de force au banquet, et les contraindre, à coups de bâton, à s'amuser.

Le lendemain, Linant-Bey vint nous chercher dans sa voiture, pour nous conduire chez Soliman-Pacha, où nous devions déjeuner. Tous les fonctionnaires ont maintenant leur voiture, et maître Leichel fait de très-bonnes affaires. Un saïs ou coureur, armé d'un grand fouet, courait à pied devant la voiture, et faisait ranger tout le monde sur le passage du bey. Nous fûmes cependant obligés, à notre tour, de nous arrêter au détour d'une rue, où nous rencontrâmes des voitures du harem fort ornées, dans lesquelles se trouvaient des femmes du vice-roi. Les femmes de la haute classe sortent très-rarement, seulement pour faire des visites; elles vont alors en voiture.

Nous trouvâmes, chez le général, M. Pastrey, M. Haydée banquier au Caire, et les aides de camp. Le déjeuner était très-bon et très-gai, comme à l'ordinaire. Après le déjeuner, arriva M. Princeteau, officier français, directeur de l'école d'artillerie de Tourah. M. Princeteau était capitaine, et commandant de l'artillerie à Tlemcen, en Algérie, lorsqu'il fut désigné pour être envoyé en Égypte, le pacha ayant demandé au gouvernement français un officier de cette arme, pour réorganiser son école d'artillerie. Depuis son arrivée en Égypte, il a été nommé chef d'escadron, et compte toujours dans l'armée française, comme détaché, en mission en Égypte. Le commandant Princeteau était depuis plus d'un an à la tête de son école, où il espérait obtenir de bons résultats, si toutefois un caprice d'Abbas-Pacha n'y venait mettre obstacle. Il se louait beaucoup de l'intelligence des élèves de son école, qui est destinée à fournir tous les officiers nécessaires pour le personnel et le matériel de l'artillerie. L'organisation de l'école se rapproche autant que possible de celle des écoles de France.

Au commandant Princeteau a été adjoint un sous-officier du train d'artillerie, très-intelligent, et qui lui est d'une grande utilité. Il voudrait bien que le ministre de la guerre donnât l'épaulette à ce jeune homme dont le congé est près d'expirer, mais qui va se rengager. Il n'avait en arrivant que de faibles appointements qui ont été doublés depuis, et ensuite portés à près de 5,000 francs. Il serait triste pour ce jeune militaire, qui occupe une certaine position en Égypte, de ne pouvoir rentrer dans l'armée française qu'avec le galon de sous-officier. M. Princeteau est un officier distingué. Je regrettai de n'avoir pas eu le temps d'aller visiter son établissement à Tourah, et de faire plus intime connaissance avec lui. Il est probable qu'il aura avant peu le nischam de bey.

Comme nous devions passer par le Sinaï, il était utile d'avoir une lettre du supérieur du couvent grec du Caire, pour les moines du Sinaï, afin d'être reçu par eux. Depuis que des voyageurs anglais, ou plutôt les Arabes qui les accompagnaient, ont fait du tapage autour du couvent, les moines exigent de ceux qui s'y présentent une lettre de leurs confrères du Caire. Mahmoud me conduisit chez ces Grecs. Après une longue discussion entre les religieux et le drogman, on me dit qu'on ne pouvait donner cette lettre que sur la demande du consul de France. Je fus donc au consulat où d'abord je fis viser, pour la Palestine, le passeport égyptien qu'on m'avait donné pour la Haute-Égypte.

M. Delaporte, consul de France au Caire, a été longtemps consul à Tunis. Il a fait faire des fouilles sur les ruines de Carthage, et y a trouvé une belle tête colossale de femme, qu'il a offerte au musée de Paris. Il est fâcheux que le gouvernement ne l'ait pas fait transporter; elle est restée à Tunis, avec de curieuses mosaïques d'un temple voisin. M. Delaporte se chargea, avec beaucoup d'obligeance, d'écrire au couvent grec, de faire retirer la permission et de nous l'envoyer. Il fallut néanmoins que nous fissions nous-même porter au couvent le billet du consul pour le supérieur, afin d'obtenir la permission pour le Sinaï. Les moines perçoivent un backschisch de dix piastres, et ils craignaient de le perdre en nous faisant remettre la lettre par le consul.

Soliman-Pacha vint nous faire sa visite d'adieu, et insista pour que nous logeassions chez lui, si nous revenions jamais au Caire. Il nous remit à chacun une des médailles en bronze qui ont été frappées à l'occasion de l'ouverture des travaux du barrage, et nous fit donner la traduction de l'inscription arabe gravée au revers de cette médaille, qui sur la face représente une arche de pont; voici cette inscription : *Mohammed-Aly, né à la Cawale, l'an 1184 de l'hégire, gouverna en Égypte. Dans la 43e année de son règne (en l'an 1263 de l'hégire), il fit construire, pour l'intérêt général de son peuple, ces deux ponts dont il jeta lui-même les fondements, le vendredi 23e jour de rabi-el-aker de la même année.* Nous remerciâmes le général de tout ce qu'il y avait d'obligeant et de cordial dans l'excellent accueil que nous avions reçu de lui, et nous le quittâmes avec le désir de le revoir à Paris. Son intention était en effet de faire avant peu un voyage en France.

Le 30, nous nous rendîmes chez M. Linant, qui nous avait donné rendez-vous à huit heures et demie, pour terminer avec les Arabes de notre caravane. La veille, nous n'avions pu le voir; il avait été appelé par le pacha qui l'a chargé de la direction de la construction de sa ville du désert. Depuis nos premiers pourparlers, ces braves enfants du désert ne nous quittaient pas des yeux. Nous étions leur chose, et ils avaient peur que cette chose ne leur manquât, tant qu'ils n'auraient pas un traité. Toutes les fois que nous entrions ou que nous sortions, nous en trouvions un ou deux à la porte de l'hôtel, qui nous guettaient, et nous reparlaient de ce contrat bienheureux qui devait définitivement leur donner la possession de nos personnes. Ils nous saluaient toujours fort amicalement, à la manière orientale, portant la main à la poitrine, puis au front, et nous répétant : *Salam aleikoum* (Salut à vous).

Enfin, M. Linant fit entrer le cheick Aoudeh, qui vint s'accroupir devant nous, flanqué du drogman Mahmoud. M. Linant dicta alors à son secrétaire un traité en arabe, renfermant les conditions qui avaient été arrêtées.

Aoudeh, de la tribu des Ouled-Ssaïd, devait être le chef de notre caravane. Il s'engageait à nous fournir huit chameaux, savoir : quatre dromadaires ou chameaux de selle, et quatre chameaux de charge pour les bagages. Nous devions payer 125 piastres par chameau, avant de partir, et 25 en arrivant au Sinaï. A l'arrivée à Nakhel (entre le Sinaï et la Judée), nous aurions à payer 100 piastres par chameau. A Nakhel, nous devions changer de tribu, à moins que celle des Thyas, qui occupe ces parages, ne fût pas en mesure de fournir notre caravane, auquel cas les Arabes du Mont-Sinaï devaient continuer jusqu'à Darieh. Nous devions toujours payer 100 piastres aux Arabes Thyas, pour droit de passage. Pour la route de Nakhel à Darieh, le prix était de 100 piastres par animal. Cela faisait en tout 2,800 piastres ou 700 francs pour nos huit chameaux, du Caire à Darieh.

Les Arabes devaient nous conduire en huit jours du Caire au Sinaï, en cinq jours du Sinaï à Nakhel, et en sept jours de Nakhel à Darieh; en tout vingt jours. Darieh est la première ville de Syrie, à quatre heures d'Hebron. Là, nous devions quitter notre caravane pour prendre des chevaux, et nous rendre à Jérusalem, à moins que les exigences de la quarantaine ne nous forçassent de continuer à chameau jusqu'à Hébron, où est le lazaret. Dans ce cas, nous nous arrangerions à l'amiable pour le supplément de route. Nous avions la liberté de nous arrêter trois jours au Sinaï. Pour tout autre jour d'arrêt que nous demanderions sur la route, nous devions payer cinq piastres par bête. Les prix ci-dessus résultaient de tarifs admis entre les Arabes et les consuls européens. Aoudeh approuva ce traité, et le signa en y apposant son cachet trempé dans l'encre. Tous les Arabes ont au doigt une bague avec un cachet sur lequel sont des mots arabes.

Il vint ensuite à l'hôtel recevoir les 1,000 piastres d'àcompte; il se retira tout joyeux et l'air rassuré, après nous avoir donné des poignées de main. Il nous promit de venir le soir même devant l'hôtel, avec ses chameaux, pour y passer la nuit, de manière à pouvoir partir de bon matin.

Nous payâmes aussi à Mahmoud les 150 francs du premier mois d'avance. C'est l'usage, en effet, de payer une avance avant le départ, afin que ces hommes puissent faire leurs emplettes, et laisser de l'argent à leur famille, pour le temps de leur absence. Mahmoud s'occupa ensuite de terminer nos achats. Il est très-actif, intelligent, et s'entendait bien à nous faire avoir de bons marchés. Il fallait seulement veiller aux dépenses inutiles, car il achetait toujours. Il aurait acheté tout ce qu'il y avait au Caire, et ne paraissait nullement jaloux de ménager notre bourse. Comme j'étais le chef d'ordinaire et le trésorier, je mettais un peu d'ordre dans ces dépenses.

Du reste, nous nous montâmes de tout ce qui pouvait nous être utile dans le voyage, en ustensiles et provisions. Mahmoud, qui avait l'habitude de cela, veillait avec précaution à ce que rien ne manquât. Nous avions deux tentes; l'une grande pour nous, et une petite pour la cuisine. Elles coûtaient, avec les cordes, piquets et tous les accessoires, environ

400 piastres. Trois couvertures en laine grossière devaient servir de tapis. Nous avions des maillets pour enfoncer les piquets, une pioche pour aplanir le sol de la tente et y faire des rigoles en cas de pluie; des lanternes en papier, pour éclairer la tente et la cuisine; des besaces pour les effets dont nous ne voulions pas nous séparer. Pour notre provision d'eau, nous avions des barils et des outres que, depuis deux jours, nous tenions pleins d'eau et à l'air, afin d'ôter le mauvais goût et de nous assurer qu'ils ne fuyaient pas. Puis venaient des sacs en laine pour les provisions, des cordes en filet pour charger les chameaux, un moulin à café, une plaque de fer pour faire cuire les galettes. Avec cela des provisions considérables en tabac, café, biscuit, riz, fèves, tomates, pâtes, savon, charbon, œufs. Enfin la cour de l'hôtel était pleine de nos ballots. On aurait dit le chargement d'un navire.

Nous eûmes la visite de M. Lubert, qui venait d'être nommé bey. C'est un excellent homme, très-poli, très-gai. Il ne veut pas rentrer en France avant le retour de la branche aînée des Bourbons. Il est fort bien au Caire, et très-aimé de tout le monde. Il fut fort aimable avec nous. Son nischam de diamants brillait pour la première fois à son cou, attaché par un ruban rouge, comme un collier de commandeur. Il allait faire sa tournée chez tous ses amis et recevoir leurs félicitations. Il paraissait dans le ravissement de sa nouvelle dignité qui, du reste, lui donnait réellement une position en Égypte. Nous avions alors neuf beys dans l'administration égyptienne.

Nous allâmes faire nos adieux au colonel Mari, qui avait été plein de bons soins et de bienveillance pour nous, et nous le remerciâmes de son bon accueil, ainsi que toute la colonie française que nous trouvâmes réunie chez lui. Nous vîmes aussi là MM. Pastrey, Lambert, Benedetti, Lubert, Belin. M. Benedetti nous promit de veiller aux lettres que nous pourrions faire parvenir de Suez ou du Sinaï, et de renvoyer à Beyrouth celles qui arriveraient après notre départ. Nous quittâmes enfin ces messieurs pour nous préparer à partir le lendemain matin.

Je n'oublierai pas cette petite société française établie au milieu des Égyptiens, ni la manière bienveillante et l'empressement avec lequel nous y avons été reçus. Au milieu de ces causeries toutes françaises, avec des hommes instruits et aimables, je ne pensais plus que j'étais à un millier de lieues de ma patrie.

Eux-mêmes sont heureux de recevoir parmi eux quelqu'un qui vient de quitter cette belle France qu'ils n'ont pas oubliée, et de l'interroger sur ce qui s'y passe.

En rentrant, nous trouvâmes nos Arabes et leurs chameaux déjà installés sur la petite place, devant l'hôtel.

DEUXIÈME PARTIE.

Arabie.

CHAPITRE XVI.

Route de Suez.

Le 1ᵉʳ octobre 1849, nous étions sur pied de bon matin. Il s'agissait d'organiser sur les chameaux, l'arrimage de tout notre butin. Nous jetâmes d'abord un coup d'œil sur les animaux intéressants qui devaient être nos compagnons de route pendant trois semaines. Nos huit chameaux étaient paisiblement accroupis sur la terre, étendant au bout de leurs longs cous une petite tête à figure béate. Huit Arabes étaient là, au milieu du monceau de bagages, criant, gesticulant, faisant un bruit tel, qu'on aurait cru qu'ils allaient en venir aux mains. Mahmoud se multipliait; il activait le chargement, et trouvait avec intelligence la place pour chaque objet. Le premier chargement est toujours très-long; il faut arriver à se reconnaître au milieu de tout cela, et choisir le meilleur arrimage. Enfin, à huit heures, chaque chose avait trouvé sa place, et nos bêtes étaient chargées.

On nous avait fait bien des histoires sur le genre de monture que nous allions employer. Il fallait, nous avaient dit quelques personnes, prendre beaucoup de précautions, et s'assurer si le chameau n'était pas difficile à monter, ce qui aurait pu entraîner des chutes dangereuses, du haut de ce grand animal. Il fallait aussi, disait-on, faire bien attention pour se tenir, lorsque le dromadaire s'agenouillait ou se relevait ; car on risquait d'être jeté par dessus le cou. Enfin on nous avait signalé le mouvement de la marche, comme très-fatigant. Nous ne voulûmes donc pas monter en ville, et nous partîmes à pied pour attendre notre caravane au dehors, ne nous souciant pas de donner aux curieux le spectacle de notre inexpérience.

Pauvres dromadaires, comme on vous avait calomniés ! C'est l'animal le plus paisible de la création ; j'en ai vu beaucoup, et pas un qui ne fût doux comme un agneau. Quant à l'ascension, c'est la chose du monde la plus simple. On tire en bas la longe du licou du dromadaire, en accompagnant ce mouvement du cri ordinaire aux chameliers « *Krrr!* » Il s'agenouille alors, et l'on n'a plus qu'à enjamber sur la selle. Lorsqu'il se relève, il suffit de poser légèrement la main sur l'arçon ; on est enlevé en l'air, tout naturellement.

Le chameau est très-obéissant, se conduit très-bien, en portant la longe à droite ou à gauche, et par des appels de langue. La selle est un arçon maintenu par des cordes sur la bosse de l'animal, et muni à l'avant et à l'arrière d'une pointe en bois destinée à maintenir le cavalier, et à accrocher divers objets. Sur cet arçon, on place des couvertures, des manteaux, des besaces et des sacs de fèves. On s'assied là dessus, les jambes croisées sur le cou de la monture. Nous avions fait adapter à la selle des étriers, de manière à pouvoir changer de position, sans fatigue. On peut ainsi s'asseoir devant, de côté, se placer commodément, lire, fumer ; on est enfin parfaitement à son aise.

La marche du dromadaire imprime au corps un mouvement de balancement d'avant en arrière, auquel on s'habitue bien vite, et qui n'a rien de fatigant. Quand on veut descendre, on fait agenouiller l'animal. Ce mouvement se fait lentement ; on dirait une charnière rouillée. Il fléchit d'abord les jambes de devant, et tombe sur les genoux ; il en fait ensuite autant des jambes de derrière, et enfin un troisième mouvement de la masse en avant le fait asseoir définitivement. On n'a alors qu'à passer la jambe, et à mettre pied à terre.

Nos dromadaires étaient destinés, les deux premiers à nous deux ; les deux autres, l'un à Mahmoud, l'autre au cheick de la caravane. Ces deux derniers portaient en outre les objets dont nous pouvions avoir besoin pendant la marche ; comme, par exemple, tout ce qui avait rapport au déjeuner. Leurs licous et leurs selles étaient ornés de longues floches de laine de diverses couleurs, et brodés avec de petits coquillages. Les quatre chameaux portaient, l'un la tente et tous ses accessoires ; un autre les barils d'eau et la cage à poulets ; un troisième nos provisions de différentes espèces ; enfin, nos malles étaient sur le dernier. Les autres menus effets étaient répartis sur les quatre animaux, de la manière la plus commode.

Je ferai remarquer, en passant, qu'on a l'habitude de distinguer le chameau et le dromadaire par le nombre de bosses ; c'est une erreur. Le chameau est l'animal, solide dans ses formes, destiné à porter des fardeaux, tandis que le dromadaire est un quadrupède plus léger dans sa construction, d'allures plus rapides, et fait pour la selle, qu'il ait du reste une ou deux bosses. Le chameau est au dromadaire ce que le cheval de trait est au cheval de selle.

Lorsque la caravane nous eut rejoints à l'entrée du désert, nous enfourchâmes nos nouvelles montures, et nous nous trouvâmes bientôt juchés à sept pieds au-dessus du sol. Nous ne pouvions nous regarder l'un l'autre, sans rire, tant nous faisions de drôles de figures, perchés sur ces bêtes gigantesques.

Il y avait un Arabe par chameau ; ils étaient tous, excepté un, de la tribu des *Ouled-Ssaïd*. Ces Arabes sont vêtus d'une chemise blanche, serrée par une ceinture de cuir rouge, à laquelle sont suspendus un sabre ou un poignard ; ils sont coiffés d'un tarbousch et d'un turban blanc. Plusieurs ont en outre une écharpe bleue à petits carreaux blancs, qu'ils drapent autour du corps. Pour la nuit, ils se couvrent de manteaux en laine rayée blanc et noir, ayant la forme d'un sac ouvert par devant, avec des fentes aux deux coins pour passer les bras. Ces Arabes sont très-basanés, maigres et de petite taille, mais très-bien faits. Ils ont un type de figure tout particulier, les traits délicats, les lèvres fines, le nez bien fait. Leur physionomie spirituelle a une expression fière et bienveillante en même temps. Ils paraissaient très-empressés pour nous servir.

Nous traversâmes la nouvelle ville qu'Abbas-Pacha fait élever au milieu des sables du désert. Les soldats étaient à la manœuvre. J'entendis avec plaisir les sonneries de l'ordonnance française ; c'était la dernière trace de civilisation. Après cela, nous nous lançâmes en plein désert, dans la direction de Suez. Une belle route, large et bien soignée dans certaines places, sert aux voitures qui vont du Caire à la mer Rouge. C'est par là que les voyageurs venant des Indes font leur traversée d'Égypte. Des voitures carrées, espèces de cages en bois, sont destinées à ce service.

On y entasse les malheureux voyageurs, à leur débarquement, tant qu'il peut en tenir, sans leur donner le temps de se reconnaître ; et les voilà lancés au galop jusqu'au Caire, à travers les trous et les buttes des parties non entretenues de la route ; il faut qu'ils y arrivent morts ou vifs, entiers ou en morceaux. Il est vrai qu'au Caire on leur donne quelques heures de repos, après quoi on les reprend tels qu'ils se trouvent, pour les embarquer sur le Nil, leur faire gagner bien vite Alexandrie, et reprendre la mer.

Des relais de poste sont établis le long de la route, ainsi que des auberges et des stations du télégraphe de Suez au Caire, faisant suite à la ligne d'Alexandrie au Caire. Il faut tout porter dans ces maisons, même l'eau ; car on ne trouve aucune ressource dans ces déserts de sable.

Nous nous arrêtâmes pour jeter un dernier coup d'œil sur le Caire, sur les pyramides. Adieu au belles rives du Nil, aux fertiles campagnes de l'Égypte, à ses beaux monuments, à sa population animée, à sa civilisation naissante. Nous étions dans le désert, dans les sables pour quelque temps. Nous ne voyions plus rien qui rappelât la vie, si ce n'est les maisons de station.

Près de la seconde station, nous rencontrâmes des Arabes qui allaient au Caire ; c'étaient des parents de nos chameliers. Ils se firent le salut d'amitié, qui consiste à serrer la main de son ami, à porter la sienne à ses lèvres, et à renouveler deux ou trois fois cette cérémonie. Nous qui étions alors sous la direction des Ouled-Ssaïd, en quelque sorte leurs hôtes, et les amis de leurs amis, nous eûmes notre *Salam-Aleikoum*.

Nous fîmes halte à cet endroit pour déjeuner. Les chameaux de charge continuèrent leur route, tandis que nous, nous mîmes pied à terre sur le sable, hors de la route. Le dromadaire de Aoudeh portait notre petite tente blanche que Mahmoud fit dresser de suite, pour nous garantir du soleil qui était très-ardent. Il tira aussi de ses saccoches de la viande froide qu'il avait fait cuire la veille, des œufs durs, des dattes et du pain qu'il nous servit dans des assiettes d'étain, sur un tapis qu'il avait étendu sous la tente; il alluma ensuite du feu pour préparer le café. Il se faisait aider pour tout cela par Aoudeh, et par trois hommes que nous avions gardés près de nous. Sur son dromadaire, il portait aussi une peau de bouc, pleine d'eau, les barils étant avec les bagages. Nous avions pour bouteilles des espèces de vases de cuir à goulots, (en arabe, des *zemzeni*), que nous pendions, pendant la marche, par un crochet de fer, à notre selle, pour boire lorsque nous avions soif, ce qui arrivait souvent par ces grandes chaleurs.

Au bout de trois-quarts d'heure, nous nous remîmes en route. Nous cheminions à travers des plaines de sable, terminées dans le lointain par quelques montagnes sabloneuses ou calcaires. Aucun arbre; aucune trace de végétation; seulement par ci par là quelques touffes d'herbe sèche. Sans les longues files de chameaux que nous rencontrions de distance en distance, sans les carcasses de ces animaux dont les caravanes jonchent la route, et que dévorent de nombreuses bandes de vautours, nous aurions pu nous croire seuls dans la création.

Là, on respirait à pleine poitrine un air vif et pur, qui n'était pas corrompu par les exhalaisons des villes. Dans le désert, il semble qu'il y a surabondance de vie. Et le soir, au coucher du soleil, de quelles magnifiques teintes le crépuscule colore ce sable! Quels beaux reflets dorés se répandent dans le ciel, et se mêlent aux tons si délicatement nuancés en rose, en orange, en jaune!

Nous essayâmes du trot du dromadaire, pour rattraper nos chameaux. Ce trot est un amble très-doux, lorsqu'il n'est pas allongé; il ne fatigue nullement. A cinq heures nous rejoignîmes nos bagages, un peu au-delà de la cinquième station. Nous entrâmes dans un creux, entre deux monticules de sable, et nous y établîmes notre campement pour la nuit.

Tous les chameaux furent agenouillés, on les déchargea, on leur enleva même leurs selles, et on les laissa libres d'aller brouter les quelques brins de broussailles qu'ils pouvaient trouver. On s'occupa ensuite de dresser les tentes et d'établir la cuisine; c'est là que nous vîmes combien nous serait précieuse l'activité extraordinaire de Mahmoud. Il allait, il venait, il se remuait, il faisait remuer les Arabes. A chacun il donnait sa tâche; à celui-ci il mettait un maillet à la main, pour chasser les piquets de la tente; celui-là aidait à la dérouler; un autre portait les malles; un autre allait chercher des pierres pour établir le foyer; enfin il fallait que tout le monde travaillât.

On commençait par ouvrir la cage aux poulets, afin qu'ils pussent sortir, manger le grain qu'on leur jetait, et boire. On dressait ensuite notre tente bleue, à grands dessins rouges et jaunes, dont la vue et les couleurs bariolées réjouissaient le cœur de Mahmoud. Cette tente à l'égyptienne, assez grande, était ronde, soutenue au centre par un grand pieu. Le sol dont on enlevait avec soin les pierres, était couvert par trois couvertures en grosse laine. Une table pliante avec deux siéges de même, étaient installés dans la tente, où l'on transportait nos malles, sacs de nuit et autres effets personnels.
La porte de la tente était tournée du côté opposé au vent.

En avant était la petite tente blanche. Mahmoud s'y faisait un rempart de tous les sacs de provisions, et établissait, devant, ses fourneaux sur des pierres. Les ustensiles, vaisselle et autres, étaient dans une cantine en bois, dont il gardait la clef.

Les Arabes établissaient leur bivouac un peu plus loin, en avant, autour d'un feu de crottins de chameaux, qui provenaient des caravanes qui nous avaient précédés là. Ils trouvaient aussi quelques herbes sèches pour ajouter à leur feu.

Mahmoud décorait un des Arabes des fonctions de son aide de cuisine, et commençait de suite ses travaux culinaires. Pendant ce temps, Charles peignait, et moi je parcourais le désert; je méditais, je jouissais de mon vaste horizon, je humais la brise, ou bien je lisais, ou j'écrivais, en attendant que Mahmoud vînt nous avertir que le couvert était mis et le dîner servi.

Le couvert ! oui, on nous mettait le couvert dans le désert. Nous avions des assiettes, des cuillers, des fourchettes, des verres (le tout en étain, il est vrai); nous avions même des couteaux de table. Notre dîner était, ma foi, très-bon; et cela, quand bien même nous n'aurions pas eu l'appétit aiguisé par le désert. Il est vrai qu'il était peu varié.

Le potage au vermicelle ou au macaroni était fait avec du bouillon de poulet, le bouilli était du poulet, le ragoût était du poulet, le pilau était au poulet; il n'y avait pas moyen de sortir du poulet. Au reste, le riz, les tomates, le kari, les pommes de terre, servaient à l'ingénieux Égyptien à déguiser la monotonie de la matière première. Nous avions aussi une grande provision d'œufs; il est vrai que Mahmoud n'a jamais bien pu saisir l'omelette, malgré nos leçons. La *dolcezza*, (le plat sucré,) ne manquait pas; nous avions des *mischmisch*, ou abricots secs, qui faisaient une fort bonne compote. Le dessert se composait de dattes ou de grenades. Avec cela, nous avions le moka si parfumé, et qu'on savoure avec tant de délices en Orient. Puis le chibouque, avec le tabac fin de Syrie, autre délice d'Orient. Une lanterne en papier, accrochée à un pieu fiché en terre, éclairait notre salle à manger de toile.

Notre drogman-cuisinier-domestique était Égyptien, natif de Raramoun. Il était venu jeune au Caire. M. Linant, le trouvant intelligent, l'avait employé souvent. Il avait alors appris quelques mots de français et d'italien, et avait embrassé la profession de drogman, qui était très-lucrative pour lui, d'autant plus qu'il est toujours fort employé. Il aime mieux toutefois aller dans la Haute-Égypte que dans le désert, qu'il parcourait, je crois, pour la douzième fois. Mahmoud a un teint d'une belle couleur chocolat, que relevait son turban blanc. Il porte une large culotte bleue, ou plutôt un sac de toile bleue d'une ampleur de 5 à 6 mètres, avec deux trous au fond pour passer les pieds. Un gilet rose, une ceinture et un coucouleh ou caban court, complètent l'ajustement. Il a une figure très-caractérisée.

Nous étions chargés de sa nourriture. Quant aux Arabes, ils avaient eu soin de ne rien apporter, de manière que nous nous trouvions obligés de fournir à leurs repas. Dans cette prévision, nous avions pris un grand sac de biscuits qui leur étaient destinés. Nous avions aussi pour eux quelques *oques* de tabac commun, et un supplément de provision de café. Comme il avaient des outres à eux pour leur eau, nous ne les laissions pas puiser à nos barils, qui se fermaient au cadenas. C'était l'eau du Nil qui nous abreuvait; nous avions emporté quelques bouteilles de rhum et d'eau-de-vie, pour le moment où cette eau cesserait d'être bonne.

La lune éclairait notre premier bivouac. Je restai longtemps à contempler l'effet de cette douce clarté sur l'immensité des sables. De temps en temps, au milieu d'un silence solennel, un long chapelet de chameaux qui passaient sur la route, présentait de gigantesques silhouettes, tandis que, d'un autre côté, la flamme du bivouac projetait sa lumière rougeâtre sur la figure bronzée de nos Arabes.

Le soir, les chameaux étaient revenus d'eux-mêmes se coucher autour des chameliers. On leur avait attaché à la tête, à chacun, une musette pleine de fèves, qu'ils broyaient de leurs solides mâchoires. Après cela, ils allongeaient leurs grands cous sur le sable, pour y reposer leurs têtes, et s'endormaient ainsi. Ces animaux ont le sommeil très-léger; ils nous servaient de sentinelles. Ils avertissent de suite par leur agitation, lorsque quelqu'un approche du campement. Après avoir rêvé sur les beautés du désert, nous nous décidâmes aussi à nous coucher, d'autant plus qu'une première journée de chameau ne laisse pas que de donner un peu de roideur dans les reins.

Le lit n'est pas long à faire. On avait enlevé la table et les pliants. Un manteau servait de matelas, un caban de couverture, un sac de nuit d'oreiller. Notre salle à manger se trouvait ainsi transformée en chambre à coucher, et j'y dormis comme dans le meilleur lit de France.

Le matin, avant le jour, Mahmoud venait nous allumer notre lanterne, et mettait dehors, sur la table, deux écuelles d'eau pour nos ablutions. Nous nous levions, nous faisions notre toilette, pendant que Mahmoud faisait chauffer le café. Nous prenions ensuite cette tasse parfumée qui, le matin, nous réconfortait excessivement; puis nous fumions un chibouque. Pendant ce temps, les tentes s'abattaient, se repliaient, se ficelaient; les bagages étaient chargés sur les chameaux. Ce chargement est facile à faire : on fait agenouiller le chameau entre les deux ballots qui sont à terre. Un filet en cordes est posé sur le dos de l'animal, et passe sous les ballots; les deux bouts sont relevés et attachés sur le chameau qui, en se redressant, enlève sa charge avec lui.

Nous faisions ordinairement un bout de chemin à pied, jusqu'à ce que le soleil fût levé. Alors nous mangions un morceau de pain avec des dattes ou du chocolat. A onze heures, nous nous arrêtions une heure, pour déjeuner. Nous regagnions ensuite, au trot, les bêtes de charge, qui avaient toujours continué leur route, et alors nous allions en avant, jusqu'au moment où nous jugions à propos d'arrêter et de camper. Nous marchions, en moyenne, pendant environ douze heures chaque jour. De temps en temps nous descendions pour marcher à pied; alors nous permettions à nos chameliers d'en profiter pour se délasser, en montant sur nos dromadaires.

Le 2, nous partîmes à cinq heures du matin. La plaine était un peu accidentée par des montagnes qui se rapprochaient de nous; mais, à part quelques pierres et des touffes d'herbe assez rares, toujours du sable, un sable d'un jaune clair et brillant. Ces montagnes nous renvoyaient de beaux reflets de lumière. Nous passâmes devant la huitième station, qui est une auberge d'assez belle apparence; il y a des chambres à coucher passablement meublées. C'est pour les voyageurs du transit qui sont obligés de s'arrêter. Nous allâmes coucher près de la onzième station. J'étais déjà complétement fait à l'allure du chameau, et je n'éprouvais plus l'apparence même de la fatigue.

Le 3 octobre, comme nous voulions nous arrêter à Suez, sans cependant perdre de temps, nous partîmes à deux heures et demie du matin. Il faisait assez froid. Les matinées du désert sont humides; notre tente était quelquefois toute humectée de rosée. A mesure que nous avancions, les montagnes devenaient plus pittoresques, et prenaient de belles teintes.

Nous aperçûmes enfin le Gebel-Attakar, belle montagne d'un rouge sombre, aux reflets bizarres, qui s'avance jusque sur le bord de la mer Rouge. Cette montagne, abrupte et déchiquetée, a des effets d'ombres admirables. Depuis notre départ du Caire, nous avions rencontré trois buissons de mimosas; aussi fûmes-nous ravis par la vue de six arbres que nous rencontrâmes là; cela nous semblait une petite forêt.

Arrivés enfin à l'extrémité du plateau, à la sortie de la montagne, nous eûmes un changement subit de décoration. Une immense vallée s'ouvrait tout à coup à nos pieds, au fond de laquelle une teinte d'un bleu indigo apparaissait à nos yeux. C'était la mer Rouge. Vis-à-vis, dans le lointain, les montagnes d'Asie ! Nous étions près d'un fort carré, nommé **Kalaat-el-Adjeroud**.

C'est là que M. de Laborde place le Phiahirot mentionné dans l'Exode, où les Hébreux campèrent avant le passage de la mer. Ce serait donc à cet endroit que les Égyptiens aperçurent les enfants d'Israël qu'ils poursuivaient. C'est de là qu'ils s'élancèrent dans la mer, qui s'était ouverte pour le peuple de Dieu, mais qui devait engloutir ses ennemis. Suivant M. de Laborde, les Hébreux opérèrent leur passage à Suez même, et gagnèrent la rive opposée, aux fontaines de Moïse. Le P. Sicard, et d'autres, ne partagent pas cet avis. Selon eux, le peuple fugitif serait passé au sud du Mokattam, aurait suivi la vallée de l'Égarement, et serait arrivé au sud du mont Attakar, où il aurait effectué son passage, toujours vers les fontaines de Moïse.

Je ne me permettrai pas de mettre en avant mon opinion dans cette controverse; cependant je risquerai quelques observations. Les Hébreux, voulant cacher leur marche au pharaon, qui les crut même perdus dans le désert, auraient-ils pris la route directe, et certainement déjà fréquentée, qui conduisait à Suez, et de là en Asie? N'ont-ils pas, au contraire, cherché à faire un détour ? Ensuite, au bout de la vallée resserrée de l'Égarement, la retraite leur était fermée par l'armée égyptienne. Des roches escarpées les arrêtaient à droite et à gauche; il ne restait plus qu'à traverser la mer, ou à périr; tandis qu'à Suez, il me semble qu'ils pouvaient faire un détour par les sables vers le nord, et éviter ainsi et leur ennemi et la mer.

Enfin, la mer est profonde au sud de l'Attakar, et il fallait un miracle pour leur livrer passage. A Suez, au contraire, on passe facilement à gué, à mer basse. Il n'y aurait donc eu là qu'un fait très-simple. Ensuite, à la marée, il n'y aurait pas assez d'eau pour noyer une armée comme celle du roi d'Égypte. Il est vrai qu'on suppose que la mer, à cette époque, s'étendait plus loin. Je livre, au reste, mes impressions pour ce qu'elles valent, et laisse à de plus savants à trancher la question. Cependant j'inclinerais plutôt pour l'opinion opposée à celle de M. de Laborde.

CHAPITRE XVII.

Le Désert.

Nous étions donc en vue de Suez. A Adjéroud, la route se sépare en deux. Nous prîmes celle qui mène à Suez, tandis que les chameaux de charge passèrent par l'autre, pour faire le tour du golfe et gagner la rive opposée. Suez se trouve, en effet, presque à l'extrémité de la branche de la mer Rouge, nommée golfe de Suez, qui se termine par des marécages que les chameaux peuvent passer, à une lieue environ au-dessus de la ville.

Nous descendîmes au trot dans la vallée, vers la mer qui baigne le pied du mont Attakar. Nous fûmes alors surpris par un aspect assez singulier. La ville de Suez, que nous voyions en bas, nous paraissait entièrement entourée par l'eau qui se prolongeait dans la vallée comme un fleuve. Je n'y comprenais rien, car je savais bien que Suez était en terre ferme. Y avait-il eu une inondation? Cette eau, du reste, paraissait blanche, tandis que la mer tranchait par son bel azur foncé. Sur la gauche, j'apercevais aussi de grands arbres, comme une forêt. Je vis bientôt que cette prétendue eau changeait de place, à mesure que j'avançais, et que la forêt ne conservait pas la même forme.

C'était un de ces effets de mirage si communs dans le désert. Le soleil, en faisant miroiter les petits cailloux qui sont sur le sable, produit de ces fausses apparences de nappes d'eau, au point que, si l'on n'était pas prévenu, il serait impossible de ne pas y être trompé. D'un autre côté, l'air fortement échauffé par le sable s'élève avec un tremblement qui brise les rayons lumineux, défigure les objets, et leur donne des proportions fantastiques. C'est ainsi qu'un brin d'herbe devient un arbre, et que notre forêt se réduisait à quelques plantes sèches. Une pierre prend quelquefois l'apparence d'une maison, et on croit voir des villes.

Nous fîmes notre déjeuner à l'ombre de la dernière station télégraphique; puis, nous nous arrêtâmes à la fontaine El-Souci pour abreuver nos chameaux. C'est un grand puits d'où l'on tire l'eau que l'on verse dans des auges de pierre. Il y avait là un bâtiment qui est abandonné, ainsi qu'un grand réservoir maçonné qui est à sec. Cette eau est saumâtre, et bonne seulement pour les chameaux. Il y a aussi un puits semblable à Adjeroud, où avaient dû s'arrêter nos bêtes de somme. C'était la première fois qu'elles buvaient depuis le Caire.

Le chameau a été réellement créé pour le désert; aussi l'appelle-t-on le vaisseau du désert. Fort et patient, il porte des fardeaux considérables, et marche ainsi chargé jusqu'à ce qu'il tombe mort de fatigue. Au reste, lorsque la charge dépasse ses forces, il ne peut se relever, et alors reste agenouillé. D'une grande sobriété, supportant la soif et la faim, c'est le seul animal qui puisse vivre dans ce pays essentiellement aride. Il peut rester sans boire pendant huit jours; et, pour nourriture, se contente d'une poignée de fèves et de quelques broussailles qu'il broie avec ses dures molaires. Ses pieds sont larges, garnis d'une épaisse couche graisseuse, doublée par une membrane flexible, mais dure et résistante, qui le soutient sur les sables mouvants, et lui permet de marcher dans les roches les plus âpres sans se blesser. La sécheresse de ses formes anguleuses et montueuses, la placidité majestueuse de sa marche, l'expression sérieuse et douce de cette tête emmanchée au bout d'un long cou d'autruche, lui donne une certaine harmonie avec le désert aride et silencieux, pour lequel il a été destiné. C'est un bon animal, dont j'apprécie les précieuses qualités, et pour lequel mon estime augmentait à mesure que je vivais avec lui.

Arrivés à la porte de Suez, nous renvoyâmes nos dromadaires qui devaient faire le tour, pour aller regagner la caravane, pendant que nous passerions sur l'autre rive en bateau.

Suez est une petite ville entourée de murailles assez délabrées. Des maisons tombant en ruines, dont quelques-unes ont un aspect assez original avec leurs fenêtres ornées de treillages découpés à jour, des ruelles sales et tortueuses, un bazar fort modeste; une place sur le bord de la mer, où l'on distingue trois grandes maisons blanches : la maison du directeur du transit, un hôtel anglais et l'habitation du gouverneur; une autre place encombrée de tentes, de chameaux, de marchands, d'Arabes qui vocifèrent, de gamins qui vous poursuivent en criant : *cavadji bakschisch!* voilà Suez.

Nous allâmes chez le consul français. C'était un Levantin, M. Costa, qui nous reçut très-bien, et nous fit apporter chibouque et café. Un jeune Sarde lui servait de chancelier. Nous y trouvâmes aussi un Français, ancien consul à Djedda, entièrement costumé à la turque. Ils tâchaient de s'aider mutuellement à supporter les ennuis de leur triste résidence à Suez. Cette ville est entourée par la mer et le sable, et ne présente aucune trace de végétation, aucune ressource d'aucune espèce; du sable et des rochers partout. Les objets les plus indispensables doivent être apportés du Caire. Il n'y a pas d'eau potable à moins de quatre lieues de distance, et encore elle n'est pas bonne.

M. Costa se chargea volontiers de celles de nos lettres qui pourraient être dirigées sur Suez; il envoya aussi retenir une barque pour nous passer de l'autre côté. Le port est petit; les bateaux ont une forme très-singulière. Ils sont pointus et bas de l'avant, tandis que l'arrière est carré et très-élevé. Ces

10

bateaux font la navigation de la mer Rouge, et vont jusqu'aux Indes. Les bateaux à vapeur de la Compagnie des Indes ne peuvent venir jusqu'à Suez, à cause du peu de profondeur. Ils mouillent à une lieue environ, et on gagne la terre dans des embarcations.

Une petite barque nous fit traverser le bras de mer devant Suez; mais elle tirait encore trop d'eau pour aborder au rivage; il fallut monter sur les épaules des bateliers qui nous déposèrent à terre.... en Asie!

Nous venions de quitter la vieille Égypte, le continent d'Afrique, et nous étions en Asie, en Arabie, en Arabie-Pétrée! Les bords et le fond de la mer étaient pleins de madrépores, de coraux, de petites moules. J'essayai de me baigner dans cette mer Rouge, si célèbre dans la Bible; mais la marée était basse, et je ne pus parvenir à trouver de l'eau plus haut qu'à moitié de mon corps.

Nous nous mîmes ensuite, à pied, à la piste de notre caravane qui devait être en avant. Là, au moins, nous étions en plein désert. Plus de voiture de transit, plus de télégraphes, plus de relais ou de maisons de station, plus de routes. Des sillons tracés dans le sable par les files de chameaux qui avaient suivi ce chemin avant nous, pouvaient seuls nous indiquer notre direction. Devant nous s'étendait une immense plaine de sable entre la mer et des montagnes qu'on distinguait dans le lointain. Ce sable était assez solide pour la marche, et parsemé de pierres calcaires très-blanches, d'une apparence savonneuse, douces au toucher, polies par le sable que transporte le vent.

On rencontrait quelques Arabes qui apportaient de l'eau à Suez. Ils nous saluaient avec bienveillance, malgré notre costume européen, grâce à un de nos Ouled-Ssaïd qui nous suivait, et faisait voir que nous étions sous la protection de la tribu.

Après avoir marché quelque temps sans voir notre caravane, nous commencions à ne pas trop savoir ce qu'elle était devenue, d'autant plus que la vue s'étendait très-loin. Nous avions bien vu des files de chameaux cheminant dans le lointain, mais ce n'étaient pas les nôtres. Enfin, après deux heures de marche, nous aperçûmes tout à coup, dans un repli de terrain, notre tente bleue avec ses dessins rouges. C'était notre brave cheick Aoudeh qui, arrivé là avec les chameaux de charge, avait organisé lui-même le campement, ayant la précaution de s'établir derrière une butte, à l'abri du vent. Il avait même pensé à installer les fourneaux de Mahmoud, qui se mit de suite à l'ouvrage. Nos dromadaires n'étaient pas encore arrivés; je craignais qu'ils ne nous trouvassent pas, la nuit étant survenue. Enfin, vers huit heures, de gigantesques ombres parurent au-dessus de notre tente. C'étaient nos hommes qui arrivaient. Ils étaient restés à Suez afin d'acheter des fèves pour les chameaux. Ils sont tellement habitués au désert, que, malgré l'obscurité, ils s'étaient dirigés droit sur notre campement.

Le lendemain, avant le lever du soleil, nous étions en route. Nous suivions la mer Rouge le long d'une immense plaine de sable, dont l'horizon était borné par des montagnes arides. Des collines de sable amoncelées et dégradées par le vent, pareilles à des vagues, accidentaient cet océan terrestre. Devant nous, il nous semblait voir une île de verdure; et, en effet, nous atteignîmes bientôt des jardins assez grands qui nous paraissaient enchanteurs, après quatre jours de désert.

C'était Aïn-Mousa, ou la fontaine de Moïse. J'étais donc décidément, cette fois, sur un lieu où avait campé le peuple de Dieu, car toutes les opinions s'accordent à y fixer le point où abordèrent les Hébreux à leur sortie de la mer Rouge.

Ici Moïse avait parlé à cette multitude répandue sur le rivage, qui, oublieuse déjà du miracle que le Seigneur venait de faire en sa faveur, murmurait contre son chef, et contre Dieu même qui venait de la tirer des mains des Égyptiens.

Il existe dans cet endroit plusieurs sources assez abondantes d'eau saumâtre. Là où il y a de l'eau, il y a de la végétation. Aussi plusieurs troncs de palmiers élevaient leurs cimes majestueuses autour des fontaines. Depuis quelques années, les Européens de Suez, consuls, commerçants et autres, avaient profité de cette eau pour créer des jardins qu'ils arrosaient avec l'eau de la fontaine élevée au moyen de sakis. Ces jardins étaient fertiles et bien cultivés. On y voyait en abondance les grenadiers, les figuiers, les arbres fruitiers de toutes espèces, et beaucoup de légumes. L'un de ces jardins appartenait à M. Costa.

Il y avait une maison assez grande avec divans recouverts de nattes. Le consul y venait quelquefois faire des promenades. Une famille d'Arabes y était logée et chargée de la garde et de l'entretien du jardin. M. Costa avait mis cette résidence à notre disposition. Nous nous contentâmes d'y prendre du café au lait, car il y avait là quelques chèvres et des brebis. L'habitant du petit manoir du désert nous fit le mieux possible les honneurs de la maison, et nous fournit ce qu'il nous fallait. Un de ses enfants vint nous apporter un bouquet de fleurs du jardin. La fenêtre du divan donnait sur la mer, vis-à-vis les montagnes bleues de l'Égypte. La plage était couverte de fort jolies coquilles. On voyait aussi, sur les buttes de sable les plus exposées au soleil, de larges plaques de mica qui miroitaient aux rayons de cet astre. Le sable, entraîné par le vent et arrêté à chaque plante ou broussaille, formait des traînées derrière ces rares obstacles.

Nous prîmes congé de nos hôtes, et nous quittâmes ce paradis du désert, pour suivre de nouveau la route mosaïque. Le vent venait du nord, de manière que nous avions le soleil en face et le vent dans le dos. Il en résultait une chaleur extrême, augmentée par la reflexion des sables. Les montagnes accidentées se rapprochaient. Nous nous arrêtâmes pour camper, au commencement du *Ouadi-Ouardan*, large vallée par où s'écoulent les eaux des pluies d'hiver. Le vent violent menaçait d'emporter notre tente; il fallut toute la persévérance et l'adresse de notre drogman pour maintenir notre domicile. Il entassait tout autour des pierres et des cordes à chameaux pour empêcher le vent d'entrer par dessous; il rajustait les piquets, assurait les cordes. Enfin, nous pûmes dormir tranquilles, sans crainte de nous trouver à la belle étoile.

Nous traversâmes le matin le Ouadi-Ouardan, grand lit de torrent très-large et rempli de pierres; puis, au delà, des plaines de sable; puis, encore d'autres ouadis venant de la chaîne des montagnes que nous avions à notre gauche, et se déchargeant dans la mer que nous ne quittions pas de vue.

Après avoir traversé le *Ouadi-Amara*, nous passâmes derrière un promontoire de sable, le *Gebel-Houara*; et, suivant un chemin accidenté par des roches et des dunes de sable, nous arrivâmes à un endroit où deux palmiers rabougris formaient comme une tache sur ce sable fin et d'un jaune clair. Ce lieu se nomme *Bir-Houara*, à cause d'un puits d'eau saumâtre qui s'y trouve. C'est là qu'on place le Mara de l'Exode; c'est le puits dont Moïse rendit l'eau potable, en y jetant un bois que Dieu lui indiqua. Nous déjeunâmes à l'ombre des palmiers de Mara.

Le sol, à l'entour, est composé d'un sable fin et mouvant, qui recouvre des roches schisteuses de talc, dont les exfoliations transparentes brillent aux rayons du soleil ardent. Nous avions des lunettes à verres azurés, pour garantir nos yeux de cette lumière trop éclatante. De midi à trois heures la chaleur était étouffante. Nos Arabes s'entouraient la tête avec un *koufieh*, ou mouchoir dont ils laissaient pendre les bouts, pour se garantir du soleil. Quand on trouvait de l'ombre, il y en avait qui s'y reposaient un instant, laissant filer la caravane, qu'ils regagnaient ensuite en courant.

Ces hommes suivaient les chameaux à pied. Lorsque nous trottions, ils trottaient aussi devant le dromadaire, malgré la chaleur excessive, sans qu'on vît une goutte de sueur sur leur peau. J'aime beaucoup mes Arabes; ce sont de bonnes natures. Ils étaient pleins d'attentions pour nous. S'ils nous voyaient atteindre nos chibouques accrochés à nos selles, c'était à qui s'en emparerait pour les bourrer, et les allumer au moyen du briquet toujours suspendu à la ceinture. Ils épiaient un signe, pour nous rendre, avec intelligence, tous les petits services que nous pouvions avoir à leur demander, et prévenir tous nos désirs. Ils montraient beaucoup d'activité et d'intelligence pour aider Mahmoud à établir le campement et à replier les bagages, pour le départ.

Un jeune garçon de treize à quatorze ans, le petit Mosé, d'une jolie figure, aux formes sveltes et gracieuses, à la physionomie spirituelle et espiègle, nous amusait beaucoup par son babil et ses singeries. Il tâchait de se faire comprendre de nous par signes, et cherchait à retenir quelques mots français, et à nous apprendre ceux de sa langue. Nous avions encore Mousa, jeune homme de dix-huit à dix-neuf ans, qui était mon chamelier particulier, et des soins duquel j'eus toujours beaucoup à me louer. Puis son ami Salem, un peu plus jeune. Ces trois jeunes Arabes étaient nos fidèles; ils suivaient toujours nos dromadaires. C'étaient eux qui, avec le cheick Aoudeh, s'arrêtaient avec nous pour le déjeuner à la confection duquel ils travaillaient, et dont ils avaient leur part. Je remarquai le procédé qu'ils employaient pour allumer notre fourneau rustique. Ils se plaçaient à cheval sur le foyer; l'air entrait alors par leur chemise qui faisait l'effet d'une manche à vent ou d'un soufflet, et était projeté sur le charbon, qu'un morceau d'amadou suffisait alors pour enflammer. Lorsque nous marchions à pied, ce qui nous arrivait souvent, nous faisions monter ces *ouladi* (jeunes gens) sur nos dromadaires, pour qu'ils se reposassent un peu de la marche.

Quant aux Arabes des chameaux: Ahmet, Mustapha, Hassan et Ali, nous en étions aussi fort contents, quoique nous eussions moins de rapports avec eux, ne les voyant que lorsque nous marchions avec toute la caravane, ou aux campements. Ils montaient aussi de temps en temps sur leurs chameaux, par dessus les bagages, pour se délasser. Ces Arabes ne se donnent pas la peine de faire agenouiller leurs chameaux, pour monter dessus; ils grimpent après leurs jambes sur leur cou, et de là sur leur dos.

Les Arabes se font remarquer par leur fidélité à la parole donnée. Ces hommes qui, dans toutes autres circonstances, se seraient peut-être fait peu de scrupule de nous dépouiller, se trouvaient liés par un contrat. Leur parole était à nous; nous pouvions y compter. Ils n'auraient pas voulu nous prendre une épingle; ils n'auraient pas souffert qu'on nous arrachât un cheveu. Nous aurions pu laisser nos malles ouvertes au milieu d'eux. De plus, leur engagement liait aussi leurs parents et amis, sous la protection desquels nous étions. Aussi, lorsque nous en rencontrions, ils nous envoyaient toujours un salut bienveillant, avec le *salam aleikoum*. Nous rencontrâmes, au reste, fort peu d'êtres vivants ; seulement quelques rares caravanes qui transportaient du charbon ou des dattes.

A partir de Bir-Houara, nous continuâmes notre route à travers un terrain qui change continuellement d'aspect ; tantôt sablonneux, tantôt pierreux ; ici, des dunes de sable ; ailleurs, des montagnes de roches. Devant nous était le *Gebel-Pharoun*, qui termine la pointe de *Hammam-Pharaoun* (Bains de Pharaon). Cette montagne est d'une couleur noir foncé, avec des taches blanches comme de la neige. Nous en fîmes le tour, et nous nous engageâmes dans les vallons, traversant des gorges assez profondes dans une roche calcaire très-blanche. Dans quelques-uns de ces vallons, on trouve des broussailles et des arbres rabougris. Les pluies torrentielles qui y descendent des montagnes, dans l'hiver, y entretiennent un peu d'humidité, qui favorise cette pauvre végétation.

Une des principales vallées est le *Ouadi-Gharendal*, qui, dit-on, traverse l'isthme, et va, jusqu'à El-Arisch, sur la Méditerranée. Il est très-large et profond. Les montagnes qui l'entourent, sillonnées de ravines, sont d'un effet pittoresque. Les vallons, les montagnes, les buttes de sable, se coupent dans tous les sens. La lumière éclatante du soleil arabe colore tout cela de teintes chaudes et nuancées ; c'est un tableau bizarre au milieu de cette solitude et de ce silence du désert. On trouve dans cette vallée de la verdure. Un assez grand nombre de palmiers y croissent sans culture ; il y vient aussi des petits cèdres, des tamarisques, sur les feuilles desquels on trouve une gomme qu'on a voulu prendre pour la manne, le neckar, et d'autres arbustes ou broussailles. Plusieurs fontaines y fournissent une eau saumâtre qui n'est pas potable.

Dans le Ouadi Gharendal, s'embranche le *Ouadi-Oussaite*. Cette vallée paraît charmante dans ce désert. On y trouve un puits d'eau d'un goût fort désagréable, entouré de palmiers assez grands, chargés de dattes. Quoiqu'il ne fût que trois heures, nous nous y arrêtâmes pour camper, à la demande de nos Arabes, qui désiraient profiter du puits pour abreuver leurs chameaux, et eux-mêmes.

C'est dans cette vallée que M. de Laborde place le Elim de l'Exode, aux douze fontaines et aux soixante-dix palmiers. D'autres veulent le voir au Ouadi-Gharendal. Je ne me charge pas d'éclaircir la question. Le Ouadi-Oussaite est étroit et fermé de tous côtés, de manière qu'on ne sent plus un souffle de vent, et qu'il y fait très-chaud. Du haut de ces mamelons, on voit un amphithéâtre complet formé de roches blanches mêlées au sable jaune et de montagnes noires, avec des veines de toutes les couleurs ; le tout très-brisé, très-accidenté. Le fond de la montagne est calcaire, et recouvert d'énormes couches de sable, dont la superficie présente une croûte de petits silex noirs empâtés, qui se brisent sous les pieds. Il y a de nombreux éboulements et des crevasses dans ces matières peu solides, ce qui produit d'étranges effets de lumière.

Le 6, à trois heures du matin, nous étions en route. Nous traversâmes une dernière plaine, et, au jour, nous entrions décidément dans les massifs de montagnes qui forment la presqu'île du Sinaï. Nous suivîmes une série de ravines et de vallons, dans un calcaire d'un blanc éblouissant, qui nous amenèrent au *Ouadi-Taïbe*, vallée profonde, dans laquelle nous trouvâmes encore des palmiers et autres arbustes rabougris, entre autres le neckar, qui donne une assez jolie fleur blanche, et une espèce de grenade d'un goût médiocre. Il y avait aussi beaucoup de plantes grasses, dont les chameaux sont très-friands.

Après avoir marché entre deux murailles de calcaire blanc, on passe à travers de hautes montagnes, dont l'une d'un noir foncé, avec des éclaircis de rouge sombre, a l'apparence d'un monceau de charbons incandescents, en partie éteints. Au détour de cette montagne, nous nous trouvâmes tout à coup sur le bord de la mer Rouge.

De l'autre côté, on voyait un peu les montagnes d'Égypte, cachées par des nuages que nous avions vus toute la matinée errer sur les hauteurs. Nous suivîmes, à pied, le rivage, couvert de jolis coquillages. La chaleur était excessive. Je me baignai dans la mer Rouge, dont l'eau était au moins tiède. Nous étions en nage, tant était violente la chaleur, répercutée par les rochers. La mer était bordée de montagnes qui ne laissent qu'une étroite bande de rivage. Ces montagnes s'enchevêtrent les unes dans les autres, de la façon la plus extraordinaire; elles sont formées de couches superposées, comme des feuilles d'artichauts. On y voit toutes les couleurs, depuis les tons tendres jusqu'au noir. Les roches avancent quelquefois tellement dans la mer, que les chameaux sont obligés d'entrer dans l'eau, qui bat le pied des escarpements.

CHAPITRE XVIII.

Le Désert.

Nous avions donc encore retrouvé notre mer Rouge. Nous voulûmes déjeuner sur son rivage, où nous fîmes dresser la petite tente. C'était à la sortie des gorges comprises entre la mer et les montagnes. Les Arabes ne firent aucune objection, malgré la difficulté qu'ils éprouvaient à faire tenir les piquets dans le sable. Nous étions peut-être à l'endroit où s'était assis Moïse. La vague venait lécher le sable, jusque près de nos pieds. C'est, parmi nos haltes, une de celles qui m'ont fait le plus de plaisir.

Nous traversâmes ensuite une plaine d'une grande étendue, au bout de laquelle nous rentrâmes dans les montagnes par une large vallée. Quelques perdrix rouges se levaient quelquefois à notre approche ; deux ou trois lièvres s'élancèrent des buissons qui leur servaient de gîte.

J'avais toujours à lutter contre mon dromadaire, qui voulait manger toutes les plantes de camomille ou autres qu'il rencontrait, ce qui lui faisait baisser la tête d'une manière peu agréable pour moi ; j'avais de la peine à le retenir avec la longe. Cependant, lorsque j'étais content de lui, je lui permettais de brouter un petit instant sa plante de prédilection. Il tâchait en outre de profiter du moment où je n'y pensais pas, et où je ne le tenais pas. A chaque touffe d'herbe qu'il rencontrait, son grand cou s'abaissait rapidement, comme un serpent ; il piquait sa tête vers le sol, et enlevait lestement la plante qui excitait sa gourmandise. Car le chameau est sobre par nécessité ; mais je le soupçonne d'être gourmand lorsqu'il voit des friandises. Il en est de même de son maître l'Arabe, qui vit pour ainsi dire de rien, et qui, dans l'occasion, saurait faire promptement disparaître un dîner copieux.

Les montagnes dans lesquelles nous étions entrés sont composées de toutes sortes de substances. Magnifiques granits, rouge, noir, gris, blanc, vert ; pierres calcaires, et grès de toutes couleurs, gneiss coloriés par tous les oxydes possibles. Cela donne à ces montagnes, déjà très-tourmentées dans leurs formes, un effet de mosaïques très-variées. Le sable est mêlé à tout cela, et on le voit s'empâter, comme prêt à devenir du grès. Le sol est parsemé de petits silex cristallisés, de toutes couleurs. Il y a là à faire de belles études géologiques. Nous commencions à quitter le calcaire ; nous arrivions au grès que les sables agglomérés formaient sous nos yeux ; puis nous voyions le commencement du granit qui allait prendre plus d'extension, en avançant.

Des roches éparses, des arbres, des palmiers déracinés, témoignent des dévastations qu'occasionnent les pluies torrentielles qui tombent en abondance, en hiver, dans ces montagnes. Les eaux n'étant pas retenues par la végétation, glissent en masses sur ces roches nues, et entraînent par leur force irrésistible tout ce qu'elles rencontrent. Les sables apportés par ces torrents comblent le fond des vallées, et en font un sol plane et horizontal, qui s'allonge comme une large route régulière, entre deux murailles de roches bien verticales.

Vers quatre heures, nous nous arrêtâmes pour camper, au milieu d'une espèce de bassin entouré de montagnes encore plus extraordinaires de formes et de nuances que celles qui précédaient. Le vert cuivré y domine. Il y a, du reste, des mines de cuivre dans les environs.

Le lendemain, à cinq heures du matin, nous étions partis. Devant nous se présentait un col qu'il fallait passer par un sentier étroit et rocailleux, taillé en zigzag dans les grès. Nous admirions l'adresse que déployaient nos chameaux pour marcher sur ce sol difficile. Cette file de bêtes gigantesques, engagées dans les détours de ce raidillon, était d'un effet très-pittoresque.

Je restai quelque temps assis sur le sommet de ce col, contemplant le tableau qui s'ouvrait devant moi. Je me rappelai les vertes montagnes de l'Oberland bernois, que je comparais à ces rochers stériles et abruptes; je pensais aux chants des pâtres et à la vie du châlet, en entendant les rauques accents de ces Arabes nomades, qui n'ont d'autre toit que la voûte du ciel ou la toile de leurs tentes. Dans le lointain des montagnes bleues et jaunes; autour de nous la solitude du désert; puis ces chameaux qui paraissaient et disparaissaient successivement dans les détours du sentier. C'est un autre genre que la Suisse; mais ce spectacle a un charme infini de grandeur mélancolique, qui absorbe l'âme.

Sur l'autre versant du col, nous descendîmes par un vallon en pente douce qui nous conduisit dans une large vallée, *Ouadi-Zédéré*, bordée par de hautes montagnes de granit rouge d'un beau grain. Dans une ouverture nous voyions les deux sommets du *Gebel-Mokattab*, et le Serbal à la crête dentelée.

A notre entrée en Arabie, nous avions commencé par les terrains calcaires, recouverts de sable, puis les montagnes calcaires. Nous étions ensuite arrivés à des grès d'abord à peine formés; puis à de plus compactes, où le granit commençait à se montrer. Enfin nous étions entrés dans la vraie région du feu. Le granit et le porphyre y régnaient seuls, et formaient des massifs de hautes montagnes escarpées. Le granit y présentait toutes les couleurs possibles; le rouge, le rose, le vert, le gris, le noir, le blanc. Les veines sont quelquefois entremêlées, ce qui produit d'étonnants effets de lumière. Cette roche est d'une qualité rare, et d'un grain d'une finesse extrême. Malheureusement la difficulté des transports en rend l'exploitation presque impossible. L'Égypte y aurait trouvé abondamment de quoi élever tous ses monuments. On y voit quelques veines de porphyre.

Ces vallées renferment quelques arbustes; des mimosas et des épines à fleurs blanches et odorantes. Les longues tiges contournées des coloquintes, serpentent en tout sens sur le sol, et y reposent leurs grosses boules jaunes, parfaitement rondes.

Nous commençâmes à rencontrer sur la muraille de granit quelques inscriptions grecques et des hiéroglyphes. Nous prîmes le trot, et nous ne tardâmes pas à déboucher dans la large vallée du Mokattab. C'est là qu'on commence à trouver ces inscriptions sinaïtiques qui couvrent une partie des parois des roches de ces vallées.

Les voyageurs et les savants ont échoué devant ces caractères inconnus, dont on a rapporté des copies, mais que personne n'a pu déchiffrer. Les systèmes, au reste, n'ont pas manqué. Les uns attribuent ces inscriptions aux Hébreux, d'autres simplement au pèlerins chrétiens qui se rendaient au Sinaï, ce qui paraîtrait plus supposable. On y trouve d'ailleurs des croix et quelques dessins informes d'animaux et d'hommes. Il y a aussi des caractères grecs et hébreux, mais tout à fait modernes. On voit de ces inscriptions gravées sur des blocs détachés de la montagne, et tombés dans la vallée.

Peu à peu les arbres devenaient plus nombreux, en avançant. Nous gagnâmes enfin le *Ouadi-Pharan*. Cet ouadi est un oasis dans le désert. Nous fûmes étonnés de trouver dans cette vallée des massifs de palmiers, comme en Égypte. Au milieu de ces palmiers, on voit un village, des maisons en pierres sèches. C'est que dans la vallée il y a de l'eau, et que partout où il y a de l'eau, il y a de la culture. Là était jadis la ville de Pharan qui devait avoir une certaine importance, si l'on en juge par les pans de murailles en briques et en pierres qui subsistent encore, et par les nombreuses hypogées dont la montagne est percée.

Ouadi-Pharan a plusieurs lieues de longueur ; il est resserré entre deux murailles de granit hautes et escarpées. On y trouve plusieurs sources d'eau très-bonne à boire. *Bon de l'eau !* s'écriait Mahmoud dans son baragouin, pour nous avertir de cet avantage qui nous était d'autant plus précieux que notre eau du Nil commençait à se gâter. La vallée est couverte de jardins, de villages, de palmiers et de cèdres qui forment des bosquets à la suite des plantations de palmiers.

Cette verdure, ces grands arbres formant comme des jardins anglais, serrés par de hautes montagnes, se prolongeant dans des gorges de granit aux mille teintes ; ce cadre rude et sauvage servant de repoussoir au tableau riant et gracieux du fond de la vallée; tout cela avait un aspect saisissant. Pour nous, qui venions de traverser les déserts, qui avions passé une semaine sans voir à peine un être organisé, animal ou végétal, le séjour de Ouadi-Pharan nous paraissait enchanteur. Je concevais le goût de M. Linant qui était venu passer plusieurs années dans cet oasis, où il avait acheté des propriétés et fait bâtir une maison, et où il vivait avec ces bons Arabes qui ont encore conservé une grande vénération pour lui. La plupart de ces jardins appartenaient à nos amis, les Ouled-Ssaid; nous étions donc dans nos propriétés.

Ces tribus viennent au moment de la récolte des dattes habiter les maisons qui sont dans la vallée. Dès que cette récolte est faite, ils repartent, emportant leurs produits qu'ils vont vendre, et reprennent leur vie nomade et indépendante sous la tente. Ils écrasent leurs dattes, et les empilent dans une peau de chevreau qu'ils cousent. Ces espèces de gâteaux peuvent ainsi se conserver quelque temps. Hors la saison des récoltes, les maisons du ouadi ne sont habitées que par quelques familles de fellahs, chargées de soigner les palmiers, pour le compte des Arabes, qui les regardent comme des serfs.

Les Arabes de ces pays forment six tribus dont trois ont le privilége des transports du Caire à Suez et au Sinaï. Ce sont les *Ouled-Ssaid*, les *Harmi*, et les *Alleghi*. Ces tribus doivent concourir, en proportions égales, aux transports. Le cheick d'une caravane doit une indemnité à ceux dont il n'a pas pris les chameaux. En cas de contravention à cette égalité, l'on se dispute, et l'on en vient bientôt aux coups. Chacune de ces tribus a un cheick particulier; mais elles sont des fractions de la grande tribu des *Taouaras*, qui est sous la domination d'un grand cheick, dont je ne crois pas au reste l'autorité très-peu absolue.

Ces hommes ont des mœurs essentiellement indépendantes. Au milieu de leur misère, ils n'envient pas le bien-être des plus riches habitants du Caire. Que leur importe de ne vivre que des plus dures privations, pourvu qu'ils soient libres et indépendants? A eux la voûte du ciel, l'air pur du désert. Leur démarche fière et digne contraste avec l'air humble et soumis de l'Égyptien. A eux l'espace où ils peuvent faire paître leurs troupeaux de chèvres et de moutons, paisiblement et sans craindre les exactions d'un collecteur. Lorsque les faibles ressources, les maigres pâturages du lieu où ils sont établis sont entièrement épuisés, eh bien, ils replient leurs tentes, ils les chargent sur leurs chameaux, et ils se mettent en route; ils s'arrêtent où bon leur semble, sans avoir besoin d'autorisation. Ils plantent leurs maisons mobiles, et les voilà de nouveau installés, prêts à repartir au premier caprice. Chaque tribu a cependant une circonscription qui lui est plus particulièrement affectée, et elle a soin de ne pas empiéter sur le territoire des autres. Elles vivent en bonne intelligence entre elles, et les batailles sont très-rares. Les Taouaras ont aussi des relations d'amitié avec les tribus des Thyas, dont ils ont été les alliés dans plusieurs guerres. Les Taouaras sont les descendants des Madianites.

Malgré l'indépendance de ces nomades, le pacha d'Égypte ne laisse pas que d'avoir une certaine autorité sur eux. Il intervient dans leurs querelles, et termine quelquefois la guerre en envoyant ses troupes canonner les deux partis, pour leur faire lâcher prise. Il les rend responsables des vols ou attaques commis contre ses sujets ou contre les étrangers. Il fait même emprisonner les cheicks des tribus contre lesquelles des plaintes sont portées. Ces punitions, les récompenses et les cadeaux habilement distribués, puis la fréquentation du Caire par les Arabes qui y trouvent les débouchés de leurs industries et leurs ressources nécessaires, assurent au viceroi une espèce d'autorité sur ces hommes libres, d'ailleurs, comme la nature les a faits.

Les Ouled-Ssaid sont une des fractions les plus importantes des Taouaras. De l'avis de Mahmoud, ce sont, sans contredit, les plus intelligents, les plus honnêtes et les plus attentifs pour les voyageurs qu'ils ont, au reste, l'habitude de conduire dans ces déserts. Le jardin de palmiers auprès duquel nous assîmes notre tente appartenait au père du petit Mosé, qui nous fit gravement les honneurs de sa propriété. Il nous conduisit sur une petite place, contre le mur de pierres sèches qui entourait sa plantation, et mit les fellahs à notre disposition. Un ruisseau coulait entre les touffes de palmiers et de jujubiers épineux qui ombrageaient notre camp. Les aboiements des chiens, les cris des enfants avaient remplacé le silence des solitudes. Nous n'étions plus dans le désert; il nous semblait que nous étions rentrés dans le mouvement de la vie. C'était une relâche de la sévérité des scènes imposantes du désert.

Après les bois, les jardins et les villages du Ouadi-Pharan, on rentre dans la montagne aride et solitaire, dans les vallées stériles, aux murailles de granit nu. Au carrefour formé par l'embranchement du Ouadi-Cheick, nous aperçûmes, au pied des montagnes, de nombreuses tentes de forme allongée, en laine noire rayée de blanc. C'était un campement de nos Ouled Ssaid. Des troupeaux erraient çà et là. Beaucoup de bédouins accoururent aussitôt pour toucher la main de nos chameliers leurs frères, et saluer les cavadji placés sous leur conduite. Nous étions leurs amis. Quant à Mahmoud, c'était l'ami de tout le monde. Pas un homme qui ne le connût, musulman, juif ou chrétien, depuis le Sennâr jusqu'aux chaînes du Taurus. On s'empressait autour de lui, en poussant des cris de joie: « *Mahmoud, Mahmoud, taïb.* » C'étaient des salam à n'en pas finir, échangés avec Mahmoud qui jouissait orgueilleusement de sa popularité.

Nous prîmes la route par *Ouadi-Salef*, elle est plus difficile, mais plus courte que celle par *Ouadi-Cheick*. Devant nous s'étendait une haute chaîne de granit qui ne laissait pas voir de passage. Cependant, après avoir traversé une plaine de sable, nous nous trouvâmes à l'entrée d'une gorge étroite, *Nackb-Badera*. Un sentier raide s'élevait dans cette coupée, entre deux hautes murailles de granit rose, à travers un chaos de blocs énormes tombés des parois de la montagne.

Nous suivîmes à pied cette montée qui est très-longue et très-raide. Les chameaux, ces bêtes, en apparence si lourdes et si peu agiles, escaladaient bravement le rude sentier avec la patience qui caractérise ces animaux. Ils enjambaient adroitement les roches qui leur barraient le chemin, s'accrochaient à la pente comme auraient pu faire des chèvres, sans s'arrêter autrement que pour tondre de leur langue les plantes qui pouvaient se trouver dans quelques anfractuosités de rochers. Le chemin, rendu accessible par les travaux des moines, était maintenu par des blocs de granit qui l'empêchaient de se dégrader. On avait même formé des marches et des tournants en zig-zag dans les endroits les plus abruptes. Le soleil baissant déjà projetait sa lumière éclatante sur ces murailles dont il éclairait les tons chauds, tandis que les parties dans l'ombre prenaient une nuance sanglante. De larges veines de granit verdâtre faisaient ressortir ces teintes roses.

A notre arrivée au sommet du col, une vue imposante se développa devant nous. C'était une série de pics dénudés, immenses blocs de granit, qui forment le massif du Sinaï. En avant s'étendait la place de Raha qui descend en pente rapide jusqu'à l'Horeb. Nous voyions là la montagne de Moïse.

Nos bédouins avaient poussé des cris de joie en voyant le Gebel-Mousa. Ils étaient dans leur domaine; ils allaient revoir leurs familles. Déjà nous voyions des troupeaux de chèvres broutant les quelques herbes de la montagne, conduits par des femmes arabes. Quant à nous, nous étions en présence de la montagne où Dieu manifesta sa gloire, où il donna à Moïse la loi sainte, base de toute morale. Tous saisis du même enthousiasme, nous descendîmes en un instant la plaine de Raha, au grand trot de nos dromadaires, en dépit des réactions assez fortes que procure cette allure allongée. Nous nous dirigions vers un point vert qui n'était autre que le jardin du couvent. Cette fantasia terminée, nous remontâmes le long des flancs du Mont-Horeb; et avant le coucher du soleil, nous étions au pied des hautes murailles du couvent grec *de la transfiguration*, où nous dressâmes nos tentes.

Nous fîmes de suite annoncer notre arrivée au couvent. On nous demanda la lettre des moines du Caire; nous l'envoyâmes par une corde qu'on descendit d'une lucarne située au haut du mur. C'est par là que s'établissent les communications des moines avec le dehors. Les provisions, les ballots, les hommes même, quelquefois, sont introduits par là. Une corde, munie d'un crochet de fer, monte et descend au moyen d'une poulie et d'un treuil.

Lorsqu'on eut pris connaissance de notre lettre, et qu'on se fut assuré que nous arrivions en amis, on nous envoya, toujours par la voie aérienne, du bois et différents objets dont nous avions besoin. Nous demandâmes de suite s'il y avait une occasion pour faire parvenir à Suez les lettres que nous avions écrites en route, afin qu'elles pussent être expédiées par le bateau qui part le 16 de Beyrouth. Le matin même un Arabe était parti pour Suez. Nous fîmes de suite monter un de nos hommes sur un des dromadaires, avec injonction de rattraper ce courrier et de lui remettre nos lettres. Moyennant la promesse de dix piastres à son retour, Ahmet se mit en route de suite. Il a en effet rattrapé cet homme, et nos lettres envoyées au Caire par le consul de Suez sont arrivées à Alexandrie à temps pour le passage du bateau. Le transport des correspondances pour France n'ayant lieu que deux fois par mois, nous ne voulions pas manquer une occasion de rassurer les nôtres sur notre sort dans ces pays.

Quoiqu'en parfaite sécurité pour mon compte, je comprenais les inquiétudes que pouvaient éprouver des personnes chères que nous avions laissées en Europe, à l'idée que nous nous trouvions ainsi à errer dans des pays lointains et sauvages. Un mois sans nouvelles! on nous aurait cru mangés par les bédouins ou enlevés par la peste.

Nous donnâmes ensuite un congé de deux jours à nos Ouled-Ssaid, qui partirent de suite pour aller dans leurs familles. Nous remîmes au cheick ce qu'il restait à payer pour les chameaux, jusqu'au Sinaï, plus un bakschisch, et nous lui fîmes promettre qu'il serait revenu pour le surlendemain, avec son monde et ses bêtes.

Nous avions été assaillis en arrivant par des bandes de bédouins et d'enfants appartenant à la tribu des Gebelys, qui est au service du couvent, cultive ses jardins et fait ses commissions. Le mot de bakschisch, que nous avions oublié depuis l'Égypte, était revenu plus fort que jamais. Toute cette marmaille nous étourdissait par le *cavadji bakschisch* sacramentel. D'autres nous apportaient des fruits qu'ils récoltent dans des vallées voisines, où il y a un peu de culture. Nous achetâmes quelques raisins; nous prîmes un de ces bédouins pour nous servir de marmiton et nous garder; puis nous chassâmes les autres, qui finirent par nous laisser en repos.

Nous étions dans le haut d'une vallée assez resserrée, entre deux crêtes de montagnes. Le couvent, vu du haut des roches environnantes, présentait une masse de constructions et de bâtiments entourés de hautes murailles flanquées de tours. A la suite venait un jardin qui paraissait plein d'arbres fruitiers. Nous avions remis au lendemain notre visite dans l'intérieur.

CHAPITRE XIX.

Le Mont Sinaï.

De bon matin j'étais sur pied, parcourant la montagne, en attendant que l'on pût nous introduire dans le couvent. Enfin, vers huit heures, à l'issue de la messe, deux moines vinrent nous faire une visite. L'un d'eux nous salua par un *buon giorno, signori*, qui me fit croire qu'il parlait italien; mais sa science se bornait à ces trois mots qu'il répétait tant qu'on voulait. Quant à l'autre, il parlait arabe, français, italien, et une foule d'autres idiomes. Ce dernier se nommait Pietro Costoroussi, en religion le *père Parthenicos*, originaire de Salonique. Il était resté longtemps à Paris et à Marseille, où il avait fait des études médicales. A son retour au Caire, où était sa famille, on l'avait fait entrer dans ce couvent. Il me parut assez excentrique.

Le veille, on nous avait engagés à loger au couvent; ces moines insistèrent vivement. Ils avaient des chambres exprès pour les étrangers; on aurait grand soin de nous. Malgré cela, nous préférâmes rester sous notre tente qui se trouvait toute dressée. Nous étions ainsi beaucoup plus libres de nos mouvements que dans l'intérieur du couvent, dont les portes sont toujours fermées.

On nous fit entrer par une petite porte en fer de deux pieds et demi de hauteur, ouverte derrière le couvent. Il paraît que les religieux ont été quelquefois exposés à des attaques de la part des bédouins; c'est ce qui leur fait prendre beaucoup de précautions. Ainsi, on ne communique généralement avec le dehors que par la lucarne par laquelle nous avions envoyé notre lettre. Les moines et les étrangers sortent par des portes en fer, très-basses, et qui ne sont jamais ouvertes aux Arabes. Il y en a quatre, dont deux ferment un couloir souterrain qui mène dans le jardin. On nous conduisit de suite dans le bâtiment destiné aux étrangers, où se trouvent cinq chambres très-propres, garnies de divans. On nous y offrit du café et de l'eau-de-vie de dattes. Le supérieur, vieillard vénérable à cheveux blancs, nous fit une réception très-bienveillante; il se plaignit vivement de ce que nous n'avions pas accepté le logement du couvent. Nous le remerciâmes; mais nous persistâmes à garder notre tente.

Le père Parthenicos nous fit visiter le couvent en détail. L'enceinte, en parallélogramme, est formée de murs très-épais en granit. Elle est garnie de tours et de meurtrières, où quelques pierriers montrent leurs gueules probablement très-inoffensives, mais destinées à faire peur aux Arabes. Nous suivîmes la crête des murs, sous des galeries basses, en pente rapide ascendante ou descendante, et rappelant un peu l'intérieur des pyramides, pour la commodité de la locomotion.

Sur ces murs se trouvaient deux petites cloches et plusieurs carillons grecs. Ces carillons sont des planches en bois ou des barres de fer suspendues en l'air, et qui, vibrant sous les coups d'un marteau de bois, rendent des sons quelquefois assez forts. C'est ce qui tient lieu de cloches dans les églises grecques et arméniennes. L'enceinte renferme une profusion de bâtiments, de cours, d'escaliers, de passages, sans ordre. Deux puits de très-bonne eau sont dans l'intérieur du couvent. L'un d'eux serait, dit-on, celui où les filles de Jethro venaient abreuver leurs troupeaux, lorsque Moïse les protégea contre les pâtres qui voulaient les expulser. Le réfectoire n'a rien de particulier; une place d'honneur y est réservée pour le patriarche, qui réside à Constantinople. Il y a aussi un logement destiné à ce prélat, pour le cas où il viendrait au couvent du Sinaï.

Les cellules des moines sont petites, mais propres et assez

commodes. Elles se composent de deux petites pièces meublées d'un lit et d'un oratoire, avec des tablettes et des bahuts pour mettre les livres et les effets. Le nombre des chapelles monte à vingt-six. Elles sont tapissées, comme toutes les chapelles grecques, d'une quantité de petits tableaux. Il y en a sur toile, sur bois, sur métal, sur coquilles. Ce sont, la plupart, des peintures byzantines, russes ou grecques, à fond d'or et d'une finesse extrême. On admire la patience du peintre qui, dans un petit espace, a trouvé moyen de représenter des myriades de petites figures.

L'église, bâtie sous Justinien, est très-riche. Le pavé est en mosaïque de pierres dures. A l'entrée se trouve un bénitier en marbre, orné de colombes d'argent d'un très-bon goût. La chaire et le trône de l'archevêque sont en marbre relevé de riches peintures. Le pupitre du lecteur est en bois incrusté d'ivoire d'un beau travail. Les murs sont couverts de marbres, de peintures et de dorures. Au-dessus du chœur, une belle mosaïque à fond d'or représente la *Transfiguration*. Elle a été dernièrement nettoyée par un peintre, qui a aussi restauré les peintures de la voûte. Les panneaux du fond sont couverts de belles peintures byzantines. Moïse, Élie, sainte Catherine, les pères de l'Église grecque, saint Athanase, saint Grégoire de Nazianze, saint Jean-Chrysostôme et saint Basile y sont souvent représentés. On remarque plusieurs lampes très-riches, ornées de pierreries, ainsi qu'une croix et des chandeliers en or ciselé d'un très-beau travail. Près du grand autel est le tombeau en argent où l'on conservait le corps de sainte Catherine. Une tradition rapporte que le corps de la sainte ayant été transporté sur le pic le plus élevé de ces montagnes, après son martyre à Alexandrie, les religieux grecs le retrouvèrent, et le transportèrent au couvent. Il ne reste plus qu'une partie de ce corps, la tête et une main.

Derrière l'église se trouve la chapelle du *Buisson*, placée, dit-on, sur l'endroit même où Dieu apparut à Moïse dans un buisson ardent, et lui ordonna de retourner en Égypte, pour emmener son peuple et le conduire dans la terre de Chanaan. Cette chapelle est dans une obscurité mystérieuse. On ôte ses souliers pour y entrer, en mémoire de l'ordre que le Seigneur donna à son serviteur d'*ôter sa chaussure de ses pieds ; car ce lieu était saint*. Les murs de cette chapelle sont entièrement couverts de petites peintures sur toutes espèces de matières, et dont quelques-unes sont fort curieuses. Le sanctuaire est recouvert de lames d'argent repoussé, représentant assez finement différents sujets de la Bible. La plupart des tableaux et autres ornements que l'on remarque dans l'église et les chapelles du couvent proviennent des chrétiens qui habitaient autrefois ces contrées, et qui, chassés par les Arabes, lors de l'établissement de l'islamisme, avant de s'enfuir, donnèrent au couvent tous les objets religieux qu'ils possédaient. L'empereur de Russie, en outre, a fait des cadeaux précieux à la communauté. C'est ce qui explique cette profusion de richesses qu'on est étonné de trouver ainsi au fond du désert. Il ne faut pas oublier, parmi les bâtiments du couvent, une petite mosquée, ou oratoire musulman, dans laquelle priait Mehemet-Aly, qui est venu plusieurs fois au couvent, et qui protégeait beaucoup ces religieux. Il y a enfin la bibliothèque, dans laquelle on ne trouve guère que des livres grecs, russes ou arabes. Elle paraît peu fréquentée, car on eut beaucoup de peine à trouver la clef et à ouvrir la porte.

Un passage souterrain, fermé par deux solides portes basses en fer, conduit au jardin. Ce jardin est arrosé par le puits de Saint-Macaire qui s'y trouve, et qui fournit de bonne eau. Il est entouré de hautes murailles, assez grand et bien cultivé. Les figuiers, les amandiers, les grenadiers, la vigne, les légumes de toutes espèces y sont en abondance. On y trouve même des pommiers et des poiriers, mais leurs fruits ont peu de saveur. Il a y aussi des cyprès et des peupliers. Cette année, les sauterelles y avaient fait beaucoup de dégâts. Ce jardin a, comme le couvent, une communication avec le dehors, au moyen d'une ouverture pratiquée au haut du mur et d'une corde par laquelle on monte ou on descend.

C'est dans ce jardin que sont les catacombes du couvent. Ce sont des caveaux dont l'entrée est fermée par une porte de fer. Le frère jardinier nous l'ouvrit ; et, après nous avoir encensés, il nous donna de petites bougies allumées, et nous pénétrâmes dans cet asile de la mort. Tous les corps des moines y

11.

sont portés après trois ans de séjour en terre. Les têtes sont empilées d'un côté, les corps de l'autre. Quelques squelettes sont cependant tout entiers ; il y en a même auxquels il reste quelques lambeaux de peau desséchée adhérente aux os. Les restes des personnes regardées comme saintes, des archevêques, des bienfaiteurs du couvent, sont mis à part dans des caisses, ou dans des *couffes* ou paniers. Il y a là un ermite trouvé dans la montagne avec son cilice. Le père Parthenicos bousculait tous ces ossements, comme si c'étaient des cailloux, afin, disait-il, de nous montrer un diacre de ses amis qui était mort depuis quelques années. Enfin, il retrouva *son ami* qu'il reconnut à une certaine particularité dans la forme des os. Il nous montra aussi le corps de saint Étienne, diacre grec qui avait au cou un chapelet. Il nous dit que, lorsqu'on lui prenait cet ornement, il se levait et allait le rechercher. Là dessus il souleva le chapelet, disant que nous allions voir s'agiter le diacre qui me parut cependant rester parfaitement tranquille. Ce moine, du reste, paraissait ne pas avoir le cerveau très-net. Il nous tint même des discours étranges, et nous fit les raisonnements les plus incohérents. Comme il parlait très-bien français, il avait passé la journée avec nous. Nous l'avions même engagé à partager notre déjeuner sous la tente.

Les moines grecs schismatiques de ce couvent sont au nombre d'une quarantaine, divisés en clérites et frères lais. Les premiers, qui sont prêtres, sont vêtus d'une robe noire par dessus une autre brune, et coiffés d'un bonnet noir cylindrique. Ils portent la barbe longue, ainsi que les cheveux qu'ils laissent tomber par derrière lorsqu'ils sont aux offices. Les frères lais, qui sont chargés du service de la maison, portent la robe rayée noir et blanc des Arabes. Tous parlent le grec moderne. La plupart savent l'arabe, et un petit nombre parlent quelques mots d'italien. Notre ami, le père Parthenicos, est le polyglotte de la communauté. Leurs provisions leur sont envoyées de la maison du Caire. Ce sont les Arabes Gebelys qui sont chargés de ces transports, comme aussi de travailler au jardin et de faire les gros ouvrages.

Nous avions la libre entrée au couvent, par la petite porte de fer, bien entendu, en appelant d'avance le frère portier.

Cependant, après le coucher du soleil, les portes se fermaient et on ne laissait plus entrer ni sortir.

En rentrant à la tente, nous trouvâmes le cheick des Thyas de Nackel, petit vieillard à barbe blanche, à figure rusée, au nez d'aigle et aux yeux fauves, vêtu d'une robe rouge et d'un turban en cachemire. Mahmoud l'avait fait prévenir; il nous l'amena. Nous lui offrîmes le café. Mahmoud employait toute son éloquence arabe. Enfin, après s'être pris les mains, s'être touché la barbe, en signe de bonne foi; après un flot de paroles inutiles, comme savent en répandre les Arabes, il fut décidé que le cheick partirait de suite pour Nackel, et qu'il préparerait d'avance nos chameaux, de manière que nous n'aurions pas à attendre. Il devait nous accompagner en personne. Je crois que le principal but de tous ces pourparlers, pour lui, c'était de se faire donner en arrière les 100 piastres convenues comme bakschisch de passage dû aux Thyas, et de se les approprier; c'était son affaire. Il nous quitta après force salam et poignées de main.

Pour grimper à la cime du mont Sinaï, il est d'usage règlementaire de se faire accompagner par un moine et par un Arabe Gebely, qui porte les provisions. On nous avait promis de nous envoyer le moine dès l'aurore; il ne vint qu'à sept heures du matin. Nous espérions avoir le P. Parthenioos, mais on nous donna un moine qui ne parlait que le grec et l'arabe, et dont les explications, passant par la traduction de Mahmoud qui était de l'excursion, devaient être difficiles à saisir. L'Arabe portait du café et de l'eau-de-vie que fournissait le couvent. Un individu que nous prîmes avec nous, parmi les gamins qui nous obsédaient, était chargé des provisions nécessaires pour le déjeuner, et de nos livres. Nous laissâmes enfin un autre Arabe, celui que nous avions déjà institué marmiton, pour faire faction devant notre tente, avec la consigne de n'en laisser approcher personne, non plus que du laboratoire de Mahmoud, où se trouvaient toutes nos provisions et nos ustensiles.

Nous nous mîmes donc en route pour la montagne sainte, située au sud du couvent. Plusieurs milliers de gradins, formés avec des blocs de granit, ont été établis par les moines, pour en faciliter l'ascension aux pèlerins. On commence par escalader le mont Horeb, au pied duquel est bâti le couvent. La montée est assez raide. On fait une petite halte sous un rocher d'où sort une source abondante d'eau vive. On repart ensuite, on passe devant deux chapelles dont l'une est consacrée à la Vierge. On s'engage dans un défilé étroit et escarpé qui contourne les deux pointes du mont Horeb que nous avions déjà remarquées du couvent. On passe sous deux portes en pierres, surmontées de croix. On arrive enfin à une petite place où se trouve un puits de bonne eau.

Sur cette place est bâti le couvent d'Élie, maintenant inhabité. On y montre la grotte où se réfugia le prophète, fuyant la colère de Jezabel, et dans laquelle il entendit la voix de Dieu qui lui commandait de retourner vers Israël. Un autel est dans cette grotte. Le moine y alluma une lampe, comme il avait fait dans les autres chapelles, et pria. La seule trace de végétation qui se présente là est un cyprès très-haut, qui occupe le milieu de la place, devant la grotte, et qu'on est étonné de trouver dans ce lieu stérile et parmi ces roches de granit nues et désolées. Cette place est le sommet du col qui sépare le mont Horeb du Sinaï, dont il n'est qu'un annexe.

Nous apercevions déjà la cime, but de notre expédition. Nous nous engageâmes dans un escalier assez raide. On nous fit voir, en passant, une empreinte ronde dans un rocher. C'est, suivant les musulmans, la trace du pied du chameau de Mahomet, lorsqu'il s'éleva au ciel. Les trois autres pieds sont, disent-ils, à Damas, à la Mecque et au Caire. Enfin, à force d'escalader ces marches, nous arrivâmes au sommet de la montagne, à l'endroit même où Dieu, au milieu de toute sa gloire, remit à Moïse les tables de la loi. Nous étions sur ce pic qui était entouré par la fumée, le tonnerre et les éclairs, lorsque le Seigneur parlait au législateur de ces Hébreux qui attendaient, terrifiés, au bas de la montagne. On montre l'empreinte de Moïse, l'ouverture du rocher où l'Exode dit que *Dieu plaça Moïse, et le couvrit de sa main jusqu'à ce que sa gloire fût passée.*

Ce rocher est, comme la montagne, d'un granit gris d'une grande dureté. La cime présente une plate-forme étroite sur laquelle se trouvent deux petits édifices. L'un est une chapelle grecque, sur les murs de laquelle nous ne pûmes résister au désir d'écrire nos noms, à la suite de bien d'autres. L'autre est une mosquée construite par les musulmans, qui ont une grande vénération pour Moïse.

La vue dont on jouit de ce sommet est incomparable. On sait que la mer Rouge se divise en deux bras : les deux golfes de Suez et d'Akaba. Ces deux golfes forment, avec une ligne tirée de Suez à Akaba (l'ancienne Aziongaber), une presqu'île triangulaire dont une grande partie, au sommet du triangle, est occupée par les montagnes de Tor ou du Sinaï. De l'endroit où nous étions, nous apercevions les deux golfes dont l'azur foncé ressortait sur les teintes des montagnes. Puis, entre ces deux lignes bleues, une mer houleuse de granit. Des pics en cônes, en cylindres, en aiguilles, rouges, gris, noirs, de toutes formes, de toutes couleurs, amoncelés comme des vagues, se pressaient à nos pieds.

Dans le lointain, on voyait les montagnes bleuâtres de l'Égypte ; puis, de l'autre côté, les crêtes rocheuses de l'Arabie-Déserte. Au nord, à la suite de tous ces pics de granit, apparaissaient des plaines de sable, puis une longue ligne blanche, droite comme un mur, qui soutient le plateau des Thyas ; puis, au-delà, encore des plaines immenses, des sables, des déserts. En ramenant les yeux près de nous, nous voyions vis-à-vis, au sud-ouest, séparé par un vallon, le mont Sainte-Catherine, le plus haut pic de la presqu'île, sur le sommet duquel on trouva le corps de la sainte martyre. Une chapelle est élevée en cet endroit. Ce pic cache la pointe de la presqu'île et la mer.

Au-dessous de nous, au nord, la crête de l'Horeb, avec ses deux sommets, était terminée par la pyramide rouge de Sufsafeh. Tout à nos pieds, on voyait vers l'ouest, le *Ouadi-Ledcha*, où l'on distingue le jardin tout vert de *El-Arbaïn*, ou des quarante martyrs. Ce ouadi va rejoindre la plaine de Raha, par laquelle nous étions arrivés. Au nord-est, se trouve le vallon où est situé le couvent de la Transfiguration, et qui est formé par la chaîne de l'Horeb et par la montagne de saint Épystème. Sur le col qui réunit ces deux montagnes, s'élève une colline d'une couleur cuivrée, ce qui annoncerait une des mines de cuivre communes dans cette contrée. C'est sur cette colline que Moïse faisait paître les troupeaux de son beau-père, lorsqu'il vit le buisson ardent, au milieu duquel Dieu se manifesta à lui.

Au nord, s'étend comme une profonde coupure, le Ouadi-Cheick par lequel nous devions poursuivre notre route le lendemain. A l'est, se déroule une grande plaine, le *Ouadi-Sebaye,* où campait le peuple de Dieu, lorsqu'il reçut sa loi. Du reste, tous ces ouadis dont je viens de parler, et qui entourent le Sinaï de tous côtés, devaient être occupés par les Hébreux, qui pouvaient ainsi tous voir le sommet de la montagne sainte.

Le *Gebel-Mousa* ou mont Sinaï a 7080 pieds d'élévation, au-dessus du niveau de la mer, tandis que le mont Sainte-Catherine en a 8168, et le mont Horeb, seulement 6170.

Après avoir pris *notre café* sur la cime du Sinaï, nous redescendîmes par une gorge non frayée et très-escarpée, sautant de roc en roc, nous accrochant aux blocs de granit tombés de la montagne, et qui nous barraient le chemin. Nous arrivâmes ainsi au *Ouadi-Ledcha,* au couvent d'Arbaïn ou des quarante martyrs (Arbaïn, en arabe, signifie 40). Ce couvent appartient aux moines grecs. Il est abandonné à des familles d'Arabes qui le gardent, et ont soin d'un jardin assez grand qui y est attenant, et qui renferme beaucoup d'arbres fruitiers et de légumes. Ce ouadi est bordé d'un côté par le mont Sinaï, d'où nous descendions, et dont nous distinguions le sommet pyramidal, avec ses chapelles; de l'autre côté, par le mont Sainte-Catherine. Nous renonçâmes à l'ascension sur le sommet de cette dernière montagne. Il aurait fallu pour la faire, plus de cinq heures, et la journée était trop avancée. Les Arabes allumèrent du feu dans la cuisine de la maison d'Arbaïn; puis Mahmoud nous servit notre déjeuner. Le moine ne voulut pas en accepter sa part; seulement il prit le café avec nous. Mahmoud était connu de tous les religieux du Sinaï, comme des Arabes; il avait eu soin de s'en faire des amis; aussi on nous félicitait de l'avoir pris pour drogman. *Mahmoud buono,* nous répétait le moine.

Nous continuâmes ensuite à redescendre le Ouadi-Ledcha, à travers les énormes blocs de granit de toutes couleurs, qui jonchent le sol ; c'est un vrai chaos. On y trouve quelques arbres par ci par là, et des plantes que l'on fait brouter par les troupeaux. C'est probablement dans ce vallon qu'était le lieu que l'Exode désigne par le nom de Raphidim. Près d'un second jardin, entouré de murs, appartenant également aux moines, on nous montra un énorme rocher que l'on désigne comme étant celui que Moïse frappa de sa verge, pour en faire jaillir l'eau. Les Arabes, en passant, ont soin d'y placer des touffes d'herbes, auxquelles ils croient donner ainsi la vertu de guérir les animaux malades qui en mangent. Plus loin on nous montra aussi un trou, qu'on prétend avoir servi de moule pour la fonte du veau d'or. En suivant ainsi le Ouadi-Ledcha, nous décrivîmes un circuit autour du massif du Sinaï et nous débouchâmes au bas de la plaine de Raha, vis-à-vis le beau cône rouge, à plusieurs pointes, que présente le Sufsafeh.

Près de là, était encore un jardin. Les moines ont planté ainsi, dans ces vallées stériles, un certain nombre de jardins qu'ils sont parvenus à faire prospérer, à force de travail. Cela prouve que si les Arabes avaient le nombre et l'industrie, on pourrait rendre une grande partie de ces vallées à la culture. Dans la plupart d'entre elles, on trouve de l'eau, et partout où il y a de l'eau et du soleil, la culture n'est jamais tout à fait ingrate. Il y a même une végétation spontanée, misérable il est vrai, mais qu'avec du travail, on pourrait rendre beaucoup plus productive. Les Arabes cultivent seulement quelques arbres fruitiers et quelques palmiers ; et encore ils ne se donnent pas grand mal pour cela. Ils font aussi du charbon avec le peu de bois qui croît dans les ouadis, et le transportent en Égypte, pour le vendre. Vis-à-vis ce dernier jardin, était un campement d'Arabes. Nous en rencontrions beaucoup qui nous demandaient le bakschisch, et qui nous saluaient avec empressement. Les femmes ont un manteau d'un noir verdâtre, et le visage couvert d'une pièce d'étoffe brune. Elles portent beaucoup de bracelets, de colliers en verroterie ou en cuivre, et d'ornements de sequins enfilés. Elles s'arrêtaient aussi pour nous demander le bakschisch.

Nous rentrâmes au couvent par la vallée de l'Horeb. J'étais parti en avant; je remontai cette vallée, où je rencontrai beaucoup d'Arabes portant des fruits; ils paraissaient très-inoffensifs. Nous avions ainsi fait à peu près le tour du Sinaï par en bas, tandis que de la cime nous avions pu juger de l'ensemble. Tout concourt à placer là les scènes décrites dans la Bible. Cette montagne forme un massif dont le Sinaï et l'Horeb ne sont que des pics. La cime du Sinaï se voit de toutes les vallées environnantes. Tous les Hébreux pouvaient donc, quoique à distance, être témoins des phénomènes terribles que produisait la manifestation de la gloire de Dieu.

La plupart des pics sont couronnés de croix en bois. Vis-à-vis le couvent, à peu près aux deux tiers de la montagne de saint Épystème, on trouve une petite plate-forme soutenue avec des pierres, au milieu de laquelle s'élève un cyprès que les Grecs nomment le cyprès de *l'antilogie*. C'est là que les Hébreux eurent leur première querelle.

Le soir, j'allai prendre congé des moines qui nous avaient fort bien accueillis, quoique nous n'eussions pas accepté leur hospitalité qui nous paraissait un peu trop renfermée. Le vénérable supérieur me dit une foule de choses obligeantes, et fit des souhaits pour la continuation heureuse de notre voyage. Je lui fis présenter mes remercîments par le P. Parthenicos, qui nous servait d'interprète. Je réglai ensuite la question des bakschischs qui, d'après ce que l'on m'avait dit, sont ordinairement fort élevés. L'hospitalité est gratuite; mais je crois que si on prenait cela au pied de la lettre, les bons Pères seraient fort attrapés. D'après les renseignements que me donna Mahmoud sur les usages établis, quoique nous n'eussions accepté de l'hospitalité qu'un peu de bois, des tomates, quelques fruits du jardin, et une bouteille d'eau-de-vie de dattes, nous payâmes 250 piastres pour l'église, plus 20 piastres pour le moine qui nous avait guidés dans la montagne; autant pour le portier, pour l'économe, puis pour les domestiques arabes. Le tout montait à 330 piastres, et là dedans n'était pas compris le blanchissage ni la bouteille qui contenait l'eau-de-vie. On nous en réclama le payement; du reste, on parut satisfait de notre générosité.

Le linge que nous avions donné à blanchir nous fut rendu à peu près dans le même état que lorsqu'il sortait des mains de Mahmoud, c'est-à-dire tel que nous l'avions donné. Il est vrai qu'au Caire même on blanchit fort mal. D'ailleurs il y avait progrès ; car sur le Nil, Guirguess nous le rendait, non pas tel que nous le lui avions donné, mais plus sale. Notre ami le P. Parthenicos me reconduisit jusqu'à la tente, et nous quitta lorsque l'heure de la retraite lui eut été annoncée par le portier.

Des frères du couvent nous proposèrent une foule d'objets qu'ils vendent quelquefois aux touristes, aux Anglais principalement. C'étaient des branches de palmier, des petits morceaux de gomme qu'ils prétendent être la manne du désert, des dattes à l'amande, des bâtons d'un arbre qui, selon eux, aurait fourni la verge de Moïse, et d'autres curiosités. Je me contentai de prendre un de ces espèces de pâtés de dattes et d'amandes qu'ils cousent dans une peau. Nous avions aussi donné au couvent de la farine avec laquelle on nous fit du pain. Nous faisions ordinairement durer nos provisions de pain le plus longtemps possible ; mais lorsqu'enfin il devenait trop dur ou se moisissait, Mahmoud nous faisait des galettes arabes, avec de la farine pétrie sans levain, qu'il faisait cuire sur une plaque de fer. Cela valait mieux que le biscuit que nous abandonnions entièrement aux Arabes.

A mon retour de la montagne, j'avais trouvé tout bien en ordre. Notre factionnaire avait exécuté sa consigne avec la rigueur et la conscience naturelle aux Arabes lorsqu'il s'agit de tenir un engagement. Nous eûmes la visite du père de notre cheick Aoudeh, avec lequel nous échangeâmes d'affectueux salam, et que Mahmoud eut soin de bien régaler en notre nom. Le soir, Aoudeh revint lui-même avec quatre chameaux seulement ; les autres arrivèrent dans la nuit. Aoudeh nous fit hommage d'un panier de dattes qu'il avait apporté pour nous, et nous fûmes très-reconnaissants de son cadeau.

CHAPITRE XX.

Le Désert.

Le 11 octobre, nous fûmes réveillés de bon matin par de grands cris. C'étaient les Arabes qui se disputaient, en vociférant suivant leur habitude. Le cheick d'une caravane est obligé de prendre les chameaux dans les différentes tribus, suivant une certaine proportion. Il en vient toujours plus qu'il n'en faut. Ce sont alors des cris, des disputes, à croire qu'ils vont se déchirer; ils s'arrachent les bagages, les cordes des chameaux. Le cheick est toujours obligé de finir par indemniser ceux qu'il ne prend pas avec lui, et qu'il renvoie dans leurs tribus. Nous aurions désiré partir de bonne heure, mais il fallut attendre longtemps avant qu'ils fussent d'accord; et pendant ce temps le chargement ne se faisait pas. Il y avait là douze chameaux, et il n'en fallait que huit, quatre devaient donc rester. Nous fûmes obligés d'intervenir pour protéger nos pauvres malles qui n'en pouvaient mais, et que les Arabes s'arrachaient l'un à l'autre, chacun voulant les placer sur son chameau, et faire ainsi acte de possession. J'en remarquai deux qui tenaient un bout de corde à chameau, qu'ils tiraient chacun de son côté, ce qui dura près d'une heure. La corde heureusement était solide. Enfin nous fîmes intervenir la grosse voix de Mahmoud qui lança son *quos ego*.... Les chameaux finirent par être chargés, la caravane s'organisa, et les quatre hommes évincés prirent le parti de laisser aller les autres, et de remmener leurs bêtes.

Nous nous mîmes enfin en route vers sept heures. Nous redescendîmes la vallée de l'Horeb, et prîmes à droite par le Ouadi-Cheick. Nous avions jusqu'alors suivi exactement l'itinéraire des Hébreux, sous la conduite de Moïse qui, du Sinaï, se dirigea vers Aziongaber, aujourd'hui Akaba. Nous allions maintenant prendre une direction différente.

Nous avions retrouvé quatre de nos anciens chameliers;

le cheick Aoudeh, Mousa, Ahmet et Salem. Le petit Mosé n'avait pu revenir à temps; son père étant alors à Tor, à près de deux journées du Sinaï. Il y avait deux autres Ouled-Ssaïd nouveaux. Un autre Arabe, celui qui avait le dromadaire de Mahmoud, était fils du grand cheick; il était de la tribu des *Harmi*. Le chamelier de Charles était de la tribu des *Alleghi;* il s'appelait Abdallah. Quant à moi, j'avais toujours conservé le même dromadaire et mon ami Mousa. Ces Arabes avaient les mêmes costumes; seulement plusieurs portaient des fusils enveloppés dans des étuis de peau. Ces fusils étaient à mèche, remontant à l'invention primitive des armes à feu; je doute qu'ils puissent en tirer un bien bon parti. Leur baudrier en cuir était garni de cartouchières en roseau, d'une poire à poudre, faite d'une corne de chèvre ou de bélier plus ou moins ornée, d'un sac à balles et à amadou, et d'un briquet. Ils avaient toujours le ceinturon auquel pendait un sabre ou un poignard, et qui serrait leur chemise blanche, dont les manches longues et pointues se relevaient et se nouaient derrière le cou. Le fils du cheick portait en outre, roulée et portée en sautoir, une robe de soie rouge qu'il réservait pour les jours de gala. Ils avaient généralement les pieds nus. La peau en est passée à l'état de corne, de manière qu'ils marchent sur les rochers aigus et sur les sables brûlants, sans plus de difficulté que nous, avec les grosses semelles de nos souliers. Cependant ils s'adaptent quelquefois à la plante des pieds une semelle en peau, maintenue aux orteils par une boucle en corde.

Le *Ouadi-Cheick* est large; les montagnes qui le bordent sont moins hautes que celles que nous avions parcourues précédemment. Le soleil y pénétrait plus facilement, et nous retrouvâmes les chaleurs. Dans la vallée étroite du Sinaï, nous avions eu presque froid. L'hiver y est en effet assez rigoureux. Il y pleut, il y neige en abondance, et il y gèle. Au mois d'octobre nous n'avions à craindre ni neige, ni pluie. Nous rencontrâmes dans cette vallée plusieurs tentes de nos amis les Ouled-Ssaid. C'était toujours des embrassements à nos guides, et des salam affectueux aux cavadji. Nous vîmes aussi quelques cimetières arabes; car ces bédouins, en quelque endroit qu'ils soient, rapportent toujours les corps de leurs parents dans la montagne, aux lieux qui renferment déjà les os de leurs ancêtres. Chaque tribu a son cimetière. Plusieurs tombeaux de cheicks renommés par leur sainteté montrent leurs dômes blancs. Il y avait aussi quelques arbustes qui nous prêtèrent leur ombre pour le déjeuner.

Nous avions pris notre direction vers le Nord. Nous quittâmes le Ouadi-Cheick vis-à-vis le *Gebel-Serbal*, qui élevait dans l'air ses trois sommets de granit, et nous entrâmes dans le *Ouadi-Akhdar* où, après avoir cheminé quelque temps dans des sentiers tortueux, nous arrivâmes dans un vaste carrefour sablonneux, entouré de montagnes escarpées, où nous campâmes. Nos nouveaux Arabes n'avaient pas encore l'activité ni la dextérité de ceux que nous avions laissés au Sinaï; mais Mahmoud, aidé des anciens, ne tarda pas à les mettre au courant.

Le lendemain, nous suivions le *Ouadi-Barrack*, puis le *Ouadi-Kamil*; et, après nous être traînés toute la journée, dans les pierres et les débris de roches qui jonchent tous ces ouadis et entravent la marche, nous gagnâmes le haut d'un col qui sert de sortie aux montagnes du Sinaï. Je m'arrêtai là, pour jeter en arrière un regard avide sur ces belles masses nuancées de toutes les couleurs, au milieu desquelles nous avions circulé pendant plusieurs jours, et dont les crêtes, dorées par le soleil, se détachaient alors sur un beau ciel d'azur. Les montagnes, c'est si beau! Celles-ci n'ont pas, il est vrai, la majesté si imposante des géants de la Savoie ou de l'Oberland qui, la première fois que je les vis, me laissèrent une impression ineffaçable. Mais ces formes sévères, rudes et saccadées, ce coloris unique, sous le ciel brûlant de l'Arabie; cela vaut des riants coteaux. Et d'ailleurs cette montagne, c'est le Sinaï. Sur ce haut sommet, derrière tous ces pics, voilà le lieu saint, où Dieu, dans toute sa gloire, donna aux hommes son admirable code.

Dans le lointain, à l'ouest, je voyais encore briller comme un miroir les flots bleus de la mer Rouge; puis, au-delà, dans un horizon vaporeux, se perdre les montagnes de l'Égypte. Au nord, devant nous, s'étendait la vaste plaine de Seych, qui descend jusqu'à l'énorme rempart de roches blanches qui sert d'assise et de socle à l'immense plateau des déserts de Thych. Parmi les montagnes, sur notre gauche, nous distinguâmes *Sarbouh-el-Kadim*, où l'on retrouve des inscriptions et les ruines d'un temple égyptien. Il y a aussi dans les environs une mine de cuivre qui a dû être exploitée anciennement.

Nous quittâmes enfin les montagnes, et nous descendîmes dans la plaine de Seyeh. Nous avions retrouvé le désert horizontal, avec ses sables fins et mouvants, et nos campements en plaine. Dans les ouadis, on est emprisonné entre deux murailles de granit; on ne respire pas à l'aise, la vue est bornée de tous côtés. Mais dans ces immenses déserts de sable, comme on aspire l'air pur! quelle surabondance de vie! Autour de soi, comme le regard s'élance libre vers un horizon sans fin! Comme on est indépendant dans ces vastes solitudes, comme tout y est grand; c'est l'image de l'immensité. Là, l'homme vit, dort, mange où il veut, comme il veut, sans avoir à rendre de compte à personne; l'espace lui appartient. Je comprends bien l'amour des Arabes pour leur désert. Eux qui ne connaissent pas nos habitudes de confortable, ils ne sentent même pas ce qui nous paraîtrait de dures privations. Là, plus de politique, plus de journaux, plus d'utopies, plus d'absurdités. J'étais heureux de vivre sans m'occuper des niaiseries qu'un avocat bavard ou un idéologue timbré pouvaient avoir à débiter à l'assemblée législative; ni des réflexions non moins niaises que quelque écrivassier, payé pour mettre du noir sur du blanc, pouvait ajouter à la suite, sur sa feuille. Je respirais, je méditais et j'admirais. Il est vrai de dire que quelquefois, tout en fumant mon chibouque, mon âme traversait cet horizon, passait la mer, et allait faire une pose dans cette civilisation contre laquelle elle venait d'exhaler tant de mépris. C'est que là, il y avait la France, ma belle patrie, et tous ceux que j'aime. Où étaient-ils? que faisaient-ils? Et mon pays, je l'avais laissé à peu près calme, après tant de blessures reçues de la part de ses implacables ennemis; que devenait-il? Ces démolisseurs acharnés, ces parricides monstrueux avaient été trop rudement repoussés, pour s'attaquer de nouveau à l'existence de notre France.

Après un petit voyage au pays, mon âme revenait à ses beaux horizons, à ses splendides couchers de soleil, aux chameaux, et au dîner de Mahmoud qui, mangé sous la tente, au milieu de ses solitudes, près des figures basanées de ces Arabes, éclairées par leur feu de bivouac, avait bien aussi son côté poétique. En tous cas, après douze à treize heures de marche dans le désert, ce dîner ne laissait pas que d'arriver très-à propos pour nous délasser.

Nous avions abandonné le granit; nous étions revenus aux grès, puis au calcaire et au sable. Au bout de la plaine de Seyeh, nous escaladâmes la rampe calcaire qui s'étendait devant nous comme un mur. La caravane s'engagea dans des sentiers en tortillons, à travers une espèce de gros gravier et des éboulements de la montagne, et nous nous trouvâmes avec nos chameaux sur le plateau de Thyeh. Nous fîmes encore là une pause, pour admirer la vue qui s'offrait devant nous; nous fîmes nos derniers adieux aux montagnes du Sinaï et à la mer Rouge que nous apercevions dans le lointain, à demi perdue dans une légère brume bleue, tandis qu'à nos pieds s'étendait, comme un immense lac, la plaine de sable dans laquelle nous avions couché.

Nous nous enfonçâmes ensuite dans des ondulations de terrain d'un aspect assez triste, où l'on ne trouvait que quelques plantes de thym-arbre brûlées et grises comme le sol. Nous déjeunâmes dans un creux où se trouvaient quelque arbres, quelques palmiers rabougris, et un puits d'eau salée où nous abreuvâmes nos chameaux. Nous rentrâmes ensuite dans les grandes plaines. Seulement, au lieu de sable jaune mouvant, c'était un gravier noir qui recouvrait un sol ferme. Cet immense plateau de Thyeh est coupé par le *Gebel-Szadder* qui, sur notre droite, présentait sa ligne blanche. A notre gauche, dans le lointain, on distinguait les montagnes qui bordent la mer Rouge, et dont nous avions longé le versant opposé en allant de Suez au Sinaï. Les apparences de mirage étaient plus étonnantes que jamais. Les cailloux et la chaîne blanche du Szadder produisaient des effets extraordinaires. Au lieu du désert aride, on croyait voir des campagnes avec des étangs, des bois, des villages, puis des villes et des monuments.

Le sol était souvent coupé par de profondes ravines qui, creusées par les grosses pluies de l'hiver, se réunissent et forment ces ouadis qui se déchargent dans la mer. Quelques arbustes, des tamarisques, des épines, poussent dans ces ravines. Nous traversâmes ce pays assez triste, passant de ravine en ravine, au milieu des éboulements du gravier. Nous arrivâmes ainsi au *Ouadi-Garendhal*, notre ancienne connaissance, qui porte aussi le nom de *Ouadi-el-Arisch*. D'après l'opinion des Arabes, il se joint au torrent d'Égypte, lequel se jette dans la Méditerranée, à El-Arisch.

La route est à peu près tracée par des sillons qu'y laissent les caravanes qui se succèdent. Quand le sable, emporté par le vent, a couvert ces traces, les Arabes ont leur instinct et l'habitude qui les guide; il ne se trompent jamais de chemin. Quelquefois nous poussions nos dromadaires, et nous allions en avant de la caravane; mais nous étions alors obligés de faire marcher un Arabe près de nous, car il nous était arrivé plusieurs fois de perdre les traces.

En arrivant dans le ouadi, Abdallah, qui nous accompagnait, nous quitta tout d'un coup et s'enfonça d'un bond dans les collines; puis nous entendîmes un coup de fusil. Il avait vu une gazelle, et s'était élancé à sa poursuite; mais il avait fallu d'abord débarrasser son arme de son étui de cuir, puis après cela battre le briquet, allumer la corde qui sert de mèche, et braquer cette espèce d'arquebuse. La gazelle se portait parfaitement bien après le coup de fusil, ce qui n'était pas étonnant. La gazelle, qui est très-commune dans le désert, est un des animaux les plus gracieux qu'il y ait. Elle a la robe noire et fauve, le derrière blanc, l'œil vif, les pattes d'une extrême finesse. Nous en voyions souvent qui s'arrêtaient en nous regardant avec curiosité; puis, dès que nous arrivions à deux portées de fusil, elles partaient comme des flèches, légères comme des oiseaux. Nos Arabes paraissaient aimer beaucoup cette chasse. Lorsqu'ils en apercevaient une, il nous appelaient pour nous la montrer. Puis, les chasseurs de la bande partaient en courant et allaient se poster là où ils pensaient que l'animal devait passer. Ils s'avançaient en rampant, cachés derrière des broussailles. Le chien le plus rusé n'aurait pas mieux fait. Seulement, lorsque la gazelle arrivait à portée, la détonation du fusil à mèche la faisait simplement changer de direction, mais ne l'arrêtait pas. Ils ont ainsi manqué toutes celles qu'ils ont tirées pendant notre voyage.

Il y a des lièvres dans les vallées qui sont un peu garnies de broussailles ou d'arbustes. On voit aussi quelques oiseaux, mais peu nombreux. Ce qui m'étonnait, c'était d'y retrouver ces mouches qui m'avaient tant importuné en Égypte, quoique cependant en moins grande quantité. Je me demandai ce qu'elles venaient faire dans ce désert, qui devait leur offrir peu de ressources.

A l'endroit où nous établîmes notre tente, dans le Ouadi-Garendhal, nous fûmes bien étonnés de trouver des tessons de bouteilles de *vin de Champagne*, dont un portait encore *l'étiquette*. C'étaient les restes du repas d'une caravane de touristes anglais que notre Mahmoud avait précisément fait camper, au printemps précédent, sur le même terrain. On voyait encore l'emplacement de leur tente; nous nous y installâmes à notre tour. Nous avions déjà trouvé un jour, dans le désert, un papier avec l'étiquette de la *bougie de l'étoile*.

Le lendemain, nous continuâmes à suivre le Ouadi-el-Arisch, large ravin à fond de sable fin, parsemé de grosses pierres entraînées par les eaux, à bords peu élevés. Des cèdres rabougris, des tamarisques, des narbais et autres arbustes le garnissent, y donnent un peu d'ombre, et servent en même temps de retraite à des lièvres et à des renards. A l'extrémité du Gebel-Szadder, le ouadi s'élargit et devient une immense plaine, bornée au loin, à l'horizon, par des montagnes bleues. Le sol est du sable jaune bigarré par des cailloux terreux ou noirs qui le recouvrent par places, et sur lequel tranche le blanc éclatant des bancs de calcaire qui font saillie çà et là.

Nous rencontrâmes un campement de la tribu des *Haioual*, l'une des principales du désert de Thyeh. Ils avaient un grand nombre de chameaux et de chamelles avec leurs petits, qui paissaient ce qu'ils pouvaient rencontrer dans ce désert. Pendant que nous déjeunions à l'ombre des broussailles qui nous garantissaient de la chaleur violente du soleil, ces

Haiouat vinrent nous voir. Mahmoud retrouva là des amis, et leur donna quelques bribes de nos provisions.

Il faut dire que Mahmoud, sans avoir lu l'Évangile, prenait au pied de la lettre la maxime de l'économe de la parabole : « *Faites vous des amis avec les richesses d'iniquités.* » Quoique cependant nos richesses ne fussent pas précisément des richesses d'iniquités, il s'en servait pour étendre le cercle de ses intimes. Ainsi, il régalait toujours une foule de gens à nos dépens. Il est vrai que c'était aussi dans l'intérêt des voyageurs; car, si Mahmoud était bien reçu, ses touristes y gagnaient en soins et en sécurité. Aussi nous le laissions faire, pensant que cela profiterait à ceux qui viendraient après nous, comme les libéralités de nos prédécesseurs nous étaient utiles. Un de ces Arabes voulut nous vendre une petite gazelle vivante qu'il avait prise; mais j'en aurais été fort embarrassé.

Le soir, à notre campement à l'extrémité de cette plaine, nous eûmes la visite de quelques bédouins de la tribu des Thyas de Nakhel, chez lesquels nous devions arriver le lendemain. Ils étaient plus déguenillés que les autres Arabes, et avaient une assez mauvaise figure; ils étaient armés jusqu'aux dents. Ils nous envoyèrent cependant le salam, avec toute la grâce dont ils étaient capables.

Le 15 octobre, nous traversâmes quelques broussailles, un sol en craie semblable à un vaste pavage, puis des terrains ondulés comme des sillons. Nous débouchâmes dans un espace sans limites, au milieu duquel nous aperçûmes, dans le lointain, une forteresse. C'était le château de Nakhel ou des Palmes.

Nous prîmes le trot, et, avant midi, nous mettions pied à terre à Nakhel, où nous devions changer de tribu. En un instant, tous les Thyas nous avait entourés. Le nom de Mahmoud était dans toutes les bouches; tous voulaient lui serrer la main. Nous fûmes reçus par le cheick au turban de cachemire, que nous avions vu au Sinaï. En attendant que nos bagages fussent arrivés, nous nous installâmes sous la petite tente, et tous les Arabes donnèrent un coup de main aux apprêts de notre déjeuner. Le vieux cheick, surtout, se montra très-empressé; et, après nous avoir serré la main, il alla nous chercher du lait de chamelle. Ce lait, un peu épais, me parut bon. Il est vrai que, depuis quelque temps, nous avions bu tant d'espèces de lait : lait de vache, lait de chèvre, lait de brebis, lait de buffle et autres, que nous n'étions pas très-difficiles.

Le château de Nakhel est une forteresse massive, carrée, bâtie en pierres blanches, avec des tours rondes aux angles. Il est occupé par un gouverneur, et par une garnison de quelques soldats égyptiens. Il sert aux approvisionnements de la grande caravane de la Mecque, qui passe par cet endroit; et ensuite à tenir en bride les Arabes. Au pied de ses murs s'élèvent une trentaine de huttes en pierres sèches, qui sont habitées par des Arabes Thyas. Le château est fermé par une porte solide, et qui n'est ouverte que dans le jour. Elle se ferme au coucher du soleil, et alors les soldats ne communiquent avec le dehors que par un guichet. On se tient en garde contre une attaque des Arabes, qu'on ne laisse pas entrer dans le fort.

Dans la cour de cette forteresse, il y a une saki mue par des bœufs, pour élever l'eau d'un puits et la verser dans une rigole qui sort du bâtiment, et va remplir trois bassins placés au dehors. Ces bassins sont rectangulaires; ils sont revêtus de pierres taillées et maçonnées, avec des escaliers pour y descendre, et entourés d'auges en pierre. Ils communiquent l'un dans l'autre; l'un d'eux est d'une grande dimension. Plus bas, on voit un large puits circulaire d'un diamètre de 12 à 15 pieds, revêtu en pierres taillées, comme les bassins, et entouré également d'auges en pierre. Les Arabes puisent l'eau avec une outre qu'ils jettent au fond du puits, et qu'ils retirent avec une corde. Cette outre, en tombant dans l'eau, rend un son pareil à la détonation d'une pièce d'artillerie, au point que nous avions demandé si l'on ne tirait pas le canon quelque part. Ils remplissent ainsi les auges où l'on vient abreuver les chameaux et les troupeaux.

Un va et vient continuel de bédouins s'était établi entre le village et notre tente. Ils venaient nous vendre quelques denrées : des poules, du charbon, du beurre; ils venaient présenter leurs civilités à Mahmoud; enfin, ils voulaient nous voir, car nous étions pour eux des espèces de bêtes curieuses. Ils n'étaient cependant pas importuns. L'un d'eux, qui savait trois ou quatre mots d'italien, voulait que nous le guérissions de douleurs d'entrailles. Nous étions habillés à l'européenne, donc nous étions des *hakim frangi*, médecins francs.

Ces bédouins portent à peu près le costume des Arabes du Sinaï, mais plus déguenillé et plus sale. Plusieurs, en guise de turban, sont coiffés d'un mouchoir rouge et jaune aux bouts pendants, et serré sur la tête par une corde ou une loque blanche. Charles profita de cette station pour peindre un de nos Arabes avec son costume. Il ne fit aucune difficulté, contrairement à l'éloignement qu'éprouvent d'ordinaire les musulmans pour les portraits d'hommes et même d'animaux.

Nous savourions tranquillement la cuisine de notre Vatel, pensant que nous n'avions plus qu'à nous préparer à partir le lendemain de grand matin, avec le vieux cheick au turban de cachemire, nommé Abou-Zadé. Nous avions compté sans notre hôte et sans les bédouins. Il y a trois divisions de la grande tribu de Thyas; elles doivent partager également les bénéfices du transport des voyageurs. Notre vieux renard avait voulu jouer un tour aux autres et empocher l'argent pour lui. D'un autre côté, il tenait à nous accompagner lui-même, parce qu'il était obligé, de toute manière, d'aller à Gaza pour chercher du grain. Il avait fort bien combiné son affaire. Il faisait la course avec nous, et, au lieu de dépenser de l'argent, il gagnait le prix du transport des voyageurs; puis, sur les chameaux de retour, il rapportait son grain. Ainsi, il faisait son voyage gratuitement, et avait de plus, au moins sa part de notre argent.

Les cheicks des deux autres tribus n'entendirent pas de cette oreille-là, et s'opposèrent à son départ. Là dessus longue criaillerie, flux de paroles inutiles. Les deux cheicks, l'un à robe rouge, l'autre à robe verte, tous deux à figures caractérisées, ornées de longues barbes grises, allaient, venaient; la grosse voix et le froncement de sourcil olympien de Mahmoud étaient devenus impuissants à dominer l'orage. Enfin, à force de vociférer sur tous les tons, ils finirent par s'entendre, et on arrêta que Abou-Zadé paierait une indemnité aux autres tribus. C'était juste ; aussi le silence se rétablit.

On put donc dormir en repos, ce que je fis après avoir réglé avec nos bons Ouled-Ssaid, et les avoir *bakschischés*. Trente piastres de bakschisch au cheick et dix aux autres furent accueillies avec reconnaissance. Je délivrai aussi à Aoudeh un certificat constatant combien nous avions eu à nous louer d'eux, pendant tout le temps qu'ils étaient restés avec nous. Nous leur avions déjà donné, au Sinaï, un bakschisch de quarante piastres pour un mouton.

Le lendemain matin, nous ouvrions notre tente, pour voir si l'on allait charger ; car nous entendions un grand bruit autour de nous. C'était l'affaire de la veille, que nous croyions terminée, et qui était plus embrouillée que jamais. Les criailleries avaient recommencé, comme si l'on n'avait rien dit la veille. En attendant, rien ne s'apprêtait. Partirions-nous? Enfin, Mahmoud, muni de notre traité conclu avec Aoudeh, se rendit chez le gouverneur avec tous les cheicks des Thyas, plus celui des Ouled-Ssaid. Ce gouverneur était l'officier commandant la petite garnison du château. Au bout de très-longtemps, nous vîmes revenir le vieux cheick Abou-Zadé, qui avait l'air très-mécontent ; et enfin Mahmoud reparut avec la sentence du Salomon de Nakhel.

Il avait donné tort au cheick Abou-Zadé, lui avait même reproché la déloyauté de sa conduite, et l'avait menacé d'une plainte au pacha d'Égypte. Il avait ensuite désigné, pour conduire notre caravane, un Arabe de la tribu des *Ssegarat*, nommé aussi Aoudeh, comme notre premier cheick. Il avait fait faire par son écrivain un nouveau contrat en arabe. Nous devions payer 80 piastres pour bakschisch de passage ; plus, les 100 piastres déjà convenues pour chaque chameau. Nous payâmes de suite les 80 piastres et la moitié du prix des chameaux ; puis l'on se mit immédiatement à l'ouvrage, pour abattre la tente et charger les bêtes. Mahmoud se multipliait, aidé de deux de nos fidèles, Aoudeh et Mousa, qui étaient restés jusqu'à notre départ, les autres Ouled-Ssaid ayant déjà repris le chemin de leurs montagnes.

Pendant ce temps, le gouverneur nous envoya demander

de la poudre et des capsules : nous ne pûmes lui donner que quelques capsules.

Enfin, vers neuf heures, tout était prêt. Nous fîmes nos adieux à nos bons Ouled-Ssaid, que j'avais réellement du regret de quitter ; nous leur serrâmes affectueusement la main, et nous nous mîmes en route.

CHAPITRE XXI.

Entrée en Judée.

Le 16 octobre, nous quittâmes donc le château de Nakhel et l'immense plaine au milieu de laquelle il s'élève. Nous suivîmes quelques instants une colline de calcaire blanc, pour entrer dans une nouvelle plaine à horizon sans bornes, dont le sol, parsemé de petits cailloux noirs, avait un aspect assez triste.

Nous nous apercevions bien que nous n'avions plus nos braves Ouled-Ssaid, si attentifs, si actifs, si intelligents. Ces Thyas, à moitié déguenillés, avaient l'air de sauvages. Leurs chemises étaient sales et déchirées ; le mauvais koufieh rouge et jaune qu'ils s'attachaient sur la tête, avec une corde, et dont les bouts pendaient sur la figure, ne contribuait pas à leur donner une physionomie plus humaine. Ils n'étaient pas prévenants avec nous, comme les autres, quoique, du reste, ils ne fissent aucune difficulté pour nous servir, bien au contraire; mais il fallait les appeler, tandis que les Ouled-Ssaid accouraient d'eux-mêmes. Ainsi, si je mettais pied à terre, il fallait que je donnasse à quelqu'un l'ordre de prendre mon dromadaire, sans quoi ils l'auraient laissé errer à l'aventure. Si je voulais fumer, il fallait avertir, pour avoir du feu. C'est surtout pour le campement que nous regrettions les Arabes du Sinaï. Les Thyas étaient gauches, mous et très-obtus d'intelligence. Ce pauvre Mahmoud suait sang et eau pour leur faire comprendre ce qu'ils avaient à faire, et pour les presser un peu. Aussi étions-nous fort longtemps à camper et à décamper.

12.

S'ils sont disposés à la jalousie, j'ai dû leur faire prendre en aversion les Ouled-Ssaid, que je leur présentais à chaque instant comme modèles, chaque fois que j'étais impatienté par quelqu'une de leurs gaucheries. De plus, au lieu de huit bédouins, nous n'en avions que six pour nos huit chameaux, ce qui nuisait encore au service. Quant à nos bêtes, elles étaient sales, mal soignées, et avaient plus triste mine que celles que nous venions de quitter. Leur harnachement était aussi plus misérable, leurs selles moins commodes. Il n'y avait plus de ces floches de laines qui ornaient les sacoches des chameaux ouled-ssaid, et tombaient jusqu'en bas, ni de ces broderies de petits coquillages qui garnissaient les licous. Les Ouled-Ssaid, habitués aux voyages du Caire, avaient plus d'amour-propre; et puis, ils aimaient leurs chameaux, les soignaient, les paraient, comme si c'étaient leurs enfants. Au reste, mon dromadaire était plus vif, plus léger que celui que je venais de quitter; mais il était fort sale.

Le vieux cheick, Abou-Zadé, n'ayant pu réussir à faire son voyage commercial au compte de la tribu, avait pris le parti de se mettre en route à notre suite avec ses chameaux. Son fils grand dadais, et son neveu, faisaient partie de notre caravane, où il avait trouvé moyen de les fourrer. Ils allaient l'aider à établir son bivouac, lorsqu'il arrivait à l'étape, et prenaient leur part de son café, qu'il écrasait dans un mortier avec un gros bâton, n'ayant pas de moulin à café. Il campait toujours assez près de nous.

Je n'oublierai pas l'effet pittoresque produit par ce vieillard accroupi près du feu de son bivouac éclairant vivement sa longue barbe blanche et son turban rouge Il se détachait sur un véritable horizon de pleine mer, sur lequel le soleil couchant jetait ses teintes les plus fondues, les plus chaudes, les plus impossibles. Je ne pouvais détacher mes yeux de ce tableau, qui me plongeait dans des méditations infinies.

Le 17, nous partîmes, enveloppés par un brouillard épais et humide, qui ne se dissipa tout à fait que vers neuf heures. La nuit aussi avait été très-humide; notre tente était trempée. Les matinées étaient ordinairement un peu fraîches. Nous gardions nos cabans jusqu'au lever du soleil; mais alors la chaleur arrivait tout à coup, et nous ne tardions pas à nous débarrasser de ces vêtements. Le soleil est très-ardent dans ces plaines. J'avais fait une collection de coups de soleil sur le visage et sur les mains. Mon nez était littéralement rissolé, et j'avais déjà changé de peau plusieurs fois. Mes mains avaient l'apparence de peau de grenouille.

Des plaines maintenant, et toujours des plaines, tantôt en sable jaune, tantôt en gravier noir, tantôt en sillons blancs, tantôt en broussailles; mais toujours des horizons infinis ou tout au plus ondulés par quelques montagnes lointaines. De temps en temps quelque roche calcaire, usée par le vent et par le sable, faisait saillie au milieu du sol, et prenait des formes très-extraordinaires. Il me semblait voir d'énormes chapiteaux égyptiens à demi enterrés. Quelquefois aussi ces calcaires, plus considérables, formaient des collines. Ces roches blanches, fortement éclairées, nécessitaient l'emploi des lunettes à verres de couleur, à cause de la vivacité de la lumière qui en jaillissait. Dans les parties où il y avait des broussailles, nous apercevions toujours les têtes gracieuses de quelques gazelles curieuses, qui, après nous avoir examinés, disparaissaient tout à coup, et s'envolaient plutôt qu'elles ne couraient.

Le 18, nous avions à traverser des plaines d'un sable mouvant que le vent amoncelait comme les vagues d'une mer houleuse, en effaçant en un instant toutes les traces des caravanes qui avaient précédé. Il fallait tout l'instinct de nos bédouins pour nous guider à travers cet océan mobile.

Enfin, nous gagnâmes un ravin assez bien garni d'arbrisseaux, de cèdres, de tamarisques, qui nous conduisit à Aïn-Moheré, où nous devions déjeuner. Là, la vallée était large et assez verte. Cette verdure était due à une fontaine, ou plutôt à un trou boueux rempli d'eau d'un goût désagréable, avec laquelle nous abreuvâmes bêtes et gens. Une portion de tribu des Thyas était campée dans ce ouadi, et lui donnait un air vivant auquel nous n'étions pas habitués. Des chameaux passaient et repassaient, des bestiaux, des troupeaux paissaient l'herbe; des bédouins partaient et arrivaient, montés sur leurs dromadaires, chaussés de bottes rouges, armés de lances, de pistolets, de sabres et de fusils, couverts de manteaux de diverses couleurs, plus ou moins déchirés.

Tous les gamins s'empressèrent autour de nous, les hommes aussi vinrent nous voir. Mahmoud, qui n'est jamais embarrassé, en profitait pour les faire contribuer à la préparation de notre festin et à l'établissement de notre petite tente. Ces Arabes étaient de la même tribu que les nôtres; aussi vinrent-ils embrasser leurs frères, bavarder avec eux, et nous laisser tomber quelques salam, mais moins affectueux que ceux que nous avions reçus des habitants de la montagne. Décidément, les Thyas sont des brutes. Nous eûmes de la peine à nous arracher à tous ces embrassements : il fallut toute la fermeté de Mahmoud pour remettre en route la caravane, qui s'oubliait dans les épanchements de famille.

Par une chaleur étouffante, nous traversâmes plusieurs ravins pour arriver sur le plateau des montagnes qui bordent le désert d'El-Arisch et les pays qu'habitaient les Amalécites. Nos Thyas sont, en effet, les descendants de ces Amalécites que les Hébreux rencontrèrent comme ennemis, et qu'ils durent détruire; de même que les Ouled-Ssaid sont enfants des Madianites.

Les campements des bédouins devenaient plus fréquents. Nous avions trouvé de la culture. Oui, une plaine cultivée! Du blé y avait été récolté; on en voyait encore le chaume. Nous n'avions rien vu de pareil depuis notre départ du Caire. Le *Ouadi-Szrab*, dans lequel nous couchâmes, offrait de nombreuses traces de récolte, de la paille provenant d'un battage récent. Nous y trouvâmes un camp d'Arabes de la tribu des *Elaoui* des environs de Petra, qui s'en allaient acheter du grain. Ces Arabes sont chargés des transports des voyageurs qui passent par Petra; aussi, notre costume européen ne les scandalisa pas. Ils nous saluèrent et nous proposèrent des produits des troupeaux qu'ils emmenaient avec eux.

Dans ce ouadi, on trouve des espèces de barrages en pierres alignées, qui paraissaient avoir indiqué des divisions de terrain. Les Arabes, dans leurs traditions, leur donnent une origine très-ancienne.

Le lendemain, nous continuâmes notre route sur le même

plateau, dont l'aspect mameloné et aride est assez triste. Dans le lointain, l'œil s'étendait vers les immenses déserts d'El-Arisch; nous étions à une forte journée de dromadaire de cette ville frontière de l'Égypte. Sur notre gauche, nous apercevions à une certaine distance des ruines qui couronnaient une hauteur. Nous quittâmes la route avec nos dromadaires, et nous laissâmes filer les chameaux, afin de nous rendre près de ces ruines que les Arabes nomment *Aouageh*, et qui sont probablement ce qui reste de l'ancienne ville d'Oboda.

On trouve d'abord un grand nombre de ces enceintes de pierres que nous avions remarquées la veille, et qui paraissent être les divisions d'un vaste camp. Ensuite, après quelques pans de murailles en ruines, on gagne une colline sur laquelle se trouvent les restes d'édifices bâtis avec des pierres bien taillées, à arêtes très-vives, et bien assemblées. Au sud, on voit un bâtiment qui devait être un monastère ou une église. En y entrant, au fond, à droite, on trouve une grande voûte, entre deux plus petites tournées à l'est, ainsi qu'une quatrième qui est vers le milieu de l'édifice. C'étaient évidemment les chapelles. Le reste du tertre est occupé par les constructions d'un château fortifié dans lequel on entrait par une large porte voûtée. On y trouve un puits carré sans eau, maçonné avec soin. En bas, à l'est, il reste encore quelques pans de murailles et un autre puits carré. On voit aussi plusieurs débris de colonnes en pierre, des chapiteaux ornés d'arabesques.

Plusieurs des enceintes de pierres qui s'étendent autour de cette colline devaient être les maisons de la ville, et le reste probablement un camp divisé par tribus et familles. Est-ce chrétien du moyen-âge? Est-ce arabe? Est-ce antérieur? Aucun auteur n'a pu encore me l'expliquer suffisamment.

Nous regagnâmes notre caravane au trot, à travers les sables. Nous rencontrâmes sur la route de longues files de chameaux chargés de sacs de blé. C'étaient des caravanes d'Arabes de l'autre côté de Petra, qui avaient été acheter du grain aux environs de Gaza. Ils étaient passablement déguenillés; plusieurs même n'avaient plus de guenilles et marchaient à peu près nus. Ils étaient tous armés. Il y avait quelques femmes parmi eux. Quelques-uns d'entre eux nous *salamalekisaient*, d'autres nous riaient au nez ; notre costume européen paraissait les amuser. Beaucoup passaient avec la gravité musulmane, ne faisaient aucune attention à nous autres infidèles, et saluaient seulement nos Arabes.

Nous retrouvâmes là encore des rangées de pierres ; puis, dans un vallon, des constructions en ruines, des matériaux, une tour, un édifice ruiné ressemblant à une chapelle ou à une mosquée. Les Arabes appellent ce lieu *Rahebé*. Ce pourraient être les ruines de l'antique Elusa. Le pays dans lequel sont bâties ces villes du désert est d'une complète aridité, sans traces de végétation. Comment vivaient leurs habitants ? Peut-être ces plaines, à une époque reculée, étaient-elles cultivables.

Dans le lointain, nous aperçûmes des montagnes bleues. C'étaient les montagnes de Khalil ou Hebron. Nous continuâmes à marcher sur ces plateaux de l'Idumée, dans un terrain ondulé, tantôt aride, tantôt garni de broussailles, avec quelques bouts de champ cultivés.

Nous passâmes près des tentes oblongues, en laine noire rayée de gris, de la tribu des *Hasasmi*. Ces Arabes avaient soutenu, peu de temps auparavant, une lutte sanglante contre nos Thyas. Ils y avaient perdu beaucoup d'hommes, de chameaux et de bétail. Depuis, la paix a été faite, et ils donnèrent le salam à nos bédouins Thyas.

La journée avait été accablante ; pas un souffle d'air pour tempérer la chaleur. Nous campâmes non loin d'un puit circulaire, maçonné en pierres bien taillées. Un bel horizon montagneux s'étendait devant nous.

Le 20, nous continuâmes à marcher dans les buissons et les dunes de sable, et nous arrivâmes aux puits de Szabea (dans la bible, Berseba). Nous quittions l'antique Idumée, et nous arrivions sur les terrains tout à fait bibliques. Ce lieu est cité dans la Genèse. C'est au puits de Berseba qu'Abraham et Abimelech firent le serment d'alliance, d'où ce puits a pris nom de Puits de l'Alliance. C'est encore là qu'Agar, chassée de la tente d'Abraham, se reposait avec son fils Ismaël, lorsque l'ange du Seigneur lui annonça que cet enfant serait le père d'une nombreuse postérité. C'est en effet de lui que descendent les Arabes actuels.

Nous étions, en outre, déjà entrés dans le domaine d'Israël : car cette contrée appartenait à la tribu de Siméon. Il y a là deux puits circulaires, d'environ 8 pieds de diamètre, assez profonds, maçonnés en pierres bien taillées, qui, depuis un temps immémorial, fournissent de l'eau aux habitants du désert. L'un d'eux seulement contient de l'eau bonne à boire.

Nous assistâmes là à une de ces scènes qui rappellent les temps des patriarches. Toutes les tribus environnantes y amenaient leurs troupeaux pour les abreuver. Une grande quantité de chameaux, de chèvres, de moutons, accouraient de toutes parts, par troupes, vers le puits. Des hommes, n'ayant pour tout vêtement qu'un mouchoir noué autour des reins, puisaient l'eau avec un sac de cuir maintenu ouvert par deux bâtons croisés, et fixé à une corde qu'ils remontaient, en s'excitant par leurs chants qui retentissaient contre les parois sonores du puits. Ils remplissaient les auges creusées dans des blocs de pierre, ou dans des tronçons de colonnes anciennes, autour desquelles se pressaient les troupeaux altérés. De petits chameaux sautaient autour de leurs mères, d'un air pétulant et éveillé qui contrastait avec la structure de ces animaux et leur nature ordinairement grave : cela nous faisait beaucoup rire.

Une foule d'hommes, de femmes et d'enfants allait, venait, se reposait, fumait, buvait, et vociférait, suivant l'usage arabe. Ce mélange de peaux brunes, noires, basanées, vêtues ou non vêtues, de robes bleues, rouges, brunes, de chemises blanches, de turbans rouges, de turbans blancs, de kouffich rouges et jaunes aux bouts pendants, de manteaux de laine ; puis, ces cris d'animaux différents, ces chants, ces voix rauques de bédouins, ces glapissements d'enfants ; enfin, tout ce mouvement et ce bruit d'hommes et de bêtes, au milieu des sables du désert silencieux partout ailleurs, avaient un cachet tout à fait singulier et pittoresque.

Ces Arabes appartenaient à la tribu des Thyas de Syrie, les

anciens Amalécites. Plusieurs de ces hommes étaient porteurs d'armes à pierre et de pistolets de munition. C'étaient des armes que les soldats d'Ibrahim avaient jetées lors de la retraite de Syrie, et que les Arabes avaient ramassées. Il y avait là des ânes et deux ou trois chevaux. Je n'en avais pas vu depuis longtemps (1).

Nous fîmes aussi boire nos chameaux à ces auges, et nous allâmes déjeuner à une demi-heure de là, dans un ravin où nous retrouvâmes la solitude, et du lait que Mahmoud avait acheté à une des femmes qui étaient au puits.

La solitude du reste commençait déjà à se peupler, et on voyait que nous approchions de la fin du désert. Nous rencontrions de fréquentes caravanes, des bandes d'Arabes et de Syriens, des cavaliers, des troupeaux. Les costumes étaient plus propres, moins déguenillés. Le cheick nous recommanda de rester avec la caravane, dans ces parages, et de ne pas nous écarter, comme nous le faisions souvent, surtout quand nous allions à pied. Il paraît qu'on pouvait être exposé à faire de mauvaises rencontres; c'est pour cela qu'il fallait marcher tous ensemble. Les Thyas ont une réputation bien établie de voleurs. Nous vîmes un grand nombre de leurs campements, dont un surtout se composait d'une grande quantité de tentes. Un Européen isolé se serait exposé à être dépouillé par les maraudeurs.

Nous arrivâmes le soir au pied des montagnes d'Hebron ou de Judée, et nous y passâmes la nuit. Nous avions bien marché, et nous avions gagné un jour. Le lendemain, nous devions enfin entrer en Syrie, en Terre-Sainte; c'était notre dernière nuit de désert. Nous disions adieu aux plaines; nous allions désormais voyager dans les montagnes, dans les montagnes de Palestine, où nous ne ferions pas un pas sans trouver un lieu célèbre sous plus d'un rapport.

Le 21 octobre, avant le lever du soleil, nous commencions notre dernière journée de caravane. Abou-Zadé nous fit ses

(1) Mon compagnon de voyage, Ch. de Coubertin, vient de reproduire cette scène, dans un joli tableau qui fait partie de l'exposition de 1850.

adieux; il prenait une autre route avec ses chameaux, pour aller gagner Gaza. Quant à nous, nous nous enfonçâmes dans les montagnes par des chemins rudes et escarpés. Au lieu des plaines de sable, ou des granits nus du Sinaï, nous trouvions des caroubiers, des lentisques, des chênes verts, des pins, des buissons verts, couvrant en partie la roche, qui montrait çà et là de nombreuses taches grises. Nous voyions donc de la verdure. Elle était encore maigre, mais enfin c'était de la verdure. Des gazelles, des oiseaux, des perdrix se montraient de temps en temps. De nombreux lézards, des caméléons aux couleurs changeantes couraient sur les rochers. Une appréhension cependant nous empêchait de jouir librement de ce réveil de la nature. La question de la quarantaine n'avait pas été éclaircie. On n'avait pu nous renseigner positivement là-dessus; nous savions seulement qu'il y avait à faire une quarantaine quelconque.

Lorsque nous fûmes enfin arrivés au sommet de la montagne, au détour d'un sentier, deux cavaliers qui étaient assis sur une roche, près de leurs chevaux qu'ils tenaient par la bride, se levèrent tout à coup, et ordonnèrent à la caravane de s'arrêter. Ils portaient la culotte turque, un dolman à grandes manches pendantes, et le turban. Ils étaient armés de sabres, de fusils et de pistolets. Sur leur poitrine s'étalait un croissant surmonté d'une étoile, en tôle peinte, avec ces mots en français : *garde de santé*. C'étaient les cavaliers dont on nous avait déjà parlé, et que le gouvernement turc poste sur tous les passages de la frontière, pour former un cordon sanitaire, et arrêter les voyageurs qui, venant d'Égypte, doivent être conduits au lazaret.

Il n'y avait rien à répliquer. Nous étions maintenant sous la garde de ces hommes qui devaient veiller à ce que personne n'eût de communication avec nous jusqu'à ce qu'ils nous eussent déposés dans le lazaret d'Hébron, où nous devions purger notre quarantaine. Nous leur demandâmes de combien de jours serait notre réclusion. Sept jours, dirent-ils. Sept jours, grand Dieu! sept jours de détention, sept jours perdus dans une prison, tandis que le temps était si précieux pour nous! C'était impossible, nous préférions rentrer dans le désert, nous en retourner en Égypte. Et ces misérables estafiers qui se servaient de la langue française, pour écrire l'étiquette de leur abominable métier !... Ce premier mouvement d'exaspération furieuse exhalé, il fallait bien nous soumettre, d'autant plus que, maintenant que nous avions mis le pied en Syrie, nous aurions été également exposés à la quarantaine, si nous avions voulu rentrer en Égypte. Il fallut donc nous livrer piteusement à nos gendarmes que je suivais de fort mauvaise grâce.

Nous ne tardâmes pas à arriver à Darieh, le premier village de Palestine. Darieh, situé sur une hauteur, est composé de huttes assez misérables qui ressemblent plutôt à des tas de pierres qu'à des maisons. Les femmes ont sur leur robe bleue un voile blanc, fixé sur la tête par un turban.

Les hommes portent un manteau appelé *Maschlah*, bigarré de couleurs tranchantes. Tous les habitants de Darieh étaient grimpés sur leurs toits, et regardaient défiler notre caravane prisonnière pour suspicion de peste, comme on regarde passer une chaîne de malfaiteurs.

Nous entendions alors une fusillade assez rapprochée. On nous dit que c'étaient des Arabes qui se battaient avec les Syriens d'un village voisin, à la suite d'une querelle occasionnée par leurs femmes. Ce fait paraissait assez ordinaire, car on n'avait pas l'air de s'en émouvoir beaucoup. Nous laissâmes à Darieh un de nos gardiens ; l'autre nous suivit.

Si j'avais été dans une autre disposition d'esprit, j'aurais mieux joui de l'aspect qu'offraient ces montagnes de Judée ; car nous étions en Judée, sur le propre territoire de la tribu de Juda. Ces montagnes rocheuses sont très-accidentées. On ne fait que descendre et monter. Ce sont généralement des mamelons pierreux, arrondis, séparés par des vallées, et présentant des roches grises qui font tache sur la terre rouge et sur la verdure des buissons, des arbres et des récoltes. Sur le haut de ces éminences, on a de belles vues d'ensemble sur de grandes lignes montagneuses.

Pour nous qui venions du désert, cette verdure était admirable. La terre, qui est fertile, nous paraissait très-bien cultivée. Dans beaucoup d'endroits, elle est soutenue par des murs de pierres sèches. De nombreux troupeaux de moutons et de chèvres, des hommes à cheval ou à âne, quelques chameaux que nous rencontrions sur le chemin ou dans la campagne, donnaient à ces sites une animation dont nous avions perdu l'habitude. On voyait le laboureur retourner la terre ; le pâtre nous envoyait les sons de sa musette. Au lieu de nos bédouins déguenillés, nous trouvions des gens réellement vêtus. Nous rencontrâmes même plusieurs individus couverts de vêtements riches, et montés sur de beaux chevaux. Au fond des vallons, il y avait des vignes, des jardins remplis d'arbres fruitiers, des plants d'oliviers. Des hommes, montés dans les arbres, étaient occupés à faire la récolte des olives, que des femmes ramassaient à mesure qu'elles tombaient à terre. On apercevait çà et là des maisons assez jolies, bâties en pierre, et des villages. Nous étions décidément rentrés dans la vie.

Au milieu de tout cela, notre malencontreux gendarme avait fort à faire pour empêcher notre contact de pestiférés avec les hommes ou les animaux que nous rencontrions. Les animaux étaient, en effet, compris dans la même mesure, et il ne fallait pas qu'ils vinssent à toucher à nous ou à nos chameaux. Ce pauvre diable se démenait donc, menaçait, frappait les bergers, les moutons, les chèvres qui avaient le malheur de se trouver sur notre passage, et il les faisait écarter de la route.

Nous nous arrêtâmes près d'une fontaine, pour déjeuner ; mais, à ce moment, des pâtres y abreuvaient leurs troupeaux. Grande perplexité de la part de notre homme, car nous avions déclaré que nous voulions absolument nous arrêter là. Il prit donc le parti de chasser les pâtres et les troupeaux. Lui-même ne pouvait avoir aucun contact avec nous, sous peine d'être mis aussi en quarantaine. Il n'en accepta pas moins sa part dans les restes de notre déjeuner, au risque de se *pestiférer*. Avec cela, notre mauvaise humeur tombait un peu sur cet homme, qui était une cause fort innocente de notre désagrément, et nous étions loin de lui faciliter son service.

Il était fort embarrassé, parce que je marchais très en

avant de la colonne. Il voulut d'abord presser les chameaux, pour qu'ils me rattrapassent; mais ils ne pouvaient aller plus vite. Alors il galopa vers moi, pour me dire d'attendre les autres; je l'envoyai à tous les diables. Il essaya de mettre son cheval en travers de la route; je poussai alors mon dromadaire sur lui, et la crainte du contact pestiféré le força à m'abandonner le passage. Il en résultait qu'il ne pouvait surveiller toute la colonne à la fois. Cependant la fin de son tourment approchait. Après avoir traversé une foule de vallons et de montagnes pierreuses, arrivés à une dernière éminence, nous aperçûmes devant nous, sur le versant opposé d'un vallon, une ville bâtie en pierres grises; puis, près de nous, un édifice carré, massif, semblable à un fort casematé, et sur lequel flottait le pavillon turc. C'était notre gîte, le lazaret d'Hébron.

On ouvrit la porte à deux battants; les soldats qui gardaient ce triste établissement se rangèrent vivement de côté, de peur de nous toucher; et notre guide nous consigna au directeur du lazaret, heureux d'être débarrassé de nous. J'avais fait un peu enrager ce brave estafier sanitaire; mais j'étais plus à plaindre que lui. Il était libre, lui, tandis que moi qui venais de passer trois semaines dans le désert, dans le pays le plus sain du monde, où je n'avais respiré que l'air le plus pur qu'il fût possible de respirer, on allait m'enfermer pendant sept jours, comme suspect de peste! Bien loin d'apporter cette maladie en Syrie, je courais beaucoup plutôt le risque de l'y gagner.

Les Turcs, qui ont la prétention de se civiliser, ont choisi justement dans notre civilisation ce qu'il y avait de plus absurde. Quand ils ont eu des passeports, des douanes et des quarantaines, ils se sont dit : *Nous ne sommes plus des barbares*. Ils auraient bien mieux fait de s'attacher à assainir leurs villes qui sont infectes, et à supprimer la saleté. Ils enferment, tout bonnement, le loup dans la bergerie. Il paraît que le pacha d'Égypte, pour faire comme en France, avait soumis les provenances turques à une quarantaine. Le sultan, pour se venger, a *quarantainisé* les sujets égyptiens. Ils se sont ainsi renvoyé ces petites attentions, et c'est le pauvre voyageur qui en est victime. Précisément, au même instant, la France venait enfin de reconnaître l'absurdité de ces mesures, qui n'étaient soutenues que par les membres intéressés de la commission sanitaire de Marseille ; on avait supprimé la quarantaine dans ce port.

Autrefois encore, la quarantaine, en Turquie, se faisait pour la forme ; on allait se promener et chasser avec le médecin de la quarantaine. D'ailleurs, le bakschisch avait une grande puissance. Maintenant, plus de bakschisch, plus de promenade. Cette stupide bouffonnerie d'une quarantaine, en Turquie, se fait sérieusement jusqu'au bout, et en règle, sans pouvoir y rien changer avec la clef d'or. Nous devions rester là jusqu'au 27 ; le jour de l'entrée et celui de la sortie comptent dans les sept jours.

Le directeur du lazaret, une espèce de monsieur en redingote, gilet et pantalon à l'européenne, dont le tarbousch indiquait seul la qualité de Turc, nous reçut et nous fit voir ce qu'il appelait les chambres. C'étaient d'atroces casemates froides, nouvellement plâtrées, dont le sol nu, en craie battue, n'était pas même couvert d'une natte. Ce lazaret venait d'être fini ; nous étions peut-être ses premiers hôtes : auparavant, on campait sur la pelouse. Je reçus fort mal cet homme ; je pestai contre les Turcs, contre le sultan ; je lui dis que je ne voulais pas de ces cabanons, qui étaient peut-être bons pour des Turcs, mais nullement pour des Français. Je ne sais si Mahmoud lui traduisit fidèlement tout ce que je lui dis ; en tous cas, sa gravité ne se démentit pas. Je le laissai donc faire l'éloge de ses prétendues chambres, et je fis dresser les tentes dans la cour, qui servait de *préau*, préférant continuer à habiter mon domicile du désert. Les chameaux et les Arabes étaient aussi entrés avec nous. Le directeur sortit, ayant soin d'éviter notre contact, et la porte se referma sur nous. Nos Arabes devaient repartir le lendemain matin. Le cavalier turc qui nous avait amenés les reconduirait jusqu'à la frontière, avec la même cérémonie.

Nous donnâmes au cheick ce qui restait à payer de Nakhel à Darieh, plus 20 piastres par chameau, pour le transport de Darieh à Hebron. Nous y ajoutâmes le bakschisch, et, le lendemain, lorsque l'estafier se présenta pour les remmener, nous nous quittâmes très-bons amis, après force poignées de main. Ces Thyas sont loin de valoir les Ouled-Ssaid ; cependant ce sont de braves gens, et nous n'avons jamais eu à nous en plaindre pendant la route. Ce n'est pas sans un sentiment de peine que je vis partir ces Arabes et nos fidèles montures, avec lesquels nous avions vécu longtemps. Maintenant que j'étais prisonnier, je me prenais à regretter ma liberté du désert, et j'avais oublié les fatigues de la route.

TROISIEME PARTIE.

Syrie.

―•―

CHAPITRE XXII.

Quarantaine à Hébron.

C'est donc le 21 octobre 1849 que nous avions fait notre entrée en Syrie, et en même temps au lazaret d'Hébron. Ce lazaret, adossé à la montagne, est exposé au nord. En avant se trouve un bâtiment qui sert de logement à la garnison, composée d'un officier et d'une trentaine de soldats turcs; il renferme aussi les bureaux de l'administration. C'est un corps de logis avec deux pavillons à toits en terrasse. Une voûte placée au milieu, et fermée par une grille, conduit dans une cour rectangulaire. A droite et à gauche, deux bâtiments renferment des chambres et des écuries pour les animaux *contumaces* (1) qui entrent en Syrie. Au fond, adossée au roc et soutenue par un mur haut et épais, s'élève une terrasse sur laquelle sont construits trois pavillons. Le plus grand, celui du milieu, contient cinq chambres, ou plutôt cinq casemates avec fenêtres grillées et garnies de croisées vitrées, et portes

―――

(1) On nomme contumaces les hommes, les animaux et tous les objets qui sont soumis à la quarantaine.

massives. Les deux petits pavillons de droite et de gauche renferment, l'un une chambre, l'autre une salle de bains.

Quatre escaliers extérieurs conduisent de la terrasse dans la cour. Ils sont destinés à isoler les différentes bandes de *suspects* qui, arrivées à des époques diverses, n'auraient plus le même temps de quarantaine à faire, et ne pourraient communiquer ensemble. Chaque bande a ainsi son escalier, et on évite le contact entre elles. L'ensemble des bâtiments et la terrasse sont entourés d'une haute muraille isolée partout, et garnie de morceaux de verre. Le tout est bâti solidement, en pierres taillées, prises dans la montagne. Le travail est fort grossier, surtout en ce qui concerne la menuiserie et la serrurerie. C'est curieux à voir. On reconnaît l'adresse et le goût des ouvriers turcs; les sauvages feraient peut-être mieux. Ce lazaret est un véritable fort, ou une prison très-solide.

Comme nous étions seuls, nous avions l'entière jouissance de la cour et de la terrasse sur laquelle s'ouvraient les chambres. Notre tente et notre cuisine étaient dans la cour où la vue était bornée par quatre grandes murailles de pierres. La terrasse nous servait de promenoir. Elle tenait toute la longueur de l'établissement, d'un mur à l'autre. Elle était élevée au-dessus de la cour de 15 à 20 pieds, et la vue, qui s'étendait en avant, par dessus le bâtiment de la garnison, sur toute la vallée et sur la ville d'Hébron était masquée à gauche, à droite et en arrière, par la haute élévation des murs. Cette terrasse, exposée en plein nord, ne recevait jamais les rayons du soleil.

Avant le jour, il faisait ordinairement très-froid dans notre prison, surtout pour nous qui venions d'Égypte. En revanche, lorsque le soleil arrivait sur le préau, où il donnait d'aplomb, on ne pouvait plus y tenir. La tente même s'échauffait et n'était pas habitable. Nous étions obligés de nous réfugier à l'ombre sur la terrasse, et alors nous regardions cette ville et cette vallée d'Hébron que je ne tardai pas à savoir par cœur.

La ville d'Hébron, longue et étroite, située au fond du vallon, suit les contours de la colline opposée à celle que nous occupions. Les maisons sont en pierres grises, massives et solidement bâties, en forme de cubes. Elles ont des fenêtres. Sur la plupart des toits, qui servent de terrasses, on remarque des voûtes. Hébron a assez d'apparence; elle peut contenir environ quatre à cinq mille habitants, dont un certain nombre de juifs.

Hébron est une ville célèbre dans l'Écriture. C'était la demeure d'Abraham ; c'est dans la plaine de Membré, au pays d'Hébron, qu'il campait, lorsque les trois messagers célestes vinrent lui annoncer la naissance future d'Isaac. Vis-à-vis Membré était Macphelah, où ce patriarche acheta un sépulcre pour enterrer sa femme Sarah, et pour préparer sa propre sépulture. La Genèse rapporte qu'Isaac fut déposé dans ce même sépulcre, ainsi que sa femme Rebecca. Enfin, Jacob étant mort en Égypte, y fut porté aussi, près de sa femme Lia.

La plaine de Membré doit être sur un versant de la vallée d'Hébron; Macphelah serait dans le haut de la ville. On y remarque une église du moyen-âge entourée de murs crénelés et accompagnée de minarets. Cette église, convertie en mosquée, renferme, dit-on, les tombeaux des six personnages de la Genèse mentionnés plus haut. Les Turcs, qui ont une grande vénération pour les patriarches, n'y laissent pas pénétrer les chrétiens. Ils ont, en raison de ces traditions, donné à Hébron le nom de *El-Khalil* (l'ami, Abraham l'ami de Dieu). C'est également à Hébron que David fut couronné roi d'Israël.

Cette ville est renommée maintenant par ses verreries. On y fabrique beaucoup de vases, d'ornements pour la toilette des femmes arabes, de bracelets en verroterie qu'on expédie assez loin. Le soir, la ville était éclairée par les feux rouges de ces manufactures, et une épaisse fumée planait quelquefois sur la ville. On y fabrique aussi des outres en peaux de bouc. La colline qui nous faisait face était toujours garnie de ces peaux qui séchaient au soleil. On trouve encore, à Hébron, de très-beaux raisins. C'est de ce pays, en effet, que les envoyés des Hébreux rapportèrent ces énormes grappes de la terre promise, dont parle la Bible.

On avait enfermé avec nous, dans le lazaret, un garde de santé, qui devait veiller sur nous, et en même temps servait de marmiton à Mahmoud. Mustapha (c'était son nom) portait sur la poitrine son étiquette en tôle. Comme il était en communication avec nous, il ne pouvait plus sortir que quand nous serions en *pratique* (1). C'était un brave homme, à l'air très-simple, et qui passait une partie de son temps à dormir.

Deux autres gardes de santé, Saleh et Hassan, étaient chargés de faire nos commissions en ville. C'étaient eux qui allaient acheter nos provisions qu'ils déposaient derrière une grille en bois, sur une table, où Mahmoud les prenait, de manière à éviter tout contact. Pour payer, il fallait mettre l'argent dans une écuelle pleine d'eau ce qui devait faire disparaître l'influence pestilentielle.

Saleh et Hassan étaient deux magnifiques Syriens, vêtus de larges culottes de drap avec ceintures de soie rayée, de dolmans à grandes manches pendantes, de gilets en soie brodée à manches rayées; ils portaient des bottes en maroquin rouge, et étaient coiffés de koufflehs en soie rouge et jaune, roulés en turban. Un arsenal de kandjars et de pistolets garnis en argent, et ornés de ciselures, et un grand sabre recourbé, complétaient l'ajustement de chacun. Ces deux guerriers fashionables étaient des amis de Mahmoud. Ils s'acquittaient avec zèle de leurs fonctions envers nous.

La vallée d'Hébron s'étend, de l'est à l'ouest, entre deux collines pierreuses. Celle sur le versant de laquelle nous étions était couronnée, à l'ouest, par un grand bois d'oliviers. Un cimetière, qui s'étendait devant notre prison, descendait de ce bois jusqu'à la ville. Les habitants en faisaient leur lieu de promenade. Le dimanche, les femmes venaient s'asseoir sur les tombeaux, où elles se réunissaient par groupes avec leurs enfants. Après avoir psalmodié quelques complaintes, poussé quelques gémissements, elles tiraient des provisions d'un coffre et se mettaient à manger. Ces femmes étaient la plupart couvertes d'un voile blanc qui descendait jusqu'à leurs pieds, par-dessus leurs robes bleues. Ce cimetière était en outre traversé par une foule de gens et de bêtes de somme qui allaient et venaient de la ville à la montagne. Nous voyions de temps en temps poindre quelques caravanes

---

(1) On est en pratique, lorsque l'on peut communiquer.

de chameaux, par le chemin que nous avions suivi pour venir là. Tout cela animait un peu notre tableau assez monotone, et nous procurait quelques distractions.

Au reste, ce qui m'était le plus sensible, c'était la perte de temps ; autrement il n'était pas difficile d'employer nos journées de réclusion. J'avais beaucoup à lire, à écrire, à étudier. Je profitai de ce repos pour repasser mon voyage et en préparer la continuation.

A travers les barreaux de la porte, nous regardions les soldats qui étaient devant leur corps de garde. Ils portaient le costume actuel des troupes turques : le pantalon à l'européenne, bleu, à bandes rouges, la veste à collet et parements rouges, et le fourniment en croix. Leurs fusils étaient à silex, sur le modèle de nos anciens fusils de munition. Leur coiffure, qui était le tarbousch, les distinguait seule des soldats européens. On les remarquait cependant encore à leur saleté et à leur mauvaise tenue. Il n'y en avait pas deux qui fussent habillés de même. Ils avaient la tournure très-peu militaire, et ne paraissaient pas forts sur le maniement des armes. Leur officier, qui avait sa chambre au-dessus de la porte, passait son temps sur la terrasse et avait l'air de s'ennuyer profondément. Il portait la tunique à collet écarlate, semblable à celle de nos officiers de garde nationale. Cette compagnie était détachée d'un régiment en garnison à Jérusalem.

Un médecin était attaché à la quarantaine d'Hébron, mais il était alors absent ; il était allé voir un malade du côté de Gaza.

Comme nous comptions avoir la pratique le 27, nous avions, dès le 24, chargé Mahmoud de s'occuper de nous avoir des chevaux pour aller à Jérusalem.

Quelle fut notre stupéfaction, lorsque le directeur de la quarantaine nous fit dire que nous avions le temps d'y penser ; car, notre détention devant être de douze jours, nous ne sortirions que le 1ᵉʳ novembre. — Comment, douze jours ! Les gardes de santé nous avaient dit sept jours. — Les gardes de santé s'étaient trompés. Le temps de quarantaine était en effet sept jours, le mois précédent ; mais le gouvernement venait de le porter à douze jours. — Mais, c'est impossible, c'est abominable ; mais les Turcs sont de véritables brutes, et le sultan un crétin ! D'ailleurs, on nous a trompés ! Pourquoi nous a-t-on dit sept jours ? Nous ne serions pas venus dans ce maudit pays. On veut nous jouer ; mais on ne se moque pas impunément des Français ; nous allons réclamer de suite. — Je ne sais par quels propos encore nous exhalions notre fureur. Il est certain que douze jours de réclusion, perdus dans notre voyage, c'était terrible, un vrai coup de massue.

Notre geôlier, sans s'émouvoir des élans de la *furia francese*, protestait de ses bonnes intentions à notre égard ; mais l'ordre, arrivé de Constantinople depuis vingt jours, émanait du divan. Ce qu'il y a de piquant, c'est que nous avions trouvé au Caire une commission turque chargée d'étudier la question des quarantaines et de s'entendre à cet égard avec le gouvernement égyptien. Nous avions, d'après cela, espéré une suppression totale de ces ridicules et vaines formalités ; et voilà, à ce qu'il paraît, quel avait été le résultat du rapport de la commission : une augmentation de cinq jours, la quarantaine portée de sept à douze jours ! Enfin, après avoir bien tempêté inutilement, nous nous décidâmes à écrire au consul de France, à Jérusalem, pour réclamer son intervention. Notre lettre fut prise avec des pincettes et soumise à une foule de simagrées et de singeries stupides. Lorsqu'on la crut suffisamment désinfectée, on osa la toucher, et on la remit à un exprès que nous expédiâmes à Jérusalem.

Le lendemain, notre Syrien était de retour avec la réponse de M. Dunoyer, gérant du consulat, en l'absence de M. Botta le consul. Il avait, en effet, connaissance de cet ordre de la Porte pour les quarantaines. Il ne voyait pas la possibilité d'y rien changer. Tout ce qu'il avait pu faire, c'était d'écrire au médecin d'Hébron, qui était sur le point de retourner à son poste, et auquel il nous recommandait d'une manière pressante, le priant de faire tout ce qu'il pourrait pour abréger notre captivité. La lettre du consul était, au reste, fort aimable et fort obligeante. Il nous envoyait les lettres qui étaient arrivées à notre adresse à Jérusalem, et nous priait de disposer de lui, en tout ce qu'il pourrait faire pour nous être utile. Le plaisir de lire nos lettres de France avait calmé notre colère. Nous avions oublié un instant le sultan et son lazaret.

Nous étions alors au pays. D'ailleurs, nous n'avions qu'à attendre le médecin.

Le 26, arriva ce médecin, notre dernière planche de salut. Hélas ! cette planche s'écroulait. Un petit homme, d'une assez piètre tournure, quelque Italien, je crois, parlant passablement le français, parut sur la terrasse du corps de garde. C'était le médecin en question. Il ne pouvait nous parler que de loin, car nous étions *suspects de la peste*. Nous n'en pûmes rien tirer. L'ordre était précis ; il ne pouvait diminuer d'une heure notre détention, ni y apporter aucun adoucissement ; il en était aux regrets.

Il ne concevait pas que nous n'eussions pas apprécié à sa valeur le superbe lazaret que l'on nous avait bâti, et dont il était tout fier, et que nous habitassions notre tente plutôt que ses cabanons. Je lui répondis que son lazaret était ignoble, bon tout au plus pour des galériens ; qu'il était fort malsain ; et que, loin d'apporter des maladies du désert, nous risquions beaucoup plus d'en attraper dans ce triste séjour. Là-dessus, voyant qu'il n'y avait rien à espérer de lui, je lui tournai brusquement le dos, et je rentrai dans ma tente. Il revint plus tard pour nous demander nos noms, prénoms, âges, professions et autres balivernes ; disant que c'était le règlement qui l'exigeait. Je l'envoyai promener, lui et son règlement, et il renonça à rien tirer de nous. Il n'eut raison que de Mahmoud, toujours soumis à l'autorité, mais qui ne fut guère en état de l'éclairer sur nos signalements.

Ce même 26 était le jour du petit Bairam, ou Courban-Bairam, grande fête chez les musulmans. La veille, nous avions déjà entendu tirer un grand nombre de coups de fusil. Les habitants affluaient déjà au cimetière qui était devant notre établissement. Le jour de la fête, c'était une vraie foire, toujours au cimetière, qui, en Orient, est le lieu habituel de la promenade et des réjouissances. Les Orientaux, au lieu de s'éloigner, comme nous, de ceux qu'ils ont perdus, aiment à se retrouver au milieu d'eux, à les mêler en quelque sorte à leurs fêtes. Les femmes, couvertes de voiles blancs, venaient d'abord pousser des gémissements sur la tombe où gisaient les êtres qui leur avaient été chers ; puis ensuite, sur cette même tombe, elles buvaient, mangeaient, et prenaient part à la fête.

La fusillade était devenue très-vive. Nos soldats y avaient pris part et s'amusaient à brûler de la poudre. Ils voulaient exécuter des feux de peloton, et nous eûmes lieu de nous extasier sur leur maladresse. Il y en avait qui détournaient la tête, avant d'appuyer le doigt sur la détente. Tout ce tapage n'était pas très-amusant, surtout pour nous autres prisonniers. La perspective définitivement acquise, de rester encore six jours enfermés, ne contribuait pas à nous mettre de bonne humeur. Aussi, nous fîmes dire aux soldats que leur fusillade nous gênait, et que, s'ils continuaient, nous allions nous plaindre au pacha. Ils savaient que nous avions déjà envoyé un exprès à Jérusalem; nous étions peut-être les intimes du pacha. Toujours est-il que notre injonction ramena le calme, et économisa le reste de leur poudre.

Ces soldats avaient aussi imaginé de mettre, dans la chambre où l'on nous passait nos provisions, deux moutons qu'ils avaient achetés pour faire la fête. Nous les leur fîmes enlever de suite. Nous avions déjà bien assez de puces comme cela. Charles ne savait où se fourrer; il ne pouvait fermer l'œil de la nuit. Il avait essayé de quitter la tente, pour aller coucher en haut dans une des chambres; mais c'était la même chose. Mahmoud lui-même, malgré la dureté de sa peau égyptienne, en était abîmé, et maudissait les *barghout* (puces) qui l'empêchaient de dormir. Quant à moi, qui suis cependant sensible à la piqûre des cousins, je prenais beaucoup mieux mon parti de l'invasion de ces insectes sautillants, et je n'en dormais pas moins bien.

Je passais mon temps à lire et à écrire, et Charles peignait. Le soir, après le dîner, le café et le chibouque, nous nous promenions sur la terrasse, arrêtant souvent la vue sur cette vallée dans laquelle avaient vécu les patriarches, sur cette ville qui renfermait encore le lieu de leur sépulture; nous étions en pleine Genèse. Nous jetions ensuite un coup d'œil d'envie sur les montagnes, au delà desquelles était Jérusalem, tandis que nous étions confinés là, à quelques heures seulement de la cité sainte. Hébron était éclairée par les flammes rougeâtres des verreries, et la lune argentait de ses reflets ses maisons de pierre, ainsi que la mosquée et les minarets du tombeau d'Abraham. De ces minarets nous arrivait la voix perçante du *muezzin*, qui appelait les musulmans à prier Dieu, en criant *lah Allah ill Allah* (il n'y a de Dieu que Dieu). Les nuits étaient ordinairement belles ; cependant quelquefois le temps se couvrait : c'est que nous n'étions plus sur les bords du Nil.

Nous avions renvoyé notre exprès au consul de Jérusalem, pour lui remettre nos lettres, et le prier de les faire partir pour Beyrouth, à temps pour le bateau du 5. Dans sa réponse toujours très-obligeante, il nous donnait quelques nouvelles sur la politique, dont nous n'avions pas entendu parler depuis un mois. La France était tranquille, les affaires d'Italie allaient s'arranger, la Turquie résistait toujours à la Russie et à l'Autriche, et était soutenue par la France et l'Angleterre. Ce dernier point avait rapport aux démêlés de la Porte avec la Russie et l'Autriche, au sujet des réfugiés Hongrois et Polonais qui avaient cherché un refuge en Turquie, après la guerre de Hongrie. Les deux puissances victorieuses les réclamaient au sultan qui refusait de les livrer, au moins ceux qui s'étaient faits musulmans. Comme cette affaire avait pris naissance depuis notre départ d'Égypte, nous n'étions nullement au courant, et nous n'avions pas compris cette partie de la lettre de M. Dunoyer.

Enfin, le 31 octobre était la veille de notre délivrance, de notre mise en libre pratique. Le soir, en effet, le médecin parut pour faire sa visite, c'est-à-dire qu'il entra cette fois dans la cour, mais se tenant à distance, car il ne pouvait nous toucher; par conséquent il lui était difficile de juger notre état sanitaire. Il se borna donc à nous demander si nous nous portions bien. J'aurais pu aussi bien lui adresser cette question à lui-même, et peut-être avec plus de raison. Enfin c'était la formalité nécessaire pour l'admission à la pratique, avec le payement d'une note qu'il nous fit passer, et qui consistait en 10 piastres par jour pour les frais de garde. On paye aussi 45 piastres par chambre, lorsqu'on en fait usage. Il nous délivra alors le teskéré de santé. Notre gardien ne touchait rien sur les 10 piastres, et n'avait que le bakschisch que les *pestiférés* voulaient bien lui donner.

Comme nous ne voulions pas rester dans notre prison plus longtemps qu'il n'était exigé, et que d'ailleurs nous avions à regagner autant que possible les moments perdus, nous demandâmes à sortir du lazaret à l'instant juste où commencerait la journée du 1er novembre, c'est-à-dire à minuit. Le médecin fit de grandes difficultés. La journée, d'après le règlement, ne devait commencer qu'à l'aurore; il craignait, en nous accordant quelque chose, les rapports du directeur de la quarantaine qui pourrait le dénoncer. Cette concession n'avait cependant rien de bien compromettant. Partir à minuit, plutôt qu'à quatre heures, c'était une demande bien modeste. Enfin il y consentit à peu près, laissant cela à la disposition du portier.

Nous avions déjà fait retenir des montures à Hébron. On devait nous fournir deux chevaux pour nous, un mulet pour Mahmoud, et deux chameaux pour nos bagages; le mulet à raison de 15 piastres, le reste pour 20 piastres par tête. Nous convînmes donc avec le *moukre* (loueur ou conducteur de chevaux) que les bêtes seraient le soir même devant la porte, prêtes à partir à minuit. Les gardiens chargés de nos approvisionnements, Saleh et Hassan, devaient ouvrir la porte à cette heure. Nous leur avions signifié que de l'exécution de cette clause dépendait leur bakschisch, et qu'ils n'auraient pas un para avant de nous avoir mis en liberté.

Ce jour-là nous respirions plus librement. Les soldats du poste nous faisaient signe que nous allions être libres, et paraissaient nous en féliciter. C'était peut être autant pour eux que pour nous, car ils ne devaient pas nous trouver très-faciles à vivre, et ils étaient probablement enchantés d'être débarrassés de nous. Quel qu'en fût le motif, je leur sus gré de leurs témoignages sympathiques. C'étaient après tout de braves gens, dont nous n'avions jamais eu à nous plaindre, non plus que de l'officier.

Saleh et Hassan, alléchés par l'espoir du bakschisch, nous tinrent parole. Avant minuit, la porte était ouverte, les chameaux entraient, et on commençait à les charger. Nous étions libres! Nous en profitâmes pour courir autour du lazaret, au clair de la lune, pendant qu'on organisait notre caravane. Nous jouissions de notre liberté. Enfin, à minuit, nous montâmes à cheval, aidés de Saleh, d'Hassan et de Moustapha, auxquels nous avions distribué des piastres, et qui nous firent des adieux reconnaissants. Je n'avais pas visité l'intérieur de la ville d'Hébron; mais j'avais pris en aversion cette malheureuse cité, comme un triste souvenir. Je m'en éloignai donc avec plaisir, et sans rien regretter.

CHAPITRE XXIII.

Bethléem.

Le 1ᵉʳ novembre, à minuit, nous traversâmes ce cimetière que nous avions regardé pendant tant de journées, et dont nous connaissions toutes les tombes. Nous entrâmes ensuite dans les montagnes. Nous suivions un *vrai* chemin, bordé de haies et d'arbustes qui entouraient des champs cultivés. Des sources traversaient la route de distance en distance; la lune nous laissait voir des vignes, des oliviers, des champs cultivés soutenus par des murs de pierres sèches. Nous étions loin du désert. Je cheminais au milieu du silence de la nuit, tout entier aux méditations que m'inspirait la terre que nous foulions. L'étoile du matin s'était levée, cet astre brillant qui avait souvent éclairé notre départ dans les sables d'Arabie.

Nous étions au milieu de montagnes très-accidentées, lorsque les premières lueurs du jour commençaient à dorer les crêtes à l'Orient, tandis que les vallées du côté opposé ne recevaient encore que la clarté argentée de la lune. Le contraste de ces deux lumières différentes, l'une à notre droite, l'autre à notre gauche, produisait un effet assez extraordinaire. Nous aperçûmes de loin un fort aux murs crénelés, flanqué de quatre tours carrées. C'est un château du moyen-âge, habité par quelques familles syriennes. Tout contre le château, sont trois grands réservoirs revêtus en pierres taillées et maçonnées. Ils sont placés l'un au-dessus de l'autre, et communiquent entre eux. Le premier est rempli d'eau. Ces réservoirs, qui portent le nom d'étangs de Salomon, ont été, dit-on, bâtis par le grand roi d'Israël; ils servaient à alimenter d'eau Bethléem et Jérusalem. Ce lieu se nomme El-Bourrak.

Nous suivîmes une longue vallée entre des montagnes de pierre grise et de terre rougeâtre. Des jardins, des plants d'oliviers et de figuiers, des villages se montraient çà et là. La campagne était animée par les nombreux groupes de paysans qui étaient occupés à la récolte des olives. Nous rencontrions aussi de fréquentes caravanes qui portaient des denrées, surtout du grain ou de la farine, pour la Syrie.

L'horizon s'était élargi, et l'on voyait dans le lointain plusieurs croupes de montagnes. L'une d'elle portait un village sur sa cime qu'éclairait le soleil levant. Ce village, c'était Bethléem ! Nous fîmes un grand détour le long des ravins, pour arriver jusqu'à ce sommet, ne perdant pas de vue cette ville sainte que nous ne regardions pas sans une vive impression.

Nous rencontrions des hommes portant une longue tunique serrée par une ceinture de cuir rouge, et coiffés d'un turban, qui nous saluaient affectueusement; des femmes vêtues d'une robe bleue ou rouge, la tête couverte d'une espèce de tarbousch entouré d'un voile qui laissait voir de frais visages, de beaux yeux, et des peaux blanches et unies, nous souriaient gracieusement, contrairement aux usages mahométans. C'étaient des chrétiens qui, en voyant notre costume, saluaient en nous des frères. Nous passâmes à travers des tas de pierres, et nous gagnâmes la porte de la ville. Des rues sales, étroites, en pentes rapides, grossièrement pavées, glissantes, nous conduisirent sur une petite place, devant laquelle s'élevaient des bâtiments assez considérables. De petites croix en fer, qui surmontaient le toit, nous avaient déjà indiqué où nous étions.

C'était donc là cette Bethléem qui, suivant le prophète, *n'était pas la moins importante parmi les cités de Juda, puisque d'elle devait sortir ce chef qui dirigerait le peuple d'Israël.* J'étais dans cette Bethléem, patrie de David, et que le Sauveur avait choisie pour y placer son berceau.

Nous laissâmes nos bêtes avec leurs conducteurs sur la

place, et nous entrâmes dans le couvent, où nous fûmes reçus avec empressement par un des moines, qui nous conduisit dans une salle à manger décorée des portraits de Robert d'Anjou et de sa femme, bienfaiteurs de l'ordre. Il était environ sept heures et demie ; nous fîmes apporter là le déjeuner, que Mahmoud nous avait préparé, et le bon père nous donna du pain, du vin, des fruits et du café. Nous nous trouvions donc assis sur des chaises, dans une vraie chambre, mangeant sur une table commode, au milieu de chrétiens, causant avec un Européen. Depuis un mois que nous ne voyions que des Arabes, des chameaux, du sable et notre tente, j'avoue que j'éprouvais un certain plaisir à me retrouver avec mes semblables. Bethléem et son couvent me paraissaient merveilleux de comfortable.

Le religieux resta là pour nous servir et pour nous tenir compagnie. Il parlait italien. Les moines de ce couvent sont des franciscains de la Terre-Sainte, presque tous Italiens. Ils sont dix-huit à Bethléem. Les couvents n'ont plus à se plaindre maintenant des Turcs, dont les avanies pesaient autrefois si lourdement sur eux. Ils jouissent de toute liberté, et sont protégés par l'administration. Aussi, actuellement, on entre chez eux par de grandes portes, et l'on a supprimé ces poternes basses en fer qui étaient nécessitées par les insultes auxquelles ils étaient exposés de la part des musulmans.

Toutefois, comme, en qualité d'étrangers, ils ne peuvent être propriétaires en Turquie, ils n'ont pas le droit de faire une réparation, de toucher à un moellon de leur couvent, sans une autorisation de Constantinople. Les franciscains ont plutôt à se plaindre des Grecs, qui profitent de l'influence de la Russie sur la Porte, pour enlever aux Latins les prérogatives dont ils avaient joui jusqu'alors. Le couvent de Bethléem est partagé entre les Latins et les Grecs, et ces derniers occupent la partie la plus grande et la plus commode.

C'était le jour de la Toussaint. Après notre déjeuner, nous nous rendîmes à l'église, où se célébrait la messe solennelle. Cette église est petite ; ce n'est qu'une annexe de la grande église bâtie par sainte Hélène, et dont les Grecs se sont emparés. La grand'messe de la Toussaint était chantée absolument comme en France. Les enfants de chœur étaient de jeunes Bethléémites, dont les culottes larges et les jambes nues apparaissaient sous leurs surplis, et qui portaient, comme les Orientaux, la tête rasée, à l'exception d'une touffe de cheveux sur le sommet de la tête. Un certain nombre de fidèles étaient accroupis sur le pavé, en costumes du pays. On avait eu l'attention de nous apporter des chaises. Après la messe, le moine qui nous avait reçus vint nous chercher pour nous faire visiter le couvent et les lieux sacrés qu'il renferme.

On nous donna à chacun une bougie allumée, et nous descendîmes les quinze marches d'un escalier qui se trouvait au bout de l'église. Nous entrâmes d'abord dans plusieurs chapelles et grottes souterraines. Dans l'une avait été déposé le corps de saint Jérôme, ce père de l'Église qui avait quitté le monde et ses plaisirs, pour venir vivre, travailler et mourir à Bethléem. On montre la chambre dans laquelle il écrivait la Bible. On voit aussi le tombeau de sainte Paule et de sainte Eustochie, ces deux illustres Romaines qui renoncèrent à la pompe et aux grandeurs pour l'étable de Bethléem. Saint Eusèbe fut enseveli dans une autre de ces grottes. Les corps de tous ces saints ont été transportés à Rome. Nous arrivâmes ensuite à la chapelle des SS. Innocents, où, dit-on, furent recueillis les corps d'une partie des victimes de la barbarie d'Hérode. Dans chacun de ces lieux il y a un autel surmonté d'un tableau qui représente les saints dont les corps y ont été déposés.

Enfin, nous entrâmes dans une autre grotte souterraine, éclairée par de nombreuses lampes. Je m'arrêtai sur la porte, vivement ému. C'est dans cet emplacement même que, il y a à peu près dix-huit siècles et demi, naissait un enfant qui devait changer la face du monde. Même pour l'incrédule, ce lieu rappelle le fait le plus important dans ses conséquences, que l'histoire ait retracé. Mais, pour le chrétien, comme cette grotte est imposante! C'était donc là, au fond de ce souterrain, à la place même où était cet autel de marbre éclairé par de riches lampes, orné de fleurs et de draperies. C'est là qu'un Dieu voulut naître d'une vierge, pour racheter les hommes.

Nous nous prosternâmes devant le lieu sacré de la naissance du divin enfant, marqué par une plaque de marbre blanc incrustée de jaspe, placée sous la table de l'autel. Cette plaque était autrefois entourée d'un cercle d'argent sur lequel on lisait ces mots : « *Hic de Mariâ virgine natus est Christus.* » Cette inscription latine a disparu depuis peu. Les Grecs, dit-on, l'ont enlevée en haine des Latins.

Près de là, à droite, et en arrière, on descend par deux marches dans un enfoncement où se trouve un autre autel également en marbre, décoré de lampes, de fleurs et de draperies bleues. C'est la place de la crèche dans laquelle Marie posa son fils, enveloppé de langes, entre un bœuf et un âne ; c'est le *præsepium*. C'est là que les mages vinrent adorer le Messie. La place où s'agenouillèrent les premiers adorateurs du Christ est indiquée par un autre autel. La crèche, qui est à Rome, a été remplacée par un bloc de marbre blanc.

L'autel de la nativité appartient aux Grecs, et la crèche aux Latins. Chaque secte officie à son autel, mais à des heures différentes. Ils peuvent cependant prier partout. La grotte de la nativité, taillée dans le roc et éclairée par trente-deux lampes envoyées par différents princes chrétiens, a, suivant Chateaubriand, 37 pieds et 1/2 de long, 11 pieds 3 pouces de large et 9 pieds de hauteur. Le pavé est revêtu en marbre précieux.

Nous quittâmes cette grotte vivement émus, et nous remontâmes par un bel escalier qui nous conduisit dans une vaste et belle église, dont la voûte est soutenue par deux rangs de riches colonnes. Des mosaïques assez dégradées tapissent encore les murs. C'est l'église de Sainte-Hélène ; elle appartient aux Grecs et aux Arméniens, tandis que l'église des Latins n'est qu'une chapelle mesquine.

Le père nous conduisit ensuite sur la terrasse du couvent, d'où la vue embrasse un vaste horizon. Le plateau de la Judée, s'étendait à nos pieds avec ses vallons profonds et ses collines rocheuses. Quelques villages s'y trouvaient disséminés. Des plantations d'oliviers et de figuiers, des vignes, des jardins, égayaient de leur verdure l'aspect de la montagne brûlée par l'été. Des champs cultivés tapissaient les vallons et les pentes.

A l'est, dans le lointain, une ligne droite à peine ondulée, indiquait les montagnes d'Arabie, qui sont de l'autre côté de la mer Morte, dont une brume légère nous marquait l'emplacement. Une vaste plaine très-accidentée se prolongeait jusque-là.

Tout ce pays que nous apercevions était rempli de souvenirs. Voilà l'endroit où David rencontra Saül qui le poursuivait; le roi prophète apparaît ici à chaque pas. C'est dans ces champs que Booz vit glaner Ruth, cette gracieuse et touchante création de la Bible. Par cette route arrivèrent les rois mages, précédés de l'étoile qui devait les guider vers le berceau du maître du monde. Dans ce vallon, à nos pieds, les bergers gardaient leurs troupeaux lorsque l'ange leur apparut et leur annonça que, « *Ce jour-là, il leur était né un Sauveur dans la cité de David, qu'ils le trouveraient enveloppé de langes et posé dans une crèche.* » C'est au-dessus de nous que le ciel s'ouvrit lorsqu'une voix s'écria : « *Gloire à Dieu au plus haut des cieux, et paix sur la terre aux hommes de bonne volonté !* »

Nous nous arrachâmes enfin à ces contemplations infinies. Le couvent qui dominait cet horizon est bâti solidement en grosses pierres et ressemble à une forteresse. Nous redescendîmes, et nous prîmes congé du bon père qui nous avait si bien accueillis.

Nous fûmes assaillis à notre sortie, et dans le couvent même, par des marchands d'objets religieux. Bethléem peut renfermer une population de deux à trois mille habitants, presque tous chrétiens, et les trois quarts catholiques latins; il n'y a pas de juifs. Leur industrie consiste dans la fabrication d'objets de piété en bois d'olivier ou en nacre, assez grossièrement travaillés. Tous les chapelets, croix et autres objets qu'on trouve en Terre-Sainte, et qu'on expédie de là dans toute la chrétienté, sont faits à Bethléem. On y fait aussi un vin jaune très-agréable, dont se fournissent les couvents de Palestine et les maisons des chrétiens. Ces industries donnent aux Bethléémites un peu d'aisance, cependant ils ont l'air encore assez misérables; il y a beaucoup de mendiants parmi eux. La langue italienne y est répandue. Les enfants surtout venaient nous parler dans cette langue, qu'ils apprenaient à l'école du couvent. Le sang est beau à Bethléem ; j'y remarquai de très-jolies femmes.

Nous reprîmes nos chevaux, et nous nous dirigeâmes cette fois sur Jérusalem. Les vallons devenaient plus larges et les montagnes plus arides, à mesure que nous approchions. Nous étions en avant avec un de nos moukres qui s'arrêta tout d'un coup, en nous montrant à l'est une nappe d'eau qui brillait au soleil, et en s'écriant avec enthousiasme : *Kébir!* (Grand!) C'était la mer Morte et le Jourdain qu'on apercevait à travers les ouvertures des montagnes. Ce brave Syrien n'avait probablement jamais rien vu d'aussi grand que ce lac.

Un peu plus loin était un petit monument que l'on appelle le tombeau de Rachel. MM. de Chateaubriand et Poujoulat pensent avec beaucoup de raison, suivant moi, que c'est tout bonnement un santon ou tombeau turc. Au reste, le Rama de Rachel doit être bien près de là ; mais rien ne peut indiquer le lieu précis de sa sépulture.

Près du couvent de *Mar-Elias*, nous rencontrâmes des Européens à cheval, un *monsieur* et une *dame en amazone* qui se promenaient. Une dame en amazone à notre sortie du désert, en Syrie, près de Jérusalem ! Quel contraste ! C'était, nous dit-on, le consul belge avec sa femme. Nous ne tardâmes pas à gagner ce couvent de Mar-Elias, placé sur un point culminant et occupé par des moines grecs.

Devant nous, à l'extrémité du plateau, apparurent tout à coup des murailles crénelées. Les Arabes s'écrièrent *El-Kods!* (la Sainte); et nous, nous nous découvrîmes avec enthousiasme devant JÉRUSALEM!! C'était en effet Jérusalem que nous avions devant les yeux. C'est dans ces murs que s'étaient accomplis les principaux mystères de notre foi. C'était la ville sainte par excellence. Mar-Elias est à peu près à demi-distance de Bethléem et de Jérusalem, à une forte lieue de chacune. Derrière nous apparaissait toujours Bethléem sur la cime de sa montagne et, en avant, Jérusalem. Nous pouvions voir en même temps le berceau et le tombeau du Dieu fait homme. Là le mystère de l'incarnation ; ici la rédemption.

La route que nous suivîmes, en descendant un plateau

aride, était pleine de monde. Des moines grecs et catholiques, des Arabes, des Syriens, des soldats, des kawas allaient et venaient. Des cavaliers armés de longues lances galoppaient en nous voyant, et faisaient la fantasia pour nous montrer leur adresse. De nombreuses caravanes de chameaux, des ânes, des mules, suivaient la route poudreuse. Tout annonçait l'approche d'une grande ville.

De là, Jérusalem, dont on voyait quelques édifices, quelques minarets dépassant les hautes murailles crénelées, n'avait nullement l'aspect ruiné que je m'attendais à lui trouver. Quant à la campagne, à part quelques bois rares d'oliviers, elle me parut assez aride. Comme je venais du désert, je fus moins saisi de cet air de désolation qui frappe ordinairement les personnes qui y arrivent par les jolies plaines de Jaffa. C'est plus tard que je remarquai cet aspect de stérilité qui montre qu'une malédiction à passé par là. A droite s'élevait une montagne verdie par le triste feuillage de l'olivier; c'était le mont des Olives.

Nous prîmes à gauche le long d'un ravin profond, et nous arrivâmes à la *porte de Jaffa*. Un garde de santé, toujours avec l'étiquette en français sur la poitrine, nous arrêta pour nous demander nos *teskérés* ou certificats de quarantaine. On devait les échanger à notre départ contre des passeports turcs.

Nous fîmes donc notre entrée dans la ville sainte. Nous suivîmes quelques rues assez propres, blanchies à la chaux, et nous arrivâmes à la porte de la *Casa-Nuova*. C'est une dépendance du couvent de Saint-Sauveur, destinée au logement des étrangers et des pèlerins qui demandent l'hospitalité. Un domestique nous reçut. On nous donna à chacun une chambre très-propre donnant sur une galerie; une pièce au rez-de-chaussée devait être notre cuisine et le logement de Mahmoud. Nous fîmes décharger nos chameaux, bêtes auxquelles nous disions un éternel adieu, et nous réglâmes avec nos moukres syriens, dont nous avions été très-contents pendant le peu de temps que nous avions passé avec eux. Ils avaient été très-attentifs pour nous.

CHAPITRE XXIV.

Jérusalem.

Nous étions donc à Jérusalem. Après nous être installés dans nos chambres, nous allâmes au couvent. Les moines nous saluèrent d'un air bienveillant, et nous conduisirent chez le R. P. supérieur. C'est lui qui est le chef de tous les couvents de franciscains ou minorites, qui sont sur différents points de la Terre-Sainte; il porte le titre de *gardien de la Terre-Sainte*. Il nous reçut dans son cabinet, où il nous fit apporter de suite le café.

C'est un homme intelligent et capable, d'un extérieur très-digne; il ne parlait qu'italien. Presque tous les moines de la Terre-Sainte sont Italiens, à l'exception de quelques Espagnols et d'un petit nombre d'Allemands. La place de supérieur revient de droit à un Italien; celle de vicaire appartient à la France; mais, faute de moines français, on prend des Italiens, pour la remplir; le procureur doit-être Espagnol. Ces moines portent la robe brune de saint François et la barbe longue. Le père gardien nous accueillit avec prévenance, et nous dit qu'on nous ferait prévenir dès que l'église du Saint-Sépulcre serait ouverte, et que dans tous les cas il nous la ferait ouvrir.

Cette église du Saint-Sépulcre, qui renferme les principaux lieux illustrés par la passion de Jésus-Christ, appartient en commun aux différentes sectes chrétiennes qui sont représentées à Jérusalem. Elle est ordinairement fermée; les Turcs en ont les clefs. Lorsqu'il y a une cérémonie publique, ils la laissent ouverte pendant tout le temps de l'office, moyennant une rétribution payée par les couvents. Ils l'ouvrent également sur la demande des supérieurs de ces couvents, pour une cause quelconque. Autrefois ces ouvertures donnaient lieu à des avanies bien lourdes pour les religieux.

Maintenant il y a un tarif qui n'est pas très-élevé, et qui est proportionné au temps pendant lequel la porte doit rester ouverte.

Nous allâmes, en sortant du couvent, faire une visite au consul, pour le remercier de ses bons soins pendant notre séjour à Hébron. Il était malade, nous lui laissâmes nos cartes. Le temps s'était couvert dans la journée. Vers trois heures, il plut; mais de la vraie pluie. Nous n'en avions pas vu depuis le jour de notre départ de Paris.

Les rues de Jérusalem sont étroites et pavées très-irrégulièrement, souvent très en pente, et alors très-glissantes, surtout après la pluie; plusieurs sont voûtées. En rentrant à notre domicile, nous y trouvâmes un drogman du couvent qui venait nous avertir que l'église du Saint-Sépulcre était ouverte, et qui s'offrit pour nous y conduire.

Nous descendîmes par une rue large et roide; puis nous passâmes sous une voûte garnie de boutiques de chapelets, et nous arrivâmes sur une place dallée, de forme carrée, sur laquelle on vendait des objets de piété. Cette place était encombrée de masures; en arrière s'élevaient les deux minarets d'une mosquée. Vis-à-vis, nous vîmes un portail gothique assez simple, avec deux portes en ogives, comme les fenêtres qui les surmontent. A gauche était une tour en ruines, carrée, de style gothique. Sur la place on voyait des restes de colonnes. Ce portail, c'était celui de l'église du Saint-Sépulcre. Une des portes était murée; l'autre était alors ouverte.

Des Turcs étaient accroupis sur une table placée dans l'intérieur, contre la porte, et fumaient leurs pipes; c'étaient les portiers. Ils se levèrent à notre arrivée; ils repoussèrent la foule pour nous faire place, et saluèrent le costume franc, en vue du baskchisch que le pèlerin d'Europe, lorsqu'il est généreux, a l'habitude de leur donner la première fois qu'il vient visiter cette église sainte.

En entrant nous vîmes une table de marbre blanc entourée d'une balustrade. C'est la pierre de l'onction, sur laquelle le corps du Sauveur fut étendu après sa mort, et oint de parfums. La pierre a été recouverte de marbre, pour éviter les dégradations. Six énormes cierges brûlent devant elle. Deux sont fournis par chacune des trois sectes latine, grecque ou arménienne qui possèdent cette pierre en commun.

Nous tournâmes à gauche, puis nous arrivâmes dans une vaste rotonde soutenue par des piliers assez massifs, éclairée seulement par une ouverture circulaire pratiquée au centre de la coupole, comme au Panthéon de Rome. C'était là la nef de l'église proprement dite du Saint-Sépulcre. Au centre s'élevait un petit monument cubique, surmonté d'un dôme allongé. Des lampes en métaux précieux brûlent à l'entrée, et éclairent l'intérieur. C'est LE TOMBEAU!!!

On entre d'abord par un petit vestibule où se trouve un bloc de marbre qui marque l'endroit où se tenait l'ange qui annonça la résurrection du Maître aux saintes femmes qui venaient pour l'embaumer. De là une ouverture basse donne entrée dans une chambre vivement éclairée par des lampes d'or et d'argent, et ornée de fleurs. Un prêtre grec nous versa de l'eau de rose sur les mains.

Cette chambre carrée a 6 pieds de côté. La moitié est occupée par une table de pierre de 2 pieds 1/2 de haut, recouverte d'une plaque de marbre blanc. C'est sur cette pierre que fut déposé le corps de N. S. J.-C., lorsqu'il eut été parfumé.

Nous nous agenouillâmes, affaissés sous le poids des réflexions qu'inspirait un pareil endroit. Nous étions dans le tombeau même où s'accomplit le plus grand mystère du christianisme. Dans cette chambre, sur cette pierre, le fils de Dieu fut enfermé pendant trois jours, après avoir souffert jusqu'à la mort; c'est de là qu'il s'élança glorieux, après avoir vaincu la mort.

Non, l'homme le moins religieux, le philosophe le plus encroûté, ne peut entrer froidement dans ce lieu. Il est impossible de n'y pas éprouver une émotion vive, à moins de n'avoir plus aucune fibre vibrante au cœur. Quant à moi, j'avoue que je fus quelque temps avant de pouvoir distinguer les détails de ce saint tombeau, tant j'étais absorbé par les pensées qui remplissaient ma tête.

Ce tombeau était, comme cela se retrouve dans les hypogées, un cabinet cubique, ou grotte creusée au pic dans le roc vif.

On y avait ménagé une table de pierre, sur laquelle restait déposé le corps, que l'on ne descendait pas dans un trou, comme on pourrait le supposer ; on fermait ensuite l'ouverture de la grotte avec une pierre scellée. C'était là ce qui composait les sépultures. Les parois intérieures et extérieures de cette grotte ont été recouvertes de marbre.

Le chœur de l'église, placé vis-à-vis le saint sépulcre, est vaste et richement orné; c'est l'église des Grecs. Elle est divisée en deux parties, suivant l'usage grec; la nef et le sanctuaire, séparés par des panneaux peints. Le trône du patriarche est très-riche. Les Grecs y montrent un cercle incrusté dans le pavé, et qu'ils regardent comme le centre du monde.

De l'autre côté du saint sépulcre, une plaque circulaire, en marbre gris, marque l'endroit où notre Seigneur, après sa résurrection, apparut à sainte Madeleine, sous le costume d'un jardinier. Plus loin est la chapelle de l'Apparition, où Jésus-Christ se montra à sa mère; c'est l'église des Latins. Elle est petite et très-simple. Au-dessus d'un autel, on voit une portion de la colonne à laquelle le Christ fut attaché pour être flagellé; l'autre moitié de cette colonne est à Rome.

En faisant ensuite le tour du chœur des Grecs, on trouve successivement plusieurs chapelles qui indiquent des lieux saints, consacrés par la tradition.

Le premier est celui de la prison; c'est là que Jésus fut enfermé pendant qu'on faisait les apprêts du supplice. Vient ensuite le lieu où se fit le partage de ses vêtements, que les soldats tirèrent au sort.

On arrive ensuite à un escalier large de 30 marches, qui descend à la chapelle de Sainte-Hélène ; c'est là que l'impératrice était en prières, pendant qu'on faisait les fouilles pour retrouver la vraie croix. Cette chapelle est grande et très-ornée ; c'est l'église des Arméniens. A droite est un autre escalier qui descend dans la grotte au fond de laquelle furent découverts la croix, les clous et la couronne d'épine, qui avaient dû être cachés là par les chrétiens contemporains de la passion de Jésus-Christ. A côté est un autel surmonté d'une croix qui a les dimensions exactes de celle sur laquelle le Christ fut attaché. Une fenêtre de l'église des Arméniens donne sur l'escalier qui conduit à la grotte; c'est par là que l'impératrice surveillait les travaux.

En rentrant dans l'église, et suivant toujours le chœur, on arrive à une chapelle dans laquelle se trouve une colonne de marbre gris tacheté de noir, dite la colonne de l'*impropere*, sur laquelle on fit asseoir le Sauveur, pour le couronner d'épines.

A la suite, plus près de la pierre de l'onction, à 110 pieds de distance du tombeau, on trouve un escalier de 20 marches, étroit et très-roide. Il mène sur une plate-forme pavée de beaux marbres, dans une chapelle éclairée par des lampes d'or et d'argent, et décorée de mosaïques et de riches ornements. Cette chapelle est divisée en deux par une arcade. Cette plate-forme, c'est le Calvaire. A droite un autel indique le lieu où l'on attacha le Sauveur sur la croix; à gauche un autre autel richement orné de peintures, de lampes et de pierreries et surmonté d'un grand crucifix, est placé sur le trou même dans lequel fut plantée cette croix glorieuse. Une plaque de vermeil percée à jour, recouvre ce trou rond. Près de là, en soulevant une plaque d'argent, on voit la fente qui se fit dans le rocher, lorsque le Fils de l'Homme rendit le dernier soupir.

Le Calvaire n'est pas une montagne, comme on se le figure généralement. C'est une éminence rocheuse, comme on en voit tant aux environs, qui se trouvait sur le versant de la montagne. Elle est dominée par une partie de la ville, bien loin d'être un point culminant. Le trou de la croix avait été taillé dans le roc vif. Ce rocher a été entouré de marbres et renfermé dans l'église du Saint-Sépulcre. C'est sous cette roche du Calvaire qu'est creusée la grotte de l'Invention de la Croix. A droite de l'autel du crucifiement est la chapelle construite à l'endroit où se tenait Marie, pendant le supplice de son divin fils.

Le Golgotha ou Calvaire était la place des exécutions, et se trouvait en dehors de la ville, dans un angle rentrant que faisaient les murs, près d'une des portes. Non loin de cette porte devaient être des sépultures, comme c'est encore maintenant l'usage. Le sépulcre de Joseph d'Arimathie, dans lequel fut déposé le corps du Christ, devait être près du lieu du supplice. On a donc pu facilement réunir ces deux emplacements dans une même église, qui, par suite, est d'une forme très-irrégulière. Dans la ville moderne, cette place qui, sous les Juifs, était hors de la ville, est maintenant dans son enceinte.

On a écrit bien des pages pour contester la place du tombeau ou du Calvaire. Eh! mon Dieu! n'y en a-t-il pas qui ont nié non-seulement la divinité, mais l'existence même de Jésus-Christ. N'y avait-il pas dernièrement, en Allemagne, un idéologue, qui démontrait qu'Homère, que Virgile même étaient des êtres fabuleux? Que m'importent les niaises dissertations d'un rêveur allemand, ou d'un froid Anglais? Cela nous empêche-t-il d'honorer les lieux sur lesquels se sont accomplis les mystères, fondement de nos croyances, quand bien même on se serait trompé dans leur désignation de quelques pieds à droite ou à gauche.

Mais d'ailleurs n'est-il pas au moins probable que les premiers disciples du Christ, qui ont assisté à toutes les phases de son supplice, auront remarqué tous les endroits consacrés par le drame sanglant de la passion, pour les entourer de leur vénération? La piété des premiers chrétiens a dû aussi en transmettre le souvenir d'âge en âge jusqu'à nos jours. Je ne concevrais même pas, avec l'amour des apôtres pour leur maître, et ensuite la ferveur des commencements du christianisme, que l'on ait pu oublier jusqu'à la place où le Dieu avait souffert, jusqu'au tombeau dans lequel il avait été renfermé.

Quant à la position des saints lieux dans l'intérieur de la ville, qu'y a-t-il d'étonnant qu'une ville qui, depuis l'époque de la passion, a été détruite et rebâtie deux ou trois fois, renferme maintenant, dans son enceinte moderne, une place qui autrefois était hors des murs? Mais laissons là les tristes efforts d'un prétendu rationalisme qui ne peut que creuser, sans savoir combler le vide qu'il fait autour de lui. L'émotion de plus d'un philosophe sceptique, en sortant de cette église, a suffi pour abattre son orgueil et démentir ses négations.

Les différentes sectes chrétiennes ont, dans cette église, des chapelles, et des moines qui les desservent et qui y logent.

Autour de la rotonde du saint tombeau règne une galerie à deux étages, servant d'habitation à ces religieux. Les Latins les Grecs, et les Arméniens sont les principales sectes en possession de la plupart des lieux consacrés. Le tombeau et la pierre de l'onction sont en commun. La chapelle de l'Apparition, celle de la Madeleine, celle du Crucifiement, celle de l'Invention de la croix, sont aux Latins. Les Arméniens et les Grecs possèdent les autres. Cependant chaque secte peut faire ses cérémonies à tous les autels.

Les Latins ont constamment six pères qui logent dans l'église, et n'en sortent pas. Le local qu'ils habitent est à la suite de leur église. Cet emplacement est peu aéré, malsain et fort sale; aussi on les change tous les trois mois. C'est là que sont leurs cellules. Au-dessus, entre les piliers qui soutiennent la coupole, ils ont une espèce de tribune. Je fus bien étonné d'y voir le portrait de l'ex-roi des Français, en grand uniforme de la garde nationale. Il paraît que Louis-Philippe avait envoyé, peu de temps avant sa déchéance, ce tableau aux moines de la Terre-Sainte, qui l'avaient reçu avec de grands honneurs. Vanités de ce monde! Ce roi puissant, dont le portrait avait causé une si grande sensation parmi ces pauvres religieux, exilé à son tour, et déchu de toutes les grandeurs qu'il devait à une révolution, comme une révolution l'en avait précipité, il traînait maintenant une triste vieillesse. Avait-il, comme d'autres exilés, les consolations d'une conscience pure? Ce portrait, devant le tombeau du Christ, c'était une expiation.

Ces moines, tous les soirs à quatre heures, font une procession autour de l'église et une station à chacun des autels signalés par un des faits de la passion. Tous les matins, avant le jour, ils disent la messe sur le sépulcre. Les Grecs officient après, et ensuite les Arméniens.

Derrière le tombeau, dans le monument même, se trouve un enfoncement contenant un autel assez misérable, orné seulement de quelques fleurs, et fermé par une porte, comme une armoire. C'est la chapelle des Coptes. Un prêtre basané, à peine vêtu d'une robe trouée, et coiffé d'un mauvais turban noir, représente cette secte des chrétiens d'Egypte. Il ne sort guère de sa chapelle, à l'entretien de laquelle il emploie les faibles ressources que lui envoient ses coreligionnaires. Je fus plus touché en entrant dans cet humble oratoire, où priait avec résignation ce pauvre moine copte, que dans la splendide église des Grecs. Cette modeste prière prononcée près du tombeau de celui qui recommanda l'humanité, et en donna l'exemple, ne montera-t-elle pas tout droit au trône de Dieu?

Il y a encore dans l'église des prêtres abyssins, au teint noir, couverts de burnous, et fort misérables. Ils n'ont pas de place consacrée pour eux. Ils font généralement ménage avec le Copte, et vont d'ailleurs officier partout; on ne leur refuse jamais l'hospitalité.

Enfin, au fond de l'église, en arrière de la rotonde, se trouve encore une chapelle qui est desservie par des catholiques du rite syriaque et par des Maronites. Près de cette chapelle, il y a une grotte et plusieurs sépulcres taillés dans le roc, dans le genre du tombeau de N. S. Parmi eux se trouve le sépulcre de Nicodème.

Au reste, pour bien connaître cette église, dont j'ai essayé de donner la description, il faut lire Chateaubriand. C'est ce qu'il y a de plus clair et de mieux détaillé. Depuis sa visite à Jérusalem, l'église a été brûlée en 1808. Elle a été rebâtie, mais sur le même plan. Les colonnes ont été seulement remplacées par des piliers assez lourds. Ce sont les Grecs qui ont fait la dépense.

La coupole se trouvait alors très-endommagée; les ouragans en avaient enlevé le plomb sur une grande surface. Les Latins, pour maintenir leurs droits sur cette coupole, voulaient faire seuls la réparation, tandis que les Grecs, par des motifs opposés, voulaient en faire la moitié. Le sultan avait décidé que la dépense serait partagée. Les Latins négociaient auprès du gouvernement français pour faire appeler de cette décision au divan. En attendant la solution de cette difficulté, la pluie tombait sur le saint tombeau.

En rentrant au couvent, nous trouvâmes notre dîner tout prêt. Le domestique nous avait apporté une lampe à l'italienne, avec du pain et de ce bon vin qu'on fait à Bethléem. Le couvent nourrit ordinairement ses hôtes, et le repas se prend en commun. Nous avions préféré nous charger nous-mêmes de notre ordinaire. Mahmoud achetait nos provisions, et nous faisait la cuisine. Le couvent ne nous fournissait que le pain, le vin et l'huile, ainsi que de la vaisselle de table.

Après une journée commencée à minuit, et si bien employée, j'éprouvai une certaine volupté à me coucher dans des draps. Il y avait juste un mois que cela ne m'était arrivé, depuis le départ du Caire.

Le lendemain de notre arrivée, c'était le Jour des Morts. L'office se célèbre à l'église du couvent, qui est petite et très-simple. Il y avait beaucoup de monde. J'y remarquai les enfants des écoles syriennes, dont la plupart avait de très-jolies figures. La race syrienne est fort belle. Il faudrait la tête d'une Syrienne sur le corps d'une Egyptienne, pour faire une femme accomplie. L'ornement noir qui servait à la grand'-messe est d'une grande richesse; il a été donné par l'Espagne, et porte les armes de cette puissance.

Nous nous mîmes ensuite en courses, pour visiter Jérusalem et les environs, l'*Itinéraire* de Chateaubriand à la main. Il faisait très-beau temps. Nous sortîmes par la *porte de Jaffa* ou *des Pèlerins*, qui nous conduisit à la vallée de *Guehinnom*. C'est un ravin profond qui contourne la ville et longe le pied du mont Sion, escarpé de ce côté. La pente de ce ravin est assez rapide. Un barrage en pierres le traverse, et était destiné à retenir l'eau, de manière à former un étang. Sur les bords sont quelques arbres, puis des escarpements de terre grise, surtout du côté de la ville.

Nous passâmes au bas de la pointe du mont Sion, où s'élève une mosquée bâtie sur le tombeau de David, et qui se trouve hors de l'enceinte. Vis-à-vis, dans la montagne située à droite du ravin, et opposée au Sion, on voit un grand nombre de grottes sépulcrales taillées dans le roc, et connues sous le nom de *sépulcres des Juges*. Chaque grotte se divise en plusieurs chambres, dans lesquelles on entre par des portes très-basses. Des excavations marquent l'emplacement des corps. Plusieurs d'entre elles sont ornées de peintures de l'époque chrétienne; on y distingue des images de saints avec les auréoles. Cela fait supposer que ces grottes ont servi de chapelles aux premiers chrétiens. L'un de ces tombeaux est attribué à Ananie. On y arrive par des escaliers taillés dans le roc. Ils servent maintenant de retraite à des pâtres. Au-dessus se trouve un champ planté de quelques oliviers, que l'on suppose être le Haceldama, le prix du sang du Juste, ce champ du potier, acheté avec les 30 deniers que Judas avait reçus pour sa trahison, et qu'il jeta dans le temple, poussé par ses remords. « *Les princes des prêtres ne voulurent pas mettre dans le trésor le prix du sang; et ils achetèrent ce champ, pour la sépulture des étrangers.* »

La vallée de Guehinnom descend jusqu'au puits de Néhémie, où elle se réunit à la vallée de Josaphat. C'est dans ce puits que Néhémie avait caché le feu sacré, pendant la transmigration des Juifs à Babylone. Il y a un grand réservoir alimenté par ce puits, qui fournit une grande partie de l'eau de Jérusalem, qui autrement n'aurait que l'eau des citernes creusées dans chaque maison. On vient de tous côtés y remplir des outres que l'on emporte sur des ânes.

Nous nous assîmes à l'embranchement de la vallée de Josaphat, sur le versant du mont du Scandale, où, dans sa vieillesse, Salomon sacrifia aux idoles; c'est vers l'angle sud-est de la ville. Vis-à-vis de nous, s'élevaient les murs crénelés de la cité de David, qui, descendant du mont Sion, allaient gagner le Moriah. Sur ce dernier mont, on voyait la large coupole de la mosquée d'Omar, ainsi que les murs rouges et le dôme en cuivre de la mosquée de la Sakhra, qui occupent maintenant l'emplacement du temple de Salomon.

Nous entendîmes murmurer une cascade; c'était l'eau de la fontaine de Siloé qui, tombant du mont Moriah, arrosait des jardins bien verts, placés à nos pieds, et connus sous le nom de *jardins du Roi*, ou *de Salomon*. Près de nous, en remontant la vallée, au pied du mont du Scandale, nous voyions le village de Siloé, composé de bicoques misérables et fort sales, habitées par des Syriens en guenilles.

Nous traversâmes le lit, alors à sec, du torrent de Cédron, et nous montâmes vers la fontaine de Siloé, située dans le vallon des Fromagers, qui séparait le Sion de l'Acra et du

Moriah. La fontaine de Siloé sort, par un conduit souterrain, des flancs du Moriah, sous une porte voûtée en partie détruite. Elle forme la piscine de Siloé, bassin en carré long, dans lequel on descend par un escalier. On y voit encore des tronçons de colonnes actuellement engagées dans les masses de pierres qui forment les parois actuelles. Le ruisseau passe ensuite dans un canal creusé très-profondément dans le roc vif, et arrive dans un réservoir où les femmes viennent laver leur linge; puis il tombe par deux cascades successives dans le torrent de Cédron. C'est dans la piscine de Siloé que Jésus envoya un aveugle de naissance, qui s'y lava et devint clairvoyant. Je goûtai cette eau, qui n'est nullement saumâtre, comme du temps de Chateaubriand. Quant à ce qu'il rapporte des laveuses qui s'enfuirent en lui disant des injures, celles que nous vîmes ne firent nulle attention à nous. Près du lavoir est un gros mûrier très-vieux, entouré de pierres. Il indique, dit-on, la place du tombeau du prophète Isaïe qui fut scié par ordre de Manassès.

On trouve beaucoup de sources et de fontaines dans cette montagne. Nous remontâmes le mont Sion, et nous rencontrâmes des files d'ânes chargés d'outres remplies d'eau au puits de Néhémie; d'autres descendaient à vide, au galop. Je trouvai là beaucoup de ces cornichons qui, lors de leur maturité, sautent en l'air dès qu'on y touche, ainsi qu'un grand nombre de gros lézards noirs, courts, hideux, très-communs dans les roches de Syrie. Nous arrivâmes à la porte Sterquilinaire, qui est habituellement fermée, et, longeant les murs, nous gagnâmes la *porte de David* (*bab Daoud*), par laquelle nous rentrâmes en ville; suivant ensuite les murs du magnifique jardin des Arméniens, nous nous trouvâmes sur la place qui est devant la porte de Jaffa. Cette place est traversée par une foule de gens et d'animaux qui entrent par cette porte, qui est la plus fréquentée. Un édifice gothique était là en construction. C'était le palais du patriarche, destiné à loger les catholiques de distinction qui viennent à Jérusalem. Derrière est l'établissement des protestants anglicans. Dans un but tout politique, le gouvernement anglais a essayé de transplanter là sa froide et triste religion protestante, desséchée par ce prétendu rationalisme, fruit de l'orgueil humain. Ils obtiennent de médiocres résultats chez les chaudes imaginations orientales; leur évêque prêche dans le désert.

Près de la porte est une citadelle du moyen-âge, bâtie sur l'emplacement de la tour de David et de son palais. C'est une tour élevée, environnée d'édifices gothiques, et qui sert de caserne à des soldats turcs. Non loin est le bain de Bethsabé, où se baignait la femme d'Uri, lorsque David l'aperçut.

Nous trouvâmes, au couvent, Fra Remigio, bon moine chargé des étrangers. Il vint nous saluer, et demanda si nous avions besoin de quelque chose. Les franciscains, dans tous les lieux de la Terre-Sainte où ils sont établis, sont tenus de donner l'hospitalité à tous les étrangers qui se présentent, à quelque nation, à quelque religion qu'ils appartiennent. Sur le registre qu'on nous présenta pour inscrire nos noms, notre patrie et notre religion, nous trouvâmes de vifs éloges donnés par des protestants à l'hospitalité des franciscains. De l'avis de tous les voyageurs, c'est chez eux qu'on est le mieux reçu et qu'on est accueilli avec le plus de cordialité; aussi c'est chez eux qu'on va de préférence. Les pèlerins qui viennent au couvent sont logés et nourris gratuitement pendant trois jours, après lesquels on leur donne des vivres pour continuer leur route et gagner un autre couvent de l'ordre. Les personnes aisées laissent habituellement, en partant, un cadeau bien supérieur à la dépense qu'elles ont pu occasionner. Mais il ne passe par an qu'un très-petit nombre de ces personnes, tandis qu'ils ont à recevoir tous les jours des bandes de pèlerins sans ressources, surtout des Levantins, qui viennent là en familles très-nombreuses, avec femmes et enfants. La nourriture me parut assez abondante et de bonne qualité. Les franciscains n'ont, pour subvenir à ces dépenses et à celles du culte, que le produit des quêtes faites dans la chrétienté, et les dons faits à l'ordre.

CHAPITRE XXV.

Jérusalem.

Nous prîmes Mahmoud avec nous, pour aller faire des courses. Il était superbe. Il avait mis une belle culotte blanche, une ceinture en cachemire, un dolman et un gilet en drap bleu barbeau, et un turban rouge et jaune sur un tarbousch tout neuf. Il voulait faire honneur à l'élégance égyptienne. Après avoir acheté des cigares chez un épicier, à la porte de Jaffa (car on vend des cigares à Jérusalem), nous passâmes près du couvent grec, grand bâtiment placé contre le Saint-Sépulcre, et nous descendîmes dans la basse ville, vers le temple.

Nous voulions entrer dans une maison qui donne sur le parvis de la mosquée d'Omar. Cette mosquée, bâtie sur l'emplacement du temple de Salomon, est inaccessible aux chrétiens. Mahmoud fut mieux avisé : il se présenta à la porte d'une caserne qui s'élève également sur ce parvis, et demanda pour nous la permission d'entrer. Le lieutenant-colonel du régiment qui occupait cette caserne était précisément au corps de garde. Il nous accueillit de la manière la plus aimable, nous fit monter d'abord dans sa chambre, où il nous fit apporter pipes et café. Il nous parla beaucoup de la France et des Français qui étaient, disait-il, les amis de la Turquie. Il parlait avec mépris des Russes, et paraissait ne demander que plaies et bosses. Pauvre diable ! je crois qu'une simple patrouille de ces Russes qu'il appelait, je ne sais à quel propos, *des mangeurs de poissons*, n'aurait fait qu'une bouchée de tout son régiment. Je lui fis, de mon côté, des compliments sur l'excellente tenue de ses soldats. Il est certain qu'ils étaient presque tous habillés à neuf, et je n'avais jamais vu de soldats turcs aussi propres. Leurs fusils, que j'avais vus au corps de garde, étaient également très-bien soignés. Ils portaient, comme toutes les troupes turques à pied ou à cheval, de terre ou de mer, le pantalon bleu à l'européenne, une veste à boutons de métal, avec une plaque de cuivre sur chaque épaule, en guise d'épaulettes, plus le tarbousch pour coiffure.

Notre conversation avec le *kaïmakan*, ou lieutenant-colonel, n'était pas très-facile à soutenir. Il ne parlait que le turc; un de ses soldats, qui savait le turc et l'arabe, servait d'intermédiaire entre lui et Mahmoud, qui communiquait avec nous au moyen de son prétendu français. Enfin, cela allait tant bien que mal.

Après ces échanges de politesses, le kaïmakan nous conduisit lui-même sur la terrasse de la caserne, d'où l'on voyait parfaitement la mosquée et ses entourages. C'est là que fut le fameux temple des Juifs. Ce temple, bâti par Salomon, avait été détruit par Nabuchodonosor; il fut réédifié par Zorobabel. Hérode en fit élever un autre beaucoup plus magnifique que celui de Zorobabel. C'est ce temple qui fut brûlé par Titus, trente-huit ans après la mort de Jésus-Christ; et, comme l'avait prédit le Seigneur, il n'en resta pas pierre sur pierre. Hérode avait fait couper et aplanir le mont Moriah, et combler la vallée des Fromagers, qui séparait le Sion du Moriah. Cette vaste esplanade, placée à l'est de la ville, contre l'enceinte, formait le parvis du temple dont il ne reste pas un vestige. On voit seulement dans les substructions des murailles de la ville, de ce côté, d'énormes blocs de pierres qui ont dû faire partie du mur destiné à soutenir les terres rapportées.

Ce parvis est une place carrée d'environ 500 pas sur 460 (d'après Chateaubriand). Cette place est fermée : à l'est et au sud par les murs de la ville, à l'ouest par des maisons, et au nord par les ruines du prétoire de Pilate et du palais d'Hérode sur l'emplacement duquel est bâtie la caserne. Elle est entourée de plusieurs rangs de portiques d'architecture arabe. Au milieu de ce parvis s'élève un terre-plain carré, sur lequel est bâtie la grande mosquée d'Omar, ou *El-Aksa*, que le conquérant arabe de Jérusalem fit construire à la place même qu'occupa le temple. Cette mosquée est octogone. Les murs en sont revêtus de ces carreaux de faïence chargés d'arabesques, que l'on voit dans les monuments maures de l'Espagne. Une lanterne également octogone, et percée de huit fenêtres, s'élève au-dessus; le tout est couronné par un dôme de plomb à nervures, d'une forme mauresque. Ce dôme d'une grande dimension est surmonté d'une flèche légère terminée par un croissant. La mosquée a 256 pas de circuit, extérieurement.

Sur la même esplanade, il y a une autre mosquée, *El-Sakhra* ou la Roche, ainsi nommée d'une roche qui est dans l'intérieur. C'est une longue nef peinte en rouge, surmontée d'un toit de cuivre, et d'une coupole mauresque également en cuivre. *El-Aksa* est sur l'emplacement du temple; *El-Sakhra* occupe le lieu où vivait Marie, lorsqu'elle servait dans le temple. Il y a encore deux autres mosquées dans les portiques, au nord. Enfin, cette enceinte renferme en outre des fontaines pour les ablutions, plusieurs tombeaux, des monuments et des arbres indiquant des lieux relatifs à des traditions musulmanes sur David et sur Salomon. Beaucoup d'individus et des femmes en voiles blancs, traversaient le parvis, et allaient à la mosquée. Cette mosquée est particulièrement sainte. Celles de la Mecque et de Médine lui sont seules supérieures. Lorsque les Ouahabites étaient maîtres de la Mecque et avaient interrompu le saint pèlerinage, les fidèles de l'islamisme venaient faire leurs dévotions à la mosquée de Jérusalem, qui remplaçait alors celle de la Mecque. Aussi aucun infidèle, sous quelque prétexte que ce soit, ne peut y pénétrer, ni même entrer sur le parvis. Un firman du sultan lui-même serait impuissant. Toute la population se précipiterait sur le sacrilége qui voudrait mettre le pied dans l'enceinte sacrée, et sa vie serait en danger, à moins que le firman ne fût appuyé d'une escorte suffisante.

Nous redescendîmes avec le kaïmakan, qui était resté avec nous sur la plate-forme, où il avait fait apporter des siéges. Il nous avait priés de ne pas nous gêner, et de rester tout le temps que nous voudrions, pour bien voir la mosquée. Il nous donna lui-même, d'une manière très-aimable, les renseignements que nous désirions. Nous fîmes encore une pose chez lui, et nous y reprîmes du café; puis nous le quittâmes, le remerciant de son obligeante politesse. Nous rencontrâmes, à la porte, le colonel du régiment, qui fumait son chibouque devant le corps de garde. Il fut aussi très-poli, et nous dit qu'il était un peu souffrant, sans quoi il aurait été très-heureux de nous recevoir. Le kaïmakan avait défendu à ses soldats de recevoir aucun bakschisch de notre part, et nous ne pûmes leur en faire accepter. C'était bien extraordinaire pour des Turcs.

En sortant de la caserne, il pensa nous arriver un accident. Mahmoud, qui nous conduisait, se trompa de rue, et enfila une allée au bout de laquelle nous nous trouvâmes justement sur le parvis sacré. Aussitôt toutes les femmes poussèrent de grands cris. On commençait à s'ameuter; nous battîmes de suite en retraite. Ce pauvre Mahmoud fut accablé d'injures, lui musulman, qui osait amener des chrétiens dans un lieu saint. Aussi il filait promptement, l'oreille basse, pour éviter la tempête qui allait fondre sur lui. Comme il était avec nous, c'est lui qui aurait été la victime de l'indignation des dévots musulmans.

Enfin, nous gagnâmes la porte de la ville, dite *Sitti-Mariam* (*notre dame Marie*), qui mène au tombeau de la vierge Marie. Au dedans de cette porte, dans l'angle des murs de la ville et du temple, est un réservoir de 150 pieds sur 40, revêtu de pierres maçonnées, très-dégradé. Il est entièrement à sec, en partie comblé; l'eau y est remplacée par des arbustes et des plantes. Ce réservoir, c'est la piscine Probatique, au bord de laquelle Jésus vit un homme malade depuis trente-huit ans, qui épiait vainement l'occasion de se faire jeter dans la piscine, lorsque l'ange venait agiter l'eau salutaire. « *Lève-toi, prends ton lit, et marche, lui dit Jésus; et il marcha.* » Hors de cette porte, qu'on appelle aussi *Porte de saint Etienne*, parce que c'est près de là que saint Etienne fut lapidé, il y a, à gauche, un autre réservoir maçonné, carré, à angles arrondis, et actuellement desséché. C'est là, dit-on, que Marie venait laver le linge, lorsqu'elle habitait Jérusalem. Nous traversâmes un cimetière turc qui s'étend sous les murs, et *nous descendîmes dans la vallée de Josaphat*, qui sépare le Moriah de la montagne des Oliviers.

Cette montagne, de terre grisâtre, garnie d'oliviers et de quelques champs cultivés, est assez élevée. Je montai jusqu'à son sommet. De là, on a une très-belle vue. On voit d'abord tout l'ensemble de la ville, qui descend du mont Sion sur le versant précisément opposé du vallon.

Jérusalem a à peu près la forme d'un trapèze qui occupe la pente nord-est du mont Sion, couvre dans sa partie basse les hauteurs peu sensibles de Moriah et d'Akra, et s'arrête au-dessus de la vallée de Josaphat. Les maisons sont en pierres grises ; elles sont massives, de forme cubique, assez basses. Elles sont voûtées et surmontées de toits plats ou de coupoles. Il y a très-peu de fenêtres extérieures. Ces plates-formes, sur lesquelles on voit les habitants se promener, se reposer, étendre leur linge, sont dominées par les dômes des églises et des mosquées, et par les minarets. Au premier plan, on embrasse tout le parvis du temple et la mosquée d'Omar. Sur le versant, on distingue la large coupole de l'église du Saint-Sépulcre, et le Calvaire. Au-dessus, près des murailles, entre la porte des Pèlerins et l'angle nord-ouest, est le couvent latin de Saint-Sauveur. La ville est entourée de solides remparts en pierre, d'une quarantaine de pieds de haut, crénelés et flanqués de tours élevées, et formant plusieurs angles rentrants.

Il y a quatre portes ouvertes : au nord, celle de Damas; à l'est, celle de Saint-Etienne, ou *Bab-Sitti-Mariam*, qui mène au mont des Oliviers et à Jéricho; au sud, la porte de David ; et à l'ouest, celle de Jaffa ou des Pèlerins. La porte Sterquilinaire placée au sud, et donnant sur le temple, est habituellement fermée. Il y avait encore deux autres portes qui sont murées : celle d'Éphraïm au nord, et la Porte-d'Or à l'est, qui donnait sur le parvis du temple. Il reste de cette dernière des cintres ornés de sculptures assez délicates. Dans quelques parties des murailles, il y a encore de gros blocs, restes des anciens remparts. Ces murailles ont été construites par le sultan Soliman-le-Grand. Elles ne comprennent pas dans leur enceinte la partie sud-ouest qui est la plus élevée du mont Sion et sur laquelle est le tombeau de David. D'un autre côté, le Calvaire, qui était autrefois en dehors, est maintenant compris dans la ville. Cette enceinte peut avoir près d'une lieue de circuit. On évalue la population à environ 25,000 habitans, sans compter la quantité de pèlerins et d'étrangers qui vont et viennent. Les ravins profonds et escarpés de Guéhinnom et de Josaphat entourent la ville de trois côtés, et y forment des fossés naturels qui devaient limiter aussi l'ancienne Jérusalem. Elle ne pouvait donc être beaucoup plus grande que la ville moderne. Il n'y a que vers le nord qu'elle a pu s'étendre davantage; et, en effet, Hérode l'avait agrandie de ce côté par l'addition du faubourg de Bezetha. On ne sait, par conséquent, comment expliquer le nombre énorme d'habitans qui s'y seraient trouvés, d'après l'historien Josèphe lors du siège de la ville par Titus. Seulement parmi les morts, il y aurait eu, à ce qu'il rapporte, 1,100,000 Juifs.

Jérusalem, au reste, a subi toutes les vicissitudes possibles. Peu de villes ont été saccagées et détruites de fond en comble autant de fois qu'elle. Les Assyriens, les Babyloniens, les Israélites eux-mêmes, les Romains, les Grecs, les Arabes, les Croisés, ont successivement augmenté le monceau de décombres sur lesquels elle est assise. Les Romains, surtout, la rasèrent complétement; et, suivant la prédiction du Christ, il ne resta pas de vestiges de l'ancienne capitale des Juifs, excepté deux ou trois piscines. La forme du sol même a dû être modifiée considérablement. Jérusalem est toujours restée la ville sacrée pour les hommes de toutes les religions qui y accourent de tous les points du globe. Les chrétiens viennent y prier sur un tombeau, le tombeau d'un Dieu. Les Juifs, ces nomades du globe, marqués du sceau de la réprobation, pour le crime de leurs ancêtres, y viennent pleurer sur leur patrie défunte, et demandent pour toute faveur d'y mourir et de réunir leurs os à ceux de leurs pères. Ils avaient dit : « *Que son sang retombe sur nous et sur nos fils !* » La terrible sentence a été ratifiée. Au delà de Jérusalem s'étendent des plateaux montueux d'un aspect aride et désolé. Il semble que la malédiction de Dieu s'est étendue sur cette terre coupable.

Si maintenant on regarde vers l'est, la vue s'étend sur une série de montagnes, jusqu'à la vallée du Jourdain qui s'enfonce comme un sillon large et profond. De l'autre côté, s'élève la crête des monts d'Arabie qui renferme la cime du Nebo, d'où Moïse, avant de mourir, vit la terre promise qu'il ne pouvait fouler. On voit briller comme un miroir la nappe bleue de la mer Morte. Sur ce sommet du mont des Oliviers est un groupe de maisons creusées dans le roc, semblables à des terriers de lapins, où grouille une population misérable, autour d'une petite mosquée octogone que l'on suppose bâtie sur le lieu même d'où Jésus-Christ monta au ciel. Cette mosquée remplace une église que sainte Hélène y avait fait bâtir. Il y a, dit-on, sur le rocher une empreinte qui serait celle du pied divin. Cette partie de la montagne des Oliviers s'appelle le mont de l'Ascension.

Je retrouvai Charles qui dessinait une vue de Jérusalem, et nous descendîmes dans la vallée de Josaphat. Cette vallée, ou plutôt ce ravin, commence un peu au-dessus de la ville, et s'étend du nord au sud, resserrée entre deux côtes blanches très-arides. Dans le fond se trouve le lit du torrent de Cédron, qui est à sec une grande partie de l'année. Le Cédron suit des vallées à travers les montagnes, et va se jeter dans la mer Morte. La vallée de Josaphat a dû toujours servir, et sert encore de cimetière aux Juifs. Ils viennent s'y faire enterrer de tous les points du globe; ils pensent que c'est là que l'ange réunira les âmes pour le jugement dernier. La tristesse extrême du lieu, ainsi que sa destination ont pu donner lieu à cette croyance. Les deux versants de ce vallon sont en effet couverts de milliers de pierres grises de toutes grandeurs, éparses çà et là, qui contribuent à augmenter la sévérité de l'aspect désolé de cet endroit. Ces pierres, marquées de caractères hébraïques, sont des tombes des Juifs; un pont d'une seule arche est jeté sur le Cédron.

A gauche, en descendant la vallée, on voit plusieurs tombeaux remarquables qui sont taillés à même dans le roc. Le premier est le *sépulcre de Josaphat*, grotte presque comblée, dont on ne voit plus que le fronton, et qui devait être assez riche d'ornements. En avant se trouve un monument, connu sous le nom de *tombeau d'Absalon*; il est cubique, entouré de colonnes ioniques, et surmonté d'une espèce de cône allongé au sommet, et terminé par un ornement semblable à un entonnoir renversé; cette partie supérieure est rapportée. Un peu plus loin on voit le monument nommé la *Retraite des*

Apôtres, et ensuite le *tombeau dit de Zacharie*, à peu près semblable à celui d'Absalon, si ce n'est que la partie supérieure est pyramidale, au lieu d'être conique. Une galerie taillée dans le roc mène du tombeau de Zacharie dans une grotte qui communique avec plusieurs autres cavernes, et qui s'ouvre sur la vallée par un portique composé de deux colonnes et de deux pilastres doriques, qui soutiennent un entablement avec triglyphes sur la frise, le tout taillé dans le roc même. C'est là, dit-on, que se retirèrent les apôtres, après la mort du Christ; on suppose aussi que saint Jacques s'y cacha.

Près du village de Siloé, au pied du mont du Scandale, on voit aussi beaucoup de tombeaux creusés dans le roc, puis les pierres tumulaires des Juifs modernes. Nous remontâmes de là sur le Moriah, et nous rentrâmes en ville par la Porte de David, en suivant le pied des murailles. L'église du Saint-Sépulcre était ouverte, nous y entrâmes. Les moines latins y faisaient leur procession quotidienne. L'effet de l'orgue accompagnant ces voix qui chantaient des hymnes était d'un bel effet. Dans une autre partie de l'église on entendait les psalmodies grecques, et plus loin les chants des Arméniens. Chacun dans son rite s'adressait au même Dieu, sur le tombeau où il avait été enseveli.

Le surlendemain de notre arrivée, nous prîmes avec nous un domestique du couvent, pour nous faire indiquer les endroits consacrés par les traditions religieuses, que Mahmoud, en sa qualité de mahométan, connaissait fort peu. Nous parcourûmes la *via dolorosa*, c'est-à-dire la route que notre Seigneur suivit pour se rendre du prétoire de Pilate au Calvaire.

La maison de Pilate était contiguë au temple; les Latins ont bâti une chapelle sur l'emplacement du prétoire. Cette chapelle est assez grande, propre et jolie. Nous y entendîmes la messe. L'autel est sur le lieu même où Jésus-Christ fut flagellé. Des moines du couvent de Saint-Sauveur y sont détachés, pour desservir ce lieu. Vis-à-vis était l'escalier du temple, dont les marches ont été transportées à Rome, à la *Scala-Santa*, près de Saint-Jean-de-Latran. C'est aussi non loin de là, vers l'angle nord-est de la ville, qu'on place la maison de sainte Anne, où naquit la vierge Marie.

Au-dessus de la chapelle de la Flagellation, on voit une arcade qui va d'un côté à l'autre de la rue, et qui est surmontée d'une fenêtre. C'est là, dit-on, que Pilate présenta aux Juifs son divin martyr, en s'écriant : *Ecce homo!* En suivant la route, on nous montra les différentes stations qui, du reste, ne sont marquées par aucun monument ; nous nous en rapportâmes à notre guide. C'est l'endroit où le Christ rencontra sa mère pour la première fois ; puis celui où Simon le Cyrénéen l'aida à porter sa croix. En continuant à monter, on trouve le lieu où Jésus succomba sous le poids de la croix ; celui où sainte Véronique lui essuya le visage ; enfin, la place de la porte Judiciaire, qui menait au Golgotha. Nous redescendîmes ensuite par la porte de Saint-Étienne, vers la vallée de Josaphat, pour aller voir le tombeau de Marie.

Ce monument est placé au pied du mont des Olives ; il appartenait aux Latins ; mais les Grecs s'en sont emparés, profitant de ce que les premiers n'avaient pu faire les réparations nécessaires. C'est une chapelle souterraine, dans laquelle on descend par un large escalier de 50 marches. Sur les côtés de l'escalier, sont les tombeaux de saint Joachim, de sainte Anne et de saint Joseph. Celui de la Vierge est au fond de cette grotte ; les Grecs y officiaient lorsque nous entrâmes. Les Turcs ont un oratoire dans cette chapelle ; ils ont en effet une grande vénération pour la *sitti Mariam*, ou notre dame Marie, qu'ils regardent comme la mère d'un grand prophète.

Pour les musulmans, le principal dogme est *lah Allah ill Allah* (il n'y a de Dieu que Dieu). Dieu, suivant eux, aurait envoyé aux hommes plusieurs prophètes ; mais le plus grand d'entre eux serait Mahomet qui aurait reçu de Dieu le livre par excellence, le *Coran*, qui est la loi civile et religieuse des sectateurs de l'Islam. Ils admettent une grande partie de l'Ancien et du Nouveau-Testament ; mais ils ne regardent Jésus-Christ que comme un prophète, de même que Moïse, Élie et autres. Nous sommes pour eux des idolâtres parce que nous l'adorons comme un dieu. Quant à eux, ils le vénèrent, et ne pardonnent pas aux Juifs d'avoir fait mourir un prophète ;

mais ils le mettent au-dessous de Mahomet. Du reste les prescriptions de leur religion sont les prières, le jeûne et les aumônes, plus le pèlerinage à la Mecque une fois dans la vie, si c'est possible.

Pour ce qui regarde la sépulture de la Vierge, on sait qu'elle est morte à Éphèse. Comment se trouve-t-elle à Jérusalem? On dit qu'elle y fut transportée miraculeusement. C'est ce miracle qui a inspiré à Raphaël le gracieux tableau de la *Vierge aux fleurs*.

En sortant du tombeau de Marie, on entre dans une grotte par un escalier étroit; c'est la grotte de Gethsémani. C'est là que le Sauveur éprouva cette douloureuse agonie, pendant laquelle il répandit une sueur de sang, et s'écria : « *Mon père, si c'est possible, que ce calice soit éloigné de moi!* » Un autel est élevé à l'endroit où il souffrit cette amère douleur. Près de lui étaient Pierre et les deux fils de Zébédée qui s'endormirent pendant qu'il priait. Un tableau indique le lieu où ils reposaient. Enfin, à droite de la grotte qui est très-irrégulière, est la place où le Christ reçut le baiser perfide de Juda. On a changé l'entrée de cette grotte, qui autrefois était du côté de la montagne. Elle appartient aux Latins qui, y disent la messe tous les jours. Nous y trouvâmes un prêtre maronite qui nous indiqua les lieux consacrés par la tradition.

A une petite distance de la grotte se trouve le jardin des Oliviers. Les religieux franciscains en ont fait l'acquisition, et l'ont entouré de hautes murailles. On n'y entre que par une porte basse en fer. Il contient huit gros oliviers dont les troncs déchirés ont tous les signes d'une extrême vieillesse. C'est, dit-on, le jardin où le Seigneur venait souvent se promener, et ces oliviers seraient ses contemporains. Qu'y aurait-il d'impossible à ce que ces oliviers fussent au moins les rejetons de ceux qui ombragèrent Jésus-Christ, peut-être les mêmes? L'olivier, qui renaît de sa souche, est presque éternel. Le jardinier qui avait soin de ces oliviers ramassa les fruits et les branches tombées, et nous les donna. Nous prîmes aussi là de la terre. Nos amis de France nous avaient demandé de la terre sainte, et, malgré la distance et l'importance de nos préoccupations, nous n'en pensions pas moins à eux.

Au-dessus du jardin des Olives, on montre une colonne engagée dans un tas de pierres, avec laquelle on a marqué le lieu où le Seigneur était assis, lorsqu'il apprit à ses disciples l'oraison dominicale. Plus loin, près d'une roche, il s'arrêta pour pleurer sur le sort futur de Jérusalem, et, en effet, il découvrait de là toute la ville. Enfin, en continuant à monter sur la montagne des Oliviers, on voit l'endroit où les apôtres composèrent le Symbole. Sur cette montagne on trouve encore quelques ruines, des tours carrées, des pans de murailles, qui doivent dater du moyen-âge.

Nous suivîmes ensuite le mur du nord, vers lequel on trouve encore des débris ensevelis, à peine perceptibles, des murs de Bezetha. De ce côté aussi on voit des fondations de murailles qui peuvent remonter au temps des Juifs. Là, il n'y a pas de ravins, le plateau arrive jusqu'au pied du mur.

Près de la porte de Damas, il y a une vaste grotte creusée dans le roc, et devant laquelle est un jardin fermé par un mur. C'est, dit-on, dans cette grotte que le prophète Jérémie composa ses Lamentations. Nous rentrâmes en ville par la porte de Damas, et nous suivîmes la grande rue qui, partant de cette porte, traverse toute la cité.

Nous nous enfonçâmes dans un dédale de rues étroites, tortueuses, et d'une saleté extrême; elles sont pavées très-irrégulièrement en grosses pierres. Un sillon est creusé au milieu de la rue, entre deux espèces de trottoirs de deux pieds d'élévation. Ce sillon est destiné aux ânes, aux chevaux et aux autres bêtes de somme. Il forme ordinairement un ruisseau de fange infecte. Des cavernes donnant sur la rue, et creusées dans le roc, servent d'écuries et d'étables. Dans le quartier des Juifs principalement, je ne conçois pas comment la peste n'est pas en permanence. On ne sait où mettre les pieds, quand on pénètre sous une de ces nombreuses voûtes qui couvrent les rues de Jérusalem; il semble que l'on entre dans un égout. Lorsqu'on vient à rencontrer un animal chargé, on est embarrassé pour l'éviter sans se jeter dans la boue. Dans le quartier juif, on trouve beaucoup de bouchers, et toutes les immondices restent devant les portes. Le quartier des Juifs est contigu à l'emplacement de leur ancien temple. Le quartier des chrétiens est, au contraire, dans le haut de la ville; il est bien mieux tenu. On y voit quelques rues droites, larges, et assez propres pour le pays.

Vers le mur du sud, sont de grands espaces vides, occupés par des nopals. Il y a aussi quelques parties de la ville en ruines, surtout vers l'angle nord-est. Les bazars sont mal tenus; cependant ils sont assez bien approvisionnés, et d'une certaine importance. Ce sont deux longues galeries dans lesquelles sont établies des marchands de toutes les religions. On y vend surtout des étoffes, des châles et des vêtements syriens.

CHAPITRE XXVI.

Jérusalem.

Nous allâmes au couvent arménien, escortés par Mahmoud. Ce couvent est très-grand et très-beau. Les Arméniens sont riches; ce sont eux qui font tout le commerce en Turquie. De plus, comme ils sont *rayas*, c'est-à-dire sujets turcs non musulmans, ils peuvent acquérir des propriétés. Le couvent possède un grand espace de terrain; on peut y loger énormément de monde. Une immense cour était pleine de chameaux, de chevaux, d'ânes ou d'autres animaux que l'on déchargeait, et au milieu desquels circulaient une foule de pèlerins, hommes et femmes. L'hospitalité, à ce que nous dit Mahmoud, s'y paye assez cher. Ils ont encore un jardin de l'autre côté de la cour. A la porte de l'église, il y a de ces carillons en bois et en fer, en usage chez les moines grecs et arméniens.

Cette église est très-vaste et d'une grande richesse. On y voit des portes en marqueterie de nacre et d'écaille; les grilles, présentant des dessins bizarres, sont peintes en or, en rouge et en bleu. Des lampes d'argent, des œufs d'autruche, pendent aux voûtes. On nous montra de très-beaux ornements, des croix en or décorées de peintures fines, et garnies de diamants. Les murs sont couverts de tableaux qui ne brillent pas par la beauté de l'exécution. Des nattes et de beaux tapis recouvrent le pavé. On ôte ordinairement ses babouches pour y entrer; nous gardâmes cependant nos souliers. Les moines arméniens portent une robe noire et un bonnet pointu couvert d'un voile noir. Ils nous reçurent très-poliment.

Nous sortîmes ensuite par la porte de David, et nous allâmes à la mosquée bâtie sur le tombeau du roi-prophète. Nous vîmes là une salle voûtée avec des arceaux gothiques. C'est une église qui avait été construite sur l'emplacement du saint-cénacle, c'est-à-dire du lieu où fut instituée la cène. Les Turcs qui habitent cet endroit nous laissèrent voir la salle; mais ils ne voulurent pas nous conduire dans le tombeau de David, dont l'entrée est à l'extrémité de cette église. Ce refus leur valut la privation du bakschisch, malgré leurs réclamations. C'est sur cette crête du mont Sion que se trouve le cimetière des chrétiens.

Nous suivîmes le mont Sion, à l'ouest, pour aller voir le *tombeau des rois*. Mahmoud, qui s'était trompé, nous fit faire inutilement une grande course dans la montagne, tandis que ce tombeau est tout près de la porte de Damas. Toutes les roches, du reste, sont percées de grottes sépulcrales. Enfin, à force de chercher et de demander, notre guide fourvoyé finit par retrouver le tombeau, grâce au gardien d'un santon que nous rencontrâmes.

On descend d'abord dans une grande excavation carrée, creusée dans le roc. On trouve au fond une porte carrée dont l'entablement dorique assez fruste est orné d'une guirlande de fleurs et de fruits sculptée avec délicatesse. On entre avec assez de peine dans la caverne encombrée, à laquelle cette façade sert d'entrée; ensuite on passe successivement dans une foule de chambres sépulcrales assez étroites, communiquant l'une dans l'autre et taillées carrément dans la roche. On descend enfin à un étage inférieur distribué de la même manière. Mahmoud avait eu soin de se munir de bougies. Ces chambres sépulcrales se fermaient avec des portes dont quelques-unes sont encore là, mais renversées. Ces portes étaient de la même pierre que le roc, ainsi que les gonds et les pivots sur lesquels elles tournaient. Ces cavernes me rappelaient les hypogées d'Égypte. On a recherché quels avaient été les hôtes de ces tombeaux qu'on a appelés tombeaux des rois. Plusieurs les ont attribués à cette **Hélène**, reine d'Adiabène dont parle Josèphe.

Chateaubriand pense que ce doit avoir été le sépulcre de la famille d'Hérode. Son explication paraît rationnelle.

Le soir, nous fûmes faire notre visite au Saint-Sépulcre. Les franciscains étaient dans leur chapelle, et y faisaient la prière quotidienne. Nous entrâmes, et nous nous assîmes dans les stalles, pour prendre part à cette cérémonie. L'église était pleine de monde. La prière finie, nous voulûmes sortir pour aller dîner; la porte était fermée! L'heure de la fermeture arrivée, les portiers turcs s'étaient retirés, pendant que nous étions dans la chapelle. Toute cette foule d'hommes et de femmes qui circulaient dans l'église, c'étaient des Arméniens qui comptaient y passer la nuit. Le sacristain était bien venu me demander si je comptais rester là; mais j'avais répondu affirmativement, pensant qu'il s'agissait de la prière, et non de la clôture de l'église. D'ailleurs je voyais ces gens aller et venir; et je ne pensais pas qu'ils dussent coucher là. Nous étions donc prisonniers.

Comment faire? tous ces Arméniens ne nous comprenaient pas. Un vieux prêtre arménien, à barbe blanche, à l'air vénérable, appela cependant un Grec qui savait l'italien, et qui nous expliqua que, la porte étant fermée, tous ceux qui étaient dans l'église devaient y rester, et ne seraient délivrés que le lendemain de grand matin. Comme nous ne nous arrangions pas de cela, d'autant plus que nous n'avions pas dîné, il nous dit de nous adresser à nos moines. Nous entrâmes donc chez nos pères latins qui parurent désolés de ce qui nous était arrivé; mais ils n'y voyaient pas de remède. Les Turcs étaient partis, il fallait rester là. « *Bisogna dormire qui* », disaient-ils. Merci! dans leur réduit infect, ou sur le pavé au milieu de toute cette cohue! Et le dîner! la vue du frugal repas qu'ils venaient d'achever ne nous tentait guère. Nous insistâmes. Alors un des moines fut à la porte. Cette porte est solidement verrouillée. Elle est percée de deux petites fenêtres assez grandes pour passer le bras, par lesquelles les moines font parvenir leurs aumônes aux pauvres.

Le père envoya de suite quelqu'un au couvent pour avertir de notre position. Mais, pour nous en tirer, il fallait bien des formalités. Le supérieur du couvent devait faire une demande d'ouverture qu'il fallait faire porter par le drogman de la maison aux Turcs chargés des clefs. D'abord il fallut chercher ce drogman qui était parti; ensuite, lorsqu'on l'eut trouvé, on dut se mettre à la recherche de chacun des trois Turcs qui se trouvaient nos geôliers. On ne savait où ils étaient, de sorte que nous restâmes là près de deux heures à attendre. Tous les pères vinrent nous tenir compagnie pendant cette attente. Ils étaient très-fâchés de cela pour nous. « Il faut de la patience, leur dis-je ; dans ce lieu même où notre Seigneur a tant souffert, ne pouvons-nous patienter pendant deux heures?»

Nous profitâmes de cette détention pour nous faire montrer les tombeaux de Godefroi de Bouillon et de Baudouin. Ils étaient au bas de l'escalier du Calvaire. Après l'incendie de 1808, les Grecs, en reconstruisant cette partie du temple, noyèrent en partie ces deux tombeaux dans la maçonnerie, par haine pour le souvenir des rois latins. Ils sont maintenant sous un passage obscur, où ils servent de bancs pour s'asseoir. Il est fâcheux qu'on ait ainsi laissé ensevelir ces monuments de la gloire française.

On nous mena dans la sacristie, où l'on conserve l'épée et les éperons de Godefroi de Bouillon. Je pris avec vénération cette épée du héros des croisades, dont la gloire restée toujours pure, comme son cœur, appartient à la France. Notre France, ne la retrouve-t-on pas partout où il y a quelque chose de noble et de grand; partout où les mots de gloire, d'honneur, de bravoure, sont prononcés? En quelques lieux que nous allions, nous retrouvons les souvenirs glorieux de notre patrie. Les chevaliers de l'ordre du Saint-Sépulcre, lors de la cérémonie de leur réception, ceignent l'épée de Godefroi, et chaussent ses éperons. Ce sont les pères de la Terre Sainte, héritiers des Hospitaliers de Saint-Jean, qui confèrent cet ordre. Le prix à payer pour l'admission est assez élevé.

Les pères se plaignirent beaucoup des empiétements des Grecs qui cherchent tous les moyens de leur nuire. Il est certain qu'il y a une grande animosité entre les différentes sectes chrétiennes qui occupent le tombeau de celui qui commandait la concorde et le pardon des injures. Il en résulte quelquefois des scènes affligeantes, honteuses pour la chrétienté.

Oui, dans l'église même du Saint-Sépulcre, au pied du Calvaire sur lequel Jésus-Christ fut crucifié, des Turcs, des infidèles, sont obligés d'intervenir pour rétablir l'ordre, et séparer des religieux chrétiens qui se battent. Quel triste scandale! Les moines latins nous dirent que les Grecs étaient toujours les agresseurs. Peut-être les Grecs m'auraient-ils dit la même chose des Latins; il est difficile de se prononcer. Cependant, connaissant les mœurs plus civilisées des Italiens, on peut supposer qu'ils sont souvent attaqués par les Grecs, quelque peu sauvages. En tout cas, il y a beaucoup de torts des deux côtès.

Les Grecs ont les mêmes croyances que les catholiques; seulement, ils ne reconnaissent pas la suprématie du pape, et sont schismatiques. L'empereur de Russie, qui s'est fait le chef de la religion grecque, et qui jouit à Constantinople d'une influence forcée, en profite pour soutenir les Grecs dans toutes leurs prétentions. Les Arméniens, eux, sont hérétiques de la secte d'Eutychès, ou monothélites, ne reconnaissant en Jésus-Christ qu'une seule nature, la nature divine. Ils n'admettent pas le culte de la vierge. Ils sont soutenus par leurs richesses, et souvent font cause commune avec les Grecs. Quant aux Coptes et aux Abyssins, ils sont trop pauvres et trop inoffensifs pour se mêler de ces querelles. Il y a en outre des Grecs et des Arméniens unis à l'église de Rome, ainsi que les Maronites. Ils officient suivant les rites grec et syriaque, mais sont en communion avec les Latins.

C'est la France qui est la protectrice née des intérêts des catholiques latins; mais depuis longtemps elle a bien négligé ses protégés, surtout maintenant que nous avons tant de questions inextricables sur les bras. Cependant, c'est toujours au gouvernement français que s'adressent les pères de la Terre-Sainte. Malheureusement, si l'on vient à demander le plus mince crédit à nos assemblées, pour venir au secours des chrétiens d'Orient, aussitôt on crie *aux jésuites*; nos esprits forts rabâchent leurs lieux communs sur la prêtraille. Dans leur sotte ignorance, ils ne voient pas que c'est là une question, non de religion, mais de politique; et que nous perdons toute notre influence qui, autrefois, dominait exclusivement en Orient. Les Turcs, qui sont religieux et n'en sont pas encore à la philosophie matérialiste, restent persuadés que si la France abandonne les intérêts latins dont elle est protectrice, c'est parce qu'elle n'a pas assez de puissance pour les soutenir.

Les Anglais, qui ne sont pas si niais que nous en politique, ont envoyé des missionnaires qu'ils soutiennent avec l'énergie patriotique si louable chez cette nation. Ces missionnaires, au point de vue religieux, obtiennent de minces résultats avec leur protestantisme; ils se bornent à acheter à prix d'argent la conversion de quelques juifs. Qu'importe? les Anglais n'en ont pas moins là leur maison de prêtres à exhiber aux Turcs. Ils ont une religion et ils la soutiennent. Aussi l'Angleterre, qui jadis était à peine connue en Orient, y a pris depuis peu une grande influence.

Nos moines regrettaient beaucoup la domination de Mehemet-Aly, qui les avait pris sous sa protection. Cependant ils n'ont pas à se plaindre du gouvernement turc, qui est loin de leur être hostile. Ils n'ont plus maintenant à souffrir des vexations des musulmans. Si ces derniers entrent quelquefois dans leur église par curiosité, ils s'y comportent avec plus de décence que bien des chrétiens.

Les pères se plaignaient surtout de voir le tombeau de Jésus-Christ gardé par les infidèles. Mais avec ces discussions perpétuelles entre les diverses sectes chrétiennes, il est heureux que les Turcs, qui sont neutres, se trouvent là pour maintenir l'ordre et trancher les différents.

C'est la faute des chrétiens qui ne savent pas se mettre d'accord et se détestent entre eux plus qu'ils ne détestent les mahométans. Au reste, comme l'observe Michaud, avec beaucoup de justesse : « Que serait-il arrivé si le tombeau du
« Sauveur avait été placé dans un autre pays, s'il se fût trouvé
« dans quelque cité d'Europe, à certaines époques? Que se-
« rait devenu le saint sépulcre dans ces jours de désolation
« où les églises étaient fermées et démolies, les autels ren-
« versés, les prêtres proscrits, les dépouilles des saints et des
« rois jetées au vent? S'il y a beaucoup de barbares en Orient,
« ajoute Michaud, l'Occident n'en manque pas non plus; et
« ceux-ci n'auraient peut-être pas la tolérance des Turcs. »

Un scandale affligeant encore, c'est celui que donnent les

pèlerins arméniens qui prennent l'église du Saint-Sépulcre pour une auberge. Ainsi, pendant que nous attendions l'ouverture de cette porte, nous voyions toutes ces familles arméniennes dont la présence nous avait induits en erreur. Tout cela, hommes, femmes et enfants allaient dormir pêle-mêle sur les dalles du temple, ou sur des couvertures qu'ils avaient apportées. On mangeait, on buvait, on faisait la cuisine. Les enfants vagissaient, les hommes criaient; c'était une véritable foire. Le lendemain, il devait y avoir une grande fête pour les Arméniens. C'est ce qui avait attiré cette foule qui, par un motif religieux, devait passer la nuit dans l'église dont elle respectait si peu la sainteté. Si j'en crois certains rapports, il se passe souvent dans cette église des scènes encore plus honteuses, cela tourne à l'orgie. Il faut rendre justice aux pèlerins latins qui se font remarquer par la décence de leur maintien dans le saint lieu. Les mœurs d'Europe ont sous ce rapport un très-grand avantage. Il n'y a que les Arméniens et quelques Grecs qui donnent ce triste spectacle. Je pensais à Jésus-Christ chassant les vendeurs du temple.

Enfin, vers huit heures, nous entendîmes les clefs crier dans les serrures; les barres se levèrent, et la porte s'ouvrit. Nous étions libres. On avait enfin retrouvé les trois Turcs avec leurs trois clefs. Le drogman nous reconduisit à notre logement, où nous trouvâmes Mahmoud qui nous attendait très-patiemment. J'avais pensé que, peut-être inquiet de notre sort, en ne nous voyant pas revenir dîner, il nous aurait cru assassinés dans quelque coin, et aurait été faire des démarches près du consul. Mais, en bon musulman, il s'en était peu occupé. *Allah-Kérim, Dieu est grand*, avait-il dit, et il était resté là dans la plus grande quiétude. Cependant il s'était occupé du dîner.

Le 4 était un dimanche. L'église du Saint-Sépulcre était envahie par cette foule d'Arméniens et d'Arméniennes qui y avaient passé la nuit, augmentée de ceux qui y étaient venus le matin. Tout cela criait, se bousculait; c'était un spectacle peu édifiant. Les catholiques se pressaient aux messes qui se disaient au couvent de Saint-Sauveur. Les femmes sont enveloppées dans un grand voile blanc qui les couvre de la tête aux pieds, et sans lequel elles ne sortent pas. Un grand nombre d'entre elles, suivant l'usage musulman, ont la figure entièrement couverte d'un mouchoir de couleur et à grands dessins, d'un tissu clair à travers lequel elles peuvent voir. D'autres ont le visage découvert. Les femmes portent des bottines jaunes dans des babouches pareilles.

Nous avions parcouru Jérusalem et ses environs, pour voir tous les saints lieux célébrés par les Écritures et par les traditions religieuses. Nous voulions suivre maintenant la trace de ces glorieux soldats qui, partis de l'Europe, traversaient à l'aventure des mers et des pays lointains, pour venir enlever le tombeau du Christ à la domination des Sarrazins, et délivrer les chrétiens de la Terre-Sainte du joug que les infidèles faisaient peser sur eux. A travers les dangers et les fatigues inouïs qu'entraînait à cette époque un pareil voyage, ces hommes intrépides surmontèrent tous les obstacles, et arrivèrent à leur but. Ceux qui sont réellement Français ne doivent pas oublier que la France réclame la plus grande part dans la gloire de ces expéditions lointaines, qui eurent au moins pour résultat d'étendre la renommée du nom français, sans compter les grands avantages politiques qui en furent la suite. Pour moi, mon cœur bat vivement toutes les fois que, loin de mon pays, je me trouve près d'un de ces endroits si nombreux qui me parlent de la bravoure de notre patrie.

Avec Chateaubriand et le Tasse à la main, on suit tous les détails du siége de Jérusalem. On voit le camp des croisés s'étendant dans la plaine, au nord de la ville. C'est là, en effet, le seul côté accessible, la place étant entourée des trois autres côtés par des ravins profonds et escarpés, tandis que vers le nord le plateau s'élève insensiblement. Aussi, c'est toujours par là que Jérusalem a été attaquée.

Les machines ont battu les murailles; les tours en bois sont élevées pour donner passage aux assaillants. L'armée des croisés, après avoir invoqué l'assistance du Dieu des chrétiens, est rangée en bataille sous les ordres de son chef, le sage et valeureux Godefroy de Bouillon, vis-à-vis la porte de Damas. Tancrède, cet intrépide enfant de la Normandie, ainsi que le duc Robert, à la tête de ses preux Normands, ont établi leurs machines devant la tour de l'angle nord-est. Le comte de Toulouse, Raymond, s'est porté au sud, sur le mont Sion, sur la partie occupée par le tombeau de David. L'assaut est donné; tous s'élancent sur la muraille. Le brave Létolde saute le premier dans la place; vient ensuite Guicher; puis, Godefroy s'élance le troisième. Les chrétiens sont dans Jérusalem. Les Normands forcent le rempart de leur côté. Raymond, dont le poste était assez peu avantageux, puisqu'il était pris entre les murs de la ville et le ravin à pic de Guéhinnom, entendant les cris de victoire des croisés, escalade les murailles suivi de ses soldats, et renverse tout ce qui s'oppose à son passage. Jérusalem est prise, les Sarrazins en fuite, et le tombeau du Christ délivré.

On se rend parfaitement compte sur les lieux de ce brillant fait d'armes du vendredi 15 juillet 1099, raconté dans l'*Histoire des Croisades*. Les détails topographiques donnés par le Tasse sont d'une étonnante vérité. On retrouve les lieux dans lesquels se passèrent les principales scènes qu'il décrit. Les épisodes même, tirés de l'imagination du poëte, sont conformes aux localités.

Nous rencontrâmes beaucoup de chrétiens endimanchés qui se promenaient aux environs de la ville et se tenaient devant les portes, buvant le café et fumant la pipe. Le café de la porte de Jaffa était plein de Grecs et d'Arméniens. On voyait aussi un certain nombre de costumes européens.

A la Casa-Nuova, au-dessus de nos chambres, il y avait une terrasse sur laquelle je me reposais souvent, et d'où la vue s'étendait au loin. On voyait toute la ville et l'intérieur de plusieurs maisons. En avant se montrait le mont des Oliviers. Le soir, on se tient souvent ainsi sur les terrasses, et on peut établir une communication aérienne de maison à maison.

Le lendemain, nous devions faire une excursion jusqu'à la mer Morte. Nous avions chargé Mahmoud d'organiser les moyens de transport.

Autrefois, ce voyage de la mer Morte était très-périlleux, ou très-dispendieux. Le pays compris entre Jérusalem et la vallée du Jourdain est occupé par des tribus de bédouins, voleurs incorrigibles. Il fallait alors payer une escorte très-considérable, ou bien s'exposer à être dépouillé et peut-être pis, de sorte que peu de voyageurs faisaient cette course. Il en résultait pour les bédouins qu'ils ne pouvaient plus trouver à exercer leur industrie, le petit nombre de voyageurs qui allaient à la mer Morte ne s'y rendant que bien escortés. Les consuls européens firent un arrangement avec les cheiks des tribus, dans l'intérêt de tout le monde. Il fut convenu que les voyageurs paieraient aux Arabes 100 piastres par tête, comme droit de passage, plus 40 piastres de bakschisch pour toute une société. Les Arabes, de leur côté, s'engageaient à escorter les voyageurs et à les garantir contre toute attaque; ils répondaient d'eux. Cet arrangement s'exécute maintenant avec la fidélité que les Arabes apportent dans leurs engagements. On ne les paie, du reste, qu'au retour à Jérusalem. Quant aux personnes qui ne veulent pas se soumettre à cette espèce d'impôt, elles sont libres d'en courir les chances; mais les consuls n'en répondent plus. Il y avait peu de temps que deux Anglais avaient voulu faire cette excursion seuls, malgré les avis de tout le monde. Ils étaient revenus entièrement dépouillés, ne rapportant sur eux que leurs..... chapeaux. Chaque tribu, à son tour, est chargée de fournir l'escorte. Mahmoud avait fait un marché avec un loueur de chevaux, Omar-Bey, musulman, qui nous prenait 45 piastres par cheval pour aller et revenir, et se chargeait de prévenir les Arabes et de tout arranger.

CHAPITRE XXVII.

Le Jourdain.

Le 5, à sept heures du matin, nos chevaux étaient devant la porte du couvent. Sur celui de Mahmoud on avait chargé des sacoches garnies de provisions et de quelques ustensiles de cuisine, ainsi que la petite tente blanche et les *zemzeni* pour l'eau. Un *oulled* (garçon) qui devait nous accompagner et soigner les chevaux était sur un âne. Nous partîmes, et à la porte Sitti Mariam nous trouvâmes Omar-Bey qui nous attendait avec les deux bédouins qui devaient nous escorter. Ces deux hommes étaient vêtus comme tous les Arabes, avec la chemise et le ceinturon de cuir; ils portaient sur la tête un kouffieh fort sale. Ils étaient armés de fusils et de poignards. L'un d'eux, le chef, était monté sur un assez beau cheval; l'autre, plus jeune, allait à pied; ils étaient de la tribu des *Abou-Der*. Nos selles assez incommodes étaient recouvertes d'une grosse couverture rouge, qui s'étendait jusqu'à la croupe du cheval. Il n'y avait ni sacoches, ni crochets, comme à nos selles de chameau, pour mettre les livres, les pipes et autres objets. Il fallait donner tout cela à porter à nos hommes.

Nous traversâmes la vallée de Josaphat, et nous suivîmes le vallon qui sépare le mont de l'Ascension de celui du Scandale; c'est là, dit-on, qu'était le figuier auquel Juda se pendit après sa trahison. Nous passâmes ensuite à Bethanie, où nous ne nous arrêtâmes pas, devant revoir ce village à notre retour. De là, l'œil, passant par-dessus une cascade de montagnes qui se succédaient, arrivait à la mer Morte qui paraissait très-proche. Il fallait traverser toutes ces croupes de montagnes, ce qui allongeait le chemin. A droite on voyait les monts de Bethléem, et sur les hauteurs plusieurs villages habités par des Arabes. Nous descendîmes par un chemin rude et escarpé dans une vallée où se trouve une fontaine. Nous suivîmes longtemps cette vallée qui est fort aride et triste, et où la vue est bornée par deux collines de terre grise et de roches dans lesquelles on voit de temps en temps bondir quelque renard. Après cette vallée en venait une autre, puis une autre, au moment où nous croyions approcher; il me semblait que nous n'en finirions pas. Quelques échappées nous laissaient cependant quelquefois voir les montagnes de Moab, qui sont au delà de la mer Morte.

Enfin nous sortîmes de ces vallées pour nous lancer dans une succession de gorges et de hauteurs non moins tristes, et de l'aridité la plus complète. Pas un arbre, pas un brin d'herbe. Je ne sais ce que pouvaient faire là quelques maigres troupeaux que nous rencontrâmes; c'était une terre vraiment désolée. Dans une de ces vallées, nous vîmes une ruine qu'on nomme le *Khan-d'Isaïe*; puis nous passâmes près d'un groupe de maisons ruinées, habitées par quelques misérables familles, et dominées par une mosquée; cette mosquée s'appelle *Nebi-Mousa* (le prophète Moïse). Les Arabes prétendent que c'est le tombeau de Moïse, quoiqu'on sache qu'il mourut de l'autre côté du fleuve, sur le mont Nébo de la chaîne Moabique, et que son corps n'ait jamais été retrouvé.

Vers onze heures nous nous arrêtâmes pour déjeuner sur le bord d'une grande piscine, taillée dans une grotte de calcaire blanc; elle était à sec. Elle est connue sous le nom de *Aïn-Roubtel-Moulaké*. Nous étions près d'un camp de bédouins. L'un d'eux vint nous reconnaître; mais, voyant que nous étions en règle, et que nous avions notre sauvegarde qui nous plaçait sous la protection des tribus, il nous salua amicalement et donna un coup de main à Mahmoud pour préparer notre repas; nous avions fait prendre de l'eau dans la tribu. Nous rencontrâmes encore d'autres camps de cette tribu des *Abou-Der*. Leurs tentes, en laine noire rayée, s'étendaient sur le flanc de la montagne, et leurs troupeaux cherchaient quelque pâture aux alentours. Tous les hommes étaient armés; ils nous saluaient en amis par le *salam aleikoum*. Il faisait très-chaud. Nous étions au milieu de montagnes calcaires blanches et de mamelons de sable de forme conique, serrés les uns contre les autres, ayant l'apparence d'un camp de géants.

En bas de tout cela, on voyait la large vallée du Jourdain, où le fleuve se distinguait par une ligne sinueuse de verdure. La mer Morte, comme un grand lac bleu, terminait cette vallée qui était bordée, vis-à-vis de nous, par les montagnes noires de Moab, près desquelles était l'embouchure du Jourdain.

Enfin, après avoir bien monté, descendu et traversé toute cette série d'éminences arides, nous descendîmes dans la plaine. Nous passâmes dans un terrain fangeux et couvert d'une croûte cristallisée, au milieu d'arbustes maigres et rabougris, qui exhalaient une odeur de bois brûlé. L'air était imprégné d'émanations légèrement sulfureuses. Nous étions au bord du lac à une heure et demie.

Le lac Asphaltite ou mer Morte n'est pas couleur d'azur;

mais d'un bleu turquin d'une apparence métallique. Ses flots sont difficilement soulevés par le vent, et retombent pesamment; ils rendent un son particulier, on dirait du métal fondu. Je goûtai de l'eau du lac; elle est d'une saveur brûlante et salpêtrée. Au toucher elle est onctueuse, et s'attache à la peau comme de l'huile; les corps y surnagent facilement. Cette eau a été analysée chimiquement; elle contient environ un quart de son poids de substances salines. Sa pesanteur spécifique est de 1,211, rapportée à l'eau distillée prise pour unité. Il n'y a aucune trace de végétation sur les bords de cette mer; ils sont couverts d'une couche de sel, blanche comme la neige. Ils sont aussi parsemés d'arbrisseaux desséchés qui ont été entraînés par le Jourdain dans ses crues, et rejetés sur le rivage. A l'extrémité de la mer, il y a une espèce de presqu'île couverte de pierres, à la pointe de laquelle je m'assis pour contempler cette nature désolée, pendant que mon compagnon dessinait.

A l'est sont les montagnes Mohabites, noires, avec de belles ombres formées par les ravines qui les sillonnent; à l'ouest la masse de mamelons de sable et de calcaire des montagnes de Judée. Tout autour rien de vivant; le silence du désert, sans sa grandeur sublime; une tristesse qui serre le cœur. On voit que la vengeance divine a passé par là.

Les Arabes prétendent que l'on voit encore au fond du lac les ruines des cinq villes coupables qu'il engloutit. Ils l'appellent Babr-Loth, ou mer de Loth. On a dit, pour expliquer la formation de la mer Morte, qu'elle était due à l'ouverture d'un volcan. Chateaubriand fait remarquer avec beaucoup de raison que ce lac n'a aucun des caractères des lacs volcaniques, qui sont toujours dans un entonnoir. Il est encaissé entre deux montagnes qui n'ont entre elles aucun rapport de forme ou de structure géologique, et qui ne se rejoignent pas aux deux extrémités du lac. Ces montagnes continuent d'un côté à border la vallée du Jourdain en se rapprochant vers le nord, jusqu'au lac de Tibériade; et de l'autre elles vont, en s'écartant, se perdre dans les sables de l'Arabie. De plus, on ne trouve à cet endroit, au moins dans la chaîne de Judée, aucune de ces pierres volcaniques, ou laves, qui se retrouvent toujours près des volcans éteints depuis les époques les plus reculées.

La mer Morte, d'après Munck, a 19 lieues de longueur, sur 5 de largeur. Son niveau est élevé de 600 pieds au-dessus de celui de la mer Méditerranée. Nous quittâmes le lac maudit, pour gagner le Jourdain qui, après avoir fait un détour à l'est, se jette dans la mer Morte à une lieue de l'endroit où nous étions. Nous marchions sur un terrain sablonneux et imprégné de sel. Ce sel formait une croûte à la surface, et, en se fondant au soleil, il produisait l'effet de la neige au dégel, et rendait le terrain très-fangeux. Les chevaux enfonçaient profondément dans ce sol mouvant, et avaient beaucoup de peine à marcher. Ce sel est assez abondant pour que les Arabes puissent en faire un assez grand commerce ; ils n'ont qu'à le ramasser. Enfin, après avoir marché quelque temps, nous sortîmes de ce sable salin, et nous gagnâmes une ligne d'arbustes que nous suivions depuis quelque temps. Sous cette verdure, nous entendions le murmure d'un courant d'eau. Cette eau c'était le grand fleuve des Hébreux, la rivière sacrée, le Jourdain, qui coulait sous cet ombrage.

Ce fleuve est encaissé dans des rives escarpées, bordées de baumiers, de tamarins, de peupliers et d'autres arbustes qui étendent leurs branches sur ses eaux et les cachent aux yeux. On ne le voit par conséquent que lorsqu'on est tout à fait sur le bord; mais on entend son courant rapide qui se heurte contre les pierres et les bancs de sable dont son lit est encombré. Nous nous arrêtâmes à un endroit où la rive moins escarpée permet de descendre sur le bord de l'eau. C'est là, nous dirent les Arabes, que le Christ fut baptisé par saint Jean : c'est là aussi que les eaux du Jourdain reculèrent pour laisser passer à sec l'Arche-Sainte suivie de tout le peuple d'Israël, sous la conduite de Josué, lors de son entrée dans la terre promise. Là aussi, Élie fit à son tour refouler le courant, en le frappant de son manteau. C'est sur la rive gauche qu'il fut enlevé au ciel.

L'eau du Jourdain, qui coule dans un terrain sablonneux, doit être ordinairement très-jaunâtre. Nous la trouvâmes en effet un peu trouble. Elle est assez agréable au goût ; je me plongeai dans ses eaux sacrées. Le fleuve est très-profond ; on perd pied de suite. Le courant est très-rapide, et on ne peut le remonter sans s'aider des branches qui s'avancent sur la surface. Sa largeur peut être là de 100 pieds environ. Nous remplîmes une de nos zemzeni de l'eau du Jourdain, et nous cueillîmes des roseaux sur ses bords.

Il était cinq heures du soir. Nous quittâmes les bords du Jourdain, et nous traversâmes une belle et vaste plaine verte, couverte de plantes et de jolis bosquets, d'arbustes et de buissons. Derrière nous, le soleil couchant éclairait les arêtes régulièrement horizontales des montagnes noires de Moab, qui nageaient dans une vapeur planant sur la mer Morte. Les teintes étaient d'une extrême délicatesse, et le reflet dans le miroir des eaux augmentait le charme de ce tableau. De loin nous apercevions un château carré ; c'était celui de Jéricho, où nous devions aller coucher. La nuit était arrivée : nous pressâmes le pas, et nous arrivâmes vers sept heures à Riha, village arabe placé près de l'endroit où fut Jéricho.

Près du village est un fort carré, occupé par une petite garnison turque. Le village de Riha est formé de huttes en pierres sèches et en branchages ; il est entouré d'une forte haie de broussailles. Aux alentours sont de jolis massifs de figuiers. Les bédouins voulaient nous faire entrer dans le village pour y passer la nuit ; mais Charles se souvenait trop bien des puces d'Hébron. Nous avions voulu nous établir sur des tas de paille provenant du battage des grains ; les bédouins nous dirent qu'il s'y trouvait souvent des serpents. Nous nous décidâmes donc à dresser notre petite tente blanche sur le sol, près du village. La nuit était excessivement chaude, et les cousins s'étaient pris de gourmandise à notre égard. Nos moukres avaient attaché leurs chevaux par le paturon à une corde tendue par deux piquets de fer, puis ils s'étaient installés autour du feu. Des femmes des environs qui, à ce qu'il paraît, sont les *almées* du pays (à part la danse), vinrent s'établir au milieu d'eux et fumer le chibouque.

A cinq heures du matin, nous levions le camp. Mahmoud était déjà venu nous réveiller dès trois heures ; je crois que ce gaillard-là ne fermait jamais l'œil. Nous continuâmes à traverser la plaine de Jéricho, au milieu des buissons de zackum et d'arbrisseaux épineux. Ces épines étaient très-aiguës et nous gênaient fort pour passer à cheval. Nous trouvions aussi de la culture, surtout du dourah, et beaucoup d'arbres, de figuiers, de baumiers, de jujubiers. Toute cette plaine enfin présente une belle végétation; et cependant elle est à peine cultivée par quelques tribus de bédouins, qui viennent y semer juste la quantité de grains nécessaire à leur subsistance. S'il y avait là des bras et de l'industrie, on obtiendrait de cette terre fertile d'admirables récoltes. La plaine de Jéricho était, en effet, célèbre dans l'antiquité par sa richesse et l'abondance de ses productions. La végétation y est spontanée. Autrefois on appelait Jéricho la ville des palmes; maintenant ces arbres ne s'y retrouvent plus.

Nous nous dirigeâmes vers la fontaine d'Élisée, cette fontaine que le prophète purifia avec un seul grain de sel. Cette source sort avec abondance d'un endroit charmant. Son eau est limpide et d'un goût agréable. Elle est entourée d'un joli bosquet d'arbustes, au frais feuillage. Un grand figuier penché sur son onde, l'ombrage de ses rameaux. Cette eau forme un ruisseau qui serpente dans la plaine de Jéricho, en recevant le produit de plusieurs autres sources, et se réunit au Jourdain. Aux alentours, on voit une quantité de ruines; des tours, des pans de murailles, des fondations à demi ensevelies sous terre, des monceaux de décombres. Dans les flancs de la montagne on aperçoit des débris encore considérables d'arcades des nombreux aqueducs qui portaient l'eau à Jéricho.

Tout annonce une ville considérable. En effet, cette cité, le premier obstacle que les Hébreux rencontrèrent sur leur route, après le passage du Jourdain, et dont Josué renversa les murs au son des trompettes, cette cité que Dieu avait condamnée à une destruction complète, fut cependant rebâtie avec magnificence par les Israélites eux-mêmes. Du temps des Romains, sous les croisades même, elle joua un rôle important. Maintenant la première sentence de Dieu se trouve de nouveau ratifiée, car à peine si l'on en retrouve les vestiges.

Nous continuâmes à suivre les bosquets dans lesquels nous faisions lever des quantités de perdrix. Devant nous était une montagne nue et crayeuse, toute percée de cavernes, anciennes demeures des premiers solitaires chrétiens. C'est la montagne de la Quarantaine. On y place le désert dans lequel Jésus-Christ jeûna pendant quarante jours. Nous entrâmes ensuite dans les montagnes, qui n'avaient plus le même aspect que celles que nous avions parcourues la veille. Nous suivîmes la crête d'un précipice profond, dans des roches d'une physionomie très-sauvage, tandis que de temps à autre des échappées de vue permettaient à l'œil d'embrasser toute la belle plaine du Jourdain.

Le chemin est taillé dans le roc à travers des montagnes calcaires; on y trouve encore des débris d'aqueducs solidement cimentés. C'est l'ancienne route de Jéricho à Jérusalem. C'est cette route si souvent mentionnée dans l'Évangile, et que Jésus-Christ parcourut tant de fois. C'est par là qu'il montait à Jérusalem. C'est là que le Samaritain de la parabole secourut un voyageur blessé, qu'avaient négligé un prêtre et un lévite. La contrée, quoique accidentée, est fort triste, aride et déserte. Nous apercevions, au bout d'une vaste plaine, le revers oriental du mont des Oliviers qui, de ce côté, a l'apparence d'une vraie montagne. Nous regagnâmes le chemin de la veille, au bout de cette interminable vallée qui m'avait paru si ennuyeuse; et nous nous arrêtâmes pour déjeuner, à la fontaine. Il y a là un petit khan ruiné, et une construction à arcade ogivale, ornée d'inscriptions arabes, du milieu de laquelle l'eau tombe dans un petit réservoir. Là, Mahmoud retrouva dans la besace de notre bédouin un couteau et une cuillère qu'il avait vainement cherchés à notre bivouac de Jéricho. Nous avions été contents de nos bédouins dont un contrat avait fait nos serviteurs, de chefs de brigands qu'ils étaient. Ils avaient bien rempli leurs engagements, et nous avions voyagé en parfaite sécurité. Cependant le naturel avait repris un peu le dessus, et avait poussé notre homme à ce petit larcin.

En passant à Béthanie, nous nous y arrêtâmes. C'est un village musulman très-misérable. C'est là que le Seigneur venait se reposer chez Simon le lépreux; ici était la maison où vivaient Marthe et Marie avec leur frère Lazare, que Jésus aimait. Voilà le lieu où Marie, qui, suivant l'observation du maître, avait choisi la meilleure part, venait s'asseoir à ses pieds, pour écouter sa parole, tandis que Marthe se livrait aux travaux de la maison. C'est au même endroit que Marie vint verser un vase de parfums sur les pieds de Jésus, et les lui essuya avec ses cheveux. Un Turc nous conduisit vers l'entrée d'une cave, et, nous donnant à chacun une bougie allumée, il nous fit descendre par un escalier dans cette chambre souterraine. Nous vîmes un caveau creusé dans un angle de la grotte. C'est là, dit-on, le tombeau dans lequel Lazarre mort resta enseveli pendant quatre jours. *Lazare, sors!* s'écria Jésus; *et celui qui avait été mort sortit.* Les Syriens appellent encore ce village *el Azarieh*, du nom de Lazare. Non loin de là devait se trouver Bethphagé, où Jésus envoya ses disciples chercher une ânesse avec son ânon, pour faire son entrée triomphale à Jérusalem.

Nous étions à Jérusalem vers une heure. En entrant, nos bédouins avaient été obligés de déposer au corps de garde de la porte leurs fusils, qu'on ne devait leur rendre qu'à leur sortie ; ils ne devaient pas entrer armés dans la ville. Nos honnêtes brigands nous accompagnèrent jusqu'au couvent, où nous trouvâmes deux de leurs cheiks. Nous les payâmes, et ils se retirèrent avec force *salam aleikoum*.

A notre retour, nous eûmes la visite du révérend père gardien. Il nous parut homme de moyens. Il nous parla beaucoup de la question de la couverture de la coupole du Saint-Sépulcre. Ils avaient les fonds suffisants ; mais les Grecs avaient obtenu du divan l'autorisation de faire la dépense en commun, voulant ainsi faire acte de propriété. Il s'agissait de faire revenir le sultan sur cette décision. Le consul de France à Jérusalem, M. Botta, était à Paris et s'en occupait. On espérait que le gouvernement français consentirait à profiter, pour faire donner satisfaction aux Latins, de la position d'allié de la Turquie qu'il venait de prendre dans le différend de cette dernière puissance avec la Russie.

Le 7, nous fûmes à la porte de Jaffa, pour nous faire délivrer des teskérés ou passeports pour la Turquie. Nous entrâmes dans un bureau où nous nous installâmes sur un banc, fumant notre pipe, tandis qu'un écrivain remplissait les blancs du teskéré imprimé, écorchant nos signalements, noms et prénoms de la manière la plus bizarre. On nous dit, du reste, que cela ne faisait rien, ces teskérés n'étant qu'une formalité. C'est seulement pour singer ce qu'on fait chez nous, qu'on nous donna ces papiers turcs, et ensuite pour les 7 piastres qu'ils rapportent. Un officier y apposa son cachet trempé dans l'encre. Le secrétaire voulait exiger un bakschisch supplémentaire; nous repoussâmes vivement cette prétention de tirer des avanies des Francs.

Nous nous occupâmes ensuite des moyens de transport pour notre départ de Jérusalem. Nous fîmes un arrangement avec Omar-Bey, qui s'engagea à me fournir quatre chevaux pour me rendre à Beyrouth en neuf jours, en passant par Tibériade. Chaque cheval devait me coûter 160 piastres, en tout 640 piastres. Nous fûmes avec lui au consulat pour faire faire le contrat. M. Dunoyer, qui gérait le consulat, nous reçut d'une manière fort aimable. Il était à peu près guéri de son indisposition, et il comptait précisément aller nous voir pour sa première sortie. Il nous invita à dîner pour le lendemain. Nos contrats furent faits en arabe, sur les bases indiquées par le consul, signés par lui. Charles, qui était pressé de rentrer en France, et devait me quitter à Nazareth, avait fait un traité particulier pour lui. La maison du consul est dans le quartier musulman, près de la porte de Damas, très-loin du quartier franc.

Étant allés le soir à l'église du Saint-Sépulcre, au moment où les religieux allaient faire la procession, nous les suivîmes. On nous donna à chacun un cierge de cire blanche empreint d'un cachet de chaque côté : l'un représentant le crucifix, l'autre la résurrection; ces cierges sont destinés aux pèlerins. Nous nous arrêtâmes ainsi à chaque station, devant laquelle les pères chantaient des hymnes. Cette procession, ces chants sous ces voûtes, dans ces lieux, avaient un caractère imposant. Le son de l'orgue y mêlait sa grave harmonie. Sur le Calvaire le *Vexilla*, cette belle hymne de la Passion, est chantée sur le lieu même où le Fils de l'Homme fut crucifié. A la strophe, *O crux ave*, les moines se prosternent la face contre le pavé. Là surtout l'impression est profonde.

Lorsque nous fûmes rentrés à la chapelle, avant de commencer les litanies, on nous fit placer devant le pupitre, en face de l'autel, et le célébrant nous encensa successivement, comme *pèlerins*. Ensuite, un des religieux vint avec nous au saint tombeau, et bénit sur la pierre même du sépulcre les chapelets, croix et autres objets religieux que nous devions rapporter en souvenir à nos parents et amis de France que nous n'avions pas oubliés. Nous y avions joint aussi les cierges que nous voulions rapporter comme souvenirs.

Il nous restait encore à visiter le couvent de Saint-Jean. Le 8, nous partîmes de bon matin avec Mahmoud. Nous sortîmes par la porte de Jaffa; nous passâmes par un vaste cimetière musulman, au milieu duquel se trouvait une grande piscine, ou réservoir carré revêtu en maçonnerie, qui communique par un canal à la piscine de Guéhinnom. Elle était à sec. Nous suivîmes un sentier à travers les roches des montagnes pierreuses qui sont à l'ouest de Jérusalem, entre les routes d'Hébron et de Jaffa, et nous traversâmes plusieurs vallons assez profonds. Dans le premier, nous trouvâmes le couvent grec de Sainte-Croix bâti, dit-on, sur le lieu où fut coupé l'arbre dont on fit la sainte croix. Ce sont des bâtiments massifs en pierre, entourés de hautes murailles, ressemblant à une forteresse.

Dans ces collines de roches, on voit peu de culture, seulement de rares oliviers et quelques vignes closes de murs en pierres sèches.

Arrivé sur la dernière crête, nous aperçûmes dans une ouverture, entre les montagnes, un lambeau d'azur foncé; c'était la Méditerranée, notre mer que nous n'avions pas vue depuis longtemps, *la même mer qui baigne les côtes de France!* A nos pieds s'ouvrait un vallon profond et sauvage, au fond duquel apparaissaient les murailles blanches d'une espèce de forteresse, contre un village. Nous descendîmes vers ce village qui s'appelle *Aïn-Karim*. La forteresse était le couvent de Saint-Jean, construit sur l'endroit où naquit le précurseur du Messie.

Ce couvent est solidement bâti, de forme carrée, entouré d'épaisses murailles surmontées au centre par une coupole qui s'élève sur l'église. On pénètre dans le couvent par des portes basses en fer. Avant de nous ouvrir, on nous demanda qui nous étions. On nous introduisit alors par de vastes corridors dans un parloir, où un moine vint nous recevoir. Les moines de ce couvent sont des franciscains du même ordre que ceux de Jérusalem. Ils sont au nombre de sept : six Espagnols et un Allemand. L'église a été bâtie aux frais d'un des rois d'Espagne, et cette nation affectionne particulièrement ce couvent. Aussi notre bon père, qui était Espagnol, nous fit des récits pompeux sur la magnificence de l'Espagne à leur égard, avec cette vanterie patriotique naturelle aux fiers Castillans. Il nous offrit le café; ensuite nous allâmes voir le couvent.

L'église est grande et belle, mais un peu nue. Il nous fit descendre dans une grotte à gauche du maître-autel. C'est là qu'était la maison de sainte Élisabeth et que naquit saint Jean-Baptiste. Le lieu où il vit le jour est marqué par une étoile de marbre qui est placée au fond d'une petite voûte pratiquée sous l'autel, comme à Bethléem, et garnie de bas-reliefs en marbre blanc, d'un travail assez délicat, représentant la vie de saint Jean. Nous visitâmes ensuite un jardin assez beau, dans lequel conduisent des souterrains fermés par des portes de fer. Un frère lai, habillé à peu près à l'arabe, nous accompagna ensuite sur la terrasse, le moine ayant craint de s'exposer en montrant son costume sur cette plate-forme, d'où l'on jouit d'une belle et intéressante perspective.

Là commençait la vallée de Térébinthe, dans laquelle David tua Goliath, et que nos yeux suivaient au loin. De l'autre côté, on montre le lieu où la vierge Marie rencontra sa cousine Élisabeth et dit ce beau cantique, le *Magnificat*. Plus loin est la grotte dans laquelle saint Jean prêcha lorsqu'il était au désert. Ce pays est bien, en effet, une espèce de désert. Les habitants du village sont méchants et rapaces. Ils tourmentent les moines pour leur extorquer quelque chose. Ils viennent à chaque instant frapper aux portes du couvent, et réclament impérieusement des provisions. Le couvent a même été quelquefois attaqué. Le consul français vint un jour, les réprimanda vivement, les menaça de la colère de la France, et leur fit envoyer, par le pacha, des janissaires pour s'emparer des coupables ; mais, après quelque temps de tranquillité, ils ont recommencé. Quand nous y allâmes, les Syriens étaient à la récolte des olives, et nous n'en vîmes que quelques-uns. Ils n'osent pas, du reste, s'attaquer à un habit européen. Nous partîmes, malgré les instances bienveillantes des moines pour nous retenir. Le couvent est à une heure et demie environ de Jérusalem.

Nous étions de retour à onze heures. Je fus faire mes adieux au révérend père supérieur. Il me fit délivrer le certificat qu'on donne ordinairement aux pèlerins, constatant la dévotion avec laquelle ils ont visité les saints lieux. Il me fit aussi donner par le magasinier le livre de rituel des processions, plus des chapelets faits avec des noyaux d'olives provenant des oliviers du jardin de Gethsemani. Il y a au couvent une grande quantité d'objets de piété en bois, en nacre, en olivier, bénis au tombeau, et qui sont exportés dans toute la chrétienté pour être vendus au profit du couvent.

Nous remîmes aussi au frère Remigio notre offrande pour le couvent, et nous remerciâmes ces bons pères de l'excellent accueil que nous avions trouvé chez eux.

Nous allâmes ensuite chez le consul. M. Dunoyer est très-jeune. Il était au Caire comme élève consul, lorsqu'on l'envoya à Jérusalem pour gérer le consulat, en l'absence de M. Botta. C'est M. Botta qui, étant consul à Mossoul, a retrouvé les ruines de Ninive. M. Dunoyer était fort bien installé dans la maison du consul, dont les domestiques et les provisions étaient à sa disposition pour les réceptions. Nous fîmes un très-bon dîner. Le consul de Jérusalem jouit d'une influence assez grande chez les autorités turques et chez le Pacha, car Jérusalem est maintenant le siége d'un pachalik. M. Dunoyer n'en trouve pas moins Jérusalem fort triste. Il n'y a aucune société ; il ne voit, en fait de figures humaines, que les quelques Français qui visitent cette ville. Nous prîmes congé de notre représentant, qui avait été très-poli et très-aimable pour nous, et nous repartîmes avec Mahmoud, qui était venu nous chercher avec la lanterne exigée dans une ville où il n'y a pas de réverbères.

Comme Mahmoud devait rester avec moi, il avait trouvé, pour accompagner Charles jusqu'à Beyrouth et lui servir d'interprête, un Maltais nommé Giuseppe, qui parlait arabe, et était venu à Jérusalem pour exercer la profession de danseur de corde. Il n'avait pas l'air malin.

CHAPITRE XXVIII.

Samarie. — Galilée.

Le 9 novembre, nous étions sur pied de grand matin. Nous avions une longue journée à faire; nous devions aller coucher, le soir même, à Naplouse. Nous avions demandé les chevaux à trois heures; nous ne partîmes qu'à cinq heures, après avoir distribué des bakschisch aux domestiques du couvent. Le consul avait eu l'obligeance de nous envoyer son kavas, pour nous faire ouvrir la porte de la ville, qui reste fermée jusqu'au jour. Nous sortîmes donc par la porte de Jaffa, et nous entrâmes dans les montagnes de Judée, qui ressemblent, de ce côté, à ce que nous avions déjà vu : des croupes mamelonnées, de la terre rouge, avec des pierres grises, et des broussailles vertes. Je me retournai une dernière fois, pour saluer la ville sainte, dont les premières lueurs du jour éclairaient les remparts sévères, et qui allait disparaître enfin derrière une crête de montagnes.

Ici, ce ne sont pas des monuments d'architecture qu'on vient chercher. Il n'y a que des souvenirs; tout y est immatériel. Que l'homme positif ne se dérange pas, car sa curiosité serait déçue. Voilà un village composé de misérables huttes; que peut-il avoir d'intéressant? Ce village, c'est Bethanie. Et cette rivière jaune, encaissée, cachée sous le feuillage des arbrisseaux, qu'est-elle, comparée à nos fleuves? Mais, cette rivière, c'est le Jourdain. Ici, Jésus s'est assis; là, il a pleuré sur Jérusalem : voici l'étable dans laquelle il est né; cette grotte, c'est le tombeau d'où il est sorti glorieux. Chaque pierre, chaque cabane a son souvenir. Il n'y a rien ici pour les yeux; tout est pour l'âme et pour le cœur. Je sais bien que l'authenticité de beaucoup de ces lieux peut être contestée; l'imagination ardente des Orientaux a dû ajouter beaucoup de légendes et de croyances superstitieuses à des faits qu'on ne peut révoquer en doute. Eh ! qu'importe ? Si ce fait ne s'est pas passé là précisément, il s'est passé au moins dans les environs. Je laisse de côté ces individus qui arrivent de leur patrie brumeuse sous le beau ciel d'Orient, pour y apporter leur froide et sèche dogmatique. Ils prouvent leur ignorance ou leur manque de bonne foi, lorsqu'ils viennent accuser le catholicisme d'idolâtrie. Nous ne faisons qu'honorer, en certains endroits, le souvenir des événements qui ont pu s'y passer ; et il n'est venu à l'idée de personne d'invoquer une pierre ou un arbre. Il y a cependant des gens qui, guidés par leur orgueil, viennent en Palestine tout exprès pour y débiter de pareilles niaiseries.

Notre caravane se composait de sept hommes et de dix bêtes : deux chevaux pour moi et Mahmoud, deux pour Charles et Giuseppe, deux mulets pour mes bagages, et un pour ceux de Charles, enfin trois ânes, un pour chacun de nos trois moukres. Ces moukres étaient vêtus d'un large pantalon en toile bleue, d'un dolman en drap jaunâtre, couvert de dessins en drap noir, représentant des fleurs et toutes sortes de figures, et dont les manches fendues pendaient en arrière. Un mouchoir, roulé autour d'un tarbousch, formait leur coiffure. Ils portaient un couteau, un briquet et plusieurs ustensiles suspendus à une chaîne de fer fixée à la ceinture.

Nous rencontrions quelques villages, souvent des lieux jadis célèbres. A notre droite, nous avions dépassé la patrie du prophète Jérémie, Anathot, qui s'élève sur une colline ; puis Emmaüs, où Jésus, après sa résurrection, se montra à deux de ses disciples. Plus loin est Rama, qui donna le jour au prophète Samuel, celui qui dirigeait les destinées du peuple d'Israël, et lui sacrait des rois. Nous passâmes ensuite à *El-Bere-Bir*, où se trouve un puits très-fréquenté, et qui fournit d'eau toutes les caravanes. On y remarque deux grandes voûtes, restes probables de quelque édifice du moyen-âge. Une foule d'hommes et de femmes allaient et venaient. Dans le lointain, à l'est, est l'emplacement de Béthel, où Jacob vit l'échelle mystérieuse.

A mesure que nous nous éloignions de Jérusalem, le terrain était mieux cultivé. En sortant des montagnes de Judée, la végétation est plus soignée ; des murs de pierres soutiennent la terre dans la montagne. Le village de Gébrud apparaissait perché sur une éminence environnée d'oliviers, d'arbres fruitiers et de jardins. Ces jardins devenaient de plus en plus fréquents. Nous apercevions devant nous les cimes bleues des montagnes d'Ephraïm, au bout d'un vaste horizon. Nous nous arrêtâmes pour déjeuner, dans un vallon étroit, au pied d'une roche escarpée, d'où l'eau jaillissait de tous côtés. Des réservoirs et des débris d'aqueducs se voient encore auprès de ces sources qui, dans l'automne, ne donnaient que de légers filets d'eau qu'il fallait recueillir dans des trous bourbeux. Cet endroit dépend du village de Sanieh, qui est à quelques pas en avant, et où nous vîmes une quantité de femmes qui faisaient sécher du linge. Elles n'étaient pas voilées, et laissaient voir leurs visages frais, leurs beaux yeux noirs et leurs traits réguliers.

Nous suivîmes, après cela, des chemins roides et rocailleux, passant de crête en crête, de vallon en vallon, dans des sentiers escarpés, où il fallait toute l'adresse de nos chevaux et l'habitude qu'ils ont de ces contrées, pour ne pas rouler au fond des vallées. C'étaient les derniers cols des montagnes de Judée. Nous descendîmes dans une vaste plaine fermée de tous côtés par des montagnes, et dans laquelle nous trouvâmes un puits qui était entouré par les pâtres de Leban, village situé au fond de la plaine. On y voyait des ruines de tours du moyen-âge. L'un de ces pâtres nous présenta sa cruche pleine d'eau, pour nous rafraîchir; cette eau était très-bonne. Les gens que nous avions rencontrés jusqu'alors paraissaient assez bienveillants pour nous. On nous qualifiait de *hadji*, comme venant du pèlerinage de Jérusalem.

Nous traversâmes cette plaine, et nous nous engageâmes dans les montagnes d'Ephraïm. Elles ont toujours la couleur de celles de Judée; mais elles sont bien mieux cultivées, et les vallées y sont plus larges. En longeant une crête calcaire, près d'une vallée large et profonde, nous vîmes encore, à travers une ouverture, notre Méditerranée, dont le bel azur rivalisait avec celui du ciel.

En descendant l'autre versant des monts d'Ephraïm, nous aperçûmes une immense vallée bordée de grandes montagnes. C'étaient les magnifiques plaines de la Samarie, si renommées autrefois par leur fertilité. Des bras et du travail, et elles redeviendraient ce qu'elles étaient. Une belle verdure garnit le fond de cette vallée. Nous traversions de nombreux bois d'oliviers et de figuiers, des champs de blé et de légumes. Le coton, dans cette terre promise, pousse sous l'ombrage des oliviers. Je croyais voir les plaines de la Lombardie; il n'y manquait que la vigne sur les arbres. Des paysans étaient occupés, dans la campagne, à récolter leurs olives ou à labourer leurs champs. Je ne sais si c'est par suite d'une ancienne habitude, ou par crainte réelle d'une attaque, mais tous ces hommes avaient à côté d'eux un fusil ou une lance. Leurs charrues se composent d'un pieu terminé par une pointe de fer, et traîné par deux bœufs. Quand ils ont fini de labourer, ils rapportent la charrue sur leur épaule. De nombreux troupeaux de moutons et de chèvres paissaient une herbe épaisse. Les moutons sont d'une assez grande taille; leur laine est longue et fine. Ils sont remarquables surtout par l'épaisseur de leur queue, qui forme comme un tablier par derrière.

Nous laissâmes, dans le fond d'un joli vallon, sur notre droite, le village d'Anabus, coquettement assis sur le penchant de la colline, au milieu d'un bois d'oliviers, et nous passâmes par Aouara, autre village, bâti sur une pente crayeuse du mont Garitzim. Ce village, élevé en amphithéâtre, est assez considérable; on y voit quelques ruines de tours. Nous fûmes fort mal reçus par les gamins du pays, qui nous accablèrent d'invectives. Je n'entendais pas ce qu'ils disaient; mais, à en juger par leur ton, ce ne devaient pas être des douceurs. Il est probable que le *chiens de chrétiens* y dominait. Les Syriens sont, en général, beaucoup plus méchants et plus grossiers que les Arabes; mais les Samaritains se sont toujours distingués et se distinguent encore, parmi les autres, sous ce rapport. Les révoltes fréquentes des habitants de Naplouse ont toujours donné beaucoup à faire aux divers dominateurs de la Palestine, et l'on a eu de la peine à les soumettre. Nous passâmes tranquillement notre chemin, sans faire attention à cette canaille.

Nous tournâmes le Garitzim par un chemin tracé le long de la pente. Le soir, nous eûmes un effet de lumière très-extraordinaire. Le soleil avait disparu derrière les montagnes ; tout à coup les arêtes se trouvèrent illuminées d'un pourpre très-vif, tandis qu'une teinte d'un rose-groseille se répandait dans le ciel, sur la plaine et sur les hauteurs, à l'est. C'était admirable. Le soleil allait se coucher tout à fait ; nous pressâmes l'allure, pour arriver à Naplouse avant la nuit.

Nous gagnâmes ainsi le débouché d'une vallée formée par les monts Ebal et Garitzim. C'est sur le mont Ebal que six des tribus israélites, après avoir élevé un autel à l'Éternel, à leur entrée dans la terre promise, se placèrent pour prononcer la malédiction contre ceux qui n'observeraient pas la loi ; tandis que les six autres, du haut du Garitzim, appelaient la bénédiction sur ceux qui suivraient cette loi. C'est sur le Garitzim que les Samaritains élevèrent leur sanctuaire, vers lequel ils se tournent encore en priant. Sur le sommet du mont Garitzim, on voit quelques ruines et un santon ou tombeau musulman. Il y en a d'autres aux environs ; l'un d'eux porte le nom de *tombeau de Joseph*. Les Arabes prétendent que c'est là que fut déposé le corps du patriarche.

Au détour du Garitzim, à l'entrée de la vallée qui mène à Naplouse, nous vîmes, dans la plaine, une espèce de petit monument. C'était le puits de Jacob. C'est là que Jésus-Christ se reposait, lorsqu'il rencontra la Samaritaine, avec laquelle il eut un entretien, et qui crut en lui. Nous suivîmes cette plaine, et nous gagnâmes un grand bois d'énormes oliviers, à travers lesquels paraissaient quelques minarets. C'était Naplouse, l'ancienne Sichem, autrefois rivale de Samarie, qui n'en était qu'à deux lieues. C'est à Sichem que se décida le schisme des dix tribus d'Israël ; c'est aussi à Sichem qu'était le siège principal du culte des Samaritains.

Nous voulions camper dans ce bois, mais nos moukres dirent qu'il n'y avait pas d'eau pour leurs chevaux, et qu'il fallait aller de l'autre côté de la ville. En sortant du bois d'oliviers, nous nous trouvâmes près d'une grande porte blanche, sous laquelle nous passâmes. Nous étions dans Naplouse, que nous traversâmes d'un bout à l'autre. La nuit commençait déjà à venir. La ville, très-resserrée entre les montagnes, présentait une suite de maisons blanches qui s'étageaient sur le flanc du Garitzim, s'étendant en longueur dans le sens de la vallée ; elle paraissait considérable. Nous suivîmes une très-longue rue, dont une partie est voûtée. Les chevaux marchent dans une espèce de canal de boue infecte, entre deux trottoirs mal cailloutés. C'est la rue des Bazars ; mais les boutiques étaient fermées. Les habitants nous regardaient passer, accroupis devant leurs portes, fumant leurs pipes. De nombreux cafés étaient remplis d'amateurs de tabac et de café. Les enfants nous disaient des injures.

Nous n'en cheminâmes pas moins jusqu'à la porte opposée, et nous nous trouvâmes sur une petite place hors de la ville, à l'entrée d'un autre bois d'oliviers, près d'un faubourg. Nous nous y arrêtâmes, et nous y attendîmes les mulets, qui nous rejoignirent à sept heures. Nous établîmes alors nos tentes. Toute la canaille du pays était venue là pour nous voir, et nous entourait. Nous repoussâmes vigoureusement ces importuns, et nous parvînmes à nous en débarrasser. C'étaient d'assez mauvais drôles, qu'il était bon de ne pas laisser approcher trop près, d'autant plus que les Naplousains ont une fort triste réputation.

Il y avait quatorze heures que nous étions à cheval, et l'on nous en promettait au moins autant pour gagner Nazareth, le lendemain. Il fallut là tout le génie de Mahmoud pour dresser la tente et préparer le dîner, sans trop nous attarder. Les Syriens ne valaient pas nos Arabes pour faire un campement, pas même les Thyas. Cependant mon moukre en chef, nommé Mahmoud, comme notre illustre majordome, avait un peu plus d'habitude que les autres, ayant déjà fait des voyages avec notre Mahmoud lui-même. Quand à Giuseppe, il n'y entendait rien, et ne brillait ni par l'adresse, ni par l'intelligence. Enfin, tout se trouva organisé, et nous pûmes faire honneur à la cuisine de Mahmoud, assaisonnée par un véhément appétit. Nous prîmes, pour la nuit, quelques précautions contre la rapacité des Sichémites, et nous nous étendîmes au fond de notre tente, que nous avions un peu oubliée pendant notre séjour au couvent de Jérusalem.

Le lendemain matin, nous étions sur pied de bonne heure. Les moukres étaient fort longs à charger. Enfin nous fûmes en route un peu avant cinq heures. Le vallon va encore en se resserrant de ce côté. Autant qu'on peut en juger à la faible clarté de la lune à son déclin, c'est un site charmant. On ne voit que jardins, bosquets, ruisseaux, cascades. On entend partout le bruit des eaux qui se précipitent.

Nous quittâmes cette délicieuse vallée, pour entrer dans de hautes montagnes d'un aspect un peu semblable à celui des monts d'Éphraïm, mais mieux cultivées. Après avoir traversé plusieurs rangs de crêtes et de vallons profonds, montant et descendant successivement dans des sentiers rocailleux, nous arrivâmes à Jaabed, dans une charmante vallée. Nous passions à travers un bois d'oliviers et d'arbres fruitiers. Le village, dans une position très-pittoresque, s'étalait au soleil sur le haut d'une colline. En arrière, se développaient des montagnes couvertes de bois, où des maisons blanches, éparses çà et là, resplendissaient au milieu de la verdure. Il me semblait voir les jolis paysages de la Touraine, avec ses coteaux boisés et ses châteaux; mais, de plus, avec le ciel de Palestine.

Un détour nous conduisit dans une plaine, au milieu de laquelle s'élevait fièrement le château de Sanour, perché sur le sommet d'une roche; c'est une bourgade entourée de remparts et de tours en ruine. De fréquents combats se sont livrés autour de Sanour, qui a souvent servi de retraite aux rebelles samaritains. Abdalah, pacha d'Acre, détruisit ce fort. Nous avions été rejoints dans la plaine par un jeune homme bien découplé, d'une tournure distinguée, vêtu d'un *maschlah*, ou manteau syrien en laine noire brodée d'or; il montait un beau cheval arabe. C'était le fils du cheik de Sanour. Il accosta Mahmoud, et vint faire la conversation avec lui. Il fut même assez poli pour nous autres chrétiens, et nous donna quelques renseignements sur notre route. Après s'être amusé à faire caracoler son cheval et à le faire galoper autour de nous, pour nous montrer son adresse de cavalier, et nous faire admirer l'ardeur et la finesse de sa monture, il nous quitta devant Sanour, en nous gratifiant du salam.

Après Sanour, la vallée s'élargissait, et nous retrouvâmes les belles plaines de Samarie. Celles-ci étaient admirables de fertilité; c'étaient des terres cultivées, avec de grasses prairies couvertes de bestiaux, des paysans répandus dans les champs, occupés aux travaux agricoles et une verdure d'une fraîcheur telle que je n'en ai vu de pareille ni en Orient, ni dans le Midi. Nous n'étions plus en Syrie, mais dans une de nos vallées de Normandie.

Nous rentrâmes dans des montagnes abruptes, mais cultivées, qui fermaient la Samarie vers le nord. Nous étions dans les ramifications du mont Gelboë, célèbre par la mort de Saül, qui y fut tué avec ses enfants, dans un combat contre les Philistins. Nous traversâmes le village de *Kabatifieh*. Les femmes étaient occupées, sur leurs terrasses, à éplucher du coton ou à étendre au soleil des gousses qu'on apportait de la récolte. Nous fûmes assez mal reçus dans ce village, où les femmes nous faisaient la grimace, et où les enfants nous disaient des injures. Avant l'occupation égyptienne, on ne pouvait voyager dans ce pays sans craindre une attaque. Ibrahim-Pacha a si énergiquement dompté cette population de brigands, que le souvenir en est resté dans toute sa vivacité, même après le retour des Turcs, et qu'ils ont abandonné le métier de voleurs. Cependant le chrétien est toujours pour eux un ennemi, et, s'ils n'osent plus attaquer le voyageur franc, leur haine et leur grossièreté à son égard n'ont pas diminué.

Les hommes sont coiffés d'un long tarbousch pendant sur le côté, maintenu par un turban blanc qui recouvre un mouchoir de couleur. Les femmes portent un mouchoir rouge qui leur couvre la tête, et passe sur le menton. Des piles de pièces de monnaie turque, enfilées par le milieu, semblables à des serpents aux écailles d'argent, encadrent leur visage, comme la garniture d'un bonnet. Ce village de Kabatifieh est assez grand. Il est au bas de la montagne de Gelboë, à l'entrée d'une plaine plantée d'oliviers, de grenadiers, de figuiers, sous lesquels la terre féconde donne encore au laboureur du blé, du coton, et des légumes. Un puits qui était dans ce village n'avait plus que de l'eau bourbeuse. Nous déjeunâmes dans un bois d'oliviers, au delà de Kabatifieh.

Vers une heure, nous étions à Gennin. C'est une ville aux maisons blanches, dominées par une belle mosquée, dont on voit de loin l'élégant minaret. Plusieurs palmiers, dont les régimes pendaient chargés de dattes, s'élèvent à l'entrée de cette ville, et contribuent à donner à son aspect un cachet plus oriental. Elle est entourée de beaux vergers clos par des haies de nopals et contenant des arbres fruitiers de toutes espèces et des légumes. Devant nous s'étendait l'immense plaine d'Esdrelon, si connue pour son étonnante fertilité. Si cette plaine était cultivée, ce serait le plus beau pays du monde. Partout où l'on se donne la peine de semer, le blé, le coton, le dourah et les autres produits croissent en abondance. Les parties non cultivées, c'est-à-dire les trois quarts du terrain, sont couvertes d'une herbe épaisse qui y pousse spontanément. Des montagnes bleues encadrent au loin cette vaste plaine sans arbres. C'est l'immensité du désert avec des champs cultivés et des habitants. Elle s'étend dans l'espace compris entre la chaîne du Carmel, le Gelboë que nous venions de quitter, l'Hermon, le Thabor, et les montagnes de la Galilée.

Nous passâmes dans Gennin, dont les femmes et les enfants nous faisaient la grimace, et nous nous lançâmes au trot, à travers la plaine. Quoique la vue s'étendît fort loin, je ne voyais pas paraître nos mulets que nous avions laissés en arrière; mais Mahmoud nous dit qu'il nous menait par une route plus courte. Nous passâmes par *Mekbeleh,* par *Zarahein,* où nous voyions une quantité d'hommes et de femmes occupés à vanner le blé et le dourah que des bœufs piétinaient sur des aires de terre battue, au milieu des villages. De grands tas de paille s'élevaient aux alentours. Il régnait beaucoup d'activité.

Dans un chemin glissant et en pente, près d'une fontaine, mon cheval, lancé au grand trot, fit tout à coup une panache telle, qu'en tombant il s'écorcha le chamfrein et le front; pour moi, je fus envoyé au milieu des pierres qui couvraient le chemin. Nous nous relevâmes homme et bête; j'en étais quitte pour une contusion au genou avec solution de continuité au pantalon et à la peau. Mahmoud me banda cela avec son mouchoir; je remontai à cheval, et nous repartîmes rapidement, après avoir gourmandé deux femmes qui puisaient de l'eau à la fontaine, et que la chute du chrétien paraissait avoir égayées. Du reste, nos menaces ne leur firent pas grand effet.

Il me semblait, avec tout cela, que notre guide n'était pas bien sûr de son fait. Il demandait souvent son chemin, et d'ailleurs nous marchions droit au Thabor, ce qui devait nous jeter à droite de notre route. Nous arrivâmes ainsi au pied de l'Hermon, dans un village entouré d'épaisses haies de nopals. Là, encore, Mahmoud demanda sa route, et finit par avouer qu'il était complétement perdu. Nous ne pouvions cependant pas rester là ; nous repartîmes dans la direction qu'on nous indiqua. Nous étions près de *Hendoureh*, l'ancienne Endor, où demeurait la sorcière qui, à la demande de Saül, fit apparaître l'ombre de Samuel. Devant nous se dressait le mont Thabor, cône isolé sur sa base.

Le soleil arrivait à l'horizon, le ciel se couvrait de nuages, et annonçait un prochain orage ; mais rien n'annonçait Nazareth. Les gens que nous interrogions nous répondaient de mauvaise grâce, ou nous donnaient de fausses indications. Avec cela, nous n'avions pas là nos mulets, qui portaient notre tente et nos provisions ; il fallait absolument poursuivre notre route. Enfin, un Syrien plus complaisant que les autres, qui passa à cheval près de nous, nous remit sur la bonne voie, mais en nous annonçant que nous étions encore loin de Nazareth. Nous avions suivi la direction presque opposée, et fait un grand détour. Nous remerciâmes cet homme bienveillant ; c'était un chrétien, ce qui nous expliqua sa politesse à notre égard.

Nous allongeâmes donc l'allure. Nous marchions sur un terrain qui avait été foulé aussi, cinquante ans auparavant, par des soldats français victorieux. Le duc de Raguse nous explique que l'armée turque était rassemblée à cet endroit même que nous parcourions au trot. L'attaque des Français fut dirigée sur *Fouleh* et *Al-Fouleh*, deux mamelons que nous voyions s'élever sur notre gauche, et dont l'un est couronné par un fort ruiné ; les Turcs, enfoncés, se dispersèrent. Il suffit au général Bonaparte de quelques coups de canon pour gagner cette victoire ajoutée à tant d'autres, et à laquelle le mont

Thabor donna son nom. Junot, posté à Nazareth avec une poignée de monde, avait résisté à toutes les forces turques, en attendant l'arrivée du général en chef.

Nous atteignîmes enfin un village, au pied d'une montagne qui ferme la plaine d'Esdrelon, du côté de Nazareth. Le soleil était couché depuis quelque temps; nous risquions de nous perdre, en nous lançant la nuit dans cette montagne que Mahmoud paraissait peu connaître. Nous prîmes dans le village un jeune gars qui s'engagea, pour 5 piastres, à nous conduire à Nazareth. Nous le suivîmes donc. Heureusement qu'on y voyait encore un peu, car il nous conduisit par un sentier à pic, que les chèvres auraient été embarrassées d'escalader. Je ne sais comment firent nos chevaux, mais ils arrivèrent en haut sans broncher. Quand nous fûmes sur le plateau, il faisait nuit close; de larges gouttes de pluie commençaient à tomber. Notre guide refusa alors d'aller plus loin, si on ne le payait pas de suite. Le gaillard voulait prendre notre argent et nous planter là, la nuit, par le mauvais temps, dans un endroit sans chemins, où nous n'aurions pu nous retrouver, ou bien nous faire *composer*. Nous ne voulions pas nous laisser prendre à cette nouvelle espèce de *chantage*. Nous lui déclarâmes donc qu'il n'aurait pas un para avant notre arrivée au couvent de Nazareth, et nous lui conseillâmes, dans l'intérêt de sa peau, de ne pas essayer de nous jouer quelque mauvais tour; en attendant, nous le serrions de près. Il se résigna donc à faire l'honnête homme, voyant qu'il n'y avait pas moyen d'agir autrement.

Au reste, au bout de quelques minutes, nous apercevions les lumières de Nazareth, ce qui nous faisait un sensible plaisir, car il aurait été peu agréable de se coucher sans souper, à la belle étoile, sur ces rochers, avec la pluie qui commençait déjà à tomber. Nazareth s'élevait sur le plateau que nous traversions, de l'autre côté d'un vallon peu profond. Des terrasses blanches brillaient à la lueur des éclairs qui commençaient déjà à annoncer l'orage. Nous ne tardâmes pas à gagner les premières maisons, et nous arrivâmes à la *casa nuova* du couvent, ou maison que les franciscains ont fait bâtir pour les pèlerins.

Il était sept heures; il y avait plus de quatorze heures que nous étions à cheval. Nous trouvâmes là nos mulets qui, pendant que nous trottions et que nous galoppions dans la campagne, étaient venus au pas, mais par le droit chemin, et nous attendaient là depuis une demi-heure. Nous fûmes accueillis par un *bonjour messieurs* qui nous fit battre le cœur; mais cela n'alla pas plus loin. C'était un Grec, drogman de deux Anglais qui se trouvaient à Nazareth, et ami de Mahmoud, qui avait épuisé toute sa science dans son *bonjour messieurs*. Du reste, il parlait italien.

Un frère nous reçut et nous conduisit à une assez belle chambre à deux lits. Il nous apporta une lampe à pompe, du pain et du vin, nous disant qu'il n'avait pas autre chose à nous donner. Nous n'en voulions pas davantage. Mahmoud avait trouvé un fourneau, grâce à son ami, car le frère s'était retiré de suite à son couvent, et nous avait laissés là. Nous ne tardâmes donc pas à avoir notre festin que nous avions bien gagné. Nous étions arrivés à temps, car à peine fûmes-nous dans la chambre, qu'un orage affreux éclata. Les éclairs, les éclats de la foudre se succédaient sans interruption; la ville était tout en feu. La pluie tombait à torrents. Nazareth, étageant ses maisons de pierre sur le penchant de la montagne, faisait beaucoup d'effet à la lueur des éclairs.

Le lendemain, 11 novembre, lorsque je me levai, mon genou était enflé, je ne pouvais ployer la jambe. Tant pis, ce n'était pas le moment de se dorloter; je ne voulais pas rester en route. Il ne pleuvait plus; le soleil perçait même à travers de gros nuages. C'était dimanche. La majeure partie de la population est catholique; la foule se portait vers l'église du couvent pour entendre la messe.

Cette église est bâtie sur le lieu même où habitait l'épouse de Joseph, et où l'ange Gabriel lui annonça qu'elle allait devenir la mère d'un Dieu. Je m'y rendis clopin-clopant. Sous le maître-autel, auquel on monte par un double escalier orné de grilles dorées, on trouve de larges degrés de pierre par lesquels on descend dans une chapelle carrée au fond de laquelle est un autel de marbre blanc. Sous cet autel brûlent des lampes d'argent; et au fond on lit l'inscription : *Hic verbum caro factum est*, au-dessus de la croix des franciscains. Une colonne de granit marque l'endroit où se tenait la Vierge lorsque l'ange la salua *bénie entre toutes les femmes*. Une autre colonne de granit, brisée par les Turcs, marque la place où s'arrêta l'ange.

On sait que la tradition rapporte que la maison de la Vierge fut transportée par les anges à Lorette. C'est la *Casa-Santa* que l'on voit dans l'église de cette ville. A Nazareth, en effet, on trouve les fondations d'une maison qui devait être adossée au mur du fond de la grotte. Cette chapelle est ornée de lampes d'argent et de fleurs, et tapissée d'une étoffe de cachemire. On disait la messe sur cet autel même; on nous fit la politesse de nous apporter des chaises.

L'église de l'Annonciation est assez grande et bien ornée. Elle est dans la cour du couvent, où l'on voit encore des tronçons de colonnes de granit, restes des constructions de Sainte-Hélène, que les Turcs ont détruites. Un palmier élève sa couronne de feuilles au-dessus des murs du couvent. La porte est surmontée d'une croix.

La ville a moins d'apparence au jour qu'à la lueur des éclairs. Ce sont des maisons assez misérables, en pierre, comme dans toute la Syrie, échelonnées en amphithéâtre, sur le versant de la colline, et formant quelques rues fort sales. Beaucoup de ces maisons sont adossées au roc, ou même creusées en forme de cavernes. Il y a une assez belle mosquée. La population, en grande partie chrétienne et même catholique, peut monter à environ trois mille âmes.

Notre chambre, au couvent, avait des fenêtres sur trois faces, de manière que nous pouvions voir la ville dans tous les sens. Les habitants se promenaient sur leurs terrasses en fumant leurs pipes. Les femmes sont assez jolies. Elles portent un pantalon large, à dessins de couleur, descendant jusqu'à la cheville, sous une robe de couleur tranchante, ouverte sur les côtés et aux manches, et serrée à la taille par une ceinture en cachemire; par dessus est une veste à manches fendues, ouverte par devant. Elles sont coiffées d'un turban.

Les Anglais qu'accompagnait l'ami de Mahmoud nous firent demander des renseignements sur l'Égypte, où ils voulaient aller. Ils étaient là depuis plusieurs jours, pour soigner un furoncle dont l'un d'eux souffrait.

C'est à Nazareth que je devais quitter mon compagnon de voyage. Il devait rentrer en France, et il fallait qu'il fût à Beyrouth avant le 16. Il allait donc me précéder dans notre patrie, pendant que je continuerais encore pendant quelques semaines ma vie errante; j'avais à voir Tibériade et Damas. Nous devions nous retrouver à Paris. Nous nous promettions d'agréables moments lorsque, dans son atelier bien chaud, entourés du confortable parisien, nous repasserions toutes les vicissitudes de la vie du touriste en Orient, tout en feuilletant son intéressson album qui devait nous rappeler les belles choses que nous avions vues ensemble. Je regrettais la société d'un excellent ami, avec lequel j'avais toujours vécu en parfaite intelligence sous tous les rapports, ce qui est rare en voyage. Il partait pour le mont Carmel, escorté de Giuseppe; il avait pris la petite tente et les ustensiles et les provisions qui pouvaient lui être utiles jusqu'à Beyrouth. Du reste, il devait toujours trouver des couvents pour loger, sur sa route. Je lui avais rendu mes comptes de chef d'ordinaire, et remis mon portefeuille de ministre des finances. Charles monta donc à cheval; et nous nous séparâmes en nous criant: à revoir! en France! à Paris!

CHAPITRE XXIX.

Tibériade. — Le Carmel.

L'état du ciel paraissait assez menaçant; on m'engageait à retarder mon départ. Malgré cela, je me décidai à donner l'ordre de charger les bagages. Le moukre me dit qu'il était prêt à aller partout où je voudrais. J'allai faire mes adieux au frère qui, soit dit en passant, ne m'avait pas paru très-empressé auprès de ses hôtes. Je ne retrouvai pas là la cordiale et franche hospitalité qui nous avait accueillis à Jérusalem. Je pense que cela devait tenir au moine qui nous avait reçus.

Je me fis hisser tant bien que mal sur mon cheval, et, bravant l'orage, nous partîmes à onze heures pour Tabarieh, qui est à six heures de marche. Je sortis de Nazareth en descendant le vallon. Au bas de la ville, près d'une haie de nopals, était une fontaine carrée en pierre, à laquelle une quantité de femmes venaient puiser une eau limpide et abondante. Elles criaient, elles se disputaient ; c'était un tapage étourdissant.

A peine étions-nous dans la montagne, que l'orage commença à gronder, puis des torrents de pluie se déversèrent sur nous. Les chemins n'étaient plus que des ruisseaux. Je ne voyais rien autour de moi, aveuglé que j'étais par la pluie. Heureusement j'avais un bon caban algérien qui me préservait. Enfin, vers une heure, la pluie cessa au moment où nous venions de passer par Cana, célébrée par le premier miracle de Jésus, l'eau changée en vin.

Arrivé au bout d'une des vallées larges et admirablement fertiles de la Galilée, mon moukre s'aperçut qu'il s'était trompé de chemin. Je ne m'en plaignis pas, car il en résulta que nous passâmes presque au pied du mont Thabor, dont nous n'étions séparés que par un repli de terrain. C'est une montagne isolée partout, exceptée vers le nord-est où elle est rattachée aux autres montagnes par un col très-bas. Elle est couverte d'arbres. Au sommet on voit un couvent grec et des ruines. Elle présente une croupe arrondie de la même forme que toutes les cimes environnantes qui forment une série de cônes écrasés. Le mont Thabor domine tous les autres. Sa hauteur est d'environ 900 mètres ; son sommet se termine par une plateforme d'une demi-lieue de tour. C'est sur le mont Thabor que l'on place la scène de la Transfiguration. Nous tournâmes autour. Je regrettai que l'état de mon genou m'empêchât de monter sur son sommet.

Nous étions entrés dans les vastes plateaux accidentés de la Galilée. Des troupeaux de bestiaux et de moutons s'y nourrissaient abondamment. Des champs d'artichaux sauvages, de coton, de dourah, de ricin s'étendaient de toutes part. Le ricin a une tige verte avec une feuille semblable à celle de la vigne, mais plus découpée. Nous traversâmes dans la campagne, et nous finîmes par regagner le vrai chemin. Nous rencontrions beaucoup de passants, la plupart armés de lances ou de fusils, vêtus à l'arabe, avec le koufieh rouge et jaune sur la tête, et la physionomie farouche. Un grand nombre cependant me saluaient ; c'étaient des chrétiens, qui sont assez nombreux en Galilée. Le Galiléen me parut généralement plus affable que le Samaritain, qui est grossier et haineux envers les étrangers. Des voyageurs avaient cependant été arrêtés jadis par les voleurs dans les montagnes de Tibériade ; mais j'étais très-rassuré, car j'étais persuadé que, s'il y avait eu du danger, Mahmoud ne se serait pas soucié de risquer sa peau, à laquelle il tient beaucoup.

Le sol de ces plateaux est noir et semé de pierres de lave. Tout annonce que cette contrée a été le siége de nombreux volcans. On y trouve encore maintenant beaucoup de sources thermales. C'est ce qui augmente encore la fécondité naturelle de cette terre, qui serait si productive si elle était bien cultivée. La Galilée est aussi fertile que la Samarie, et plus accidentée. Si ces deux provinces étaient entre les mains d'hommes actifs et industrieux, il n'y aurait pas de pays plus riche au monde.

Enfin, arrivés au sommet d'une crête qui terminait le plateau, j'aperçus tout à coup, à mes pieds, une belle nappe bleue. C'était le lac de Génézareth, ou de Tibériade, nommé aussi mer de Galilée dans l'Évangile, où il joue un si grand rôle. C'est là que le Christ fit une grande partie de ses miracles. Il vécut longtemps à Capharnaüm, dont je voyais vis-à-vis de moi l'emplacement marqué par une pointe verte garnie d'arbres, qui s'avançait dans le lac. Au-dessus est Bethsaida, patrie du prince des Apôtres. Pas un coin des bords de ce lac qui n'ait reçu l'empreinte des pas du Sauveur. Ces eaux, combien de fois il les a traversées ! C'est dans cette mer de Galilée que jetaient leurs filets ces pêcheurs qui, sur un mot du maître, quittèrent tout pour le suivre. C'est sur ces coteaux qu'il instruisait la foule qui l'entourait, avide d'écouter sa parole. C'est là qu'il nourrit toute cette multitude avec quelques pains. C'est là qu'il guérit les aveugles, les sourds, les muets, les possédés. Ces flots en courroux se sont calmés à sa voix. Il a ordonné à Pierre de jeter ses filets dans cet endroit même ; et, lorsque celui-ci les retirait, les mailles se rompaient sous la charge du poisson.

Ce lac offre un coup d'œil admirable. Il est entouré de montagnes pittoresques couvertes d'une riche végétation, qui se mirent dans ses eaux limpides. Les villes importantes qu'il baignait jadis ont disparu; il ne reste plus que quelques ruines. La ville de Tabarieh (l'ancienne Tibériade), que je voyais sous moi, me paraissait elle-même presque un monceau de ruines. Des villes de la Décapole, qui étaient au nord du lac, il reste à peine des traces. Mais ses bords verts et accidentés n'ont pas perdu leur beauté. Au delà du lac se succèdent des lignes de montagnes aux teintes variées, délicatement nuancées, dont les hautes crêtes se profilent admirablement. De profondes vallées les divisent comme de larges sillons. Bien loin, au nord, par-dessus toutes ces cimes, le *Gebel-Cheik* élève fièrement sa tête neigeuse. C'est le dominateur de l'Anti-Liban, dont la chaîne se prolonge jusque vers le lac.

Le lac de Tibériade, c'est encore le fleuve sacré, le Jourdain, dans lequel je m'étais baigné vis-à-vis de Jéricho. Ce fleuve, qui vient des racines de l'Anti-Liban, vers Hasbeya, forme d'abord le petit lac de Houlé. Ensuite, il longe les montagnes de Galilée et se jette dans le lac de Tabarieh, d'où il ressort sous le nom de *Scheriat-el-Kebir* ou Jourdain, pour aller se perdre dans la mer Morte. Il coule directement du nord au sud. Le lac a environ six lieues de long sur une lieue et demie de large; sa forme est à peu près elliptique.

Je marchai quelque temps parallèlement aux rives du lac, le long de cette crête d'où je jouissais d'un si beau coup d'œil. Le soleil avait reparu et éclairait ce paysage; de plus, il m'avait séché complétement. Un sentier joli, mais rude et très-escarpé, qui serpente à travers des touffes d'arbustes verts, me conduisit à Tibériade. Je voyais depuis longtemps ses tours et ses murs crénelés, en partie écroulés, auxquels la couleur noire de la lave dont ils sont bâtis donnait un aspect sombre. Des Juifs coiffés d'un bonnet garni de fourrures, et vêtus d'une longue robe, se promenaient aux environs de la ville, et me saluèrent.

Nous entrâmes enfin dans Tabarieh par une brèche. Cette ville a été détruite en partie par un tremblement de terre, en 1837. Ses remparts massifs se sont écroulés, ainsi que ses hautes tours. La plupart des maisons ont été renversées; aussi ne voit-on que des ruines. Les rues que nous traversâmes étaient nouvellement rebâties; on y voyait quelques maisons qui paraissaient assez propres. Mahmoud me dit qu'il y avait un juif qui tenait une espèce d'auberge. Je préférais ma tente au bouge probablement infect de ce fils d'Israël, et nous campâmes sur une grande place pleine de décombres des maisons qui la garnissaient naguère, et ornée de quelques palmiers et de plusieurs arbres, non loin d'une antique forteresse du moyen-âge, toute ruinée.

Un quart de la population de Tabaryeh est juive. Après la destruction de Jérusalem, c'est là que se retirèrent leurs docteurs qui y fondèrent une célèbre école rabbinique. Il y a ensuite quelques chrétiens grecs ou latins ; le reste est musulman. Tous ces gens entouraient ma tente, et me regardaient comme un animal extraordinaire. J'eus assez de peine à me débarrasser de leur curiosité.

L'ingénieux Mahmoud, qui cumulait toutes les fonctions, empiétant sur les droits de la faculté, fit chauffer de l'huile et m'en fit un cataplasme avec un morceau de torchon, maintenu par des ficelles. Le pansement était un peu à l'arabe; mais nous n'étions pas à l'Hôtel-Dieu.

Le lendemain, malgré l'huile de Mahmoud, je ne pouvais marcher. Je montai donc sur mon cheval, et, accompagné d'un des moukres, je parcourus la ville et les bords du lac. Beaucoup de maisons sont bâties en lave. Il y a une mosquée assez grande, avec un beau minaret. Les pères latins s'occupaient alors de faire bâtir un couvent. En sortant de la ville, je traversai beaucoup de ruines. Des restes de murailles et de tours, des colonnes de granit et de marbre jonchent la rive ; la montagne est percée de cavernes et d'hypogées. A une lieue environ de Tabaryeh, on trouve d'abondantes sources thermales acidulées et légèrement sulfureuses.

Il y a là un établissement de bains fort beaux, construits par ordre d'Ibrahim-Pacha. C'est une rotonde au milieu de laquelle se trouve un bassin rond, en marbre blanc. Le pavage et les baignoires sont également en marbre blanc, ainsi que des lions qui versent l'eau dans le bassin. Une coupole percée d'étoiles à jour fermées par des verres épais, laisse arriver une lumière douce et mystérieuse, suivant l'usage dans les bains de l'Orient. Le bassin était plein d'eau, et un homme était là pour recevoir les baigneurs. Il paraît que, dans l'été, il y vient beaucoup de monde. Un autre établissement est à côté; mais il est sale et tout délabré. Je poursuivis ma promenade jusque près de la sortie du Jourdain. La rive opposée était assez rapprochée; on distinguait des montagnes bien boisées et des champs fertiles.

Je revins ensuite à travers des buissons de lauriers roses, de buis, de chênes verts, de lentisques, longeant les bords du lac dont les ondes venaient mouiller les pieds de mon cheval. Ce rivage est fort agréable, et offre de charmants paysages. Je trouvai sur le sable de ces petites crabes que nous voyons sur nos plages de l'Océan.

Je rentrai ensuite à ma maison de toile. Mahmoud m'avait apprêté pour déjeuner du poisson du lac de Génézareth. J'aurais voulu m'aller promener sur l'eau après déjeuner; mais il n'y a qu'un bateau sur le lac, et il était occupé. Toute la population était revenue autour de nous, pour regarder de près le Frangi (franc). Ceux qui savaient trois mots d'italien se dépêchaient de me les décocher, pour faire les savants. Ils se tenaient du reste à distance de la tente, et avaient l'air de bonnes gens.

Avant midi, ma tente était ployée, mon bagage chargé, et nous étions en route. Nous passâmes près d'une montagne que font remarquer de loin les deux pointes qui la surmontent, et qu'on appelle les cornes de Hattin. La vallée de Hattin est de l'autre côté, au nord de cette montagne; à notre gauche se trouvait le gros village de Lubia, situé dans la plaine. C'est dans ce village qu'eut lieu la bataille de Hattin, plus connue sous le nom de bataille de Tibériade, et si désastreuse pour le royaume latin de Jérusalem dont elle consomma la ruine. Saladin, à la tête de 80,000 hommes, s'était emparé de la position de Hattin, et était maître de toutes les fontaines; il fit mettre le feu aux récoltes. Les chrétiens, qui ne comptaient que 20,000 combattants, sous les ordres de Guy de Lusignan, roi de Jérusalem, souffrant de la soif, incommodés par l'incendie, affaiblis par la trahison du comte de Tripoli, furent battus complétement. Le roi fut pris, et tous les Francs furent tués et faits prisonniers, après des prodiges de valeur. Plus tard, en 1799, les Français vengèrent les chrétiens du moyen-âge. Le grand-visir fut écrasé au même endroit par une poignée de soldats français ; son armée fut dispersée et jetée au delà du Jourdain par notre cavalerie.

A mon départ de Tibériade, le ciel avait pris un aspect menaçant ; de gros nuages noirs roulaient sur les montagnes. En effet, l'orage ne tarda pas à gronder, et je reçus une forte averse. Heureusement, elle ne dura pas longtemps. Je comptais passer par Safoureh ou Sephoris, la patrie des parents de la sainte Vierge. Le moukre prétendait que cela nous allongerait beaucoup. Je crois tout bonnement que Mahmoud et lui préféraient aller coucher à Nazareth, qui offrait plus de ressources. La terre était détrempée par la pluie, la route était mauvaise, il était tard ; je me rendis donc à leurs instances, et nous nous dirigeâmes sur Kana. Ce village, qui a conservé son nom ancien, est dans une jolie position, sur le penchant d'une montagne entourée de beaux jardins. La pluie avait ravivé la verdure, et ce théâtre du premier miracle de Jésus-Christ avait un charmant aspect.

Sur le versant opposé du vallon s'élevait Mescheb. Nous rentrâmes là dans les montagnes, dans des gorges abruptes et des sentiers escarpés et rocailleux. A El-Rameh, je rencontrai une foule de femmes et d'enfants qui revenaient de laver le linge à la fontaine. Leurs jolies figures étaient sans voiles ; leurs bras arrondis gracieusement soutenaient sur leur tête des urnes à formes antiques. Elles me saluèrent ; c'étaient des chrétiennes. Enfin, à six heures, j'étais de retour au couvent de Nazareth. L'accueil du frère chargé des étrangers ne fut pas plus gracieux que la première fois. Je l'attendis très-longtemps avant qu'il ne me donnât une chambre, et ne m'apportât le pain, le vin et la lampe de rigueur.

Le 13, le beau temps était revenu. Je quittai Nazareth à sept heures. Nous marchâmes quelque temps dans des montagnes rocheuses parsemées d'arbres, de jardins et d'habitations. Nous franchîmes des gorges profondes, par des chemins difficiles, jusqu'à Yaffa, village assez misérable que nous apercevions sur la hauteur. Nous gagnâmes ensuite une vallée qui rentrait dans la riche plaine d'Esdrelon, laquelle s'étendait de ce côté jusqu'à la chaîne du Carmel que nous avions à notre gauche. Quelques arbres rares et disséminés variaient seuls cet océan de végétation en partie spontanée.

Nous traversâmes Sammoun, amas de ruines près desquelles se trouve une jolie fontaine, au milieu d'un bouquet de figuiers et de grenadiers. Plus loin est Geïda, pauvre bourgade dans laquelle je vis des femmes réunies en groupe et poussant des sanglots et des gémissements. C'est l'usage, lorsqu'une femme a fait une perte sensible, de réunir ses amis pour se lamenter ensemble. En sortant de ce village j'eus un exemple de la grossièreté syrienne. Un jeune homme, qui passait à cheval au galop, effraya une de mes mules qui se sauva en gambadant dans les champs, et jeta sa charge par terre. Le Syrien continua sa course en riant, sans même s'arrêter pour aider à réparer sa sottise. J'appelai Mahmoud qui était en avant, et qui revint donner un coup de main. J'avais bien de la peine à obtenir que Mahmoud restât à portée de moi. Ou il restait en arrière à causer avec les Arabes, ou il partait au grand trot, en chantonnant sa chanson arabe, sans s'inquiéter si je le suivais. Je finis par exiger qu'il se tînt toujours près de moi.

Au bout de la plaine, nous traversâmes un col appelé *Cheick-Beraik*, qui est couvert d'une forêt de chênes. Ces arbres ont une forme particulière; les troncs sont bas et noueux, les feuilles petites, ovales et légèrement dentelée. Le gland est très-allongé, et son calice est recouvert de villosités rudes.

Arrivé sur le sommet, une magnifique perspective s'ouvrit devant moi. Une vaste plaine se déployait à mes pieds, bornée à droite et à gauche par des montagnes boisées; elle était couverte de champs cultivés, au milieu desquels était disséminée une population de travailleurs. Quelques palmiers élevaient leurs cimes au-dessus de cette fraîche végétation. Une rivière serpentait dans cette plaine, qui n'était autre que la plaine d'Acre. En avant, dans le lointain, on distinguait des villes, puis, au delà, la mer, la vraie mer, la Méditerranée avec son bel azur foncé qu'elle emprunte au ciel de Syrie, la mer avec des navires. Des mâts se mêlaient aux minarets de Caïffa que je voyais devant moi.

Je m'arrêtai enthousiasmé. Mahmoud! m'écriai-je. — Monsieur? — Voilà la mer, Mahmoud. — Oui, Monsieur! Pas bon, la mer. (L'estomac de Mahmoud était peu disposé pour la navigation.) — Mahmoud, cette mer va en France; vive la France! — Vive la France! répéta Mahmoud. Pour me faire plaisir, il aurait aussi bien crié *vive la Chine*. J'étais heureux; il me semblait que j'étais rapproché de ma patrie. Cette même eau ne la baignait-elle pas! Il est vrai que *sept à huit cent lieues* nous séparaient.

Je descendis dans la plaine, à Arbay; puis je traversai le *Keisun*, ruisseau encaissé, dont les rives élevées sont garnies d'arbustes et de lauriers roses, et qui était à peu près à sec. Cette rivière prend sa source près du Thabor; elle servait de limite entre les tribus d'Issachar et de Zabulon. C'est sur ses bords que Sisara fut battu par les Israélites inspirés par la prophétesse Deborah. Nous longeâmes le pied du Carmel traversant des champs de coton et de maïs, des bois d'oliviers, de mûriers, de grenadiers, d'orangers, de citronniers. Nous passâmes à *Yadjur*, d'où j'aperçus le promontoire du Carmel et son couvent. Au bout de la plaine, je traversai encore des jardins remplis de fruits de toutes espèces et de palmiers qui élevaient dans l'air leurs régimes chargés de dattes. Je retrouvai là les bois de palmiers de l'Égypte. Les derniers que j'avais vus étaient ceux du Ouadi-Pharan. Depuis lors, dans l'intérieur des terres, je n'avais rencontré que des palmiers isolés, la plupart sans fruits. Sur la côte de la Méditerranée, au contraire, ces arbres sont très-nombreux et produisent des dattes jaunes et rouges en grande quantité, mais inférieures en qualité à celles d'Égypte.

J'entrai dans Kaïffa, petite ville assez sale et misérable, fortifiée par une enceinte carrée, flanquée de tours, en très-mauvais état. Ses rues sont fangeuses; il y a un bazar où l'on vend beaucoup de fruits et de légumes. Son port est une rade foraine très-peu sûre, comme toutes celles de la Syrie, mais moins mauvaise que celle de Saint-Jean-d'Acre. On voyait quelques bâtiments, dont plusieurs bricks. L'un d'eux était un compatriote, j'avais vu briller le pavillon français. Ce petit port donne quelque mouvement à Kaiffa. On y aperçoit des costumes européens ; il y a des consuls de différentes nations.

Je ressortis de la ville par la porte opposée, et, après avoir traversé une belle plaine plantée d'arbres, dans laquelle je vis courir un troupeau composé de sept gracieuses gazelles, nous nous engageâmes dans un sentier fort roide. Il était tracé dans la montagne, et soutenu par des murs et par des marches espacées de place en place. Le tintement d'une cloche se fit entendre au-dessus de ma tête. Il y avait longtemps que je n'avais entendu ce son qui me rappelait l'Europe. Je levai les yeux, et je vis au-dessus de moi un grand bâtiment carré, solidement bâti en pierre. A deux heures et demie, j'étais devant ce bâtiment qui est le couvent du mont Carmel. Il faut environ une heure pour y aller de Kaiffa.

Un carme vint au-devant de moi. Charles, qui était passé là deux jours auparavant, m'avait annoncé. Le frère Clément me fit un accueil plein d'empressement. Il me conduisit de suite dans une fort jolie chambre, bien meublée, avec toilette, lit de fer garni de rideaux, enfin, tout ce qu'il faut. Il alla aussitôt me chercher un élixir que les carmes fabriquent sous le nom d'eau des carmes. C'est une liqueur rouge, composée d'aromates, d'une odeur agréable, qu'il me donna pour panser mon genou, et qui me fit en effet assez de bien. Il me fit ensuite visiter le couvent.

L'ordre des carmes a pris son nom du mont Carmel, qui est consacré principalement aux souvenirs du prophète Élie, et sur lequel, dit-on, la vierge Marie a passé plusieurs fois. Les carmes, fondés dans le XIIIe siècle, remplacèrent des ermites qui s'étaient établis dans ces lieux dès les commencements du christianisme.

Ces moines avaient été persécutés par Abdallah, pacha d'Acre. C'est ce même Abdallah qui eut avec Mehemet-Aly des discussions au sujet de fellahs réfugiés dans son pachalik, et qu'il ne voulait pas rendre, ce qui servit de prétexte à l'envahissement de la Syrie par les Égyptiens. Lors du soulèvement de la Grèce, Abdallah profita du premier prétexte venu pour détruire le couvent, et s'empara du terrain sur lequel il fit bâtir un kiosque, à l'extrémité du promontoire. Les religieux du Carmel sont protégés par la France; aussi, sur la réclamation de notre gouvernement, le sultan fit défendre au pacha de les inquiéter davantage. D'ailleurs, peu de temps après, Abdallah fut chassé par Ibrahim qui prit sous sa protection tous les catholiques. On permit donc de rebâtir le couvent. Il fallait de l'argent. Un des moines, le P. Jean-Baptiste, se mit en route pour en trouver. Il parcourut ainsi toute la chrétienté, et obtint des sommes considérables. Il était architecte; il se chargea lui-même de l'emploi de l'argent que les quêtes lui avaient procuré. Ce fut lui qui fit les plans du couvent, de l'église et de toutes les dépendances. Lorsque j'arrivai au couvent, cet infatigable quêteur venait de mourir depuis un mois environ. C'était une perte irréparable pour la communauté.

Le couvent est solidement bâti en larges pierres. C'est un très-bel édifice. Il est carré; l'église, surmontée d'une coupole, est au milieu. De beaux et vastes corridors, sur lesquels donnent des cellules très-simples, mais commodes, se développent tout autour de ces grands bâtiments. Il n'y avait alors que dix pères dans le couvent. L'église est belle intérieurement, ornée de mosaïques en beaux marbres; on y conserve les noms des bienfaiteurs du monastère. On monte au maître-autel par un double escalier de marbre. Par-dessous se trouve une grotte que l'on a laissée dans son état naturel; on a taillé seulement dans le roc ce qui était nécessaire pour faire un autel. C'est dans cette grotte, qui ne présente, encore maintenant, que la roche nue, qu'Élie se retirait. Les premiers chrétiens l'habitèrent; on dit qu'ils y élevèrent une chapelle dédiée à la Sainte-Vierge, de son vivant. Dans la cour qui est au centre du couvent se trouve la tombe du comte de Juigné, mort au Carmel. Elle est surmontée de drapeaux tricolores.

Nous montâmes ensuite sur la terrasse de l'édifice. On y jouit d'une magnifique vue. Le Carmel est une chaîne de montagnes assez hautes, qui s'étend, du sud au nord, depuis la Samarie jusqu'à la plaine d'Acre. Elle se termine brusquement par un promontoire élevé, qui s'avance dans la mer, et sur lequel est bâti le couvent. Toute cette chaîne du Carmel est boisée, mais presque inculte et inhabitée, si ce n'est par des bêtes sauvages. Vers le sud-est, on embrasse la série de montagnes, au milieu desquelles se trouve Nazareth. De ce cap, battu de tous côtés par les vagues, s'étend un immense horizon de mer. On voit toute la côte, depuis Césarée, qui s'avance en mer jusqu'à Tyr. La rade de Saint-Jean-d'Acre forme à peu près un croissant, dont le Carmel occupe une pointe; Acre, dont on voyait briller les minarets à travers une légère brume, termine l'autre pointe. La plage est sablonneuse, mais, partout ailleurs, une belle verdure réjouit les regards, et se prolonge jusqu'aux montagnes bleues. A mes pieds était le petit port de Kaïffa, devant lequel étaient mouillés sept à huit bricks. Sur cette terrasse sont deux cloches qui ont été données au couvent par le roi de Naples, et que les moines ont l'autorisation de sonner.

Ces religieux ont maintenant beaucoup de liberté, et vivent en bonne intelligence avec les Turcs. C'est toujours à la France qu'ils adressent leurs griefs; ils arborent le pavillon français. On a commencé un nouveau bâtiment, pour agrandir le couvent et loger les étrangers; mais la mort du P. Jean-Baptiste a interrompu les travaux. Vis-à-vis du couvent, tout à fait à la pointe, on voit le kiosque qu'Abdallah-Pacha avait fait élever sur le terrain des moines. Les Grecs avaient tâché de s'en emparer; mais les carmes avaient fini par obtenir du sultan la concession de ce palais bâti sur leur domaine, et ils l'avaient de suite approprié à leur usage. Il y a un jardin devant le couvent; on y voit une pyramide. Ce monument recouvre les restes de nos malheureux soldats restés malades au Carmel, pendant le siége d'Acre, et massacrés par les Turcs aussitôt après le départ des Français.

Nous descendîmes ensuite à la pharmacie, qui est très-bien fournie et arrangée avec ordre. On y trouve beaucoup de liqueurs et d'élixirs, faits par les carmes avec les plantes aromatiques du pays. Ces religieux soignent chez eux les pèlerins malades, ainsi que les pauvres des environs. Le frère Clément me fit goûter de ces liqueurs; il y en a de très-bonnes. Ce bon moine ne parlait qu'italien, quoiqu'il eût accompagné le P. Jean-Baptiste dans ses quêtes en France. Il me questionna beaucoup sur la politique. Il était loin d'avoir des idées rétrogrades. Il était très-patriote, et il déplorait les maux de l'Italie. Il n'aimait pas les Autrichiens, qui asservissaient son pays.

En rentrant dans la salle à manger, qui précédait les chambres à coucher, je trouvai sur la table un très-bon dîner, parfaitement servi, avec des serviettes, de l'argenterie, de la porcelaine. Il y avait des légumes, d'excellent poisson, des œufs; je me serais cru chez un de nos restaurateurs. Seulement, comme j'étais seul d'étranger, et que les moines font toujours maigre, ils n'avaient pas de viande de boucherie. Je retombai donc dans le poulet arrangé à plusieurs sauces, comme au désert. Le vin était très-bon. Le frère Clément me tenait compagnie, sans manger. Nous bûmes seulement ensemble un verre d'excellent vin du Liban, puis le café, qui était bien inférieur à mon moka. Le frère restait à ma disposition, mais avec beaucoup de tact et de discrétion, tant pour me tenir compagnie que pour veiller à ce que je ne manquasse de rien. Les chambres sont fort bien, donnant toutes sur la mer, et distribuées avec intelligence. Les chambres pour des dames, ou pour des ménages, ont des dégagements particuliers, de manière qu'on ne soit pas obligé de passer les uns chez les autres. Les lits sont très-bons. Depuis le Caire, j'avais oublié le comfortable, et j'en sentais alors plus le prix. Dans toutes les villes de la Syrie et de l'Égypte, les pèlerins reçoivent l'hospitalité des franciscains de Terre-Sainte, qui y ont des couvents. Au Carmel seul, ce sont les carmes qui ont soin des étrangers, et ils s'en acquittent grandement et très-cordialement. Les carmes sont, du reste, au-dessus des franciscains, dans la hiérarchie monacale.

Le 14, on me servit un très-bon déjeuner; puis le frère Clément me fit visiter le palais d'Abdallah. Les carmes, qui l'ont définitivement acquis, y ont établi leur pressoir à huile. Grâce à l'intelligence du P. Jean-Baptiste, ces moines ont construit, sur des ruisseaux de la montagne, des moulins qui leur rapportent quelque chose; ils ont des oliviers et font de l'huile. Ce bâtiment contient aussi des chambres pour des pèlerins allemands, qui viennent en bandes. Il y a encore une partie destinée aux Arabes et aux Syriens. La chambre du pacha est très-grande. Elle donne de trois côtés sur la mer, et était vitrée du haut en bas; on y jouissait d'une admirable vue. Les moines ont bouché une partie de ces fenêtres. Un divan règne autour de cette salle, qui n'était pas pavée. La grande galerie, en voûte d'arêtes, qui sert de pressoir, avait deux bras qu'on a fait murer, dans la crainte que les Grecs, y trouvant une église toute faite, n'y vissent un prétexte pour s'en emparer, et ne vinssent ainsi établir le culte schismatique sur le terrain des carmes. Maintenant ils sont à l'abri de ce danger. Ce tyran fastueux, qui avait fait abattre le couvent du Carmel pour bâtir ce kiosque, théâtre de ses plaisirs, Abdallah-Pacha, se trouvait alors relégué à Constantinople, où il vivait misérablement.

L'hospitalité généreuse du couvent du mont Carmel est entièrement gratuite. Le frère Clément n'accepta mon offrande qu'avec beaucoup de difficultés, et seulement comme don fait à l'église. Je quittai ce bon religieux, en lui serrant la main, et lui promettant de ne pas oublier le Carmel.

CHAPITRE XXX.

La Phénicie.

Le 14 novembre, vers neuf heures, je redescendis mon rude escalier du Carmel; je traversai de nouveau Kaïffa, et je suivis le rivage sur le sable. La mer était calme, mais des débris de navires, qui étaient épars sur la plage, donnaient une idée de ses ravages, sur cette rade exposée aux vents et aux tempêtes.

J'étais alors à peu près hors de la Terre-Sainte, quoique le pays, jusqu'auprès de Tyr, appartînt encore à la tribu d'Aser. Il fut presque toujours entre les mains des Phéniciens, et d'ailleurs il ne renferme que peu d'endroits intéressants, au point de vue des saintes Écritures.

Nous repassâmes le Keisun, puis le fleuve Belus, que l'on

traverse facilement à gué, près de Saint-Jean-d'Acre. C'est sur ses bords que des Phéniciens, faisant du feu sur le sable, découvrirent le verre. J'avais fait le tour du croissant qui forme la rade d'Acre, et j'étais arrivé à la corne opposée au Carmel, formée par une presqu'île, sur laquelle est située la ville de Saint-Jean-d'Acre.

Le port, très-mauvais, est peu fréquenté ; je n'y vis qu'un brick et quelques bateaux. Les bâtiments vont plutôt à Kaïffa, dont le port est moins dangereux. Il y a un phare à la pointe. J'arrivai à Acre à midi. Cette ville, l'ancienne Acco, qui, sous les Ptolémées, prit le nom de Ptolemaïs, a joué un grand rôle du temps des croisades, surtout à cause de son port, qui était le point de débarquement des croisés. Disputée longtemps par les chrétiens et les musulmans, cette ville tomba au pouvoir de Saladin, après la bataille de Tibériade. Guy de Lusignan, délivré de ses fers, en fit le blocus, qui dura plusieurs années ; mais elle ne fut prise que par Philippe-Auguste et Richard-Cœur-de-Lion. Elle devint alors le siége de l'ordre des chevaliers de Saint-Jean, d'où elle prit le nom de Saint-Jean-d'Acre. Notre saint Louis vint à Saint-Jean-d'Acre, à son retour d'Égypte, avec les débris de son armée. C'est dans ses murs qu'il reçut les envoyés du Vieux de la Montagne. Enfin, cette ville, dernier boulevard des chrétiens en Orient, fut prise, en 1291, par le soudan d'Égypte, et, avec elle, la Palestine entière ne cessa plus d'appartenir aux Infidèles.

Volney raconte comment le cheick Daher se fit céder le gouvernement de ce pays, par le sultan qui n'osa le lui refuser. Il commença à faire relever les murs qui étaient en ruines. Après sa chute, il fut remplacé par le féroce Djezzar, que ses exactions et ses actes atroces de cruauté firent surnommer le *boucher*, et qui fit exécuter d'importants travaux à Saint-Jean-d'Acre. C'est sous le gouvernement de ce pacha que la fortune de Bonaparte vint se heurter contre cette bicoque de Saint-Jean-d'Acre.

Cette place est sur une langue de terre, entourée de deux côtés par la mer, au midi et à l'ouest. En arrière, s'étend une grande plaine, de sept à huit lieues de long sur deux de large, terminée par des montagnes trop éloignées pour dominer la ville du côté de la terre, ce qui rend la défense plus facile. Le général en chef attaqua la ville vers la terre, mais il n'avait pas un matériel suffisant. Les pièces de siège que le général Marmont lui envoyait d'Égypte avaient été saisies par les Anglais, qui commandaient la mer. On essaya cependant un assaut; mais la brèche n'était pas encore praticable, et, malgré la valeur française, on fut repoussé. L'armée, déjà peu nombreuse à son entrée en Syrie, avait éprouvé des pertes; la peste y avait fait de grands ravages. L'armée assiégée recevait au contraire par mer des renforts en hommes, en matériel et en approvisionnements. Les Français souffraient aussi du feu des vaisseaux anglais. Dans ces circonstances, il fallut céder à la force des choses et lever le siège. Comme le fait observer M. de Raguse, c'est ce qui décida du sort de l'Orient, et peut-être de l'Europe. Si Bonaparte avait pris Saint-Jean-d'Acre, un empire français s'élevait en Orient, et Dieu sait quelle influence ce fait aurait eue sur les événemens ultérieurs.

Saint Jean-d'Acre fut plus tard attaquée et prise sur Abdallah par Ibrahim Pacha, lors de l'invasion des Égyptiens en Syrie. Mais, cette fois, Ibrahim, non-seulement assiégeait par terre avec un matériel considérable, mais il était maître de la mer, ce qui précisément est le point important. Aussi, lors de l'expulsion des Égyptiens de la Syrie, les Anglais vinrent bloquer la place avec leur flotte; ils la prirent aussi sans peine. Acre n'est pas une ville forte par elle-même; mais, pour la prendre, il faut qu'elle ne puisse pas recevoir de secours de la mer. Ibrahim Pacha y avait fait ajouter des travaux de fortifications. La place est carrée. Vers la mer, elle a conservé les vieux murs bâtis sur le roc et battus par les vagues; vers la terre, au nord et à l'est, elle est défendue par deux fronts de fortifications bastionnées dans le système moderne, avec une redoute au milieu. Un fossé entoure le tout, mais il est fort mal entretenu par les Turcs. Les batteries sont garnies de canons. Il n'y a qu'une enceinte, et une porte à l'est avec demi-lune.

Comme ma contusion au genou m'empêchait de marcher à pied, je pris le parti de circuler dans la ville sur mon cheval, ayant devant moi Mahmoud, qui me faisait faire place. La ville est sale; ses rues sont étroites. Une grande mosquée en marbre, bâtie par Djezzar, élève sa coupole et son élégant minaret, mutilés par les boulets. Des bazars, fondés également par Djezzar, s'étendaient autour de la mosquée. Ils sont fort beaux, mais il y a peu de boutiques ; on y vend principalement des fruits. On voit de grandes écuries pour les chevaux du régiment de cavalerie en garnison dans cette ville. Les cavaliers portent le même costume que l'infanterie, avec des ornements rouges sur la poitrine.

Saint-Jean-d'Acre ne présente du reste qu'un monceau de ruines ; des amas de décombres, des chapiteaux, des colonnes encombrent ses places et ses rues. Cette ville, dans l'espace d'un siècle, a subi trois siéges meurtriers. Elle a surtout souffert dans le dernier, où les Anglais l'ont bombardée. Alors une grande partie des maisons a été renversée, ainsi que les minarets de plusieurs mosquées. On trouve encore dans la ville et aux environs des boulets et des éclats de bombes. En sortant de Saint-Jean-d'Acre, on suit un aqueduc construit par Djezzar, pour amener à la ville l'eau de la montagne. Près de la ville, l'eau est conduite au moyen de tours à syphon, comme on en voit en Orient et en Sicile. Ailleurs, l'aqueduc est porté sur des arcades.

Je traversai ces plaines dans lesquelles le sang a coulé tant de fois. De blanches maisons de campagne, entourées de vergers, égaient la plaine. Deux surtout sont remarquables : elles ont appartenu à deux dominateurs de cette contrée, successivement déchus, Abdallah et Ibrahim. La terre ne demande que de la semence pour produire. Le pays est beau. Des forêts de citronniers, d'orangers, de grenadiers, de mûriers, de figuiers, d'oliviers, y ont été plantées par Ibrahim Pacha, qui aimait beaucoup les plantations, et mettait des arbres partout où il y avait de la place. Ce pays lui plaisait beaucoup, et il avait sur la montagne un autre palais d'une belle apparence.

Les montagnes qui encadrent la plaine sont d'un aspect pittoresque ; les pentes en sont occupées par de nombreux villages. On trouve aussi quelques ruines éparses, beaucoup d'arbres et de sources. Nous traversâmes plusieurs ruisseaux à gué. Nous rejoignîmes, au bout de la plaine, nos mules qui avaient continué leur route, pendant que je visitais Saint-Jean-d'Acre. Je m'arrêtai vers quatre heures et demie au pied d'un cap nommé *raz el Nakhora*, près d'une fontaine, dans un délicieux endroit. C'était sur le bord de la mer, 'vis-à-vis du Carmel, contre des jardins qui m'envoyaient leurs parfums. Pendant qu'on piquait ma tente, je restai à contempler cette côte, au bout de laquelle le Carmel brillait aux feux du soleil couchant. C'était un beau spectacle.

Devant moi était un champ de cannes à sucre. Ce sont des roseaux touffus, à tiges très-feuillues, courtes et grosses. En Syrie, elles ne sont pas assez riches en sucre pour être exploitées dans les fabriques. On les consomme donc en vert. On coupe un de ces roseaux, et on le suce. Cela ressemble à de l'eau sucrée. Les Arabes en sont très-friands, et l'on en vend beaucoup dans les bazars. Après avoir confié mon genou aux soins du *docteur* Mahmoud, je m'endormis au bruit des vagues de ma belle Méditerranée.

Le 15, au lever du soleil, nous étions en route. Nous traversâmes le promontoire de Nakhora par des chemins rudes, à travers les roches. Arrivé en haut, j'aperçus la ville de Tyr, la moderne Sour, qui s'avançait dans la mer, tandis que, derrière moi, je voyais toujours Acre et le Carmel. De l'autre côté du raz, on suit une ancienne voie romaine, pavée de gros blocs de pierre, extrêmement incommodes pour les pieds des chevaux.

J'étais en Phénicie! Le rivage est semé de ruines, de colonnes, de restes de murailles. Sur la route, se présente une jolie fontaine, laissant échapper deux gros jets d'une eau que Mahmoud me signala comme la meilleure de la Syrie. Des tours, en partie détruites, s'élèvent de distance en distance. Nous gagnâmes le *raz el Abiad* ou cap Blanc.

C'est une falaise d'un blanc éblouissant, coupée à pic à une grande hauteur, et dont le pied est battu par les flots. Une corniche, continuation de la voie romaine, a été taillée dans la roche. Aux endroits les plus dangereux on a ménagé un parapet du côté du précipice. Cette corniche est étroite, dégradée, et en pente assez roide. Cependant ce passage ne justifie pas l'effroi que paraissait encore éprouver le frère Clément, lorsqu'il parlait du terrible raz El-Abiad.

Une belle plaine me conduisit à *raz el Aïn*. Ce sont trois

réservoirs antiques, connus sous le nom de sources de Salomon. Des sources versent dans ces réservoirs une eau limpide, qui était conduite de là dans la ville de Tyr par des aqueducs soutenus sur des arceaux en ogives, couverts de lierre et d'arbrisseaux. Ces eaux vont maintenant à la mer, après avoir mis en mouvement plusieurs moulins. Je déjeunai près de ces belles fontaines, sous l'ombrage d'un énorme jujubier. Nous entrâmes ensuite sur une plage sablonneuse, dans une espèce de désert de sable qui nous conduisit à la porte d'une ville en partie ruinée, assez misérable, située dans une presqu'île, et connue sous le nom de *Sour*.

Cette Sour n'est autre que Tyr, la grande cité phénicienne qui, dans l'antiquité, concentrait dans ses murs tout le commerce du monde alors connu ; c'est la ville du roi Hiram, dont le luxe s'alimentait des produits de toute la terre, qui, avec Sidon, fournissait la pourpre aux rois ; c'est la patrie de Didon, qui fut forcée de fuir Tyr pour aller fonder Carthage. Le désert de sable, c'est l'isthme qu'Alexandre avait fait construire pour réunir l'île de Tyr à la terre et s'emparer de l'orgueilleuse ville. Le conquérant y renouvela les scènes de destruction qui avaient marqué la prise de Tyr par Nabuchodonosor. Cette fois, la grande cité ne se releva plus de ses ruines. Elle joua bien une espèce de rôle sous les croisades, et eut des comtes de Tyr ; mais maintenant ce n'est plus que le bourg de *Sour*.

Je trouvai mes moukres arrêtés près d'une ancienne porte qui sert d'entrée au bazar ; la ville, du reste, n'est pas fermée. Ils étaient venus là pour acheter du grain et du pain, et ils repartirent en avant.

J'entrai à cheval dans la ville, avec Mahmoud. Le bazar n'a rien de remarquable. Mahmoud accosta un bourgeois de l'endroit, et le chargea de nous conduire dans la ville. Ce brave Syrien accepta avec empressement le rôle de cicerone officieux. Les rues sont étroites, comme partout en Orient. Il ne reste de monuments anciens qu'une église et un palais des comtes de Tyr, en ruines ; ce sont des constructions très-massives. On ne voit plus de l'église que quelques voûtes et des pans de murailles. De loin, je l'avais prise pour un fort, et, en effet, elle était construite de manière à pouvoir être défendue. Près de là, gisent à terre deux énormes colonnes de granit. Du reste, on trouve partout dans la ville des chapiteaux et des tronçons de colonnes. Sur les roches du rivage, on voit également de ces fûts de colonnes rongés par la mer; une grande partie de la ville ne présente que des places vides et des maisons détruites.

Il s'y trouve beaucoup de chrétiens; il y a une église latine et une grecque. On sait que Tyr était une île devenue presqu'île, par suite de sa réunion à la terre ferme, par l'isthme d'Alexandre-le-Grand, ce qui lui donnait la forme d'un marteau. Elle avait un port vers le sud, et un autre vers le nord. Celui du sud est entièrement comblé; quant à celui du nord, il est d'un ancrage très-peu sûr, et il ne s'y trouvait que quelques bateaux. L'isthme, envahie par les sables, s'est élargie et a perdu sa forme. Voilà à quoi est réduite l'ancienne reine des mers.

Je trouvai là un jeune homme, parlant assez bien français, qui tenait une auberge à Sour; il y avait reçu Charles à son passage. Il avait l'air très-poli; il m'engagea à loger chez lui; mais mon intention était d'aller camper plus loin, afin d'avoir moins de chemin à faire le lendemain. De Tyr, on voit Saidah et le Carmel. Dans le lointain paraissent déjà les cimes du Liban; sur un pic je vis de la neige. Autour de la ville sont des amas de décombres.

Sur une hauteur, à l'est, assez loin de la ville, on voit deux mosquées assez grandes et des ruines. Ce pourraient bien être des débris de la Tyr primitive, ou Palæ-Tyros, celle que détruisit Nabuchodonosor.

En sortant de Tyr, nous suivîmes le bord de la mer dont les vagues venaient couvrir les pieds des chevaux. Nos montures se fatiguaient moins sur la grève mouillée et ferme de la plage que sur le sable desséché et mouvant dans lequel ils enfonçaient. Nous gagnâmes un khan ruiné, après nous être légèrement écartés de la mer. Nous traversâmes une charmante rivière, le *Nahr-Kasmieh*, sur un pont solide, en pierre, bien bâti, à double pente. Les moukres y étaient déjà arrivés, et déchargeaient les mules en nous attendant. Je campai de l'autre côté du pont, sur le bord de la rivière, au pied d'un promontoire. La rivière serpente agréablement, et est bordée de touffes de lauriers roses et de saules. Ce Nahr-Kasmieh vient de la Cœlé-Syrie, où il sépare le Liban de l'Anti-Liban. Le soir, un personnage turc, accompagné d'une nombreuse suite, s'arrêta vis-à-vis de ma tente, sur l'autre rive. Il fit ses ablutions et sa prière, but son café, et se remit en route avec sa caravane.

Le 16, nous partîmes avant le jour. Du haut du promontoire rocailleux que nous eûmes à traverser, je jetai encore un coup d'œil sur la vieille cité phénicienne qui, à demi cachée dans la brume du matin, faisait briller ses minarets blancs, que dominait encore la masse du vieux château féodal. J'étais déjà sur le territoire des Druses. De jolis villages, bâtis en pierres grises, sortaient du milieu des bouquets d'arbres qui garnissent ces montagnes, cultivées de la base au sommet, tandis que la plaine, malgré sa grande fertilité, est presque abandonnée. Déjà j'apercevais les cornes des femmes druses. Cette corne est un tuyau pointu, en fils d'argent tressés, long de 2 pieds au moins, que les femmes druses se fixent sur le devant de la tête, comme une corne de licorne ; leur voile blanc s'étend par-dessus.

Tout le long de la route, je marchais sur des amas de décombres, sur des fragments de colonnes de marbre et de granit. Ce sont des témoins de l'antique splendeur de ces villes si riches qui bordaient la côte de la Phénicie, et dont maintenant on retrouve à peine les noms. De Tyr à Sidon, ce devait être une suite non interrompue des palais et des cités de ces orgueilleux marchands. C'est probablement dans ce pays, dans les contrées de Tyr et de Sidon, que Jésus-Christ guérit la *fille de la Cananéenne*.

On suit toujours la voie romaine, avec son pavage rocailleux. Des ponts étaient jetés, pour son passage, sur les rivières et les torrents. Ces ponts, portés sur des arches hardies, sont la plupart en ruines. Je trouvai sur la route même un pavage en mosaïque, accompagné de tronçons de colonnes en beau marbre ; c'étaient les traces de riches salles de quelques palais. D'après les indications de l'excellente carte de Syrie de Berghaus, ces ruines devaient appartenir à l'antique Enhydra.

Près de la pointe de Sarfand, je commençai à apercevoir la petite ville de Saidah, assise à l'extrémité d'une baie, et qui tient la place de l'ancienne Sidon. Près de cette pointe, on place Sarepta, où le prophète Elie récompensa la charité d'une pauvre veuve en la préservant, par un miracle, de la famine qui ravageait la contrée.

A *Aïn-el-Kantara*, je trouvai une fontaine avec un bassin carré, creusé dans la pierre, près d'un vaste jardin planté d'une grande variété d'arbres; je m'y arrêtai pour déjeuner. Nous traversâmes ensuite quelques ruisseaux, comme le *Aïn-el-Borrock* et le *Sinet*, sur des ponts antiques, au milieu d'un pays assez désert. Nous atteignîmes ensuite de vastes et magnifiques jardins où la banane, l'orange, le citron, le cédrat, la grenade croissent à profusion, et dont les fleurs remplissent l'air d'émanations embaumées. Une belle route passe au milieu de ces bosquets d'arbres fruitiers, et traverse les ruisseaux d'eau limpide qui vont arroser cette belle végétation.

Nous arrivâmes ainsi aux portes de Saidah, cette ville qui jadis s'appela Sidon. Ce n'était plus la métropole des Phéniciens, cette cité célèbre dont le luxe et la richesse excitaient l'envie de tous les peuples, la mère et la rivale de Tyr. Exposée aux mêmes vicissitudes que Tyr, elle avait perdu, à l'époque des croisades, les derniers vestiges de sa prospérité. Ce n'était plus qu'une petite ville d'une étendue moindre que Sour, et un peu plus peuplée, renfermant six à sept mille habitans.

Saidah a plus l'apparence d'une ville que Sour; elle est moins délabrée. De belles colonnes de granit, couchées en travers, servent de seuil à la porte de la ville, comme en beaucoup d'autres endroits, dans ce pays. Les rues sont étroites et sales; elles rappellent celles de Jérusalem. Les maisons se joignent, et forment des arcades si basses, qu'on a de la peine à y passer à cheval. Deux trottoirs grossièrement pavés, comprennent entre eux un canal rude et boueux, dans lequel marchent les chevaux. Le bazar est assez grand, et fourni surtout en comestibles. Le port est bordé par un petit quai étroit qui conduit, par une rampe difficile pour les chevaux, au khan français, dans lequel se trouvent le consulat de France et le couvent des franciscains. Le port est plus mauvais encore que celui de Sour, depuis qu'il a été comblé par l'émir Fakr-Eddin, prince du Liban, qui voulait ainsi se garantir des attaques des Turcs. Il ne s'y trouvait qu'une goëlette et quelques petits bateaux. Il est fermé par deux îlots de rochers joints à la ville par une jetée soutenue par des arcades basses. L'un de ces rochers porte encore des débris de murailles; l'autre, un château fort très-ruiné, sur lequel flotte le pavillon turc. Ce sont des constructions du temps des croisades; on attribue le chateau à saint Louis. La ville, qui est en partie sur le revers d'une colline, est entourée d'un rempart en mauvais état, ayant l'apparence d'un mur de jardin. Des négociants français occupaient autrefois le khan français, qui avait été construit par Fakr-Eddin, et où ils faisaient beaucoup de commerce. Djezzar les a renvoyés, et en même temps il a détruit la ville. Il y a une grande et belle caserne d'infanterie et un hôpital très-considérable. De Tyr à Sidon, on compte sept heures de marche. En sortant de Saidah, je retrouvai ces magnifiques jardins que cultivait Abdalonyme, lorsqu'on vint lui apporter la pourpre royale. C'est la seule chose qui reste de la gloire de Sidon.

Vers une heure et demie, je me remis en route, en suivant la plage, sur laquelle des marchands de citrons avaient établi leurs boutiques. Ces boutiques se composent de trois bâtons piqués dans le sable, sur lesquels s'étend une toile, du côté du vent. Sous cette tente, le marchand est accroupi avec sa pipe, à côté d'une pile de citrons, de cédrats et d'oranges. Des hommes, des femmes, des enfants, des chameaux, des ânes et des chevaux parcourent cette plage. Ce sont des Syriens, des Druses, des Maronites qui vont à la montagne où ils portent sur leurs ânes les emplettes qu'ils ont faites à la ville. Il y a beaucoup de coffres en bois, peints en rouge, avec des fleurs; c'est l'ornement de leurs chaumières. Les chrétiens me saluaient en mettant la main sur le cœur. Les femmes me parurent jolies sous leurs haillons.

Je passai à gué, avec assez de peine, le *Nahr-el-Nualy*,

rivière plus considérable que celles que j'avais rencontrées jusqu'alors ; puis nous traversâmes une racine du Liban, au-dessus du *Raz-el-Djedda*. Passant ensuite des sentiers rocailleux aux plages de sable, et des plages de sable aux sentiers rocailleux, nous arrivâmes à trois heures et demie au khan d'*Eni-Sicca* (les yeux de la route) ; c'était un charmant endroit. Je fis dresser ma tente dans un petit champ en demi-cercle, près d'un *khan* dont le propriétaire s'était offert pour me loger. Mahmoud se contenta d'employer cet homme aux travaux du campement, et de l'envoyer chercher de l'eau. Les *khans* sont des auberges turques. On n'y fournit guère que le logement ; c'est un peu comme les *ventas* d'Espagne. Ces auberges dans les villes, se composent d'une cour entourée de galeries en cloître. Au rez-de-chaussée sont des magasins et des écuries, et, en haut, des chambres donnant sur un balcon. Dans la campagne, les khans ne présentent qu'une mauvaise bicoque noire et sale, pleine de vermine, dans laquelle hommes et bêtes s'entassent comme ils peuvent. Je préférais ma tente.

Mon campement était au haut d'un cirque, formé par une anfractuosité de la montagne, au fond de laquelle on voyait écumer les vagues de la mer. En arrière se groupaient les cimes du Liban, superposées. On devinait, près de là, Djouné, jadis résidence de lady Stanhope, cette femme extraordinaire, chez qui l'excentricité anglaise était arrivée jusqu'à la folie. M. de Lamartine raconte qu'elle lui prédit de hautes destinées. Elle n'en a pas prédit la courte durée, ni la chute qui devait les suivre. Elle n'avait pas prévu l'ingratitude qui se souvient toujours du mal, mais qui oublie vite les services même incontestables. Cette femme, la reine de Palmyre, après avoir joué parmi les Arabes un rôle en harmonie avec son imagination exaltée, était morte presque dans la misère.

Je restai tard le soir, assis sur un rocher, à contempler les flots, puis au-dessus le ciel que le coucher du soleil nuançait délicatement de toutes les couleurs de l'arc-en-ciel. Une heure après son coucher, il y avait encore à l'horizon, au-dessus des eaux, une bande safran d'une finesse inimaginable. Au-dessus du khan s'élevaient quelques ruines et un tombeau.

Le 17, je continuai à suivre des chemins rudes et escarpés qui traversent les contreforts du Liban. Au milieu des roches qui forment la montagne, croissaient des touffes de lauriers roses, de lentisques, de chênes verts, de caroubiers; puis partout où il y avait de la place, il y avait aussi de la culture, de jolies maisons blanches semées au milieu de tous ces feuillages verts. Dans les sentiers qui serpentent le long des flancs de la montagne, on rencontre des paysans avec leur houe sur l'épaule, se rendant au travail. Des femmes, la cruche sur la tête et leurs enfants sur le dos, allaient vaquer aux soins du ménage.

A *Nebbi-Jonas*, on voit un khan près d'un beau jardin, et un oratoire musulman. C'est là, dit-on, que le prophète Jonas fut rejeté par la baleine, dans le corps de laquelle il était resté trois jours. Du sommet du *Raz-Nebbi-Jonas*, on aperçoit déjà la pointe derrière laquelle est Beyrouth; sur la hauteur apparaissent de nombreuses habitations.

Nous redescendîmes ensuite sur le sable au bord de la mer, et nous passâmes, sur un pont, le *Nahr-Damour*, l'ancien Tamyris, sur les bords duquel Antiochus-le-Grand battit Ptolémée. Ces montagnes du Liban sont cultivées du haut en bas. Là où la pente est trop rapide, on élève des murs pour soutenir les terres. Aussi, de loin, elles présentent l'aspect de gradins de verdure. Le blé y croît sous les mûriers et les oliviers. De nombreux ruisseaux servent à leur arrosement. Des villages se cachent à demi dans les gorges, ou étalent sur les hauteurs leurs jolies maisons cubiques, en pierre blanche, environnées de beaux arbres. Cette partie de la montagne est occupée par les Druses et par quelques villages maronites, que l'on reconnaît à la croix de pierre qui surmonte l'église. Un grand édifice s'élève sur une éminence; c'est le couvent maronite de *Naami-Mami*, et, au-dessus, sur une cime plus élevée, on voit un palais de l'émir Beschir. L'ancienne résidence de ce prince du Liban, *Deir-el-Kammar*, est plus en arrière dans la montagne.

Je déjeunai dans un khan, sur le bord de la mer, à *Ghiafer-el-Neemi*. L'aubergiste, outre le logement, fournissait le café à ses hôtes, et leur vendait des galettes arabes peu appétissantes. Cet homme portait un turban noir, ce qui fit que Mahmoud le prit pour un maronite. Les chrétiens, en effet, sont toujours coiffés de turbans aux couleurs foncées, tandis que les musulmans en portent de blancs ou de teintes éclatantes. Je lui fis demander s'il était chrétien ; mais il se réclama comme mahométan. Mahmoud en fut indigné ; *ce ne pouvait être un bon musulman, c'était quelque motoualis* ; il se serait cru déshonoré s'il avait porté une pareille coiffure.

A part la couleur du turban, Mahmoud n'était pas très-fort sur les dogmes de ses croyances. J'eus de la peine à lui faire comprendre la différence qu'il y a entre les *Sunnites*, ou musulmans de la secte d'Omar que suivent les Turcs et les *Chyites*, ou croyants de la secte d'Ali que suivent les Persans. Il n'avait aucune idée sur tout cela, et était fort embarrassé lorsque je lui demandais s'il croyait à la légitimité du califat des trois prédécessseurs d'Ali, et à la vertu d'Aïcha, l'épouse de Mahomet. Il se contentait de dire que les motoualis, qui sont de la secte d'Ali, sont de mauvais musulmans, et qu'ils ne savent pas faire la prière.

Je voyais se dérouler la chaîne du Liban, dominée par le pic de Sannin, au sommet duquel brillaient quelques traces de neige. Au pied des montagnes, la plaine était cultivée et couverte d'oliviers et de plantations de pins qui formaient des bois touffus. Les mûriers devenaient de plus en plus fréquents. La soie est un des principaux produits du Liban. Les mûriers sont tous maintenus à l'état d'arbres nains ; il paraît qu'ils donnent ainsi plus de feuilles.

Bientôt nous quittâmes cette région de la végétation, pour entrer tout à coup dans de grandes dunes de sable rouge mouvant, dans lequel les chevaux n'avançaient que très-péniblement. J'avais retrouvé là le véritable désert d'Arabie, tandis qu'en me retournant à droite je ne voyais que jardins et fraîches cultures. Ces sables ont envahi tout le versant sud du promontoire isolé sur lequel est Beyrouth. Ils couvrent un vaste espace, et s'avancent jusqu'à la ville qu'ils menacent d'ensevelir, si l'on ne parvient pas à les arrêter. On a planté dans ce but des forêts de pins qui, en outre, ont la propriété d'assainir l'air. C'est à l'émir Fakr-Eddin qu'on attribue ces plantations. Ibrahim-Pacha, le grand arboriculteur, a ajouté de nouvelles forêts à celles qui existaient. La plaine qui s'étend jusqu'au Liban est couverte de ces arbres d'un beau vert et d'un magnifique aspect. Des pins isolés, qui se sont élevés au-dessus des autres, ressemblent complétement à ces beaux pins-parasols de la villa Pamphili, près de Rome. Ces forêts font en outre une promenade très-agréable pour les habitants de Beyrouth; c'est leur bois de Boulogne.

Je ressortis de ce désert pour entrer dans une large route, encaissée dans des murs de jardins, bordée de khans et de cafés. A l'entrée, des douaniers voulurent regarder le bagage de Mahmoud, qui portait sur son cheval les ustensiles et provisions nécessaires au déjeuner; mais ils se retirèrent en voyant qu'il accompagnait un *Fransaoui* (Français). De nombreuses maisons de campagne, de charmantes villas, entourées de jardins, annonçaient l'approche d'une ville importante.

Enfin, nous arrivâmes à la porte de Beyrouth, qui est entourée d'un mur de peu d'importance, flanqué de quelques tours. Là, un autre douanier nous arrêta. Mahmoud lui donna mon adresse, et il nous laissa aller. La Turquie, qui ne choisit pas toujours ce que nous faisons de plus rationnel, pour nous imiter, a aussi ses douanes, mais organisées comme tout ce qu'elle organise. Les Européens, vexés par les prétentions stupides des agents, ayant réclamé aux consuls, il a été convenu que les Francs ne seraient pas soumis à leurs visites. Cependant ils essaient toujours de ne pas reconnaître ces exemptions, ne fût-ce que pour accrocher quelque bakschich. Il suffit de passer outre, et de les menacer au besoin du consul, pour s'en débarrasser.

Je suivis des rues bien pavées, couvertes en partie par des arcades, comme dans les autres villes de Syrie. Nous traversâmes le bazar, qui est grand et bien approvisionné, et nous gagnâmes le port, sur lequel nous rencontrâmes le signor Battista, propriétaire de l'hôtel d'Europe, chez lequel je comptais précisément loger; c'était encore une connaissance de Mahmoud. Je fus bien étonné de retrouver là mon compagnon de voyage. Le bateau de France était en retard, et il était resté là, à l'attendre, très-inquiet, ne sachant comment partir, si le bateau venait à manquer.

L'hôtel d'Europe est sur le port; il n'a pas une apparence très-brillante. Enfin, pour moi qui n'avais pas vu d'hôtel depuis le Caire, c'est-à-dire depuis plus de six semaines, je n'étais pas difficile, et je trouvais celui-là magnifique. J'avais une chambre qui donnait sur le port; c'était un point essentiel pour moi qui ne pouvais marcher. Il y a dans l'hôtel une table d'hôte qui est assez passable. La nourriture et le logement reviennent, comme dans tous les hôtels de l'Orient, à 10 francs par jour. On me prenait 5 francs pour Mahmoud.

CHAPITRE XXXI.

Le Liban et l'Anti-Liban.

Le port de Beyrouth est plein de rochers; les bâtiments sont obligés de se tenir dans la rade que je voyais en avant; et encore cette rade est-elle très-mauvaise. On fait décharger les marchandises par des bateaux qui eux-mêmes ne peuvent arriver à quai; de sorte que des Arabes sont forcés d'entrer dans l'eau pour opérer le débarquement. Le quai, qui était sous ma fenêtre, est assez étroit et continuellement battu par la mer, dont les vagues passent par-dessus. Il est formé avec des colonnes de granit mises en piles. A droite du port, on voit les belles montagnes du Liban, dominées toujours par le Sannin; puis tout près, avançant dans le port, deux forts ruinés par les Anglais. A gauche, s'élèvent de belles maisons dans lesquelles sont logés les consuls.

A peine installé, j'eus la visite du docteur Suquet, médecin sanitaire à Beyrouth, qui avait appris mon arrivée à la poste, où j'avais envoyé Mahmoud. La France entretient des médecins sanitaires dans différentes villes d'Orient: Constantinople, Smyrne, Beyrouth, Damas, Alexandrie et le Caire; ils ont des appointements de 10,000 fr., et sont chargés de tenir le gouvernement français au courant de l'état hygiénique du pays. Ce sont les douaniers de la peste. Un de mes bons amis, un ancien camarade d'études, le docteur Amstein était en cette qualité à Damas. Je lui avais annoncé mon arrivée, et, étant venu à Beyrouth, il avait chargé ses amis de le remplacer auprès de moi pendant mon séjour dans cette ville. M. Suquet eut donc l'aimable attention de venir me voir de suite, et me mit un peu au courant de ce qui se passait en France. Depuis le temps que je ne recevais plus de nouvelles, je ne savais seulement pas s'il y avait une France. Il me donna aussi tous les renseignements nécessaires pour gagner Damas, et se mit à ma disposition de la manière la plus cordiale. Il examina mon genou, et me dit que cette contusion n'aurait pas de suite.

Beyrouth, l'ancienne Beryte, est une ville d'une haute antiquité. Elle passa par les mêmes phases que toutes les autres villes de Syrie. Ce fut Fackr-Eddin, qui, en ayant fait sa capitale, commença à lui donner un grand accroissement. Depuis, cette ville est devenue le principal centre commercial de la Syrie. C'est le port de Damas; c'est le marché de toutes les denrées, de tous les produits qui arrivent de la Syrie, comme des bords du Tigre ou de l'Euphrate. C'est le point de communication de l'Asie avec l'Europe pour le sud de l'Asie, comme Smyrne pour le nord. Tous les états de l'Europe y ont des consuls; la France y entretient un consul général. On y trouve une foule d'Européens. On parle partout français ou italien. On se croirait dans un de nos ports d'Europe. La rade est cependant loin d'être sûre. La côte de Syrie, droite partout, n'offre aucun abri contre les vents. Le fond est rocheux, et coupe les cables des ancres. Tous ces ports sont donc très-dangereux; celui de Beyrouth est encore le moins mauvais. Par un gros temps, les bâtiments ne peuvent tenir la rade, et vont se réfugier au fond de la baie, à une lieue du port, à l'embouchure de la rivière de Beyrouth, et ils n'y sont pas encore parfaitement en sûreté.

En 1840, à la suite du traité conclu entre la Russie, l'Autriche et l'Angleterre, *à l'exclusion de la France*, les Anglais bombardèrent Beyrouth et l'enlevèrent à Ibrahim-Pacha. Les conséquences de cette prise furent l'expulsion des Égyptiens de la Syrie, qui fut enlevée à la domination civilisatrice de Mehemet-Aly pour retomber sous le joug des Turcs. Beyrouth a beaucoup souffert du bombardement; les bombes et les boulets ont laissé partout des marques de l'*humanité* et de la *magnanimité* des Anglais. Cependant sa position était trop importante pour qu'elle ne se relevât pas promptement. Aujourd'hui elle est plus florissante que jamais. La population est de 15 à 20,000 âmes; c'est la résidence d'un pacha. Les bateaux à vapeur ont donné encore une grande augmentation à l'importance de Beyrouth, qui est une des grandes *échelles du Levant*. C'est l'extrémité d'une des lignes des paquebots-postes français. Il y a aussi un service autrichien entre Smyrne et cette ville; enfin, un bateau anglais va tous les mois d'Alexandrie en Asie-Mineure, relâchant à Jaffa et à Beyrouth.

Le 17 était un dimanche; tous les consulats étaient pavoisés des couleurs de leur nation. L'église catholique est dans le couvent des Franciscains. Il y a aussi un couvent de jésuites. Le fils de M. Suquet, jeune homme de très-bonnes manières, vint m'apporter un paquet de lettres qu'il avait retirées de la poste pour moi. Je voulais aller faire une visite à son père; mais il demeure fort loin, dans une de ces jolies villas qui sont hors de la ville. Avec mon mal de genou, je n'aurais pu marcher jusque-là.

Avec tout cela, nous attendions toujours le bateau français. Enfin, vers deux heures, j'étais sur la terrasse, lorsque je vis arriver ce monstre marin qui soufflait au loin une longue traînée de fumée. Le pavillon de France brillait à l'arrière. C'était le paquebot *le Nil*, qui avait été retardé par des gros temps, entre Malte et Alexandrie. Charles était tout prêt; il n'avait plus qu'à partir. Je l'embarquai donc sur un bateau qui devait le conduire à bord; nous nous séparâmes décidément cette fois, jusqu'à notre réunion en France. Je restai longtemps là, regardant filer son embarcation : il partait pour France! Dans douze jours, il aurait mis le pied sur le sol de la patrie; et moi, j'allais le lendemain tourner le dos à ma Méditerranée, et me renfoncer dans des pays demi-sauvages. Enfin, je devais avoir mon tour! La mer était un peu moins forte que les jours précédents. *Le Nil*, outre ses dépêches et ses provisions à prendre, avait des avaries à réparer. Il ne put se remettre en route que fort avant dans la nuit. Pendant ce temps, je m'étais occupé de mon voyage ; Mahmoud m'avait amené un homme qui s'engageait à me conduire à Damas en trois jours, à raison de 50 piastres par cheval, ou 150 piastres pour trois chevaux. Il m'avait donné 10 piastres d'arrhes, comme font les voiturins d'Italie. J'étais donc prêt à partir le lendemain pour le Liban.

Le Liban est une chaîne de montagnes qui s'étend depuis Tripoli jusqu'à Tyr, parallèlement à la côte, du nord au sud. Une autre chaîne, parallèle à la première, porte le nom d'Anti-Liban ; elle est à l'orient du Liban. Ces deux chaînes sont séparées par la large vallée ou plaine de *Bekda*, l'ancienne Cœlé-Syrie. Elles sont très-accidentées, et peuvent être d'une hauteur moyenne de 1,500 mètres environ. Elles sont dominées par trois pics plus élevés : le *Sannin* et le *Makmel* dans le Liban, et le *Cheik* dans l'Anti-Liban.

Trois espèces de peuplades habitent particulièrement ces montagnes. Ce sont les *Maronites*, les *Druses* et les *Motoualis*. Les premiers tirent leur nom d'un solitaire nommé Maron. Retirés dans ces montagnes, les *Maronites* s'y trouvèrent à l'abri des persécutions, et vécurent toujours dans une certaine indépendance. Ils sont catholiques romains, mais observent le rite syriaque, sous l'obédience du pape. Ils ont un patriarche élu par le clergé, et dont la nomination est soumise à l'approbation du pontife romain. Des évêques dirigent les diocèses, qui sont divisés en paroisses, lesquelles sont desservies par des prêtres. Il y a aussi des couvents, en général de l'ordre de Saint-Antoine. La cour de Rome a autorisé les prêtres séculiers à se marier. Le patriarche, les évêques et les moines doivent cependant observer le célibat.

Les *Druses* ne sont ni chrétiens ni musulmans ; cependant ils se rapprochent plus des derniers que des premiers. Ils appartiennent à cette secte qui crut à la divinité du calife fatimite Haken, et qui le regardait comme la dixième incarnation de Dieu. Ils joignent à ces croyances des pratiques idolâtres ; ils adorent une statue qui représente un veau. Leurs dogmes, du reste, sont enveloppés d'un grand mystère que l'on n'a pas encore pu pénétrer exactement. Un certain nombre seulement sont initiés dans la connaissance du culte ; les non initiés vivent par conséquent dans l'ignorance de toute espèce de religion. Ils vont à l'église avec les chrétiens, et à la mosquée avec les musulmans. Ces Druses, poursuivis jadis pour leurs croyances, se réfugièrent dans les montagnes qu'habitaient déjà les Maronites, avec lesquels ils firent alliance.

Quant aux *Motoualis*, ce sont des musulmans chyites, ou de la secte d'Ali, opposés aux sunnites, ou de la secte d'Omar.

Le pays est administré par des émirs et par des cheiks. Chaque village est sous la direction d'un cheik. Les Maronites habitent le nord, les Druses le sud, et les Motoualis l'est, dans la Cœlé-Syrie. Le centre, en outre, est mixte, c'est-à-dire composé de Maronites et de Druses. Suivant M. Poujoulat, la population entière de la montagne peut être évaluée à environ 400,000 âmes, dont 350,000 dans le Liban, et 50,000 dans l'Anti-Liban. Il compte 250,000 Maronites, 60,000 Druses, 40,000 Motoualis, et enfin environ 50,000 Grecs schismatiques ou catholiques, Arabes, Turcs, Juifs et autres (1). Il est, du reste, bien difficile d'obtenir une statistique à peu près exacte. Volney, M. de Lamartine, et surtout M. Poujoulat, ont donné beaucoup de détails sur ces diverses peuplades et sur le gouvernement des émirs.

L'émir druse, Fakr-Eddin, gouverna longtemps ce pays, et chercha à étendre son pouvoir. Dans son voyage en Italie, pour intéresser l'Europe en sa faveur, il voulut se donner une origine franque, prétendant que le nom des Druses venait de la famille de Dreux, et qu'il descendait de cette maison illustre. Il n'en fut pas moins forcé de rentrer sous la domination de la Porte, et paya de sa tête ses projets d'ambition. Ses enfants lui succédèrent; mais, après la mort du dernier de sa race, le pouvoir tomba dans la famille de *Chab*. A cette famille appartient l'émir Béchir, qui était chrétien, et qui gouverna longtemps dans le Liban avec intelligence et énergie. L'émir avait embrassé le parti de Mehemet-Aly, lors de l'invasion de la Syrie par les Égyptiens. Lorsque le sultan fut

---

(1) D'après les recensements, ces nombres seraient exagérés.

rentré en possession de ce pays, l'émir ne tarda pas à être appelé à Constantinople. Depuis, il est resté exilé à Broussa. Sa famille habite encore dans la montagne.

C'est alors que Chekib-Effendi fut envoyé dans le Liban où, à l'instigation des Anglais, il excita les Druses contre les Maronites. Ces derniers se regardent comme étant sous la protection de la France, dont le gouvernement les protégeait fort peu, et à cette époque faisait bon marché de son influence extérieure. C'est pour cela précisément que nos *amis* fournissaient des armes aux Druses pendant que l'autorité turque enlevait celles des Maronites. Grâce à ces menées, ces peuples qui, jusqu'alors, avaient vécu dans la meilleure intelligence, se firent une guerre acharnée. Les Maronites désormais souffrirent beaucoup de la part des Druses. Tout ce qui est catholique, en Orient, est certain de trouver l'Angleterre pour ennemie, par la seule raison que les catholiques d'Orient sont sous la protection de la France.

On a, à ce qu'il paraît, fort exagéré, en France, les maux soufferts par les Maronites, afin d'augmenter l'intérêt qu'on voulait exciter en leur faveur, et obtenir des secours plus abondants. Les Maronites sont quatre fois plus nombreux que les Druses, et souvent l'agression est venue de leur côté. On dit aussi que les Maronites sont plus méchants et moins braves que les Druses. Dans tout cela, je me défie des exagérations, dans un sens, qui ont été portées en France; mais je ne me défie pas moins de certaines appréciations qui m'ont été données, à Beyrouth, par des personnes que je savais hostiles à tout ce qui tient au catholicisme. La seule chose réelle, c'est que, depuis qu'on a rappelé Chekib-Effendi, la montagne est parfaitement tranquille, et que les Maronites ne sont plus troublés par personne. Il est vrai que le pacha de Beyrouth maintient des garnisons turques dans plusieurs points du Liban.

L'émir Béchir, lorsqu'il était prince de la montagne, gouvernait toute la population qui l'habite. Il était l'intermédiaire du gouvernement turc, et était tenu de payer le tribut dû au pacha. Il y subvenait par le *miri*, ou impôt foncier qu'il levait sur les habitants. Maintenant les Druses et les Maronites ont chacun leur prince particulier, dont l'autorité est bien diminuée, le pacha intervenant directement dans les affaires de la montagne. La Porte a profité des discordes pour affermir son pouvoir.

Le 9 novembre, je me mis donc en route pour le Liban. J'avais laissé à l'hôtel ma malle et la cantine de Mahmoud, me contentant de mon sac de nuit, d'une seule tente, et des ustensiles nécessaires, de manière à n'avoir besoin que d'une mule.

Je partis à dix heures. En traversant la ville, je vis sur une place vide des maisons et plusieurs tours anciennes percées par les boulets anglais. Je marchai longtemps au milieu des cafés, des khans, des maisons, des jardins. Je passai dans la forêt de pins plantée par Ibrahim-Pacha, puis dans la riche vallée qui s'étend entre la colline de Beyrouth et le Liban.

Ces montagnes ont un aspect tout à fait particulier. Ce ne sont pas les sommets décharnés, les aiguilles abruptes des Alpes, ni les gorges sauvages et les noirs sapins des Pyrénées. Dans le Liban, le paysage est moins sauvage et plus vivant. Toutes ces croupes aux formes gracieuses, qui s'entassent les unes derrière les autres, offrent partout la trace de l'homme, de la culture, des arbres, et, au milieu, de jolis villages accrochés dans chaque anfractuosité de la montagne.

Je commençai à gravir le long d'un torrent qui forme le Nahr-Beyrouth. Tantôt je le traversais, tantôt je suivais son lit, au milieu de roches qui formaient des espèces de marches auxquelles se cramponnaient nos chevaux, habitués à ce genre d'exercice. Des gradins s'élèvent sur tout le versant de la montagne, soutenus par des murs en pierres sèches qui contiennent la terre rapportée ; cela donne au Liban l'apparence d'un immense escalier. Ces plate-formes successives sont toutes cultivées et plantées de mûriers sous lesquelles croissent le blé et le maïs. Il y a aussi des vignes et quelques plants d'oliviers. Pas un coin de terre dont ces montagnards industrieux et actifs n'aient profité lorsqu'ils ont pu le disputer aux grès dont est formé le Liban. Des réservoirs reçoivent l'eau des torrents, et des aqueducs en maçonnerie vont les porter dans toutes les terres et dans les villages.

Tout cela est animé par les cultivateurs qui labourent leurs champs et cueillent le raisin. D'autres, sur des chevaux ou des ânes, vont porter leurs denrées à la ville ; il y a même quelques chapelets de chameaux. Les Druses et les musulmans passaient froidement devant moi, sans rien dire ; quelquefois seulement ils donnaient le salam à Mahmoud qu'ils reconnaissaient comme leur *frère en Mahomet*. Mais aussi, quand nous rencontrions un homme vêtu de larges culottes bleues, d'une casaque en laine rayée, serrée par un mouchoir à la taille, et coiffé d'un turban bleu foncé à fleurs, c'était moi qu'il saluait ; c'était alors un Maronite. Il posait la main sur son cœur en me souhaitant un bon voyage, mêlant là-dedans ce qu'il savait d'italien, c'est-à-dire *signore* et *buono*. Les villages, composés de cubes solidement bâtis en pierre, dans le genre des maisons italiennes, ont un air d'aisance et de propreté dont j'avais perdu l'habitude depuis longtemps.

Les villages maronites se distinguent toujours à l'église qui est surmontée d'un petit clocher en pierre, formé de deux montants et d'une traverse. Le son de la cloche, que je trouve si désagréable en France, avait dans ces montagnes un charme inexprimable. J'avais déjà éprouvé cela au Carmel ; mais, dans le Liban, l'impression était plus vive. J'avais oublié Mahomet et les minarets des mosquées ; j'aurais pu me croire au milieu de nos villages ; c'était l'*angelus*, comme dans nos paroisses de campagne.

Nous sortîmes un instant de ces cultures pour traverser un chaos d'énormes blocs de grès, puis nous arrivâmes sur le haut de la première crête de la montagne. J'avais là une admirable vue. D'abord les montagnes et la mer, les deux créations, dans la nature, les plus magnifiques et les plus émouvantes, selon moi. La mer, vue du haut des montagnes ; à mes pieds, le massif de pins, s'étendant comme un immense tapis de verdure ; plus loin, une série de villas entourées de beaux jardins, qui grimpent sur un mamelon élevé, dont le versant nord est occupé par la ville de Beyrouth. Beyrouth, dont les minarets et les maisons sont étincelants de blancheur, s'élève jusqu'au sommet du mamelon, où elle est arrêtée par ces vastes dunes de sable rouge qui ont monté aussi à l'assaut de la colline, et se sont rencontrées en haut avec les maisons de la ville. Au delà, la mer ! Quelques bâtiments se balancent sur l'onde. Au nord, s'étend la majestueuse chaîne du Liban, et le pic imposant du Sannin.

Cette première crête passée, nous arrivâmes au *Khan-el-Hussein*; mais il était trop tôt pour s'arrêter. Je continuai donc, suivant un sentier escarpé, au-dessus d'une vallée large et profonde. Le vent était violent et assez frais. Le soleil jetait ses derniers rayons sur le Sannin, et, derrière moi, éclairait le monastère d'Antoura, perché sur son aire.

A quatre heures et demie, je gagnai le khan de *Houesset-Hammana*, près du dernier col et du point culminant de la route. Le maître du khan, espérant me rançonner, arriva d'un air furieux, demandant de quel droit nous venions nous installer dans son champ. Pour toute réponse, Mahmoud lui mit dans la main un maillet et un piquet, puis, « *dough, dough* (enfonce, enfonce); » et voilà mon homme resté interloqué, qui, n'osant plus rien ajouter à cela, se mit à travailler lui-même à l'érection de ma tente. On le consola en l'envoyant chercher de l'eau. Ce diable de Mahmoud n'était jamais embarrassé. Toujours actif et intelligent, il eut bientôt terminé mon campement avec ses deux aides, le moukre et l'aubergiste. Il faisait un vent très-fort. Le moukre voulait nous faire entrer au khan, disant qu'il n'était pas possible de dresser la tente. Cet homme ne brillait, du reste, ni par l'intelligence, ni par l'habileté. Je déclarai que je ne me souciais pas de loger au milieu de la vermine du khan. Aussitôt Mahmoud, sans rien ajouter, fit décharger la mule, déployer la tente, et commencer à établir la maison de toile. Le moukre, craignant que les chevaux n'eussent froid dehors, la nuit, les logea au khan.

Le 20, nous partîmes à sept heures. Nous traversâmes un plateau montueux qui forme le dernier col du Liban. Ces sommités sont encore cultivées, mais par places seulement, et beaucoup de parties sont rocheuses et stériles. Je rencontrai un grand nombre de caravanes; de longues files d'ânes suivaient la route, portant des caisses pleines de grappes magnifiques du raisin qu'on récolte aux environs de Zahlé. Les chrétiens du Liban font, avec ce raisin, un excellent vin connu sous le nom de *vin d'or*, et qui a de grands rapports avec le vin de Chypre. En Syrie, et en Turquie en général, on pourrait faire des vins délicieux, mais presque tout le raisin est consommé comme fruit ou expédié sec. Les musulmans ne boivent pas de vin, et il n'y a que les chrétiens qui en fassent. Il est vrai que, maintenant, tous les Turcs riches ont transigé là-dessus avec la loi du Prophète; mais, alors, ils ont dans leurs caves des vins de France.

Au bout du plateau, un changement de décoration eut lieu tout d'un coup. Une magnifique plaine s'allongeait sous mes yeux ; c'était la Cœlé-Syrie, ou vallée de Bekâa. Au delà s'étendait, comme un mur, la chaîne de l'Anti-Liban, terminée au sud par le Gebel-Cheik, qui cachait sa tête dans les nues. Seulement, le blanc éclatant de quelques stries neigeuses perçait à travers le nuage transparent. Sous moi, une cascade de montagnes s'étageait jusqu'à la plaine.

Je commençai à descendre. La route était quelquefois resserrée dans des défilés de roches, de manière que deux chevaux ne pouvaient y passer de front. C'était fort incommode, lorsqu'on rencontrait des caravanes. Les Maronites se rangeaient poliment, pour me laisser passer. Les Druses, et surtout les musulmans, criaient après moi, et me disaient probablement des injures en arabe; mais, sans m'en émouvoir, je marchais droit devant moi, et ils étaient obligés de se ranger, tout en maugréant. Avec ces gens-là, il suffit de faire voir qu'on ne les craint pas, et ils s'assouplissent bien vite. Les Syriens, qui sont plus grossiers que les Arabes, sont bien loin d'avoir leur bravoure; ils passent même pour lâches.

L'aspect du terrain avait bien changé. Sur le versant occidental, tout est cultivé, de la base au sommet. Le versant oriental, au contraire, est aride; les villages sont rares; il y a seulement quelques champs cultivés. Des chênes verts et des broussailles croissent entre les rochers. Ce n'est cependant pas l'eau qui manque, car il y a beaucoup de sources dans la montagne. Cette partie du Liban est occupée par les Motoualis, dont nous traversâmes quelques villages. Ils paraissent moins industrieux et moins laborieux que les Maronites et les Druses. Leurs villages n'ont plus cet air d'aisance de ceux de l'autre versant. Ce sont des huttes en pierres sèches et en boue.

Les Motoualis sont peu bienveillants pour les étrangers, quoique quelquefois ils soient hospitaliers ; mais alors, si leurs hôtes ne sont pas de leur religion, ils détruisent tous les vases dont se sont servis ces derniers, et qu'ils regardent comme souillés.

J'entrai dans la belle vallée de *Bekâa*. La terre y est très-fertile ; mais il y a bien des parties abandonnées, couvertes de grandes herbes qui poussent spontanément. J'y vis cependant beaucoup de champs de blé et de maïs, ainsi que de nombreuses charrues traînées par des bœufs. Ce qui manque, je crois, c'est la population qui, de ce côté, n'est pas en rapport avec la surface de la plaine. Il y a, du reste, des troupeaux et des bestiaux en assez grand nombre, qui paissent les herbes de la vallée. L'eau y est très-abondante ; plusieurs ruisseaux y serpentent, et vont se réunir à un cours d'eau qui se jette dans la Méditerranée par le *Nahr-Kasmieh*. C'est cette rivière, sur les bords de laquelle j'avais campé à ma sortie de Tyr, et qui sert ainsi de limite méridionale au Liban. Des ponts sont établis sur plusieurs de ces rivières. On traverse la principale, le *Liettani*, sur un ancien pont de trois arches à double pente, étroit, roide, sans parapet, et tout dégradé. On passe les autres ruisseaux à gué. Le cheval entre dans la vase, et ne franchit qu'avec peine des berges élevées et glissantes.

Je mis deux heures pour traverser la vallée de Bekâa. Vers le pied de l'Anti-Liban, on remarque des huttes isolées dans la plaine, dont plusieurs sont couronnées de ruines ou même de villages habités. Je voyais sous un autre aspect le versant du Liban, que je venais de descendre. Le soleil couchant le teintait en rose tendre. Le versant occidental de l'Anti-Liban, qui lui fait face, me parut très-aride. Je m'arrêtai vers quatre heures, à l'entrée d'un vallon de l'Anti-Liban, vis-à-vis le village musulman de Megdel.

Ce village, perché dans la fourche d'un chaînon détaché de la montagne, et dominé par un minaret court et carré, est assez misérable. Mon campement était très-bien placé à l'embouchure du vallon, à l'abri du vent d'est qui soufflait fort et était très-froid ; la veille, il m'avait transi. J'étais près d'un simulacre de khan pratiqué à moitié sous terre, et que je soupçonnais avoir été entrepris par quelque animal de l'espèce du lapin. Nous utilisâmes le pauvre propriétaire de ce terrier et ses enfants, pour l'organisation de mon service.

Mahmoud s'était trompé dans ses calculs, en m'annonçant seize à dix-huit heures de marche entre Beyrouth et Damas. Nous en avions déjà marché quatorze, et nous étions bien loin du gîte. La journée du 21 devant être forte, j'avais voulu partir de bonne heure; mais le moukre, qui avait été remiser ses bêtes au village, n'était pas pressé de se lever, de sorte que nous ne fûmes en route qu'à sept heures.

Le froid était le plus vif que j'eusse encore éprouvé en Syrie. Nous commençâmes à monter en pente douce dans le vallon. Je fus rejoint par un négociant syrien couvert de son maschlah brodé d'or, fumant son narguileh, qui suivait la même route. Il m'accosta très-amicalement, et essaya d'engager une conversation arabo-italienne. Nous nous dîmes une foule de gracieusetés; mais, comme il était bien monté, il finit par filer en avant, et notre connaissance en resta là. Je compris qu'il était chrétien, de Zahlé, et qu'il allait à Damas. Plus loin, je rencontrai un officier turc à cheval; il me salua avec la politesse que les militaires de l'armée du sultan emploient ordinairement à l'égard des Francs.

La route passait entre deux crêtes de montagnes garnies de buissons de chênes verts, mais sans culture. Je traversai une plaine entourée de pics qui servent de cortége au Gebel-Cheik, le plus considérable d'entre eux. Là est le partage des eaux. Une source sortait d'un joli réservoir, et descendait la pente orientale de l'Anti-Liban pour aller gagner l'Euphrate, et de là le golfe Persique. Je redescendis en suivant le Ouadi-el-Garb, par un chemin rude, entre deux escarpements, le long d'un ruisseau bordé de quartiers de roches et de buissons verts. En bas du ouadi, je débouchai dans de larges vallons blancs, et je déjeunai sur une pierre de la route, vis-à-vis Dumas, village composé de cabanes assez misérables. Au fond du vallon coulait un ruisseau d'eau limpide. Des femmes se pressaient sur ses bords pour laver leur linge. Elles portaient un large pantalon sur lequel descendait une robe blanche serrée par une ceinture, un voile rouge couvrait leurs cheveux. Une saignée, pratiquée à ce ruisseau par un canal, portait une partie de ses eaux dans la direction de Damas.

On voyait que nous approchions de la ville sainte. Les musulmans que je rencontrais me regardaient en ennemi. En passant près de moi, ils affectaient un air méprisant, et lançaient quelques mots qui ne devaient pas être des compliments. S'ils s'en tenaient aux regards et aux paroles, c'est qu'ils n'osaient pas faire plus. Du reste, je leur rendais bien la pareille.

La route continue à travers des plaines et de larges vallons entourés de montagnes blanches et arides. On n'y trouve aucune habitation, pas même de khan, très-peu de culture. Au bout de chaque vallée, je croyais être à la fin de ces tristes montagnes, mais pas du tout : il s'en présentait une autre qui me barrait le passage. Pendant longtemps je montai et descendis ainsi sans apercevoir d'issue. J'avais gagné une vaste plaine que je croyais la dernière. Damas devait être derrière ces montagnes; je m'écarquillai les yeux pour la voir. Bah! il y avait encore trois crêtes pareilles à passer. C'est la route la plus fatigante et la plus ennuyeuse que je connaisse. Ces montagnes rondes et arides n'ont aucune espèce de caractère.

M. le duc de Raguse remarque que, dans les deux chaînes parallèles du Liban et de l'Anti-Liban, les deux versants stériles se regardent, et que ceux fertiles sont les versants opposés : celui du Liban à l'ouest, et celui de l'Anti-Liban à l'est; la Cœlé-Syrie se trouvant ainsi renfermée entre deux lignes de montagnes sèches et arides. Son observation est très-juste, excepté sous un rapport. Je conteste au versant est de l'Anti-Liban la qualité de fertile, et il me parut tout aussi aride que l'autre.

Enfin, voilà la dernière montée. Le rideau était levé; je fus alors dédommagé de mes peines par une des plus belles vues qu'il soit possible d'admirer. Devant moi s'ouvrait l'immense plaine de Damas, qui s'étendait comme une mer jusqu'aux lointaines montagnes bleues du désert de l'Euphrate.

Damas, cette perle de l'Orient, toute radieuse, toute blanche, hérissée de coupoles et de minarets élancés, brillait au milieu d'une vaste forêt d'arbres fruitiers d'une verdure admirable. De nombreux ruisseaux serpentaient dans la plaine.

Je descendis la montagne. Des villages populeux, faubourgs de la grande cité, lui servaient d'accompagnement. J'entrai ensuite dans cet immense parc qui commence au pied de la montagne. Cette forêt n'est qu'une série de vergers entourés de murs, et dans lesquels on voit la plus grande variété d'arbres fruitiers : palmiers, orangers, citronniers, grenadiers, châtaigniers, pommiers, abricotiers, enfin, les arbres de l'Europe et ceux de l'Asie. Ce sont ces abricotiers qui fournissent les abricots que l'on fait sécher, et que l'on expédie sous le nom de mischmisch. Il y a aussi des saules, des peupliers et autres arbres de nos pays. Les rivières qui descendent dans la plaine sont presque entièrement mises à sec pour fournir aux canaux qui arrosent tous ces jardins. Pendant que je trottais au milieu de ces vergers, les Damasquins que je rencontrais, enveloppés de leurs grandes robes, coiffés de larges turbans jaunes, me jetaient des regards furibonds, auxquels je répondais en les regardant également, ou en leur éclatant de rire au nez. On voit ici le résultat des mesures énergiques d'Ibrahim-Pacha, qui a tellement inculqué à ces farouches musulmans le respect pour les étrangers, que, même longtemps après lui, un Franc, avec son costume européen, peut circuler partout, en toute sécurité. Il n'y a pas longtemps qu'il fallait porter le costume oriental, et prendre beaucoup de précautions pour n'être pas maltraité par les Damasquins, qui sont les plus fanatiques des sectateurs de Mahomet.

J'arrivai ainsi jusqu'à une porte assez mesquine, semblable à une porte de hangar, gardée par un poste de soldats turcs. J'entrai, et j'étais dans la ville sainte des moslims.

CHAPITRE XXXII.

Damas.

Autrefois, un chrétien ne pouvait pénétrer à cheval dans la ville de Damas; il fallait qu'il mît pied à terre. Maintenant, les chrétiens entrent comme ils veulent, comme dans toutes les autres villes d'Orient.

Je suivis donc à cheval, et avec mon costume franc, une longue rue sale et mal pavée, dans laquelle Mahmoud me fit voir la maison de Cheriff-Pacha, ministre de l'intérieur actuel en Égypte, et gouverneur de Damas sous Ibrahim. Nous entrâmes ensuite dans de forts beaux bazars voûtés, dans lesquels nous marchâmes longtemps, bousculant tout le monde avec nos animaux, les musulmans comme les autres. Enfin, à cinq heures, je mis pied à terre, devant l'*hôtel de Palmyre;* car il y a aujourd'hui à Damas un hôtel, un hôtel franc dans une ville où les Francs, il y a peu de temps, n'osaient se montrer. Cet hôtel est tenu par un Grec nommé Dimitri.

C'est une maison à la turque, assez belle. On entre dans une cour au milieu de laquelle est un bassin de marbre avec un jet d'eau. Toute la maison est couverte de peintures, d'arabesques, où les couleurs tranchantes dominent. On me donna une chambre toute peinte, avec divan, niches, étagères, moulures turques, dont le plafond était très-élevé. On ne parle, dans l'hôtel, que le grec ou l'italien. On me dit qu'il y avait peu d'étrangers d'arrivés. Je crois bien, j'étais seul pour le moment. Sur le registre de l'hôtel, je ne vis que des noms anglais.

J'avais envoyé prévenir mon ami Amstein, qui accourut bien vite; il y avait très-longtemps que nous ne nous étions vus. Il dîna à l'hôtel avec moi; le dîner était médiocre.

J'allai ensuite chez le docteur, qui demeure près de l'hôtel. A son arrivée à Damas, il avait logé chez le chancelier de

France, M. Baudin, qui venait de mourir, emportant dans la tombe les regrets et l'estime de tous ceux qui l'avaient connu. Après sa mort, Amstein prit le logement à son compte, et il fit un arrangement avec la veuve du chancelier, qui resta dans la maison qu'avait habitée son mari, et se chargea de tenir le ménage. Je trouvai là quelques personnes qui y venaient souvent passer la soirée. Il y avait le consul de Prusse, deux curés grecs, et des chrétiens habitants de la ville. Mon docteur examina ma contusion, et se chargea de faire disparaître cela en peu de temps. Il insista pour que je vinsse loger chez lui.

Le lendemain, je fus donc m'installer dans sa maison ; nous pouvions ainsi nous voir à notre aise. On entre chez lui par une petite porte qui donne sur un couloir obscur, et l'on arrive dans une belle cour, pavée en marbre, au milieu de laquelle un jet d'eau alimente une vasque octogone, en marbre blanc. Cette cour était ornée de toutes sortes d'arbres fruitiers et autres, et de fleurs. Des plantes grimpantes montaient jusque sur la terrasse, et laissaient pendre d'énormes graines. Au fond se trouve un vestibule ouvert, garni de niches et d'étagères avec des peintures rouges, jaunes, noires, bleues, représentant tant bien que mal des arbres, des fleurs, des maisons, des mosquées. Un divan règne autour de ce vestibule pavé en marbre, et que l'on occupe dans l'été. De chaque côté s'ouvrent des portes peintes, garnies de portières en tissus brodés d'arabesques, qui donnent entrée aux appartements. Le salon est pavé en marbre, et raffraîchi par un jet d'eau qui tombe dans une vasque en marbre blanc. Des divans règnent autour d'une petite estrade en bois, élevée de 2 pieds au-dessus du sol, et couverte de nattes et de tapis. On dépose ses babouches ou souliers au pied de l'estrade, pour ne pas salir les tapis. Les murs sont peints en paysages et décorés, comme le vestibule, de niches à formes mauresques, d'étagères, de boiseries sculptées, peintes, dorées, et d'arabesques. La maison, n'ayant qu'un étage assez élevé, l'appartement monte jusqu'en haut, divisé vers le milieu de sa hauteur, par une corniche mauresque. Le plafond est soutenu par des poutres de peuplier non écarri ; les poutres et les lattes sont peintes et dorées.

C'était une grande jouissance pour moi, dans ce pays barbare, de retrouver, non-seulement un Français, mais un ami intime. Le docteur Amstein, mon ancien camarade de l'institution Mayer, fils d'un médecin très-distingué des Ardennes, s'était d'abord destiné à l'École Polytechnique. Il laissa les mathématiques pour les arts, s'occupa de paléographie à la bibliothèque, puis fit son droit. L'avocasserie n'allait pas à la franchise de son caractère. Il étudia la science de son père, et entra comme chirurgien dans les gendarmes maures d'Afrique; il y gagna la croix des braves, en chargeant les Kabyles, un jour qu'il avait échangé sa lancette contre un sabre. Depuis deux ans enfin, il avait été envoyé à Damas par le ministre du commerce, comme médecin sanitaire. Il parlait très-bien arabe et un peu le turc. Malgré cela, il n'avait pu se créer de clientèle à Damas. Les indigènes préféraient la médecine arabe, quelque barbare qu'elle fût. Il ne trouvait guère à s'occuper que chez les autorités turques, ou chez les consuls européens. Il avait aussi beaucoup de pauvres chrétiens qu'il soignait gratuitement et pour lesquels il était obligé de fournir et, souvent, de confectionner lui-même les médicaments. Il n'y avait à Damas qu'un pharmacien italien, dont la boutique était à peu près vide.

L'origine de Damas, cette antique capitale de la Syrie, est presque aussi ancienne que le monde. Elle fut conquise, dans les premiers temps de l'établissement de l'islamisme, par le calif Omar. Ses successeurs, les califs Ommiades, en firent leur ville principale. Cette résidence des successeurs du Prophète, devint une ville sainte entre toutes, après la Mecque. C'est ce qui explique l'intolérance de ses habitants, qui regardent comme une souillure la présence des infidèles dans la ville.

Damas est le chef-lieu d'un pachalik ; c'est en outre la résidence du *seraskier* de Syrie, c'est-à-dire du pacha ou général, commandant en chef toutes les troupes de Syrie. Les fonctionnaires turcs qui arrivent de *Stamboul* ont tous les idées plus avancées en civilisation que les autres Orientaux. Ils ont toujours beaucoup d'égards pour les Francs. Les pachas turcs, lorsque la Turquie est rentrée en possession de la Syrie, ont cherché à maintenir le changement introduit dans les mœurs par

Ibrahim-Pacha, et ils protègent les chrétiens, qui maintenant jouissent d'une grande sécurité. Cependant les Damasquins n'en sont pas plus bienveillants pour cela, et on voit que la peur seule arrête l'effet de leur fanatisme et de leur méchanceté. Ils n'osent rien dire aux Francs ; mais ils ne manquent aucune occasion d'insulter les rayas (ce sont les sujets turcs, non musulmans). Les enfants, comme partout, sont les plus ardents. J'en vis, un jour, plusieurs qui maltraitaient un pauvre petit qui se sauvait en criant; le battu était chrétien. Je me chargeai de la justice distributive. Je délivrai mon petit coréligionnaire, et je tirai les oreilles aux jeunes mahométans, qui décampèrent vite. Autrefois, pour ce simple fait, on se serait attiré toute la ville sur les bras.

Il ne faut cependant pas trop s'y fier. Pendant le choléra de 1848, des fanatiques, persuadés que c'étaient les chrétiens qui avaient apporté l'épidémie, rencontrèrent notre consul, M. Combes, dans le bazar. Ils commencèrent par l'insulter, puis ameutèrent la foule contre lui. Il fut renversé et maltraité tellement, qu'il fallut le rapporter chez lui. Il mourut peu après du choléra ; mais ces violences ne furent pas étrangères à sa mort. Eh bien ! aucune satisfaction n'a été demandée par la France ; c'était justement à l'époque des élections pour la présidence de la République. On ne s'occupait alors, chez nous, que de la lutte entre M. L. Bonaparte et le général Cavaignac, et une si grave attaque contre le représentant de la France passa inaperçue ; le public ne s'en douta même pas.

Damas est la ville la plus considérable de la Turquie d'Asie. Les Arabes l'appellent *El-Scham*, capitale de *Bahr-el-Scham* ou de la Syrie. Elle renferme environ 150,000 habitants, parmi lesquels 15,000 catholiques, 5,000 schismatiques et 2,000 juifs. Les rues sont généralement étroites, sales, tortueuses, mal pavées ou pas pavées du tout, comme dans toute la Turquie. Lorsqu'il a plu, elles sont tellement boueuses, qu'on ne peut marcher sans enfoncer dans la fange. Aussi les habitants, dans ce cas, sont obligés de se servir d'espèces d'échasses, formées d'une semelle de bois, supportée par deux planchettes de plus de 6 pouces de haut. Ces chaussures servent aussi, dans l'intérieur de la maison, aux femmes qui ne veulent pas poser leurs babouches sur la terre, ou sur le marbre froid; c'est comme les sabots de nos paysannes.

Il y a cependant quelques belles rues, principalement dans le quartier turc, où elles sont larges, pavées et assez propres. Quelques-unes sont plantées d'arbres et garnies de boutiques; elles rappellent un peu nos boulevards. Dans le quartier franc, il y a une belle rue pavée en dalles, comme nos trottoirs. Ce sont les franciscains qui ont fait faire cet embellissement devant leur couvent. Le gouverneur, tout en reconnaissant que c'était d'un très-bon exemple pour la ville, leur a fait payer une forte amende, pour s'être arrogé un droit qu'ils n'avaient pas. Une des rues, la *rue Droite*, traverse la ville d'un bout à l'autre, depuis la *porte Orientale*. C'est là que nous demeurions. Les maisons sont en briques, ou en bois recouvert de boue, quelquefois crépies à la chaux; elles ont extérieurement une apparence assez misérable. Il y en a cependant quelques-unes en pierre, peintes avec des raies rouges et blanches; ce sont surtout celles du quartier turc et les édifices publics. On est étonné du luxe qui règne dans l'intérieur de ces maisons d'un aspect si mesquin.

J'en visitai plusieurs des plus belles, parmi celles des chrétiens et des juifs; ces derniers, qui ont beaucoup d'argent, sont très-bien logés. La disposition indiquée plus haut pour la maison du docteur est la même pour toutes. La différence est dans le nombre des cours et des appartements, puis dans l'élégance des sculptures et des peintures, dans la richesse des marbres et des dorures. Il y a des arabesques et des ornements, dans le style des Maures, et d'une grande délicatesse. Les divans sont aussi couverts d'étoffes plus ou moins riches; les tapis plus ou moins précieux. Une des plus belles maisons est celle du consul d'Angleterre, remarquable surtout par la beauté de la pièce d'eau et la profusion des arbres fruitiers qui garnissent la cour. Ce consul, que je fus voir, fut très-poli et très-aimable. Dans sa maison, comme dans plusieurs autres, il y a un étage supérieur, auquel on monte par un escalier en dehors.

Les bazars de Damas sont très-beaux, quoique cependant je les trouve inférieurs à ceux de Constantinople. Ce sont de longues rues voûtées, entre deux rangs de boutiques. Ces boutiques sont des tables, sur lesquelles le marchand est accroupi, la pipe à la bouche. Les marchandises sont sur des rayons derrière lui, ou pendues autour de son échoppe. Le soir, lorsqu'il s'en va, il n'a qu'à abaisser sur la boutique un couvercle qu'il ferme avec un cadenas. Les marchands arrivent ordinairement tard, partent de bonne heure, et ferment leurs boutiques à la moindre occasion. Ces bazars sont richement fournis. Ils sont divisés par espèces de marchandises. Ici les étoffes, là les selles, plus loin les meubles.

Il faut remarquer que tout ce qui est beau est tiré d'Europe. Les belles étoffes de soie brochées d'or viennent de Lyon, où elles sont commandées exprès pour l'Orient. Les mousselines, percales, draps, viennent de Suisse, de France, ou d'Angleterre. Il y a encore des marchandises apportées par les caravanes de Bagdad ou de Bassora, dont Damas n'est plus que l'entrepôt. L'industrie, dans la ville, est presque nulle. On y fait beaucoup de soieries; tous les ouvriers, surtout les chrétiens, travaillent à la soie, mais ces étoffes sont grossièrement faites, et surtout, suivant l'usage du pays, elles ne sont jamais bien finies. Quant aux lames de Damas, il y a longtemps qu'il n'en est plus question. Tamerlan, lorsqu'il brûla Damas, transporta ses fabriques d'armes dans le Korassan, où maintenant même on ne fabrique plus rien de remarquable. Dans le bazar des bijoutiers, tous les ouvriers voulaient me passer de prétendues pierres antiques; ils me prenaient pour un *Anglais*. Parmi les marchands du bazar, il y a des gens de toutes religions : grecs, arméniens, catholiques, juifs, musulmans.

Dans le bazar se trouve un des plus beaux khans d'Orient. Il ressemble à une mosquée. C'est une vaste enceinte circulaire, dont la voûte se compose de plusieurs coupoles soutenues par des colonnes. Au centre se trouve une fontaine et un bassin en marbre blanc. Les murs sont ornés de marbres et de peintures. Les marchandises sont rangées dans des magasins au rez-de-chaussée. Dans une galerie supérieure, qui fait le tour de l'enceinte, sont les chambres des négociants.

La grande mosquée est magnifique; elle est entourée par les bazars sur lesquels s'ouvrent les portes, de manière qu'on peut la regarder de loin. Quant à l'entrée, elle est interdite aux *giaours* ou infidèles, sous quelque prétexte que ce soit. La mosquée est au milieu d'une cour, entourée d'un portique corinthien très-orné. Les portes sont en bronze, décorées de dessins en relief. Dans la cour se trouvent de très-belles fontaines. Les portes restant ouvertes, de plusieurs points du bazar, l'œil peut plonger dans le parvis de la mosquée sainte. On dit que c'était une église sous l'invocation de saint Jean-Baptiste.

Près d'une des portes de la mosquée, on voit le café le plus renommé de Damas, et fréquenté par les gens riches. On raconte sur les cafés d'Orient des choses dignes des *Mille et une Nuits* sous tous les rapports, même sous celui de la réalité. Ce café n'est qu'une salle *peu propre*, avec son divan, sur lequel s'accroupissent les consommateurs, à moins qu'ils ne préfèrent s'asseoir dehors, devant une gerbe d'eau qui tombe dans une assez jolie vasque de marbre blanc. Le café, le chibouque et le narguileh y jouent un grand rôle. On n'y voit rien de bien féerique.

Au bout de la rue Droite, à l'ouest, près du quartier turc, est une belle place que l'on appelle le Marché aux Chevaux, et qui ressemble à un champ de foire; on y voit beaucoup de boutiques; le château n'en est pas loin. Il occupe un grand espace, il est entouré de murs flanqués de quelques tours, le tout en ruines; c'était la citadelle; il sert de caserne. Vis-à-vis est le palais du gouverneur, qui n'a rien de particulier à l'extérieur. La ville est divisée en quartiers, qui sont fermés tous les soirs par de grosses portes. Ceux des Turcs sont les plus beaux et les plus propres; ceux des juifs sont d'une saleté extrême. C'est dans un de ces derniers quartiers que les juifs assassinèrent un religieux, le P. Thomas, afin, dit-on, d'avoir son sang pour la Pâque. On prétend que, pour faire la Pâque, à Damas, il leur faut du sang humain, et l'on veille sur les enfants lorsque cette époque approche.

Outre les couvents grecs, il y a à Damas plusieurs ordres latins, des pères franciscains de la Terre Sainte, des capucins et des lazaristes. Ces derniers ont une assez jolie église attenante à leur maison. Ils ne sont que deux, et un *frère lai*, tous Français. Le P. Guiaud, le supérieur, est Lyonnais. C'est un excellent homme, spirituel et très-attaché à son pays ; ses sentiments sont éminemment français. Il porte le costume oriental : la robe gros bleu, serrée par une ceinture, avec une pelisse ou cafetan par-dessus, et un turban bleu foncé. Son compagnon, le P. Broquin, du département du Cantal, était là depuis peu de temps ; il portait la soutane française. Les lazaristes ont de nombreux élèves parmi les enfants syriens. Ils leur apprennent le français ; on trouve beaucoup de jeunes gens qui parlent assez bien notre langue.

On montre, au bout de la rue Droite, près de la porte d'Orient, ou de Saint-Paul, la maison d'Ananie, dans laquelle Paul, aveugle, fut conduit, recouvra la vue et fut baptisé. Plus loin, hors de la ville, est l'endroit où il fut frappé de la lumière céleste, au moment où il marchait contre les chrétiens, avant de se convertir et de devenir l'apôtre des Gentils.

Hors de la *Porte Saint-Paul* on trouve des buttes de terre et des décombres élevés, dit-on, par le calife Omar, lorsqu'il assiégeait la ville, afin de dominer les remparts. La partie inférieure des murs de la ville est ancienne et construite en énormes pierres. Le reste est moderne, bâti comme la plupart des maisons, en terre mêlée de paille et de pierres, séchée et recouverte de chaux. Ces murs crénelés tombent déjà en ruines, comme tout ce qui avoisine la porte d'Orient. Les portes de la ville sont en terre, et n'ont rien de monumental.

Aux environs de Damas, il y a de ravissantes promenades au milieu de tous ces jardins, de toutes ces eaux cristallines, de toutes ces prairies qui s'étendent dans un rayon de près de deux lieues, et qui sont semés de kiosques, lieux de repos pour les habitants de la cité. Toutes ces eaux sont fournies par la Barrada et quelques autres rivières. Elles sont divisées par des canaux nombreux, et conduites à travers tous les jardins, ainsi que dans toutes les maisons, où elles alimentent ces fontaines qui rafraîchissent les cours et les appartements. Ces eaux se rejoignent à la sortie de la ville, et la Barrada va se perdre à quelques lieues de là, dans le lac *Bahr-el-Merdj*, auquel on ne connaît pas d'isssue. De nombreux villages entourent ces vergers, qui me rappelaient un peu la *huerta* de Murcie, en Espagne. Les habitants riches et les consuls ont, principalement dans la montagne, de jolies maisons de campagne, dans lesquelles ils se retirent pendant la saison des chaleurs.

Dans la foule qui encombre les rues de Damas, on voit les plus grandes variétés de costumes. Il y vient des individus de toutes les parties de l'Asie. Les habitants portent une robe serrée par une ceinture, et, par-dessus, un cafetan garni de fourrures; le turban est très-volumineux. Les chrétiens et les juifs sont forcés de porter des couleurs noires ou foncées, tandis que les musulmans adoptent les nuances les plus tranchantes. Les prêtres chrétiens roulent un turban bleu foncé, en anneaux superposés, de manière à lui donner la forme d'une large roue. Les *rayas* n'ont guère qu'un fichu noué autour d'un tarbousch.

Les bédouins du désert sont vêtus de la chemise blanche par-dessus laquelle ils portent une peau de mouton ou un *abba* en laine. Ils sont coiffés d'un kouffieh sale, serré par une corde de poil de chameau. Ils ont généralement de mauvaises figures. A cheval on porte un *maschlah*, ou manteau, espèce de sac en laine, fendu par-devant, ouvert aux deux coins pour le passage des bras et orné de broderies en laine, en soie ou en or. Ce vêtement ressemble à une chasuble.

Quant aux femmes, elles se réduisent à l'état de fantômes blancs. Toutes, même les chrétiennes, sont couvertes de voiles blancs de la tête au pied. Un fichu en mousseline de couleur leur masque entièrement la figure. Aucune femme n'oserait sortir sans cela; elle risquerait de se faire insulter. Il serait donc difficile de savoir si elles sont jolies. En rentrant chez elles, elles se dépouillent de leurs voiles blancs et de leurs bottines jaunes, et restent dans leur costume d'intérieur.

Ce costume consiste, comme dans tout l'Orient, en un large pantalon, sur lequel elles mettent une robe fendue sur la poitrine et en bas sur les côtés. Les manches sont ouvertes et pendantes, garnies de petits boutons, de broderies et de dentelles. La poitrine est couverte par un fichu, lorsqu'il fait froid. Je ne parle pas du corset, entièrement inconnu dans le Levant. La robe est serrée à la taille par un cachemire dans lequel les dames passent leurs mains, comme nous dans nos poches. Par-dessus la robe, elles portent une veste longue brodée, en drap, en velours ou en soie, garnie de fourrures. Elles sont chaussées de babouches brodées, et la coiffure se compose d'un *tarbousch* garni d'un fichu orné quelquefois de perles ou de pierreries. Les cheveux, tressés en petites nattes fines, descendent par-derrière. J'ai vu ainsi beaucoup de femmes dans les maisons chrétiennes ou juives où je suis allé. Mme Baudin, qui est d'Alep, portait aussi ce costume.

Les femmes de Damas ont la peau blanche et de beaux yeux ; elles sont très-gracieuses. J'accompagnai le docteur dans plusieurs visites chez des chrétiennes. Ces dames nous recevaient avec cette affabilité simple et hospitalière que l'Andalousie seule offre encore en Europe, et qui vaut mieux que la réserve maniérée que l'on trouve chez nous. Elles s'empressaient de nous offrir le café, et la pipe qu'elles allumaient *elles-mêmes*, avant de nous la présenter.

Nous fûmes invités le samedi, 24, à passer la soirée chez des juifs, avec le chancelier du consulat, M. Garnier, jeune homme très-aimable, qui était à Damas depuis peu, après avoir occupé le même poste en Perse et en Turquie. C'était chez un des juifs les plus riches, dans une maison décorée avec un grand luxe.

Autour d'une estrade couverte d'un tapis, sur un divan de velours, étaient assises une quantité de jeunes femmes vêtues à l'orientale, et fumant le chibouque ou le narguileh. *T'foddah, t'foddah* (asseyez-vous), crièrent-elles, et nous fûmes nous asseoir à côté de toutes ces belles juives qui nous donnèrent de suite à fumer. Ces femmes sont jolies ; elles ont surtout beaucoup de fraîcheur et une très-belle peau. Elles étaient mises très-richement, mais sans goût. Tout leur écrin, perles, diamants, pierreries ; tout cela était accroché au hasard, sur leurs tarbouschs, sur leurs *cafetans*, sur leurs robes, comme une exhibition de bijouterie. Leurs vêtements étaient en étoffes brochées d'or, mais mal ajustés. Leurs robes étaient très-ouvertes ; elles ne savent pas laisser *deviner*. Leurs sourcils sont rasés de manière à ne laisser qu'une ligne noire très-mince. Ces femmes, avec leur beauté et leur fraîcheur, sous ce costume oriental si riche et si élégant, lorsqu'il est mis avec goût, me faisaient l'effet de poupées peintes et dorées. Il y a loin de là aux belles et gracieuses Smyrniotes.

On nous offrit du café, des confitures et des sucreries assez médiocres ; puis on apporta une table ronde, très-basse, et des cartes. On se mit à jouer à une espèce de pharaon. Toutes ces dames se pressaient autour de la table, et mettaient, ainsi que leurs maris, une grande ardeur au jeu. Le chancelier, pendant ce temps, me racontait tout haut une foule d'anecdotes sur tout ce monde-là. J'exprimai la crainte que quelqu'un d'eux ne comprît le français. Bah! me dit-il, ce sont des juifs ; pourvu qu'ils soient protégés et qu'ils gagnent de l'argent, ils supportent tout le reste. Il paraît que tous les individus employés par le consulat d'une nation importante sont protégés par cette nation. Il en résulte qu'ils sont à l'abri des avanies arbitraires, et qu'on est obligé de leur faire droit, s'ils ont une plainte ou une demande à formuler contre un Turc.

On conçoit que les juifs principalement, qui sont tous négociants, recherchent vivement la protection française, afin d'obtenir sécurité pour leur commerce ; et, chez les juifs, les questions, d'argent passent avant celles d'amour-propre.

Avant minuit, nous prîmes congé de nos hôtes et de leurs jolies compagnes, et nous rentrâmes escortés par un kavas du consulat, et par des domestiques munis de lanternes. Les portes des quartiers se ferment tous les soirs ; il fallait donc frapper pour faire ouvrir les portes, en passant d'un quartier dans un autre. Un gardien est chargé d'ouvrir, et on lui donne un bakschich. Chaque quartier devient ainsi une véritable forteresse.

Le dimanche 25, nous fûmes à l'église des lazaristes. Le père Guiaud disait la messe. Il fit un sermon en arabe. Les enfants de l'école étaient réunis, et chantaient des cantiques français.

Nous fûmes aussi faire une visite au presbytère du P. Abdallah, curé de l'église maronite de Damas. C'est un brave homme, qui venait quelquefois nous voir. Il parlait bien italien, ayant été élevé au séminaire, à Rome ; il savait aussi quelques mots de français. Les Maronites, qui sont unis à l'église de Rome, disent la messe en syriaque, langue qui n'est plus parlée. Ils lisent seulement l'évangile en arabe.

Le soir, nous allâmes dîner chez M. Garnier. Un poste nombreux de kavas était à sa porte. La chancellerie est dans une fort belle maison que M. Garnier a fait décorer avec beaucoup de goût. Il a des objets très-curieux qu'il a rapportés de Perse et d'Arménie. Nous fîmes un très-bon dîner à la française. Une charmante gazelle apprivoisée courait dans la salle à manger, et venait manger dans notre main.

Dès le lendemain de mon arrivée à Damas, le matin, il avait plu à verse, et la température s'était considérablement refroidie. Il y avait encore 9 degrés de chaleur; mais, pour moi qui venais d'Égypte, il me semblait qu'il gelait. Le mauvais temps dura une partie de mon séjour à Damas. Amstein avait fait établir un poêle dans son salon, ce qui n'avait pas été facile, dans un pays où ce mode de chauffage n'était pas connu. Le soir, quelques voisins venaient causer, fumer et même *ronfler*. On fume à Damas une espèce de narguileh, différent de celui de Constantinople pour la forme, mais établi d'après le même principe. C'est une noix de coco à laquelle sont adaptés deux tuyaux droits : l'un pour la bouche, l'autre portant un fourneau qui reçoit le *tombeki* (tabac persan). Ces instruments sont souvent garnis en argent.

Mme Baudin présidait aux soirées. C'est une femme excellente, qui était d'une grande utilité pour le docteur dont elle surveillait avec soin et intelligence le ménage et les intérêts. C'était essentiel dans un pays où il faut tout faire chez soi. Ainsi, pour le vin et l'huile, il faut acheter le raisin et les olives, et les faire presser dans la maison, car on ne trouverait pas ces liquides chez les marchands.

Il y avait encore un autre médecin français, mais il était au compte du gouvernement turc. C'était un ancien vétérinaire de l'école d'Abou-Zabel, en Égypte, M. Lautour, fort brave homme, qui m'offrit quelques opuscules dans lesquelles il rendait compte de ses recherches sur les produits de la Syrie.

Le 27, j'avais chargé Mahmoud de me trouver des chevaux pour me remettre en route. Mon intention était de me rendre à Tripoli par Baalbek et les cèdres du Liban; mais le soleil, en reparaissant, avait dispersé les nuages et découvert les montagnes qui se trouvaient chargées de neige, ce qui me fit craindre de ne pouvoir suivre mon projet.

J'eus assez de peine à organiser mon départ; il fallut que le docteur et ses amis s'en mêlassent. Enfin, je trouvai un loueur de chevaux qui fit prix pour 15 piastres par cheval et par jour de marche, et la moitié pour chaque jour d'arrêt. Je voulais profiter du beau temps qui était revenu, car je craignais d'être bloqué par les neiges, et de ne pouvoir retraverser le Liban sans difficulté.

Ce jour-là, nous eûmes la visite d'un renégat. C'était un de ces officiers polonais qui, s'étant réfugié en Turquie après la défaite des Hongrois, avaient embrassé l'islamisme, pour se soustraire aux vengeances de la Russie. On les avait envoyés en Syrie. Celui-là, qui était colonel et avait été décoré du titre de bey, faisait une tournée de visites à toutes les autorités turques et franques de Damas.

Avant mon départ, je fus faire une course de bazar, pour faire différents achats. On ne trouve guère là les moyens de contenter le désir de rapporter quelques objets jolis ou curieux. Il n'y a presque rien que des marchandises d'Europe.

La monnaie de France est toujours reçue à Damas. Elle change de valeur dans presque toutes les villes. Au Caire, la pièce de 20 fr. vaut 82 piastres; à Jérusalem, 85 piastres; à Beyrouth, 88 piastres; et à Damas, 90 piastres. A Damas, la pièce de 5 fr. vaut 22 piastres, et la pièce turque de 20 piastres en vaut 21.

Le 28 novembre, j'avais eu encore quelques difficultés pour mes chevaux; enfin, ils arrivèrent pendant le déjeuner. J'avais réglé avec l'hôtel de Palmyre où j'avais laissé Mahmoud, pour lequel on me fit payer 20 piastres par jour. Je me séparai donc de mon ami Amstein, que je remerciai de son affectueuse réception. Nous nous promîmes de nous retrouver en France, où nous nous donnâmes rendez-vous. Je fis mes adieux à la digne Mme Baudin, au P. Abdallah et à quelques chrétiens indigènes qui se trouvaient là; puis je montai à cheval, et, retraversant tous les bazars, je sortis par la porte Salahieh où un gardien voulut essayer de m'imposer un bakschich, et vint se mettre devant moi. Je le repoussai rudement, et je passai outre.

La porte Salahieh conduit sur une large route pavée, le

long de laquelle on voit de vastes bâtiments non achevés. C'est Ibrahim-Pacha qui les avait fait commencer pour établir des filatures. Ils servent maintenant de casernes. Je traversai Salahieh, grand et beau village, dans une très-jolie position, au pied de la montagne. C'est le principal faubourg de Damas. Nous nous engageâmes ensuite dans l'Anti-Liban.

CHAPITRE XXXIII.

Baalbek.

Le 28 novembre, j'étais donc hors de Damas, et j'étais rentré dans la montagne. A ma gauche, je voyais le *Gebel-Cheik*, qui était entièrement couvert de neige. Huit jours auparavant on n'en voyait que quelques plaques rares. Au détour du défilé de *Rabouh*, taillé dans la craie blanche de la montagne, je trouvai une demi-douzaine d'Arnautes garnis de sabres et de pistolets. C'étaient des douaniers et des gendarmes à la fois. Ils voulurent regarder dans mon bagage; mais je leur fis dire que j'étais Français, et qu'ils n'avaient rien à voir là; puis, je continuai mon chemin. Au-dessus de ce défilé, on voit un santon assez vénéré des Syriens. Arrivé en haut, je me retournai pour jouir d'un magnifique point de vue. C'est de là que l'aspect de la ville et de la plaine de Damas est le plus admirable. Il existe peu de perspectives comparables à celle-là.

Je m'arrêtai à cette contemplation; je dis adieu à la perle d'Orient qui disparut immédiatement, et, par des sentiers arides dans le calcaire blanc, je descendis dans le *Ouadi-Barrada* que je devais remonter. La rivière de Barrada est assez forte. Ses bords, ainsi que toute la vallée et ses affluents, sont couverts d'arbres et de jolis vergers. Les pentes sont cultivées près de ces vallons, tandis que tout le reste de la montagne est complétement aride. Ce sont des fleuves de verdure traversant de vastes étendues de sable et de craie. Cette verdure est rafraîchie par l'eau claire et limpide de la rivière, et par une multitude de sources qui sourdent de tous côtés. Une foule de villages animent cette délicieuse vallée.

A Dumar, de nombreux cafés étaient garnis de consommateurs qui fumaient tranquillement sous des berceaux de feuillage. On voyait que nous n'étions plus à Damas. Les habitants avaient l'air bienveillant. Il est vrai qu'un grand nombre étaient chrétiens. La vallée est en outre très-variée, et quelquefois se resserre entre des montagnes de roches. A *Deir-el-Kaman*, un monastère ruiné, juché sur le sommet d'un roc élevé, ajoutait au pittoresque de ce charmant paysage. Les maisons sont proprement bâties en pierre, avec des terrasses; et les villages sont entourés d'arbres. Ils ont un air d'aisance agréable à voir; les habitants n'y sont pas déguenillés.

Vers cinq heures, nous étions arrivés dans le gros village de Senié, d'un joli aspect, au pied d'une montagne surmontée d'un couvent. Le moukre voulait s'arrêter là pour la nuit. Il n'y avait plus d'habitation jusqu'à Zebdeni, disait-il; nous en étions encore à trois heures, et le chemin était rude : c'est-à-dire qu'il voulait me retarder pour gagner un jour. Sur les terrasses de ces jolies maisons, les habitants, couchés nonchalamment, me regardaient d'un air bienveillant; cela m'aurait bien tenté, mais je ne voulais pas perdre mon temps inutilement. « En avant! » criai-je à Mahmoud. « *Souk !* » répéta celui-ci; et nous repartîmes, pour nous engager dans un étroit défilé très-sauvage, entre deux murailles de roches escarpées, et au fond duquel mugissait la Barrada. Sur la rive gauche, je trouvai des hypogées, puis des colonnes de marbre renversées sur le bord du torrent. Deux autres colonnes étaient restées en haut, à demi enfoncées dans la terre. D'après Berghaus, ce seraient les ruines d'Abila.

Nous traversâmes le torrent sur un pont de pierre en assez mauvais état, près d'un endroit où se réunissaient plusieurs défilés escarpés, et où les eaux se précipitaient en cascades, avec fracas. Ce lieu, que je n'ai pas vu mentionné dans les différents voyages que j'ai lus, est cependant d'un grand effet. Le tapage des eaux au milieu de ces roches solitaires, animées tout au plus par quelques troupeaux de chèvres, la clarté mystérieuse d'une pleine-lune d'Orient répandue sur ce tableau fantastique : tout cela m'impressionna vivement.

Nous entrâmes ensuite dans une large vallée qui me parut assez bien cultivée. Au fond, je distinguai, au clair de la lune, un ruisseau qui serpentait comme un ruban d'argent et faisait tourner plusieurs moulins. Au-dessus de la vallée planait la tête neigeuse du Gebel-Cheik, éblouissante de blancheur. Sur le chemin se trouvaient des vergers et des champs clos de haies et fermés par des barrières, absolument comme dans nos métairies de France.

Enfin, j'aperçus de loin des lumières; j'entendis des chiens aboyer. Il était huit heures; nous arrivions, entre deux haies, à l'entrée du bourg de Zebdeni. Nous nous arrêtâmes dans une cour devant une maison. Les habitants vinrent de suite au-devant de moi, pour m'engager à entrer chez eux. Je craignais les insectes de la maison, et je dis à Mahmoud de dresser la tente dans la cour. Maître Mahmoud était de mauvaise humeur, depuis notre départ de Damas, parce que j'avais pu me passer de lui, pendant mon séjour dans cette ville, pour mes acquisitions, et qu'il avait perdu ainsi ses profits. Il me répondit qu'on ne pouvait mettre la tente, et que les Anglais logeaient toujours dans cette maison. Je lui ordonnai de me laisser en repos avec ses Anglais, et d'exécuter mes ordres sans réplique. Il se mit alors en devoir d'obéir.

Sa soumission me suffit, d'autant plus qu'il était déjà tard. J'acceptai donc l'hospitalité des habitants de cette maison. Il y avait un musulman, nommé Mohammed, sa femme et une bande d'enfants. La femme, jeune encore et assez jolie, ne portait aucun voile, contre les usages de l'*islam*. C'est même elle qui se chargea de me faire les honneurs, c'est-à-dire qu'elle me conduisit dans un grenier, au rez-de-chaussée, dans lequel étaient entassés du grain et des ustensiles d'agriculture. J'en fis balayer le sol, et j'y fis étendre des tapis. Je m'y trouvai passablement pour dîner et passer la nuit. Mon hôtesse m'apporta du raisin et une petite lampe de fer, et se retira. Mahmoud avait établi à la porte son lit et sa cuisine.

Le lendemain matin, pendant qu'on chargeait mes bagages, j'étais entouré de toute la famille de Mohammed et des voisins qui m'examinaient avec curiosité. Cette maison était dans une cour close d'une haie, avec un petit jardin y attenant, planté d'arbustes, de fleurs et de légumes. Une treille garnissait le devant de l'habitation et formait un berceau. La maison était propre et composée de plusieurs chambres. C'était exactement une de nos masures de Normandie.

Après avoir bakschisché tout ce monde-là, je montai à cheval à sept heures. Je traversai le bourg de Zebdeni, qui me parut grand et bien bâti. Il est en partie habité par des chrétiens qui vivent en très-bonne intelligence avec les musulmans. Je continuai ensuite à suivre la jolie rivière de la Barrada, dont les bords sont plantés d'arbres fruitiers, et de platanes, de noyers, de peupliers, et garnis d'un grand nombre de métairies et de villages. Des canaux empruntent ses belles eaux, pour les conduire dans les champs qu'elles doivent arroser.

Je m'arrêtai pour déjeuner au milieu de ruines, parmi lesquelles on voit encore des colonnes de pierre; ce doit être *Nebi-Schitit*. Les villages et la culture commençaient à devenir plus rares. Près de la source de la Barrada, j'entrai dans un vallon presque inculte et sans eaux, dans lequel je rencontrai seulement quelques Arabes qui venaient couper des broussailles. Nous montâmes longtemps insensiblement par un beau chemin, et nous arrivâmes aux dernières éminences de la montagne.

Le moukre me fit prendre un raccourci, c'est-à-dire que nous descendîmes presque à pic dans une vallée profonde, pour remonter par une corniche étroite, coupée dans la paroi escarpée d'une muraille de calcaire, longeant un précipice et une gorge sauvage. Nous commençâmes ensuite à redescendre la pente opposée de l'Anti-Liban.

La vue s'étendait sur la vaste plaine de la Cœlé-Syrie, dans laquelle je rentrais; au delà, la chaîne du Liban qui, par suite des pluies tombées pendant mon séjour à Damas, était couverte de neige. Les pics du Sannin et de Makmel élevaient leurs têtes blanches au-dessus de cet amas de pics et de croupes arrondis.

La route que je venais de parcourir sur le versant oriental

de l'Anti-Liban, était beaucoup mieux cultivée et plus pittoresque que celle que j'avais suivie en allant à Damas. Mais le versant occidental était toujours aride. J'y vis cependant un peu de culture. Le blé commençait à pousser. Le temps était beau, quoiqu'il y eût de la brume dans la plaine.

Après avoir traversé quelques inégalités de terrain et des contreforts de l'Anti-Liban, j'aperçus des ruines, puis des carrières de marbre ; puis, dans le lointain, des masses de pierres, d'où se détachaient des rangées de colonnes dorées par le soleil couchant. C'était le temple de Baalbek qui faisait un effet si grandiose. Je passai devant une ancienne carrière d'où l'on tirait les énormes pierres qui forment ce temple. On voit encore dans la carrière un de ces blocs long de 69 pieds. Il est resté taillé aux trois quarts. Je passai au milieu de décombres, de chapiteaux et de fûts de colonnes. J'arrivai au temple dont je fis le tour, traversant plusieurs fois une jolie rivière, le *Ouadi-Nahlé*, et je m'arrêtai à quatre heures et demie, au pied même des murs, à l'entrée d'un souterrain, à l'angle sud-est du temple. Je fis dresser là ma tente.

Je m'engageai de suite dans ce souterrain obscur et très-long. Il sert de retraite à des bestiaux ; il est voûté et construit d'énormes blocs. A l'extrémité, un trou ouvert entre les décombres me donna entrée dans une grande cour carrée. Je restai ébloui devant la magnificence des ruines qui s'offrirent à moi. C'était un chaos de colonnes et d'entablements brisés, de blocs de marbre, de frises, que dominaient six énormes colonnes encore debout ; et, à gauche, un édifice entouré d'une admirable colonnade.

Je profitai de ce qu'il restait de jour, pour parcourir ces ruines et en prendre seulement une idée d'ensemble, remettant au lendemain pour les voir en détail. A l'extrémité de la vaste plate-forme qui supporte ces temples, on domine toute la vallée : on voit à la fois les deux chaînes de montagnes qu'éclairaient alors les dernières lueurs du jour. Les environs de Baalbek sont couverts d'une belle verdure, rafraîchie par le ruisseau qui entoure le temple, mais au delà la terre est abandonnée en partie.

La ville antique formait un triangle dont le sommet était sur la pente de la montagne, et qui descendait en s'élargissant dans la plaine. Les anciens murs, flanqués de grosses tours, existent encore en partie; de grandes masses sont restées debout. La ville et ses environs sont semés de ruines. Le village actuel est très-misérable. La population est composée de musulmans, de motoualis, de catholiques et de grecs. Les musulmans ont une mosquée grande et assez belle. Il y a un évêque grec. On me dit que des voyageurs francs, des Russes, étaient arrivés le matin, allant de Beyrouth à Damas, et qu'ils étaient allés coucher chez le curé catholique.

Je fus revoir mes ruines, après le dîner. La lune était pleine. Je ne m'étais pas encore figuré un effet pareil à celui produit par la clarté de cet astre sur ces édifices. La lune apparaissait à travers ces six colonnes qui se détachaient admirablement, et leurs ombres gigantesques allaient se perdre au loin. Les massifs des temples, sous cette lumière douteuse, prenaient des dimensions colossales. Après en avoir fait le tour, je restai longtemps en contemplation, assis sur un fût de colonne, oubliant mon narguileh qui s'éteignait dans ma main. Non ; je ne connais rien de plus saisissant.

Le 30, le vent roulait de gros nuages noirs. Je courus donc de bonne heure au temple, pour devancer la pluie. J'avais pour guide la description de Volney, la plus claire et la plus exacte qui existe, des ruines de Baalbek. L'enceinte était occupée par des vaches qui erraient au milieu des décombres, pour paître l'herbe qui y croît et qui recouvre les magnifiques restes de l'architecture antique.

Ces temples, ainsi que la ville, étaient dédiés au soleil, comme le nom l'indique. *Baalbek*, en syriaque, est la traduction d'*Héliopolis*, ou ville du soleil. D'après leur ordre d'architecture, ils ne doivent pas remonter au-delà d'Antonin.

Je commençai par l'ancienne entrée du temple, qui était à l'orient. Les Arabes ayant fait une forteresse de ces édifices, les entourèrent d'un mur crénelé construit avec les débris des temples. L'escalier a donc disparu. Une terrasse s'élève, fermée vers l'est par un mur construit de grosses pierres, parmi lesquelles on trouve des autels funéraires romains, portant encore l'inscription : *Diis manibus*. Ce mur est crénelé et garni de meurtrières, comme tous ceux de l'enceinte. Cette terrasse réunit deux pavillons ornés de pilastres corinthiens. La cour hexagone qui vient ensuite, en allant vers l'ouest, a encore subi de nouvelles dégradations. Elle est toujours encombrée de débris d'architecture.

La grande cour carrée est comme du temps de Volney. J'admirai le luxe des sculptures qui décorent les chambres que l'on remarque des deux côtés de cette cour. Les ornements des pilastres et des frises sont encore bien conservés, et d'une grande finesse de travail.

Après cette cour, vient le grand temple en carré long, dirigé de l'est à l'ouest, dont le péristyle avait 268 pieds de long sur 146 de large, et était formé de dix colonnes sur chaque façade, et de dix-neuf sur les côtés. Ces colonnes avaient 21 pieds et 1/2 de tour et 72 de hauteur, y compris l'entablement. Il en reste encore six debout. Ces six colonnes sont d'un beau corinthien, très-élevées sur leurs bases. On ne peut se faire une idée de l'effet majestueux qu'elles produisent. Tout autour gisent d'énormes tronçons, débris des autres colonnes, dont on reconnaît encore les bases. Toutes ces colonnes étaient en trois morceaux, réunis par des axes de fer. En passant par-dessus tous ces monceaux de colonnes brisées, on arrive enfin au bout du terre-plain escarpé, au-dessus de la plaine, et fermé de ce côté (vers l'ouest) par un mur arabe. Dans l'angle sud-ouest, il y a encore une tour sarrazine à ogives.

Plus bas que le grand temple, au sud et dans une direction parallèle (de l'est à l'ouest), se trouve un autre temple plus petit, mais beaucoup mieux conservé. On voit encore son *péristyle* et sa *cella*. Ce péristyle avait huit colonnes de front sur treize de côté. Leurs fûts avaient 15 pieds et 1/2 de circonférence sur 44 de hauteur. Sur le côté nord, il reste encore neuf colonnes du péristyle, supportant des entablements très-riches et des sophites ornés de dessins en losange, qui encadrent des bustes d'empereurs, ou d'autres sujets. A l'ouest, huit colonnes sont debout, mais toutes sont tronquées. Au sud, il ne reste plus que les bases. Une colonne cependant est encore là. Son fût a glissé sur sa base, et est venu s'appuyer sur le mur du temple dont il a brisé une pierre. Eh bien! les axes de fer qui joignent les deux morceaux du fût n'ont pas été dérangés; et ces deux portions de colonnes, presque en l'air, sont restées unies. De ce point, si l'on regarde en bas, c'est un véritable torrent de fûts, de chapiteaux, de pierres sculptées, qui ont été rouler jusqu'en bas. Les débris des colonnes et des sophites du péristyle de ce côté gisent là pêle-mêle. Le côté est du péristyle, ou plutôt la façade, présente encore quatre belles colonnes corinthiennes, dont deux cannelées, supportant entablement et sophite.

Les murs du temple sont bâtis avec des pierres d'une grosseur dont on ne peut se faire une idée. J'en mesurai d'abord une qui avait 30 pieds de long sur 8 d'épaisseur. Presque toutes les pierres de la seconde assise ont des dimensions à peu près semblables. Au-dessus, il y a de ces pierres qui ont jusqu'à 58 pieds de longueur sur environ 12 d'épaisseur. Ces pierres sont taillées et jointes avec tant d'art que l'on ne pourrait passer la lame d'un couteau dans les interstices. On se demande avec quels moyens les anciens, peu versés dans les arts mécaniques, ont pu transporter et élever de pareilles masses.

J'entrai ensuite dans le temple. Après avoir marché pardessus d'énormes débris, on passe, en rampant, par un trou dans le mur, obstrué par des décombres. On se trouve alors dans un vestibule, où l'on voit une porte sculptée, d'une grande délicatesse. Sur la face inférieure du linteau de cette porte se trouve, entre autres décorations, un aigle tenant des guirlandes dans son bec. La pierre sur laquelle est sculpté le corps de l'oiseau, et qui sert de clef de voûte, a glissé entre les deux qui l'avoisinent. Du temps de Volney, elle était descendue de 8 pouces. Elle a baissé encore considérablement depuis; cependant je ne pense pas qu'elle tombe tout à fait d'ici à longtemps. On entre par cette porte au milieu d'un édifice étonnant par la richesse de ses ornements. La voûte est écroulée. Le sol du temple est encombré de débris sur lesquels on voit encore des sculptures d'un fini admirable. Les murs du monument sont entiers. Des pilastres corinthiens cannelés supportent encore l'entablement, sur lequel portait la voûte. La frise est ornée d'une guirlande soutenue par des têtes d'animaux en relief. Entre les pilastres se trouvaient des niches d'un beau travail; elles sont très-endommagées. Les *quarante chanteurs montagnards* qui, par leur délicieuse harmonie, nous charmèrent tant en France, avaient laissé en grandes lettres, sur le mur du fond, une inscription rappelant leur passage dans ces lieux, lors de leur pèlerinage en Terre-Sainte, pour faire bénir leur étendard sur le saint tombeau. J'avais vu pareille mention sur le registre du couvent à Jérusalem.

Devant le portique du temple, à l'angle sud-est, se trouve encore une tour arabe qui serait curieuse dans un autre lieu. Elle contient plusieurs étages avec des chambres voûtées, garnies de meurtrières. Un appartement, décoré dans le style arabe ou sarrazin, devait être un oratoire, ou une salle de bains. Un escalier descend jusqu'à une petite porte, par laquelle on sort dans la campagne; un autre montait sur une plate-forme élevée. Ces tours et ces remparts arabes avaient été destinés à faire là une place forte.

Ces magnifiques monuments de l'art antique sont tous d'un riche et beau style corinthien. Ils sont construits avec des pierres tirées dès carrières environnantes; c'est un marbre blanc mélangé, très-crevassé. On voit aussi dans les décombres quelques tronçons de colonnes de granit.

Si l'on est confondu à la vue de ces gigantesques constructions, on se demande aussi quelle force il a fallu pour renverser des blocs si solides. Ici c'est la nature qui a joué le principal rôle. Ces édifices se sont écroulés à la suite de violents tremblements de terre. Les Turcs ont aussi contribué à l'œuvre de destruction, en enlevant, pour se les approprier, les axes de fer qui soutiennent les colonnes.

On peut ressortir de l'enceinte par un passage à travers les décombres, au nord de la cour hexagone. On trouve de ce côté un souterrain voûté, comme celui du sud par lequel j'étais monté; un canal et un fossé, creusés par les Arabes, entourent l'enceinte.

Dans le village, on trouve encore d'autres ruines, entre autres un joli temple, demi-circulaire, orné de riches détails d'architecture, et entouré d'un péristyle corinthien; il est très-dégradé. Un grand nombre de maisons ont été bâties avec les débris des temples. Outre la mosquée des musulmans, il y a un khan, et un grand édifice qu'Ibrahim-Pacha avait fait construire sur d'anciens murs, pour en faire une caserne.

CHAPITRE XXXIV.

Le Liban.

A neuf heures, je quittai les restes grandioses de la ville du soleil. Je vis encore sur la route des ruines, et des carrières exploitées. Nous traversâmes la plaine de Cœlé-Syrie, ou vallée de Baalbek. De grands champs de maïs et de tabac s'étendaient devant moi. Au milieu de la plaine est une grande colonne isolée, en marbre, surmontée d'un chapiteau corinthien; c'est probablement un reste de quelque temple. Non loin, est un étang très-grand, sur lequel nageait une troupe de varengers. Je me retournais de temps en temps pour voir encore les belles colonnes de Baalbek.

Lorsque j'arrivai au village de Yeid, situé avant la colonne, les nuages s'étaient de plus en plus épaissis, et la pluie commençait à tomber fortement. Je partis donc au trot avec Mahmoud, laissant en arrière le moukre qui marchait à pied. Mais Mahmoud se trompa de chemin. Nous passâmes près d'un campement de bédouins, dont nous avions vu de loin les tentes en laine noire. Nous y obtînmes des renseignements sur notre route. Heureusement nous en étions quittes pour un léger détour. La pluie tombait à torrents, et je craignais beaucoup pour mon excursion aux cèdres.

Un sentier nous conduisit à *Dier-el-Achmar*. C'est un village assez misérable, habité par des Maronites. Nous ne pouvions penser à déployer la tente par un temps pareil. Nous trouvâmes l'hospitalité chez le cheik du village. Il me reçut très-bien. C'était un beau vieillard à figure très-caractérisée; il avait près de lui son fils et sa belle fille, avec trois charmants enfants. Une croix sculptée sur la porte indiquait leur croyance.

Nous étions entrés dans une cour où se trouvait une écurie pour nos chevaux. Je m'installai dans une pièce servant de grenier, donnant sur un hangar, sous lequel Mahmoud avait établi ses fourneaux. J'y suspendis mes vêtements qui étaient tout mouillés. La pluie avait détrempé les toits formés de perches garnies de terre, et l'eau coulait dans la chambre. Il y a sur chaque toit un rouleau formé de quelque tronçon de colonne de marbre. Après la pluie, les habitants le roulent sur la terre de la plate-forme, pour la tasser et l'aplanir.

Dans l'encoignure de ma chambre était un fourneau en ciment, dans lequel on m'alluma du feu; la fumée s'échappait par un trou. Ces habitations doivent être très-malsaines dans la saison humide. On voit, en effet, beaucoup de fiévreux dans cet endroit. Mon hôte, lui-même, était dans ce cas.

Lorsque je fus arrivé, la pluie cessa un instant; les nuages qui couvraient la montagne s'ouvrirent. Tout était blanc; une couche épaisse de neige du haut en bas! La pluie que nous avions reçue dans la plaine était tombée en neige sur les sommités. Le vieux cheik me dit qu'il ne fallait pas songer à traverser la montagne dans ce moment.

Tous les indigènes étaient sur leurs toits, occupés à rouler leur morceau de marbre; ils avaient l'air assez misérables et déguenillés. Au haut du village, il y a une église ancienne, construite avec les mêmes pierres que Baalbek. Il n'y avait pas de prêtre dans ce moment.

Le lendemain, 1er décembre, le temps était un peu remis; mais la montagne était couverte de neige. Le cheik me dit qu'il y avait bien un autre chemin tournant la montagne, pour aller à Tripoli, mais qu'il était plus long, et qu'il ne savait pas s'il était praticable. Quant aux cèdres, les sentiers étaient bouchés par la neige, et il ne pourrait me trouver dans le village un guide pour m'y conduire. Il ne me restait donc plus qu'à m'en retourner à Beyrouth. Je pris congé de mes hôtes, après leur avoir distribué des témoignages de ma reconnaissance; car, il faut le dire, tout le monde dans la maison réclamait son bakschisch. Il paraît même que *mes bottes* avaient excité l'envie du brave cheik; mais malheureusement j'en avais besoin, et il ne me fut pas possible de les lui offrir.

A huit heures, j'étais à cheval. Mon moukre avait loué un cheval pour lui, dans ce village, mais cela ne nous avançait pas; car, pour le ramener, il fallut prendre un homme qui suivait à pied, et nous n'en allions pas plus vite. Anton, mon moukre, était un maronite du Liban. Presque tous les moukres de ce pays viennent de la montagne.

Nous longeâmes la chaîne du Liban, qui, de ce côté, est assez aride; les dernières pentes sont seules cultivées. Nous marchions à travers des mares d'eau, résultat des pluies des jours précédents. J'avais de la peine à empêcher mon cheval de se rouler là-dedans, car il paraît que les chevaux syriens aiment les bains. Ce pauvre Mahmoud montait une mule qui, entraînée par son goût pour l'eau, l'étendit tout de son long dans un bourbier. Mahmoud, furieux, offensé dans sa dignité de musulman, voulait faire tomber sa colère sur le malheureux Anton qui, effrayé, s'était de suite couché sur le dos, en demandant grâce. J'intervins promptement pour sauver le maronite du courroux du moslim.

La plaine, quoique d'une grande fertilité, est peu cultivée; une partie reste en friche et est couverte d'herbes et de chardons. Sur les pentes, dans les replis de la montagne, et sur les hauteurs, on voit beaucoup de villages d'assez médiocre apparence, habités par des Motoualis. Ceux de ces gens que je rencontrai paraissaient peu bienveillants, surtout en comparaison de l'affabilité des Maronites. Deux de ces hommes me dirent même des injures. Je galopai sur eux; mais, aussi lâches qu'ils sont grossiers, ils se sauvèrent dans la montagne. La vallée renferme fort peu d'arbres; je ne trouvai que quelques peupliers, près d'un étang, dans un endroit où je m'arrêtai pour déjeuner avec des œufs durs que Mahmoud avait emportés. Je pouvais encore apercevoir de là les grandes masses que formaient les ruines de Baalbek, et d'où s'élançaient toujours les six gracieuses colonnes. Le temps était assez beau. Nous gagnâmes Ablach, d'où je revis la route que j'avais suivie en allant à Damas, et Magdel où j'avais campé. La Cœlé-Syrie s'étendait ensuite au loin vers le sud.

Malaka, où j'arrivai par une belle allée de peupliers, est un gros bourg habité en grande partie par des catholiques qui me saluaient par un *buon giorno, signore* de bon augure. Les maisons y sont propres et blanches, les habitants bien mis, les boutiques passablement fournies. Ce bourg n'a plus l'aspect de pauvreté des villages motoualis, il a même une apparence d'aisance. Près de là on trouve une mosquée dans laquelle les Turcs prétendent conserver le tombeau de Noé.

Nous quittâmes la plaine pour tourner à droite, et entrer dans une vallée transversale, en remontant une rivière toute bordée de beaux peupliers. Je revoyais ces jardins enclos de fossés ou de haies, ces jolies maisons de campagne dans le genre européen, qui m'avaient déjà fait tant plaisir à Zebdeni. Une jolie route, pratiquée sur le penchant de la montagne, me conduisit à Zahlé, qui formait un amphithéâtre au fond de la vallée, et s'élevait sur les pentes rapides du Liban. C'est une jolie ville, assez considérable, dont les maisons, toutes en pierres, sont blanchies à la chaux sur la façade. Quelques-unes sont précédées d'un portique à arcades. Des soldats turcs, dont je voyais le logement, dans une belle situation sur la hauteur, remplissaient les cafés qui entourent la ville.

Nous passâmes la rivière sur un beau pont, et nous montâmes par un chemin assez raide, garni de marches, pour gagner le haut de la ville, où Mahmoud m'avait annoncé un couvent. La pluie avait délayé le sol, et les rues étaient remplies de boue; nos chevaux en avaient jusqu'aux genoux. Les habitants paraissaient aisés; ils étaient très-affables. Les *buon giorno* m'arrivaient de tous côtés, et même quelques *bonjour, Monsieur*. J'éprouvai une surprise agréable en entendant un jeune garçon qui, pour me montrer sa science, se mit à réciter, sur mon passage, l'Oraison dominicale en français.

Nous passâmes devant un beau couvent sur la terrasse duquel se promenaient des moines grecs; nous traversâmes un bazar assez grand, et nous arrivâmes presque hors de la ville, dans un endroit où s'élevaient beaucoup de constructions neuves. Nous nous arrêtâmes à la porte d'un grand édifice carré, nouvellement bâti, et sur la façade duquel était sculpté le monogramme des jésuites. J'aurais mieux aimé des franciscains, qui, par leur règle, sont tenus de recevoir les étrangers. Enfin je frappai, et on m'ouvrit la porte d'une grande cour.

Un homme parlant italien vint à moi d'un air assez embarrassé ; puis, après avoir été prendre des ordres, il me dit qu'on ne pouvait me loger, et il m'indiqua une auberge. Cette prétendue auberge était une pharmacie, très-propre du reste, avec des volets verts, dans laquelle je trouvai une jeune femme qui m'engagea à m'asseoir, mais qui n'avait pas de logement à me donner. La terre était très-mouillée, et il n'était pas agréable de camper dans la boue.

Pendant que je cherchais à me caser, une femme d'une trentaine d'années accourut à moi d'un air empressé, et me pria avec instance de venir loger chez elle. J'acceptai cette hospitalité offerte de si bon cœur, et elle me conduisit dans une grande chambre fort propre, dont le sol était couvert de nattes et de tapis avec des coussins. Je m'y trouvai merveilleusement installé. Quatre jolis enfants, qui se cachaient derrière la robe de leur mère, me regardaient avec des yeux effarés. Le mari ne tarda pas à rentrer. Il fut enchanté de ce qu'avait fait sa femme, et me remercia d'avoir accepté leur gîte. Ils me laissèrent entièrement libre de la chambre. Ils avaient, me dirent-ils, une autre maison qui leur suffirait pour cette nuit. Ces braves gens étaient aux petites attentions pour moi, et veillaient à ce que je ne manquasse de rien, surtout lorsqu'ils surent que j'étais Français et non hérétique. Ils eurent bien soin de me dire qu'ils étaient chrétiens latins. Les enfants finirent par s'enhardirent jusqu'à venir baiser la main du *cavadja fransaoui*. Je leur fis une distribution de sucre, qui me gagna leur amitié.

Cette chambre était très-élevée. Le plafond était en troncs de peuplier écorcés, soutenus par un poteau de même bois. Les lattes étaient également des bâtons du même arbre, dépouillés de leur écorce, et conservant une teinte dorée. En haut de l'appartement, et tout autour, régnait une étagère sur laquelle était rangée avec beaucoup de soin toute la vaisselle. Tout était d'une propreté extrême que je n'avais pas encore vue en Orient. Mon hôtesse, au moment de mon dîner, m'apporta de belles grappes d'excellent raisin, du vin du Liban, et un paquet de pains. C'était des espèces d'oublies, minces et flexibles comme du papier ; c'est le pain du pays.

Mahmoud et sa cuisine étaient installés sur une terrasse devant la maison. Quelques voisins curieux avaient envie de voir comment un Français s'y prenait pour manger; mais la bonne dame, craignant de me gêner, les avait mis à la porte.

Le soir, après mon dîner, le domestique de la maison des jésuites vint, de la part de l'un des pères, demander si je pouvais le recevoir. Je fis entrer le R. P., qui me salua en italien. Nous allions engager une conversation dans cette langue, quand il me demanda de quel pays j'étais. «*Io sono Francese,*» lui dis-je. « Comment, vous êtes Français? et moi qui suis de Bordeaux ! » s'écria-t-il avec un accent gascon. Nous laissâmes bien vîte de côté notre baragouinage italien pour reprendre l'idiome de la patrie. Je le fis asseoir sur un coussin; puis Mahmoud lui apporta la pipe et le café, suivant l'habitude d'Orient qu'il avait déjà prise. Nous parlâmes de la France, qu'il avait quittée depuis peu.

Il me fit une foule d'excuses sur la manière peu hospitalière avec laquelle j'avais été accueilli. Ils n'étaient que deux jésuites dans la maison, un Italien et lui. Ils se trouvaient tous les deux à confesser lorsque j'étais arrivé. Comme ils ne sont pas dans l'usage de loger les étrangers, le domestique, qui se trouvait seul alors, m'avait tout simplement mis à la porte. Ce n'est que plus tard qu'ils avaient appris qu'un Européen s'était présenté chez eux, et que, n'ayant pas été reçu, il était logé dans une maison de la ville. Il s'était alors empressé de venir visiter cet étranger, et il regrettait d'autant plus ce qui s'était passé, qu'il se trouvait avoir affaire à un compatriote. S'il avait été là, dit-il, il m'aurait offert l'hospitalité chez eux, et il aurait été heureux que j'eusse bien voulu l'accepter. Du reste, il me fit un grand éloge de mes hôtes, qu'il connaissait beaucoup. Je ne pouvais tomber en meilleures mains. J'acceptai ces explications. Il me semblait cependant que, sans tenir maison ouverte, comme les franciscains, les jésuites pourraient bien faire plus d'accueil au petit nombre d'Européens qui passent par Zahlé. Je sus d'ailleurs que ce n'était pas la première fois que pareille chose leur arrivait.

Les jésuites de Zahlé instruisent les enfants, et leur apprennent le français et l'italien. Ils ont aussi une école à Malaka. C'étaient leurs élèves qui s'étaient adressés à moi dans ces deux villes. Ils sont d'ailleurs chargés de l'éducation des enfants et de l'instruction religieuse dans toute la circonscription.

Presque tous les habitants de Zahlé sont chrétiens, soit grecs, soit maronites, soit catholiques latins. Il y a plusieurs couvents de grecs-unis et de schismatiques. Il y a un évêque catholique. Les habitants sont très-querelleurs. Il paraît qu'il y a deux partis dans la ville : ceux qui viennent du Liban, et ceux du côté de Damas. Ils se détestent, et leur haine se traduit en coups de fusils. Il paraît que, six mois avant mon passage, il y avait eu une bataille terrible. Les balles pleuvaient de tous côtés. Le pacha de Beyrouth était venu lui-même avec deux bataillons pour rétablir l'ordre. Un de ces bataillons était encore resté là en cantonnement. Les soldats que j'avais vus, à mon entrée en ville, en faisaient partie. Cela n'avait pas de rapport aux querelles des Druses et des Maronites, qui vivent maintenant en bonne intelligence. Là, les combattants, des deux côtés, étaient chrétiens. C'étaient des discussions de races, indépendantes des questions religieuses.

Le Père fut très-aimable pour moi, et tâcha de réparer le manque de courtoisie de son domestique. Nous nous quittâmes très-bons amis. Il me pria de lui donner mon nom. Il m'indiqua les heures des messes pour le lendemain, qui était dimanche, et insista pour me faire séjourner à Zahlé. Ma bonne hôtesse me fit un lit à la mode du pays, c'est-à-dire qu'elle m'apporta une pile de matelas, de couvertures et de coussins sur lesquels je me trouvai parfaitement couché.

Le 2, à six heures, je fus à l'église des jésuites. La messe était célébrée par un prêtre des grecs-unis. Le sacrifice est le même que dans le rite catholique; il n'y a que la forme qui diffère, la messe se dit en grec. Les messes en latin des jésuites devaient se dire, l'une à cinq heures, l'autre à huit heures. C'était trop tôt ou trop tard pour moi; à huit heures, je devais être en route. Je remerciai de tout cœur les braves gens qui m'avaient accueilli avec tant de cordialité, et j'eus beaucoup de peine à leur faire accepter une rémunération pour leur hospitalité. Ils me dirent qu'ils auraient voulu me garder plus longtemps chez eux. Quant à moi, je regrettai aussi les bons habitants de Zahlé.

En quittant la ville, nous entrâmes de suite dans la montagne, Anton devant nous conduire par un raccourci qu'il connaissait. La vallée de Zahlé, jusqu'à une grande hauteur, est couverte de vignes qui fournissent cet excellent raisin de Zahlé, dont on fait de si bon vin. Nous suivîmes un sentier fort roide, sur lequel nous rencontrâmes une foule de gens de la campagne, qui se rendaient à la messe, dans leurs beaux atours du dimanche. Ils étaient mis très-proprement: les hommes avec le dolman ou la robe de laine et même de soie; les femmes avec des robes de couleur, du linge bien blanc, et un voile blanc qui encadrait leurs visages, et faisait ressortir une peau fraîche et de beaux yeux.

Il y avait quelques champs cultivés; mais bientôt, à force de monter, nous nous trouvâmes hors des parties habitées de la montagne. Nous traversions des vallées, nous escaladions des cols par des chemins rocailleux fort peu tracés. Je remarquai là de nombreux buissons de rhododendron. Ce n'était plus la rose des Alpes d'un rouge vif, petite et simple, c'était le rhododendron tel que nous l'avons dans nos jardins, très-haut, à fleurs larges et doubles. Il y en a de rouges, de roses et de lilas.

Au bout de deux heures de marche, nous nous trouvâmes au point le plus élevé de notre route. Nous étions au pied du pic du Sannin, en partie couvert de neige. A travers une enfilade de vallées, on apercevait la mer, ou plutôt on la devinait; car le temps, qui était menaçant le matin, s'était gâté tout à fait, et l'horizon était brumeux. De gros nuages noirs roulaient de tous côtés, et la pluie commençait à tomber. J'aurais voulu allonger l'allure; mais le moukre était à pied, et lui seul connaissait le chemin. Nous descendîmes par un sentier pénible, rocheux et plein d'eau. Nous étions alors au centre des Alpes syriennes. C'étaient des pics, des rochers, puis des gorges obscures, des vallées profondes, qui se coupaient en tous sens. Dans le fond, bien au-dessous, j'apercevais des champs de verdure, puis quelques rares villages maronites, nichés dans les anfractuosités des roches de la montagne. Ces roches étaient en grès de diverses couleurs, et prenaient parfois des formes régulières, telles que je croyais voir des ruines de quelques grandes villes. Les assises égales de la pierre complétaient l'illusion.

L'orage avait enfin éclaté dans toute sa violence. Des nuées noires comme de l'encre couvraient la vallée, puis, entraînées par la force du vent, elles montaient vers nous rapidement, et nous environnaient. Le tonnerre grondait, et alors des torrents de pluie, accompagnée de grêle et de neige fondue, se déversaient sur nous. Les grains se succédaient à de courts intervalles, plus furieux les uns que les autres. A peine si je trouvai un instant de répit pour avaler bien vite mon déjeuner sur le bord d'une claire fontaine, et encore je n'avais pas fini, que la pluie recommençait à tomber.

Quelquefois les nuages se déchiraient tout à coup, et laissaient l'œil pénétrer dans un vaste chaos de pics et de crêtes, terminé au loin par la mer. Mais ce tableau ne faisait que paraître et disparaître, et était recouvert par l'orage. C'était réellement bien beau. Je contemplai cela la tête enveloppée dans le capuchon de mon caban, et j'oubliai quelquefois que l'eau coulait dans mes bottes. Un peu plus, un peu moins mouillé, j'en avais pris mon parti.

Enfin, dans une échappée, j'aperçus sous moi une belle vallée plantée de pins d'Italie, et garnie de villages en pierre. Il fallait descendre dans cette vallée. Le fantastique sentier que nous suivîmes pour y arriver était pour le moment le lit d'un torrent furieux, où nos chevaux bondissaient dans l'eau, sautant de roche en roche, obligés encore de se cramponner pour n'être pas emportés par le courant. Un chamois eut renoncé à leur faire concurrence.

Cependant nous arrivâmes au fond; puis nous remontâmes de l'autre côté. Alors nous n'étions plus perdus dans les nuages et les sommets déserts. Nous suivions une route tracée entre de jolis villages, des bois de pins, des champs de blé, des plantations de mûriers et des vignes. Il est vrai que la pluie donnait un triste aspect à ces belles choses; elle n'avait plus même là le grandiose de l'orage dans la montagne. Malgré la solennité du dimanche, on ne rencontrait personne dehors ; on se contentait de nous regarder par les fenêtres. Enfin, cependant, nous étions rentrés chez les vivants.

Au bout d'une demi-heure, nous avions devant nous un gros bourg, grimpant en étages sur la montagne, et dont nous étions séparés par une gorge profonde. C'était Chouair, la patrie de mon moukre. Cela m'expliqua pourquoi il nous avait fait prendre ce chemin, et pourquoi il n'avait pas voulu chercher un abri dans les premiers villages que nous avions rencontrés.

Je descendis encore une fois à pic, par un infernal escalier formé de blocs énormes, et qu'Anton, dans son patriotisme, avait la fatuité d'appeler un chemin. Nous ne nous cassâmes cependant pas le cou. Il fallut remonter par une route non moins affreuse, où l'eau dégringolait par cascades. Enfin nous arrivâmes tout au haut du village, dans une cour où je pus mettre pied à terre. J'étais à l'abri ; il est vrai que la pluie avait cessé à mon arrivée.

CHAPITRE XXXV.

Les Maronites. — Beyrouth.

J'étais descendu dans la cour de la maison habitée par la mère de mon moukre Anton. Un essaim de jeunes beautés se précipita vers moi ; elles s'empressèrent de me faire entrer dans la grande chambre, où l'on m'étendit une natte pour m'asseoir. On alluma bien vite un grand feu de broussailles dans cette chambre ; puis on m'apporta de l'eau chaude pour me laver les pieds. Je me serais volontiers cru revenu aux temps bibliques ; c'était l'hospitalité du temps de Jacob. Je me laissai donc laver les pieds, et je m'approchai avec plaisir du feu autour duquel je fis accrocher toute ma défroque mouillée, après avoir changé de la tête aux pieds. Ces jeunes Maronites étaient la femme d'Anton et ses trois sœurs, dont l'aînée était mariée et avait trois enfants. Anton, qui n'était marié que depuis six mois, n'était pas fâché que je lui cusse fourni l'occasion de revoir sa jeune femme, qui était fort jolie.

La plus jeune de ses sœurs avait de très-beaux yeux veloutés, les traits réguliers, et une physionomie fine et charmante. Elles portaient le pantalon large en étoffe peinte, et, par-dessus, une robe en toile de coton rayée, serrée à la taille par une écharpe, et fortement échancrée sur la poitrine, qui était couverte par une espèce de guimpe plissée d'une blancheur éblouissante, comme en portent les femmes de Berne, en Suisse. Les cheveux étaient nattés par derrière, et terminés par de longs rubans ornés d'aiguillettes. Un voile bien blanc était placé sur leur tête et flottait en arrière. Ce costume simple était très-gracieux.

La chambre dans laquelle on m'avait installé était assez propre, blanchie à la chaux, percée de niches qui servaient d'armoires et ressemblaient à des colombiers.

Le village de Chouair est grand et annonce l'aisance de ses habitants. Il a de belles maisons, précédées de portiques à arcades, et de nombreux jardins. La maison d'Anton est très-simple, mais assez grande et bien tenue. Il y avait au fond de la cour un second bâtiment dans lequel devaient se refouler, pour la nuit, ces braves gens qui se délogeaient pour moi. J'entendis sonner une cloche, c'était la fin des vêpres. Toute la population endimanchée passa sous ma fenêtre. Il y avait quelques jolis visages. Je vis deux ou trois femmes qui portaient sur le devant de la tête la corne des femmes druses, malgré l'interdiction que le curé avait, me dit-on, prononcé contre cet ornement, qui est le signe plus particulier des femmes druses.

Après vêpres, des habitants vinrent me voir. Ils me firent des politesses, quoique nous ne pussions guère nous comprendre, car je ne savais pas l'arabe. Mes jolies hôtesses et leur mère étaient aux petits soins pour moi. Elles restèrent accroupies auprès de mon feu pour me tenir compagnie, examinant avec curiosité mes vêtements et mes gestes, surtout la manière dont je m'y prenais pour dîner. Nous tâchions d'échanger quelques mots. Anton se plaignait de l'impôt de capitation que le pacha venait de lever chez eux, et qui atteignait tous les hommes, même les enfants mâles à la mamelle. Il me demanda si *le roi de France* faisait la même chose. Je lui répondis qu'il n'y avait plus de roi en France, que *nous étions tous souverains*. Il ne put jamais comprendre cela, même avec l'intervention de Mahmoud, qui lui-même ne se rendait pas facilement compte de ce que c'était qu'une république. La jeune sœur d'Anton, qui était pleine d'intelligence, comprenait mieux que son frère et se faisait mieux comprendre. Nous parvenions à nous entendre un peu avec des signes et quelques mots arabes que j'avais retenus. Elle resta là jusqu'au soir. Elle était très-gracieuse, naïve et maligne en même temps.

Anton m'apporta une bouteille de vin du Liban pour mon dîner. Le soir, on fit mon lit avec une pile de matelats, on raviva mon feu, et on me souhaita une bonne nuit d'un air plein de bienveillance.

Le lendemain, j'avais de la peine à arracher Anton aux embrassements de sa famille; il ne se pressait pas d'arranger les chevaux. Il m'était dur de faire couler les larmes de sa jeune épouse; cependant il fallait partir. Enfin, à huit heures, nous étions à cheval. Je remerciai mes hôtes de leur hospitalité si empressée, et pour laquelle il me fut impossible de leur rien faire accepter. Je dis adieu à ma jolie maronite aux yeux noirs et expressifs, et je partis. La mère et les filles étaient montées sur la terrasse; je leur envoyai encore de loin un signe de la main auquel on me répondit, et je quittai le joli village de Chouair. C'était un jour de fête pour les Maronites; la cloche du matin l'avait annoncé, et, en passant devant l'église, j'entendis les chants religieux.

Chouair s'étend sur le versant d'un vallon profond, dans une position des plus pittoresques. De l'autre côté du vallon, à peu de distance du village, je vis le couvent de *Marhanna*. C'est une réunion de bâtiments massifs ressemblant à une forteresse. Ce couvent est occupé par des moines grecs catholiques, dont je vis plusieurs qui se promenaient sur la terrasse, avec leurs robes noires. C'est un des principaux couvents du Liban. Il possède une imprimerie.

Je repris des sentiers rudes, comme la veille, mais il faisait beau, et, alors, il était plus facile de s'en tirer. Au milieu de toutes ces roches, la culture ne manquait pas. Les Maronites profitent de tout coin de terrain dans lequel il est possible de semer ou de planter. Les cultures sont en étages. On y voit partout des plantations de mûriers nains, puis des pins et de beaux chênes verts. Je retrouvai, sur le versant occidental du Liban, une quantité de villages propres et jolis, avec leurs églises et leurs petits clochers surmontés d'une croix de pierre. Il y en avait d'accrochés sur toutes les pentes. Toutes les cloches carillonnaient au milieu de la montagne. La population, en habits de fête, se rendait aux églises. Des scènes gracieuses et pastorales, le spectacle grandiose et imposant des montagnes, et, plus loin, l'immensité de la mer, tout ce qui impressionne l'âme le plus vivement, se trouvait réuni dans ma descente du Liban. J'étais si occupé à admirer, que je ne pensais pas aux chemins de chèvres par lesquels me portait mon cheval, qui sautait de roc en roc. Il faut que ces chevaux soient bien habitués aux montagnes, pour faire un pareil métier. Ils ont le pied sûr, beaucoup plus là que dans la plaine.

Nous traversâmes Bekfaia. C'est un gros bourg, assez bien bâti, entouré de jolis jardins, et dans lequel se trouve la résidence du grand cheik actuel des Maronites. Le palais de cet émir est une fort belle maison, assez grande, à laquelle on ajoutait de nouvelles constructions. Elle est entourée de grands arbres.

Nous descendîmes ensuite un large escalier de pierre, et je m'arrêtai dans un khan maronite, près d'un petit village. Un vieux prêtre, à figure vénérable ornée d'une longue barbe blanche, était assis près de là, et me regardait avec curiosité. Je lui fis signe de venir partager mon déjeuner, ce qu'il accepta, lorsque je lui eus dit que j'étais Français et catholique. Il bénit alors notre frugal repas, qu'il mangea avec appétit. Il parut très-reconnaissant, et me quitta en me serrant la main avec effusion. Son presbytère était à quelques pas. C'était une assez jolie maison, avec un petit jardin. Ces prêtres ont le costume oriental, mais avec la robe, la ceinture et le turban noir ou gros bleu. Ils portent souvent sur la tête un capuchon ou un mouchoir bleu. Ils cultivent eux-mêmes leurs champs, de même que les moines maronites, qui travaillent tous à la terre.

La perspective devenait admirable. Au delà des pentes vertes et accidentées de la montagne, la vue se perdait sur l'azur sans bornes de cette belle Méditerranée, après s'être arrêtée sur les maisons blanches qui bordaient le rivage, et se prolongeaient jusqu'à Beyrouth. Cette ville descendait en amphithéâtre dans la mer, où les mâts de ses navires faisaient suite aux minarets élancés et aux majestueux palmiers qui dominaient les terrasses de ses édifices. Tout cela était éclairé par un beau soleil d'Orient, qui avait fait place à la tempête de la veille.

Je continuai à descendre, ayant toujours la mer devant les yeux, et suivant le cours du *Nahr-Anton-Elias* par un rude sentier. J'arrivai ainsi sur la plage, et je marchai sur le sable du rivage jusqu'à la *rivière de Beyrouth*, que je passai sur un pont très-ancien. C'est à l'embouchure de cette rivière que les bâtiments viennent chercher un refuge, encore mal assuré, lorsque la tempête les chasse de la rade de Beyrouth. Je ne tardai pas ensuite à gagner la porte de la ville, dite *Porte-de-Mer*.

Nouvelle difficulté avec les douaniers. Ils m'avaient bien laissé passer, moi Franc, avec mes bagages; mais, en me retournant, je m'aperçus que Mahmoud se débattait entre leurs mains. Je lui avais dit, dans le cas où les douaniers se permettraient de toucher à nos bagages, de leur répondre par le terme le plus énergique que lui fournirait la langue arabe. Il paraît qu'il avait même dépassé mes instructions, et ajouté, dans son patriotisme, des expressions flatteuses pour les Égyptiens, mais malsonnantes aux oreilles des Syriens. Les estafiers de la porte, qui, de leur côté, n'avaient pas oublié leurs rancunes contre Ibrahim-Pacha, voulaient visiter l'Égyptien; et, quand j'intervins, ils se plaignirent des manières brusques de mon pauvre *Vatel*, qu'ils ne voulaient pas lâcher. Je menaçai alors du consul de France; puis la foule qui était ramassée là prit parti pour nous; les chrétiens, par haine pour les Turcs, et en opposant les priviléges des Francs, qui ne sont pas soumis aux investigations de la douane; les Turcs, eux-mêmes, par suite du sentiment d'animosité qui anime les masses, dans tous les pays, contre les agents du fisc. Enfin, je dégageai Mahmoud; et, à trois heures, je me retrouvai dans l'hôtel de Battista.

Je me fis de suite conduire, par Mahmoud, chez le docteur Suquet, qui habite une très-jolie maison de campagne, ancienne demeure du consul de Belgique, près la porte de Saïda. Il m'accueillit très-cordialement, et m'engagea à venir dîner le lendemain chez lui.

Je trouvai une grande différence, pour la température, entre Beyrouth et Damas. J'avais eu froid dans la dernière ville, et, à Beyrouth, je retrouvai les chaleurs de Syrie. Il paraît que ces journées froides et pluvieuses, qui m'avaient contrarié de l'autre côté du Liban et dans la montagne, ne s'étaient pas fait sentir sur les bords de la mer.

A la table d'hôte, je retrouvai les mêmes personnes que j'avais laissées. Il y avait un Prusssien qui venait passer l'hiver en Orient. Pendant mon absence, avant la chute de la neige, il avait fait une excursion à Tripoli et aux cèdres du Liban. Il me dit que ces cèdres formaient un bois assez grand. Il y avait une soixantaine de ces arbres qui étaient fort beaux, mais il en avait surtout remarqué douze à quinze d'une grosseur prodigieuse. Il avait ramassé quelques-unes des pommes de cèdre qui jonchaient le sol, et m'en offrit une que j'acceptai avec reconnaissance.

Le lendemain, je parcourus Beyrouth, que ma contusion au genou m'avait empêché de visiter à mon premier passage. Le fils de M. Suquet voulut bien m'accompagner. Les bazars de Beyrouth sont bien fournis. On y trouve toutes espèces de marchandises et de fort belles étoffes. Il est vrai que la plupart viennent d'Europe. Il y a quelques rues assez belles; mais les autres sont, comme dans ce pays, étroites et tortueuses; beaucoup sont voûtées. Elles sont, en général, bien pavées. Dans une rue large et droite, on trouve beaucoup de Francs, et tout le monde y parle français. Il y avait un horloger que je chargeai de mettre un verre à ma montre. C'était le cinquième depuis mon départ de France. J'en avais fait mettre au Caire, à Jérusalem, à Damas et à Beyrouth. Ils coûtaient fort chers, mais n'étaient pas solides.

La ville est entourée d'anciens murs crénelés. En dehors sont établies de nombreuses guinguettes, fréquentées par des hommes de tous pays et de toutes religions. Le penchant de la colline, jusqu'à l'endroit où arrivent les sables, est garni de charmantes maisons de campagne, qui rappellent les *pavillons* de la côte du Hâvre, ou les *bastides* de Marseille. C'est là qu'habitent la plupart des Européens, consuls, négociants ou autres. On n'y rencontre que des costumes européens. Le long des haies de nopals qui bordent les jardins, on voit des enfants avec leurs bonnes, des domestiques en livrée, des femmes de chambre parisiennes; puis des hommes en chapeaux et en redingotes, donnant le bras à des dames élégantes. On n'entend parler que français ou italien. Je me demandai si je n'étais pas transporté à Marseille. Les belles plantations de pins de Fakr-Eddin et d'Ibrahim sont la promenade favorite des lions de Beyrouth et des élégants cavaliers. Hors de la porte de l'Ouest, on peut suivre les bords de la mer. Le rivage forme une série de pointes rocheuses, sur lesquelles sont établis des cafés. De ce côté est le cimetière français, entouré de murs, avec l'inscription en français.

Le docteur Suquet est très-content de sa position à Beyrouth. Il s'est formé une bonne clientèle. Il a opéré une révolution, pour la médecine, dans les harems. La première fois qu'on l'appela chez le pacha pour une de ses femmes, on ne lui laissa voir que les doigts de la malade. Il dit à cela qu'il n'était pas devin et ne faisait pas de la médecine à travers un rideau. Maintenant il a libre entrée dans les harems; il soigne et *visite* les dames turques comme les Européennes : c'est principalement chez les Turcs d'Europe, qui sont bien plus avancés et bien moins imbus de préjugés que les Syriens, tous ignorants et fanatiques. M. Suquet va aussi dans la montagne, chez les princes de la famille de Beschir, et chez la plupart des émirs qui sont les seigneurs du Liban, et sont très-nombreux, et généralement très-riches.

La montagne est divisée en deux parties, par la rivière des Chiens, qui coule un peu au nord de Beyrouth. Le pays au nord de cette rivière est occupé seulement par les Maronites ; le pays au sud renferme les villages mixtes et les villages druses. Chacune de ces divisions est gouvernée par un grand prince dont l'autorité administrative est assez étendue. Le prince de la partie sud réside à Bekfaia. D'après M. Suquet, qui va souvent chez lui, il a peu de capacités. Comme il n'est pas de la famille Chab ou de Beschir, il rencontre beaucoup d'adversaires.

Le principal produit de la montagne, c'est la soie ; mais la culture laisse beaucoup à désirer. Au lieu d'effeuiller les mûriers, on casse les branches, ce qui épuise les arbres au bout de trois ans au plus. A la saison de la récolte, la montagne se couvre de cabanes en roseaux de 6 pieds sur 3, dans lesquelles s'élèvent les vers à soie. Cette éducation se fait mal, et est mal soignée. Les cocons sont trop pressés. La soie est généralement mauvaise. Les fileurs parcourent ensuite la montagne, et vont filer les cocons. Il paraît que, de la base au sommet, on n'entend plus alors que le bruit des rouets. Des Européens ont établi à Beyrouth des filatures en grand, à la mécanique, et achètent les cocons dans la montagne. Mais il faudrait, auparavant, changer la manière d'élever les vers à soie. La soie reste de mauvaise qualité, et s'écoule avec défaveur sur les marchés d'Europe. Les spéculations n'ont produit que de la perte.

Pendant que j'étais chez le docteur, Mme Suquet, qui était malade, envoya dire qu'elle venait de sentir son lit remuer. Nous ne nous étions aperçu de rien ; il y avait cependant eu un tremblement de terre. Il avait été très-bien senti dans la ville à la même heure. Plus tard, les journaux de France en firent de fort belles relations, quoiqu'il ne fût pas assurément bien violent.

Les portes de la ville sont fermées le soir ; il y en a une cependant qui reste ouverte. Je rentrai assez tard ; M. Suquet me fit accompagner par un homme porteur d'une lanterne, précaution utile, et d'ailleurs exigée par les règlements de police, pour empêcher les crimes nocturnes.

M. Suquet avait mis une insistance très-obligeante pour me faire rester à Beyrouth jusqu'au départ du bateau du 16. Il y avait à Beyrouth une société nombreuse et agréable de familles européennes ; on y dansait comme en France. Nous aurions pu, d'ailleurs, faire des excursions intéressantes, dans les intervalles de beau temps. La saison était trop avancée pour poursuivre mon voyage jusqu'à Antioche, comme j'en avais eu d'abord l'intention. Le temps des pluies et des neiges était arrivé, et les jours étaient courts. Cette maudite quarantaine d'Hébron m'avait fait perdre douze jours bien précieux.

Le 5 décembre, il faisait un temps affreux ; j'étais à ma fenêtre. A sept heures et demie, une colonne de fumée parut derrière la pointe de la rade, puis un superbe bateau à vapeur, derrière lequel flottait le pavillon français. C'était le paquebot. Au bout d'un instant, une embarcation, montée par des matelots français, abordait à la quarantaine, et y déposait le médecin et le commissaire de l'*Égyptus*, qui venaient *raisonner* à la Santé et apporter les dépêches. Ma foi, mon parti fut pris! Le mauvais temps d'un côté ; de l'autre, ce bâtiment qui, le soir même, allait partir pour France. Dans dix ou douze jours, je pourrais être à Marseille. Je fus donc faire viser mon passeport, puis je courus à la poste, où je déposai mes 511 fr., prix de la place à bord, de Beyrouth à Marseille. Je trouvai au bureau un jeune commis assez étourdi, auquel je présentai un billet de banque de 500 fr. Il ne connaissait pas cela et me dit qu'il était défendu de les recevoir. Cela m'étonnait, les billets de banque ayant un cours forcé, surtout dans les administrations. Je fus cependant chez un banquier français, M. Rostan, qui fut fort aimable, mais ne m'en prit pas moins 10 fr. pour changer mon billet. C'était d'autant plus désagréable que, retourné à la poste, je trouvai le directeur, qui donna une semonce *un peu tardive* à son commis. L'acceptation des billets de banque était parfaitement exigible, et même un billet aurait été plus commode pour le directeur que de l'argent.

Enfin, ma malle était prête. J'avais laissé mes tentes et mes ustensiles à mon brave Mahmoud, qui venait avec moi jusqu'à Alexandrie. Il avait retenu un bateau au prix de 15 piastres pour nous conduire à bord. Les douaniers, qui avaient sur le cœur la scène de l'avant-veille à la Porte-de-Mer, voulurent nous visiter, ou empêcher l'embarquement de nos effets. Je repoussai vivement l'un d'eux, qui s'était permis de mettre la main dans le ballot de Mahmoud ; il fallait conserver intacte la dignité française. Je fus chez le consul, qui me donna son kavas pour ordonner l'embarquement, sans visite, de notre matériel. Je sautai donc dans l'embarcation, escorté par un garde de santé, qui devait veiller à ce qu'il n'y eût pas de communication entre les bateliers et le bâtiment à vapeur qui, venant d'Égypte, était contumace.

CHAPITRE XXXVI.

Retour en France.

Le 5 décembre, à quatre heures, j'étais à bord de l'*Égyptus*, paquebot de l'administration des postes françaises. Vive la France! m'écriai-je, en touchant le pont. Bravo! reprit le maître timonnier qui était au haut de l'échelle. Oui, j'avais mis le pied sur un plancher français ; j'étais en France.

L'*Égyptus* est un beau bateau, décoré avec un grand luxe, comme tous ceux de la ligne. J'étais seul passager. Le commandant Béchamel me parut ce qu'on appelle un bon enfant. Les deux autres officiers étaient fort bien ; le lieutenant Faucon était, à ce qu'il paraît, un excellent marin. Le chirurgien, le docteur Nicora et M. Taravel, le commissaire, s'annonçaient comme deux grands joueurs de whist. Nous allions donc commencer une carrière de cartes qui durerait jusqu'à Marseille.

Le temps s'était remis tout à fait. A six heures trente-cinq minutes, les dépêches étaient à bord, l'ancre était levée, et nous étions en route directement pour France. Le soleil s'était couché radieux sur les belles côtes de Syrie, auxquelles je disais adieu. Eh bien ! je ne les ai pas quittées sans un sentiment presque semblable à du regret.

Le temps était très-beau, la mer parfaitement calme. J'avais éprouvé des jouissances infinies dans ce voyage que je venais d'accomplir. J'avais vu de près des mœurs bien différentes des nôtres ; j'avais posé le pied dans les lieux dont les noms retentissent le plus haut dans nos âmes. J'avais des souvenirs pour tout le reste de ma vie. Maintenant, je revenais muni de ce bagage, à ajouter aux souvenirs de mes précédents voyages ; et j'allais revoir la France. Je n'étais plus au milieu de gens écorchant quelques mots de français, ou bien avec lesquels j'étais encore heureux d'échanger laborieusement des phrases italiennes ; je n'avais plus besoin d'interprète. J'étais au milieu de Français ; à table, à côté des braves officiers de notre marine ; sur le pont, avec des matelots français. Je n'étais plus un étranger ; c'étaient les Turcs que nous avions à bord qui étaient des étrangers. J'entendis parler couramment ma langue autour de moi ; à moins, il est vrai, que le patois provençal ne vînt s'y mêler, car nos matelots étaient, la plupart, Provençaux.

Le 7 décembre, vers onze heures, nous aperçûmes un fort blanc, qui s'avançait dans la mer, au bout d'une presqu'île, et, derrière, un rivage plat et de couleur jaune, que son peu d'élévation m'avait empêché de voir. C'était un lieu célèbre dans les annales de la France ; c'était la pointe d'Aboukir, puis toute la côte d'Égypte.

A une heure, nous étions mouillés dans la rade d'Alexandrie. Le bateau est ordinairement obligé d'attendre là l'arrivée de la malle des Indes. On l'avait reçue la veille ; nous ne devions donc plus avoir de retard ; nous n'avions plus qu'à nous arrêter pour prendre du charbon. On nous avait mis un garde de santé à bord, et nous ne pouvions communiquer avec la terre. Le bateau, parce qu'il venait d'Égypte, était contumace en Syrie ; par la même raison, ayant reçu des communications de Syrie, il devenait susceptible de quarantaine, à son retour à Alexandrie.

Ce qu'il y avait de piquant, c'est que les quarantaines venaient d'être réduites à cinq jours. On aurait dit que ces douze jours de détention, que j'avais subis à Hébron, avaient été imaginés exprès pour moi. Avant mon entrée, on faisait sept jours ; depuis ma sortie, on n'en faisait plus que cinq ; et moi, j'étais arrivé là tout juste pour être retenu pendant douze jours.

Nous envoyâmes à terre ceux qui étaient en destination pour l'Égypte. De ce nombre était Mahmoud, dont je serrai la main de bon cœur, et auquel j'avais donné un bon certificat.

Je l'avais eu pendant deux mois et demi avec moi, et j'en avais été fort content. Je le recommanderai à tous les touristes en Orient.

L'embarquement du charbon était mal organisé par le pourvoyeur, et se faisait lentement; nous ne pûmes partir que le 8, après midi. Nous avions pris à bord cinq passagers de secondes, et trois de premières. Il y avait un administrateur de l'île Bourbon, M. Br....., qui se rendait à Paris pour des affaires de la colonie; ensuite, un négociant de Marseille, M. B....., gai et bavard, vrai type provençal; enfin, un Espagnol, M. Guijarro. Ce dernier était commandant dans la garde nationale de Madrid, lors de l'insurrection de 1848, et il avait été compromis dans cette affaire. Enlevé, la nuit, de sa maison, par ordre de Narvaez, il avait été transporté en Afrique, puis embarqué à fond de cale, pour Manille, sur un bâtiment au fond duquel il avait été quatre-vingt-dix jours sans respirer l'air ni voir le jour. Il venait d'être gracié, et retournait dans sa patrie. Ces messieurs avaient leurs places payées (suivant le règlement) sur le bateau anglais jusqu'à Southampton; mais ils étaient si mal à bord de ce paquebot, qu'ils avaient préféré abandonner leur argent et venir chez les Français. A bord du *Precursor* (le bateau des Indes), ils étaient entassés les uns sur les autres; on n'avait aucun égard pour eux; la chaleur était suffocante, sans qu'on pût faire donner de l'air. Les officiers, comme les passagers, étaient pleins de morgue, et ne s'occupaient de personne. Tous les passagers, non Anglais, avaient fini par se réunir pour vivre ensemble et braver la froideur britannique. Les Anglais, nous dit-on, sont détestés dans les Indes, qui finiront par leur échapper. Ils n'ont pas de régiments bien organisés; à la moindre secousse, les Cipayes étaient prêts à se révolter. Nos nouveaux venus jouissaient des égards que les officiers français ont toujours pour les étrangers.

L'Espagnol ne parlait pas français. Je fus heureux de pouvoir mettre à sa disposition le peu d'espagnol que je savais. Je me rappelais l'affabilité de ses compatriotes envers moi, lors de mon voyage en Espagne.

Enfin, à une heure quarante-cinq minutes, nous nous mettions en route; puis, après avoir franchi les passes difficiles d'Alexandrie, et renvoyé notre pilote, nous portions le cap O.-N.-O. La première terre que nous verrions appartiendrait à l'Europe. Nous trouvâmes, au large, le vent contraire et la mer houleuse. Le tangage était assez fort.

Le 9, la houle avait encore augmenté. Pendant les trois premiers jours, le vent changea souvent; la mer devenait plus ou moins grosse, mais toujours houleuse. Dès le second jour, j'avais repris l'appétit, et j'étais *amariné*. Nous n'allions pas vite. Nous ne passions pas *huit nœuds*, et nous descendîmes à *cinq et demi*. Entre le ciel et l'eau, la vie était assez monotone. Manger, dormir, fumer, causer et jouer au whist, c'était à peu près toute notre existence. L'état de la mer me gênait pour lire ou écrire.

M. Br..... me donna quelques renseignements sur l'île de Bourbon, aujourd'hui de la Réunion. Il était un des quatre administrateurs de cette île, et chargé de l'intérieur. Il paraît que l'émancipation des noirs s'y est opérée sans causer de désordre. La chaleur est très-tempérée dans ce pays, et le thermomètre ne monte guère au delà de 30 degrés. Les usages y sont copiés sur ceux de la métropole. Il est très-difficile d'aborder dans cette colonie, où il n'y a pas de port. Le seul point où l'on puisse débarquer est d'un accès très difficile. En cas de mauvais temps, un bâtiment est obligé de reprendre la mer. Bourbon ne pourrait avoir d'utilité que si l'on était maître d'une partie de Madagascar.

Le 11, nous étions à la hauteur du golfe de la Grande-Syrte, vers les côtes de Barbarie. La vague venant alors de plus loin, la mer avait augmenté de violence, et nous avions du gros temps tout à fait. Nous étions rudement ballottés; les craquements des bois du bâtiment nous assourdissaient. Le vent était contraire, et nous n'avancions pas. Le bâtiment, qui n'était pas en très-bon état, dans quelques relevés de *loch*, se trouvait ne filer que *cinq nœuds*. Il fatiguait beaucoup, et nous aussi. Il paraît que le doublage en cuivre était usé et se détachait; les feuilles formaient comme des écailles rebroussées, et arrêtaient la marche du navire. On reconnaissait là la vigilance des administrations publiques. Il était question de confier ce service au commerce. L'administration des postes, sous prétexte qu'elle allait peut-être remettre ces bateaux à une compagnie, ne faisait aucune réparation. Il me semble cependant qu'une administration de l'État, lorsqu'elle se charge d'un service, ne devrait, sous aucun prétexte, le laisser péricliter, ni surtout compromettre, par sa lésinerie, la vie des voyageurs.

Le 13, la mer était un peu plus maniable; le soir, il faisait beau, le pont était à sec. Depuis midi, nous cherchions Malte qu'on nous avait annoncée; mais, malgré les lunettes du bord, nous ne voyions rien. Notre direction était cependant bonne, et nous n'avions pas dévié d'une minute de compas; mais, les indications du loch, souvent fausses dans le mauvais temps, nous avaient trompés sur la distance. Il faisait d'ailleurs beaucoup de brume.

Enfin nous distinguâmes la côte, puis le phare. L'île de Malte, avec sa cité Valette et ses églises, se voyait juste par le beaupré. A droite, l'île de Goze étalait son rocher conique, patrie de Calypso.

A sept heures, nous mouillâmes dans le port. La frégate anglaise l'*Indus*, partie d'Alexandrie après nous, était arrivée dès la veille à Malte. Le *Caire*, qui m'avait porté de Marseille à Alexandrie, avait pris le service de Constantinople, et avait quitté Malte le matin. Il paraît qu'il y avait eu des tempêtes dans toute la Méditerranée. Deux paquebots de la ligne, le *Télémaque* et le *Nil*, avaient beaucoup souffert précédemment, avant d'arriver à Malte. Le *Nil* était précisément celui à bord duquel Charles était parti, et je craignais qu'il ne lui fût arrivé quelque accident. Heureusement il s'en est tiré sain et sauf.

Nous étions dans le port de quarantaine, au pied des imposantes fortifications de la Valette, vis-à-vis l'endroit où débarquèrent les Français. Au fond d'une branche du port, se trouvaient les vastes édifices du lazaret. A Malte, nous étions considérés comme pestiférés, et nous ne pouvions communiquer avec aucune personne, sans lui faire partager notre position de contumace.

Le bâtiment, dès le matin, était entouré de barques pleines

d'industriels qui venaient nous offrir des produits de l'île, ou des marchandises à bon compte, venant d'Angleterre. C'étaient des mitaines, des cigares, des serins, des oranges, de la toile, de la flanelle, des dentelles. On nous tendait ces objets au bout d'une perche, et nous jetions l'argent dans une caisse. Il était urgent, en effet, d'éviter tout contact direct; car le malheureux qui nous eût touchés en aurait eu pour quelque temps de lazaret, comme infecté ou présumé tel. Par bonheur, le bois n'est pas contumace, et peut servir de moyen de communication.

Malte est obligée, en raison de ses relations avec les ports de France et d'Italie, de se soumettre à toutes les niaiseries de la quarantaine à l'égard des provenances d'Orient. Ce que je trouve de plus absurde, ce sont les variations continuelles dans le temps nécessaire pour avoir la libre pratique. Lorsque la peste est inoculée, il faut un certain nombre maximum de jours pour qu'elle se déclare. Je comprends très-bien qu'on séquestre un contumace pendant tout ce temps; mais pourquoi plus, ou pourquoi moins? Si la quarantaine est moindre que ce temps, on s'expose à laisser libre un pestiféré; si on l'augmente, au contraire, au delà du nombre de jours nécessaires pour l'apparition de la maladie, on exerce un acte de rigueur inutile. Ces quarantaines sont extrêmement préjudiciables aux intérêts qui s'agitent entre l'Orient et l'Europe; on perd ainsi tout le bénéfice de la rapidité des transports. Quand les bâtiments sont en *patente brute* ou *suspecte* (*brute* lorsqu'ils viennent de pays où la contagion existe; *suspecte*, lorsqu'ils ont eu un malade à bord), je conçois qu'on prenne des précautions; mais, quand ils sont en *patente nette*, c'est-à-dire qu'ils viennent de pays où l'état sanitaire est parfait, toutes ces entraves sont ridicules. Au reste, on venait enfin, à Marseille, de réduire à huit jours le temps nécessaire, depuis le départ du pays suspect, pour entrer en *libre pratique*, pourvu qu'on eût un médecin à bord. La commission sanitaire de Marseille, dont on avait subi si longtemps l'odieuse tyrannie, était furieuse, après une lutte si longue et si tenace pour soutenir ses intérêts aux dépens du public. Ces messieurs tenaient, avant tout, à leur place, et, jusqu'à présent, ils avaient obtenu le maintien d'un état de choses absurde et excessivement nuisible au port de Marseille, que l'on évitait à cause de la quarantaine. On gagnait du temps à aller par l'Angleterre, ou au moins par l'Autriche. L'Autriche elle-même, si encroûtée en bureaucratie, si retardataire pour tout, avait déjà rompu avec ces préjugés, et la quarantaine, à Trieste, était presque nulle. Nous avions attendu bien longtemps en France pour suivre cet exemple.

Parmi les personnes que nous débarquâmes à Malte, il y avait un Tcherkess, ou Tartare, que l'on refusa au lazaret, sous prétexte que son passeport n'était pas en règle (les Anglais prétendent qu'on ne s'occupe pas de passeports chez eux). Cet homme se rendait à Tunis. Il était sujet turc, et avait un passeport russe; de là venait la difficulté. Ce malheureux avait été renvoyé à bord. Nous ne pouvions cependant pas le laisser à la mer; les Anglais n'en voulant pas, nous étions obligés de l'emmener à Marseille. Enfin le consul russe arrangea l'affaire, et ce pauvre diable, qui commençait à se livrer au désespoir, put débarquer. Il ne se le fit pas dire deux fois. Il était temps, car notre provision de charbon était déjà à bord, et nous allions partir.

Nous nous mîmes en route à une heure, donnant la remorque à une goëlette marseillaise, dont le capitaine nous avait priés de l'aider à sortir du port. Le commandant avait de suite consenti à rendre service à un compatriote, avec cette complaisance habituelle aux marins. Le vent était calmé, la mer assez belle.

Le lendemain, nous étions en vue des côtes de Sicile, que nous longeâmes, après nous en être rapprochés à une faible distance. Nous passâmes devant Mazzara, puis tout contre Marsala, jolie ville, dont nous voyions la cathédrale et sa belle coupole. Marsala, renommée par son vin, est défendue par des forts blancs qui ressortaient sur le feuillage foncé des arbres de la montagne. Je voyais donc enfin une vraie ville européenne, car je regarde Malte comme une transition entre l'Orient et l'Occident. Il n'y avait plus de Turcs, de turbans, de mosquées, de minarets; je ne verrais plus désormais que des églises, des chrétiens et des costumes francs. J'en avais presque perdu l'habitude. Vers la pointe de Marsala, nous passâmes dans les îles ; nous rasâmes, à bâbord, l'île de Maritimo, montagne de roches, dont les pentes sont cultivées, et où l'on voit un petit village. Au bout de l'île, un vieux château est perché sur le sommet d'une pointe isolée. Il sert de prison d'État.

Le 16, autre terre européenne. C'était la Sardaigne, dont les côtes s'annonçaient par des montagnes qu'éclairait le soleil levant. Nous passâmes l'îlot de Tovalara qui, de loin, a la forme d'une vache ; et nous entrâmes, vers deux heures, dans des passes pleines de roches et d'îlots nombreux, de formes irrégulières. On se trouve bientôt au milieu d'un cercle de rochers bizarres et d'écueils à fleur d'eau. Il faut faire de nombreux détours dans ce passage difficile, où l'on est cerné partout. On ne sait comment on en sortira ; on se croirait au milieu d'un lac. La mer est heureusement toujours calme dans ces passes. Quelques-uns de ces îlots présentent un peu de végétation ; j'y vis des chevaux qui paissaient l'herbe. Parmi ces rochers, on en voit un très-singulier, qui a la forme d'un ours qui marche. Il est perché sur la cime d'un îlot élevé : on le voit de très-loin. Cet ours est très-bien fait ; un sculpteur n'eût pas mieux réussi que la nature. C'est ce qui a fait donner à cet endroit le nom de Passe-de-l'Ours. C'est le plus court, mais le plus difficile des trois passages du détroit de Bonifacio, qui sépare la Sardaigne de la Corse. Un bâtiment à voile s'y hasarderait difficilement. Les Anglais, même avec la vapeur, y passent rarement.

Nous vîmes l'île de la Madelaine, où se trouve une assez jolie ville défendue par plusieurs forts. Vers cinq heures, nous sortîmes des bouches de Bonifacio, entre deux phares appartenant à la Sardaigne. Enfin, nous aperçûmes une terre française. C'était la Corse, dont les hautes montagnes se détachaient sur le ciel. On voyait très-bien la petite ville de Bonifacio. Le soir, un feu brillait sur la côte ; c'était celui d'Ajaccio. Nous avions atteint le golfe de Gênes, si mauvais ordinairement, mais que nous trouvâmes parfaitement calme.

Le 17, nous vîmes les côtes de Nice, puis celles de Provence. Dans le lointain, les Alpes montraient leurs crêtes neigeuses; le col de Tende était éblouissant de blancheur. Vers midi, le vent de *mistral*, ou de nord-ouest, s'éleva, la mer devint houleuse ; nous nous approchâmes des côtes de Provence. Nous passâmes devant Fréjus, Saint-Tropès; puis, nous entrâmes à l'abri, dans les îles d'Hyères. Ces îles forment une magnifique rade. Elles sont arides, à l'exception de Porquerolles, où l'on voit de la culture, des fabriques, un village. La baie présente un bel amphithéâtre. Au fond, la petite ville d'Hyères, blottie au pied d'une montagne, fait un très-joli effet.

Hors des îles, la mer était grosse, le vent très-fort et contraire; nous n'avancions que très-péniblement. Le commandant, à l'apparition du mistral, avait eu l'idée de relâcher à Toulon. Quoique la mer fût assez navigable, en rasant la terre, il persista dans son projet. La côte de Provence est hérissée de roches et d'écueils, et il ne la connaissait pas assez pour s'y aventurer la nuit; d'un autre côté, la violence du mistral empêchait de tenir la mer au large. Nous franchîmes donc la passe étroite de la magnifique rade de Toulon, l'une des plus belles du monde, fortement défendue par des forteresses construites avec art. Sur la pointe ouest de la passe, s'élève une pyramide, dédiée à l'amiral Latouche. A notre gauche, nous laissâmes le bel hôpital de Saint-Mandrier, et, à cinq heures, nous jetions l'ancre dans la petite rade. Nous avions devant nous la ville de Toulon et son arsenal, avec ses masses flottantes; en rade, était l'*Océan*, géant marin à trois ponts. Puis, à notre droite, le fort Lamalgue et le port marchand, situé après l'arsenal du Mourillon; à gauche, le port de guerre et le grand arsenal. Des montagnes élevées, couvertes de *casini*, s'élevaient par derrière en amphithéâtre. J'étais donc dans un port français, et quel port! celui de Toulon.

Je jouissais de l'admiration de M. Guijarro, notre Espagnol. Il n'avait jamais rien vu de comparable; il était en extase. Le vaisseau l'*Océan* lui paraissait une masse prodigieuse.

Le médecin du bord exhiba notre patente ; nous étions en règle, puisque nous avions neuf jours de mer, depuis notre départ d'Alexandrie; nous pouvions donc de suite être admis en pratique. Le commandant fut alors à terre; deux de nos compagnons débarquèrent et prirent une voiture pour se rendre à Marseille. Quant à moi, je restai à bord. Il paraît que le choléra avait fait de violents ravages dans ce pays; mais il avait à peu près disparu. Un canot de la santé vint savoir si nous avions des cholériques à bord. Nous n'avions que des gens se portant bien et ayant grande envie de débarquer à Marseille, ce que nous aurions fait le soir même, si l'on ne nous avait pas fait relâcher à Toulon.

Enfin, le lendemain, à sept heures, le commandant était de retour à bord; nous repartîmes. Nous passâmes le cap de la Saine; le vent et la mer étaient dans le même état que la veille. Nous suivîmes les côtes abruptes et remarquables par les formes les plus bizarres. Nous passâmes devant la jolie petite ville de la Ciotat, puis près du port de Cassis. Bientôt nous arrivions aux îles de Marseille, puis au château de l'If. Nous avions dépassé la pointe, et Marseille était devant nous. Salut à la reine de la Méditerranée, à la belle cité provençale! Voilà le fort Saint-Jean, et la tour ronde, si connue et si désirée de tous ceux qui reviennent d'Afrique, d'Espagne, d'Orient, de Grèce ou d'Italie.

A deux heures, nous étions mouillés dans le port. Le docteur Nicora était allé de suite à la Santé. Nous avions passé les délais prescrits, car il y avait dix jours que nous avions quitté l'Égypte. D'ailleurs, notre patente avait été visée à Toulon, où nous avions touché. Ainsi, au point de vue sanitaire, nous venions de Toulon et non d'Orient. La Santé, qui profite de ce qui lui reste de pouvoir pour essayer au moins quelques petites vexations, trouva moyen de nous retenir encore une heure et demie. Enfin, nous étions libres. Je débarquai sur le quai de Rive-Neuve, devant l'administration des paquebots, où nous devions subir la visite de la douane; j'avais remis le pied sur le sol français. Le premier Français qui me parla était, il est vrai, un douanier; mais enfin c'était un Français, et je l'aurais volontiers embrassé. La visite, du reste, n'est pas sévère à Marseille; on se contenta de me faire payer pour quelques livres de tabac de Syrie, et je fus bientôt quitte. Un instant après, j'avais reçu l'accueil de Mme Chalanqui, et j'étais à l'hôtel des Empereurs, sur la Canebière. Je l'avais quitté le 4 *août* 1849, pour m'embarquer, et j'y rentrais le 18 *décembre*. Quatre mois et demi, avec 4,000 et quelques centaines de francs, m'avaient suffi pour accomplir un voyage d'un immense intérêt, et qui, entre tous mes autres voyages, marquera dans mes souvenirs.

Le jour du départ est beau ; la curiosité, l'intérêt sont excités. Que de choses on va voir ! Le moment du retour n'a pas moins de charme ; on a ses souvenirs, la satisfaction du voyage accompli, et on revoit sa patrie.

FIN.

TABLE DES MATIÈRES.

PREMIÈRE PARTIE. — ÉGYPTE.

CHAPITRE I.

Départ. Lyon. — Le Rhône. — Valence. — Avignon. — Le chemin de fer d'Avignon. — Marseille.   Page 1

CHAPITRE II.

Traversée - Malte. Départ. — Paquebot *le Caire.* — Côtes de Sardaigne. — Cap-Bon. — Ile de Pantelleria. — Malte. — Promenade dans l'île. — Citta-Vecchia. — Le Boschetto. — Tour Verdalla. — Cité Valette. — Église Saint-Jean. — Égypte. — Rade d'Alexandrie. — Mort de Mehemet-Aly. — Débarquement.   5

CHAPITRE III.

Alexandrie. L'hôtel d'Orient. — Les fellahs. — Colonne de Pompée. — *Bakschisch.* — La grande place. — Clot-Bey. — Mehemet-Aly et l'Égypte. — Réformes et travaux du *grand pacha.* — Avénement d'Abbas-Pacha. — La civilisation rétrograde. — Rhamadan. — Le dimanche à Alexandrie. — La ville d'Alexandrie. — Les Aiguilles de Cléopâtre. — Le consul général.   15

CHAPITRE IV.

D'Alexandrie au Caire. Le transit. — Navigation du canal. — Lac Mareotis. — Canal Mahmoudieh. — Misérable condition des fellahs. — On pourrait en tirer parti. — Ce que Mehemet-Aly a fait pour eux. — Atfieh. — Le Nil. — Bateau à vapeur sur le Nil. — Navigation du Nil. — Voilà les pyramides ! — Boulacq.   28

CHAPITRE V.

Le Caire. Les ânes du Caire. — Promenade à travers le Caire. —

L'Esbekieh. — Hôtel d'Orient. — Mari-Bey. — El Khalig. — Le Vieux-Caire. — Soliman-Pacha. — Mosquée d'Amrou. — Mosquée d'Hassan. — Mosquée de Mehemet-Aly. — Citadelle du Mokattam. — Le Caire vu de la citadelle. — Mosquée de Touloun.   35

CHAPITRE VI.

Héliopolis. Café et chibouque. — Le bazar. — Le carrossier du Caire. — Tombeaux des califes. — On ne fume pas en rhamadan. — Ville d'Abbas dans le désert. — Inondation du Nil. — Les sakis et les chadouffs. — L'agriculture en Égypte. — Matarieh. — L'arbre de la Vierge. — Là fut Héliopolis ! — Bataille d'Héliopolis. — Température du Caire. — Choubra. — Le grand bairam. — Réceptions au Palais. — Fêtes populaires. — Le jeûne est fini.   47

CHAPITRE VII.

Les Pyramides. Gyzeh. — Nous couchons dans un tombeau. — Les Arabes des pyramides. — Il ne faut pas oublier l'eau. — Pyramide de Cheops. — Ascension de la pyramide. — Lever du soleil. — l'Égypte à nos pieds. — Nos Bédouins. — Fantasia *sous pierre*. — Tombeau de Cheops. — Le sphynx.   57

CHAPITRE VIII.

Le Barrage. Excursion au barrage. — Mougel-Bey. — Projets du barrage du Nil et du canal de Suez. — Abbas-Pacha va arrêter les travaux. — L'habitation de Mougel-Bey. — Lettre de crédit sur un banquier anglais. — Monnaies d'Égypte. — Pèlerinage de la Mecque. — Cérémonie des tapis. — Location d'un dahabieh. — Le marchand de comestibles. — Ile de Rhoda. — École de cavalerie. — Varin-Bey. — La maison de Soliman-Pacha.   66

CHAPITRE IX.

Voyage de la Haute-Égypte. Notre dahabieh. — L'équipage. — Départ pour remonter le Nil — Les rives du Nil. — Kalousneh. — Effets de lumière. — Levers et couchers de soleil. — Cheik Abadieh. — Le Khamsin au Gebel-Abou-Iffoda. — Dominique et sa cuisine. — Administration en Égypte. — Manfalout. — Chasse aux crocodiles. — Les matelots du Nil. — Les chaînes lybique et arabique. — Menchieh. — Les pigeons. — Physionomie des villages arabes. — Girgeh. — Palmiers *doums*. — Pèlerins d'Algérie. — Kenneh. — Danse d'almées. — Le pain des matelots. — Les bardaques.   77

CHAPITRE X.

Thèbes. Vent contraire. — Tirage à la corde. — Beaux sites de la Haute-Égypte. — Les ruines de Thèbes. — Louqsor. — Les obélisques. — Excessive chaleur. — *Cavadji, backschish.* — Karnac. — Grand palais du roi Mœris. — Salle hypostyle. — Sesonk et Roboam. — Déjeuner dans la salle du roi Mœris. — Rêveries sur le grand pylône.   90

CHAPITRE XI.

Thèbes. Les gardiens. — Vallée de Biban et Molouk. — Tombeaux des pharaons. — Fraîcheur des peintures. — La vie usuelle des anciens Égyptiens. — Le Menephtheum. — Déjeuner chez le roi Menephtha. — Les drogmans. — Palais de Sésostris. — Colosse de Sésostris. — Hypogées de Gournah. — Temple d'Isis. — Insectes. — Traversée à bras. — Colosses de Memnon. — Mnemonium. — Medinet-Abou. — Sculptures et peintures égyptiennes. — Hiéroglyphes. — Champollion. — Adieu à Thèbes. — Retour.   101

CHAPITRE XII.

Denderah. Kenneh. — Les bardaques de Soliman-Pacha. — Traversée de Kenneh à Denderah. — Temple de Denderah. — Le zodiaque et les savants. — Les chauves-souris. — Restes de Tentyris. — Bain dans le Nil. — Paggi et Dominique. — Guirguess. — Chants des matelots. — Girgeh. — Dégâts produits par l'inondation. — Descente du Nil.   111

CHAPITRE XIII.

Sur le Nil. Hadji-Mahamet et Suleyman. — Tableaux champêtres. — Siout. — Les Coptes. — Momies. — *Vanitas vanitatum!* — Hypogées de Siout. — Punition d'Omar. — Manfalout. — Apparition de la lune de Zoulkhadé. — Prières des musulmans. — Grottes de Beni-Hassan. — Peintures des anciens. — Le désert de la chaîne arabique. — Voleurs de Beni-Hassan.   120

CHAPITRE XIV.

Sur le Nil. Minyeh. — Fabrique de sucre. — Préjugés musulmans. — Salut des compatriotes de la fabrique. — Gebel-Their. — Le moine copte à la nage. — Beni-Souef. — Abordage. — Pyramides de Daschour. — Ce qu'il reste de Memphis! — Nécropole. — Pyramides de Saccarah. — Arrivée chez Soliman-Pacha. — Les journaux français. — Retour au Caire. — Correspondance.   130

CHAPITRE XV.

Le Caire. Les fêtes pour la circoncision du fils de S. A. — Colonie française du Caire. — Les sources du Nil. — Un feu d'artifice en Égypte. — Linant-Bey. — Pourparlers avec les Arabes du Sinaï. — Arrangements avec un drogman. — Cérémonies de la circoncision du jeune prince. — Fin des fêtes. — Le commandant Princeteau. — Lettre des moines grecs pour le Sinaï. — Adieu à Soliman-Pacha. — Traité avec le cheick Aoudeh. — Provisions pour le désert. — Lubert-Bey. — Adieu à la colonie française du Caire.   140

DEUXIÈME PARTIE. — ARABIE.

CHAPITRE XVI.

Route de Suez. Organisation de notre caravane. — Chargement des chameaux. — Ascension du dromadaire. — Dromadaires et chameaux. — Les voitures du Caire à Suez. — Déjeuner sur le sable. — Le désert. — Activité de Mahmoud. — Le premier campement. — La cuisine au désert. — Le drogman Mahmoud. — La chambre à coucher. — La route. — Montagnes d'Asie. — Opinions sur la route tenue par les Hébreux.   157

CHAPITRE XVII.

Le Désert. Mirage. — *Panégyrique* du chameau. — Ville de Suez. — Nous passons la mer Rouge. — En Asie ! — Les fontaines de Moïse. — Du sable ! — Ouadi-Ouardan. — Puits de Mara. — Les chameliers. — Caractère des Arabes. — Ouadi-Gharandal. — Végétation des ouadis. — Ouadi-Oussaïte. — Montagnes calcaires. — Bain dans la mer Rouge.   167

CHAPITRE XVIII.

Le Désert. Halte sur le rivage de la mer Rouge. — Géologie des montagnes du Sinaï. — Les granits. — Teintes singulières des montagnes. — Inscriptions sinaïtiques du Mokattam. — Oasis de Ouadi-Pharan. — Les Arabes Taouaras. — Indépendance de la vie du désert. — Les jardins de nos Ouled-Ssaid. — Campements des Ouled-Ssaid. — Les Arabes sont nos amis. — Gorge de Nackb-

Badera. — Les dromadaires au grand trot. — Arrivée au couvent. — Massif granitique du Sinaï. — Les bédouins Gebelys. — *Bakchtsch*, *cavadji*. 177

CHAPITRE XIX.

Le mont Sinaï. Entrée au couvent. — Intérieur du couvent de la *Transfiguration*. L'Église. — Chapelle du Buisson-Ardent. — Jardin du couvent. — Les catacombes. — Les moines grecs. — Le cheik des Thyas. — Ascension du Sinaï. — Le mont Horeb. — Le Gebel-Mousa. — Panorama vu de la cime du Sinaï. — Le café sur la montagne de Moïse. — La roche de Moïse. — Creuset du veau d'or. — Culture dans les ouadis. — Emplacement du camp des Hébreux. — Adieu aux moines. — Notre factionnaire bédouin. 186

CHAPITRE XX.

Le Désert. Réorganisation de la caravane. — Changements dans le personnel. — Ouadi-Cheik. — Cimetières arabes. — Coup d'œil en arrière. — Plaines de sable. — Rêveries au désert. — Plateau de Thyeh. — Ouadi-el-Arisch. — La chasse aux gazelles. — Étiquette de vin de Champagne. — Tribu des Haïouat. — Mahmoud se fait des amis. — Plaine de Nakhel. — Village des Thyas. — Abou-Zadé. — Criailleries. — Décision du commandant du fort de Nakhel. — Nous nous séparons des bons Ouled-Ssaid. 198

CHAPITRE XXI.

Entrée en Judée. Caravane de Thyas. — Nous regrettons les Ouled-Ssaid. — Coups de soleil. — Océan de sable. — Aïn Moheré. — Camp des Thyas. — Amalécites et Madianites. — Des champs cultivés ! — Ruines d'Oboda. — Elusa. — L'Idumée. — Puits de *Berseba* (d'Abraham). — Les tribus à l'abreuvoir. — La solitude s'anime. — Dernier campement. — Montagnes de Judée. — Les gardes de santé. — Il faut faire quarantaine. — Darieh. — Verdure des vallons de Judée. — Perplexité du gardien. — Lazaret d'Hébron. — *Le directeur du lazaret*. — Nous voilà sous clef ! — Les chameaux s'en retournent. 209

TROISIÈME PARTIE. — SYRIE.

CHAPITRE XXII.

Quarantaine à Hébron. Lazaret d'Hébron. — Tombeau d'Abraham. — La ville d'Hébron. — Formalités pour l'introduction de nos provisions. — Vue de la vallée d'Hébron. — La garnison turque. — La quarantaine est de douze jours. — Fureur. — Réclamations inutiles. — Le médecin de la quarantaine. — Le Courban-Bairam. — Fête au cimetière. — Nous nous vengeons sur les soldats. — Les puces. — Promenades sur la terrasse. — Nouvelles d'Europe par le consul de Jérusalem. — Mise en pratique. — La porte est ouverte! 223

CHAPITRE XXIII.

Bethléem. Départ d'Hébron à minuit. — Lever de l'aurore. — Les étangs de Salomon. — Bethléem. — Couvent de la Nativité. — Une salle à manger à la sortie du désert! — Les franciscains. — La Toussaint à Bethléem. — Église du couvent. — Grotte de la Nativité. — *Hic de Mariâ virgine natus est Christus.* — La crèche. — La Judée vue de la terrasse du couvent. — Contemplation. — Les Bethléémites. — Une amazone à Mar-Élias. — *El-Kods* (Jérusalem)!!! — Aspect de Jérusalem. — Entrée dans la ville sainte. — La *Casa-Nuova*. 233

CHAPITRE XXIV.

Jérusalem. Couvent de Saint-Sauveur. — Les pères de la Terre-Sainte. — Il pleut! — Les Turcs portiers du Saint-Sépulcre. — L'église du Saint-Sépulcre. — La pierre de l'onction. — Tombeau de Notre-Seigneur Jésus-Christ. — Pensées. — Église des Grecs. — Église des Latins. — Église des Arméniens. — L'invention de la croix. — Le Calvaire. — Les rationalistes. — Portrait du roi des Français. — Chapelle copte. — Tombeau de Nicodème. — Messe des morts à l'église du couvent. — Vallée de Guehinnom. — Haceldama. — Tombeau des Juges. — Puits de Néhémie. — Torrent de Cédron. — Fontaine de Siloé. — Mont Sion. — Tour de David. — Hospitalité au couvent latin. 241

CHAPITRE XXV.

Jérusalem. Le colonel turc. — Le temple des Juifs. — Grande mosquée d'Omar. — Le Parvis sacré. — Mahmoud fourvoyé. —

Piscine probatique. — *Bab sitti mariam.* — Mont des Oliviers.
— Jérusalem vue du haut de la montagne des Oliviers. — Panorama. — Chapelle de l'Ascension. — Vallée de Josaphat. — Tombeau d'Absalon. — La retraite des apôtres. — Chapelle de la Flagellation. — *Via dolorosa.* — Tombeau de la Sainte-Vierge. — Grotte de Gethsémani. — Jardin des Oliviers. — Grotte de Jérémie. — Rues de Jérusalem. — Les bazars. 253

CHAPITRE XXVI.

Jérusalem. Richesse du couvent arménien. — Tombeau de David. — Le Saint-Cénacle. — Tombeau des rois. — Nous sommes enfermés dans l'église. — Difficultés pour faire ouvrir. — Le tombeau et l'épée de Godefroy de Bouillon. — Les chevaliers du Saint-Sépulcre. — Dissensions entre les différentes sectes chrétiennes. — Empiétements des Grecs. — La France protectrice des Latins. — Niaiseries philosophiques. — Perte de notre influence. — Les Arméniens dans l'église. — On nous délivre. — Les Syriennes. — Murailles de Jérusalem. — Les Croisades. — Prise de Jérusalem. — Le voyage à la mer Morte. 264

CHAPITRE XXVII.

Le Jourdain. Les bédouins d'escorte. — Aridité et désolation. — Tribu d'Abou-Der. — Rives de la mer Morte. — Montagnes de Moab. — Lac asphaltite. — Couches de sel. — Le Jourdain. — Bain dans le fleuve sacré. — Campement à Jéricho. — Fontaine d'Elisée. — Ruines de Jéricho. — Route de Jéricho à Jérusalem. — Béthanie. — Tombeau de Lazare. — Le Père gardien. — La coupole du Saint-Sépulcre dégradée. — Chemin de la Croix. — Couvent de Saint-Jean au désert. — Chapelle de la Nativité de saint Jean-Baptiste. — Vallée de Térébinthe. — Désert de saint Jean. — Nous prenons congé des moines. — Le vice-consul de France. 273

CHAPITRE XXVIII.

Samarie-Galilée. Départ. — Un dernier regard sur la ville sainte. — Souvenirs historiques. — Que viennent faire certains touristes en terre sainte ? — Les montagnes de Judée. — Plaines fertiles de la Samarie. — Grossièreté des Syriens. — Ebal et Garitzim. — Le puits de la Samaritaine. — Naplouse. — Campement à la porte de la ville. — Jolies vallées. — Sanour. — Fraîche verdure normande. — Le mont Gelboë. — Costumes des

Samaritains. — Kabatifieh. — Gennin. — La plaine d'Esdrelon. — Mahmoud nous a égarés. — Chute. — Bataille du mont Thabor. — Le guide dans la montagne. — Le couvent. — Nazareth éclairé par l'orage. — L'église de l'Annonciation. — *Hic verbum caro factum est.* — Nazareth. — Séparation. 286

CHAPITRE XXIX.

Tibériade. — *Le mont Carmel.* Les Nazaréennes à la fontaine. — Orage. — Le mont Thabor. — Fertilité de la Galilée. — Les bras manquent. — La mer de Galilée. — Tibériade. — Les bords du lac. — Bains d'Ibrahim. — Le poisson du lac de Génézareth. — Hattin. — Kana. — Les Galiléennes d'el Rameh. — Geida. — Les chênes de cheik Beraik. — Plaine de Saint-Jean-d'Acre. — La Méditerranée. — France! — Le keisoun. — Kaiffa. — Le mont Carmel. — Le couvent. — Le P. Jean-Baptiste. — La grotte d'Élie. — Perspective du haut de la terrasse du couvent. — Le F. Clément. — Hospitalité généreuse des carmes. — Le palais d'Abdallah. 299

CHAPITRE XXX.

La Phénicie. La rade d'Acre — Le Bélus. — Saint-Jean-d'Acre. — Siéges de Saint-Jean-d'Acre. — Aqueducs de Djezzar. — Plantations d'arbres fruitiers — Raz-el-Nakhora. — Raz-el-Abiad. — Les sources de Salomon. — Sour. — Ruines de Tyr. — Palœ-Tyros. — Campement sur les bords du Nahr-Kasmieh. — Vestiges de splendeur phénicienne. — Coiffure des femmes druses. — Saïdah. — Sidon a disparu. — Jardins de Saïdah. — Khan d'Eni-Sicca. — Beau site. — Lady Stanhope. — Aspect du Liban. — Nebbi-Jonas. — Théologie à l'usage de Mahmoud. — Dunes de sable. — Arrivée à Beyrouth. — Les douanes turques. — Charles n'est pas parti. — L'hôtel d'Europe. 312

CHAPITRE XXXI.

Le Liban et l'Anti-Liban. Les médecins sanitaires. — Le docteur Suquet. — Beyrouth. — Bombardement de la ville en 1840. — Arrivée du *Nil.* — Départ de Charles. — Les chaînes du Liban. — Population de la montagne. — Les Maronites. — Les Druses. — Les Motoualis. — Guerre entre les Druses et les Maronites. — L'émir Béchir. — Entrée dans le Liban. — Physionomie de la montagne. — Culture du Liban. — Fraternité chrétienne. — La mer et les montagnes. — Le maître du khan de Houesset-Hammana. — Point culminant de la route. — Le versant oriental est aride. — Les Motoualis. — La Cœlé-Syrie. — Megdel. — L'Anti-Liban. — Gebel-Cheik. — Ouadi-el-Garb. — Vallées arides. — Route assommante. — Voilà Damas. — Mine farouche des Damasquins.   326

CHAPITRE XXXII.

Damas. Entrée à Damas. — L'hôtel de Palmyre. — La maison du docteur Amstein. — Un ami à Damas. — La médecine franque en Syrie. — Damas. — Fanatisme des Damasquins. — Les rues de la ville. — Luxe de l'intérieur des maisons. — Bazars. — Industrie de Damas. — La grande mosquée. — Assassinat du P. Thomas. — Les lazaristes. — Porte de Saint-Paul. — Jardins autour de Damas. — Belles eaux. — Diversité de costumes à Damas. — Les dames de Damas. — Soirée chez les juifs. — Les juives. — Portes des quartiers. — L'église des lazaristes. — Le chancelier de France. — Mme Baudin. — Change de monnaies. — Le renégat polonais. — Adieu. — Salahieh.   340

CHAPITRE XXXIII.

Baalbek. Départ. — Magnifique point de vue. — Ouadi-Barrada. — Ruines d'Abila. — Défilé et cascades de la Barrada. — Paysages. — Zebdeni. — La maison de Mohammed. — Nebi-Schiitt. — Le Sannin et le Makmel couverts de neige. — Carrières de Baalbek. — Ville de Baalbek. — Les ruines au clair de lune. — Temples de Baalbek. — Dimensions énormes des matériaux. — Constructions sarrazines. — Le temple demi-circulaire.   353

CHAPITRE XXXIV.

Le Liban. Pluie à verse. — Deir-el-Achmar. — Le cheik maronite. — Le chemin des Cèdres intercepté par la neige. — La vallée de Bekâa. — *Buon giorno, signore.* — Zahlé. — La maison des jésuites. — La Syrienne catholique. — Hospitalité franche et empressée. — Visite du jésuite français. — Guerre civile à Zahlé. — La messe grecque. — Le raisin de Zahlé. — Les Syriens endimanchés, — Le Sannin. — Les Alpes syriennes. — Formes pittoresques. — Orage dans le Liban. — Ce qu'Anton appelle des chemins.   362

CHAPITRE XXXV.

Les Maronites. — Beyrouth. Hospitalité biblique des Maronites. — La famille d'Anton. — Chouair. — Cordialité et soins empressés. — Adieu à mes aimables hôtesses. — Le couvent de Marhanna.

— Les villages maronites. — Un jour de fête dans la montagne. — Bekfaia. — Le vieux curé maronite. — Descente par le Nahr-Anton-Elias. — Mahmoud et les douaniers de Beyrouth. — Les cèdres du Liban. — La ville de Beyrouth et ses environs. — Accueil de M. Suquet. — Administration des populations du Liban. — Récolte de la soie. — Tremblement de terre. — Voilà le paquebot français! — Encore les douaniers.   371

CHAPITRE XXXVI.

Retour en France. Vive la France! — A bord de l'*Egyptus*. — En route. — Adieu à l'Orient. — Aboukir. — Relâche à Alexandrie. — Départ de Mahmoud. — Les passagers des bateaux anglais. — L'île Bourbon. — Gros temps à hauteur de la Syrie. — Relâche à Malte. — Le port de la quarantaine. — Les quarantaines. — Côtes de Sicile. — Marsala. — Ile de Maritimo. — La Sardaigne. — Bouches de Bonifacio. — Passe de l'Ours. — Phare d'Ajaccio. — Iles d'Hyères. — Relâche à Toulon. — La Santé. — La douane. — Débarqué à Marseille!   380

www.ingramcontent.com/pod-product-compliance
Lightning Source LLC
Chambersburg PA
CBHW071900230426
43671CB00010B/1414